Heinrich Thöl

Protokolle der Leipziger Wechselkonferenz

Heinrich Thöl

Protokolle der Leipziger Wechselkonferenz

ISBN/EAN: 9783743695986

Hergestellt in Europa, USA, Kanada, Australien, Japan

Cover: Foto ©ninafisch / pixelio.de

Weitere Bücher finden Sie auf **www.hansebooks.com**

Protocolle

der

Leipziger Wechsel-Conferenz

herausgegeben

von

Dr. Heinrich Thöl.

Göttingen 1866.

Dieterichsche Buchhandlung.

Göttingen,

Druck der Dieterichschen Univ. = Buchdruckerei.

W. Fr. Kästner.

Vorwort.

Die Protocolle der leipziger Wechselconferenz sind zuerst in der zweiten Auflage meines Wechselrechts vollständig citirt. Die Citate beziehen sich auf die vorliegende Ausgabe, und können nur in dieser nachgeschlagen werden. Durch die Eintheilung des Textes in Paragraphen ist es möglich geworden, genaue Verweisungen zu geben. Nun kann jeder Rechtssatz leicht verfolgt werden, von dem preußischen Entwurf an durch die Verhandlungen zu dem Redactionsentwurf und durch die weiteren Verhandlungen über diesen zu dem letzten Entwurf, dem Entwurf der Conferenz. Die Citate, wie man sie mit Beziehung auf die andern drei Ausgaben findet, nach Seitenzahlen oder gar Sitzungsprotocollen, wo man, um die wenigen gemeinten Zeilen zu finden, vielleicht zwölf Folioseiten durchsuchen muß, werden schwerlich öfters nachgeschlagen sein.

Die vorliegende Ausgabe ist ein wörtlicher und auch insofern genauer Abdruck der Originalausgabe in Folio, welche zu Ende des December 1847 den vertretenen Regierungen mitgetheilt ist, als Seiten und Zeilen beider Ausgaben sich decken, so daß also auch die auf Zeilen der Original= Ausgabe sich beziehenden Citate in der vorliegenden nachgeschlagen wer= den können.

Hinzugekommen sind in der vorliegenden Ausgabe außer den Paragraphen= Zahlen die Seitenüberschriften, welche zum bequemeren Auffinden der einzel= nen Sitzungen, der preußischen Denkschrift, des preußischen Entwurfes, des Entwurfes der Fassungs=Commission, und des Entwurfes der Conferenz dienen. Letzteren habe ich in meinem Wechselrecht als allgemeine deutsche Wechselordnung (D.W.O.) angeführt, während jene beiden Entwürfe citirt sind: Pr. E. und Red. E.

Die Buchstaben L. und M. am Rande deuten auf die leipziger (C. L. Hirschfeld 1848) und die mannheimer (Fr. Bassermann 1848) Ausgabe der Protocolle.

Göttingen im November 1866.

H. T.

Berichtigungen.

In der Originalausgabe finden sich drei sinnentstellende Druckfehler, welche in einigen Exemplaren von der Kanzlei, deren die Protocolle Seite 5 §. 13 gedenken, mit Dinte corrigirt sind.

Seite 35 Zeile 29 sind durchgestrichen die gedruckten Wörter: oder Copie; sie sind daher in der vorliegenden Ausgabe in Klammern gesetzt.

Seite 59 Zeile 4 ist von dem Wort Zahltage die Sylbe tage gestrichen und orte geschrieben; daher steht in der vorliegenden Ausgabe Zahl[tage]orte.

Seite 61 Zeile 8 v. u. ist das Wort Präsentation in Acceptation umgeschrieben; in der vorliegenden Ausgabe ist durch ein Versehen diese Correctur nicht angegeben, es ist daher statt Präsentation zu lesen Acceptation.

In der Originalausgabe ist die Sitzung XX unrichtig datirt (S. 128) vom 17. November. Dieses Datum ist in der vorliegenden Ausgabe auf Seite 128 beibehalten; die Seitenüberschriften haben aber von Seite 129 an das Richtige, den 15. November.

———

In der vorliegenden Ausgabe ist
Seite 16 am Rande statt S. 16 zu lesen L. S. 16.
§. 207, 254, 370, 641, 791, 858, 873, 1029 eine Zeile tiefer zu setzen,
853 vier Zeilen tiefer;
41 zu lesen statt 40 (S. 11),
214 , , , 215 (S. 53),
662 , , , 626 (S. 139),
895 , , , 985 (S. 181).
325 gehört neben Zeile 8 v. u.
754 und 755 sind zu vertauschen.
653 fehlt und gehört S. 137 neben Zeile 7 v. u.
821 , , , S. 169 , , 10 v. u.

———

Protocolle

der zur Berathung einer

Allgemeinen Deutschen Wechsel-Ordnung

in der Zeit vom

20ſten October bis zum 9ten December 1847

in Leipzig

abgehaltenen Conferenz.

Inhalts-Uebersicht.
I. Conferenz-Protocolle.

II. Beilagen.

I.

Leipzig, den 20. October 1847.

—

Auf die Einladung, welche von Seiten der Königlich 1 Preußischen Regierung durch die diesem Protokolle beigefügte Denkschrift vom 31. August 1847 an die Regierungen sämmtlicher Deutschen Bundesstaaten ergangen war, hatten sich zur Berathung des Entwurfs einer gemeinsa= 2 men Wechselordnung am heutigen Vormittag 11 Uhr in dem Saale des hiesigen Kramerhauses eingefunden:

Sr. Excellenz der Königl. Sächsische Herr Staats= minister v. Könneritz

mit Auftrag zu Eröffnung der Conferenz,

A. von Seiten der K. K. Oesterreichischen Re= gierung (zugleich für Liechtenstein):

Herr Dr. Heisler, Hofrath und Mitglied der Gesetz=Commission,

B. von Seiten der Königl. Preußischen Re= gierung:

Herr Wirkl. Geheimer Legationsrath v. Patow, Herr Geheimer Justizrath Bischoff, Herr Banquier Magnus,

C. von Seiten der Königl. Bayerschen Re= gierung:

Herr Ober=Appellat.=Gerichts=Rath D. Kleinschrod, Herr Banquier Assessor Schmid,

D. von Seiten der Königl. Sächsischen Re= gierung:

Herr Dr. Einert, Vice=Präsident des Ober=Ap= pellationsgerichts, Herr Kramermeister Poppe, Herr Kaufmann Georgi,

E. von Seiten der Königl. Hannöverschen Regierung:

Herr Schatzrath Lehzen, Herr Banquier Hostmann,

L. S. 2.   F. von Seiten der Königl. Württembergschen
             Regierung (zugleich für Hohenzollern-Hechingen):
                 Herr Obertribunal-Rath Dr. von **Hofacker,**

             G. von Seiten der Großherzogl. Badenschen
             Regierung:
                 Herr Ministerial-Rath **Brauer,**
                 Herr Banquier **Hohenemser,**

M. S. 1 Sp. 2. H. von Seiten der Großherzogl. Hessischen
             Regierung:
                 Herr Ministerial-Rath Dr. **Breidenbach,**

             I. von Seiten der Königl. Dänischen Regie-
             rung wegen Holstein und Lauenburg:
                 Herr Etatsrath **Behn,** Bürgermeister zu Altona,

             K. von Seiten der Regierungen des Großherzog-
             thums Sachsen, der Herzogthümer Sachsen-Mei-
             ningen, Sachsen-Altenburg und Sachsen-
             Coburg und Gotha und der Fürstenthümer
             Schwarzburg-Rudolstadt, Reuß-Greiz,
             Reuß-Schleiz und Reuß-Lobenstein und
             Ebersdorf:
                 Herr Geheimer Regierungsrath **Thon,**

             L. von Seiten der Herzoglich Braunschweig-
             schen Regierung:
                 Herr Hofrath **Liebe,**
                 Herr Kaufmann **Haase,**

             M. von Seiten der Herzoglich Nassauischen
             Regierung:
                 Herr Geheimer-Rath **Vollpracht,**

             N. von Seiten der Großherzoglich Mecklen-
             burg-Schwerinschen Regierung:
                 Herr Professor **Thöl,**

             O. von Seiten der freien Stadt Lübeck:
                 Herr Syndicus Dr. **Elder,**

             P. von Seiten der freien Stadt Frankfurt:
                 Herr Syndicus Dr. **Harnier,**

             Q. von Seiten der freien Stadt Bremen:
                 Herr Senator Dr. **Albers,**
                 Herr Aeltermann **Lürmann,**

             R. von Seiten der freien Stadt Hamburg:
                 Herr Senator **Lutteroth-Legat,**
                 Herr Dr. **Halle,** Präses des Handelsgerichts.

L. S. 3.   Nachdem   3
                 der Herr Staatsminister v. **Könneritz**
             die Conferenz mit einer kurzen Anrede eröffnet, und da-
             bei die Veranlassung zu der Versammlung berührt, den
             Dank seiner Regierung über die beliebte Wahl von Leipzig,
             als dem Ort der Versammlung, ausgesprochen, auch dar-
M. S. 2 Sp. 1. an die Bemerkung | geknüpft hatte, daß in dieser Wahl
             eine günstige Vorbedeutung für Erreichung des Zwecks
             der Versammlung gefunden werde, da schon der ältern

Leipziger Wechselordnung in manchen anderen Staaten
Aufnahme und Geltung zu Theil geworden und von
Leipzig aus bereits im 17. Jahrhundert der Antrag auf
ein allgemeines Wechselrecht für Deutschland ausgegangen
sei, benannte derselbe in obiger Reihenfolge die Regie-
rungen Deutschlands, welche bis jetzt Abgeordnete zu den
Conferenzen eingesendet, oder doch mit Uebertragung ihrer
Stimme beauftragt hätten.   Es wurde hierauf Seiten des **4**

> Herrn Geheimen Legationsrath von Patow

bemerkt, daß man eines Abgeordneten von Seiten der
Kurfürstlich Hessischen und der Großherzoglich Oldenburgischen Regierung noch gewärtig sein könne, auch
von erstgedachter Regierung Herr Obergerichtsrath Fuchs
als Abgeordneter bereits benannt worden sei und man
daraus, daß von den Regierungen der übrigen Deutschen
Bundes-Staaten, an welche die Einladung zu den Conferenzen gleichfalls ergangen sei, dieser Einladung nicht
Folge gegeben worden, durchaus nicht auf einen Mangel
an Interesse für das Zustandekommen eines gemeinsamen
Wechselrechts schließen dürfe, indem vielmehr in den meisten der eingegangenen Erklärungen ein solches Interesse
auf erfreuliche Weise an den Tag gelegt und um Mittheilung der Resultate der Conferenzen zu weiterer Beschlußnahme ausdrücklich gebeten worden sei.

Es ward hierauf beschlossen, der Kurfürstlich Hessischen und der Großherzoglich Oldenburgischen Regierung das Protocoll offen zu erhalten.

Sodann sprach der K. K. Oesterreichische Ab- **5**
geordnete

> Herr Hofrath Dr. Heißler

zuvörderst den Dank der Versammlung für die freundliche
und zuvorkommende Aufnahme aus, welche derselben Seitens der Königl. Sächsischen Regierung zu Theil geworden
und knüpfte daran den Wunsch, daß der Herr Staatsminister von Könneritz, Excellenz, den Vorsitz in den
Conferenzen und die Leitung der Geschäfte übernehmen
möge.   Die übrigen Herren Abgeordneten stimmten diesem
Wunsche bei; allein

> der Herr Staatsminister von Könneritz

erklärte, daß ungeachtet des großen Interesses, welches
Sie an der in Frage stehenden Angelegenheit nehmen,
dennoch anderweite Geschäfte Ihre stete Anwesenheit in
Leipzig und somit die ununterbrochene Theilnahme an den
Conferenzen unthunlich machten.   Sie bemerkten daher,
daß Sie dem—an Sie gestellten Antrag nur dann ent-
sprechen könnten, wenn zugleich aus der Mitte der Herren
Abgeordneten Einer gewählt würde, der in Fällen Ihrer
Behinderung Ihre Stelle vertrete.   Die Versammlung
erkannte dies an und es ward hierauf

L. S. 4.   Herr Geheimer-Legationsrath von Patow

einstimmig zum zweiten Vorstand erwählt.

Es ward nunmehr von dem Herrn Staatsminister **6**
von Könneritz die von Seiten der Königlich Preu-

1 *

ßischen Regierung unter dem 31. August 1847 erlassene
Denkschrift Punct für Punct durchgegangen.   Hier-
bei erledigte sich Punct 1. durch die im Vorstehenden gemachten Mittheilungen.   Bei Punct 4. ward von dem 7
Herrn Staatsminister erwähnt, daß außer dem Königlich
Sächsischen Entwurfe, schon vor längerer Zeit von Seiten
M. S. 2 Sp. 2. der Königlich Württembergschen und Herzoglich | Braun-
schweigschen Regierung Entwürfe zu Gesetzen über das
Wechselrecht und neuerlich von Seiten der Königlich
Hannöverschen und der Großherzoglich Sächsischen Regierung die daselbst promulgirten Wechselordnungen, endlich die Entwürfe für Holstein und Lauenburg, so
wie für Mecklenburg-Schwerin von den betreffenden Abgeordneten mitgetheilt worden.   Die Bemerkung des Herrn 8
Staatsministers zu Punkt 5., daß der für die künftigen Verhandlungen als Grundlage zu wählende Entwurf einer Wechselordnung nur die Bestimmung haben
könne, als Leitfaden zu dienen, nach welchem einzelne Bestimmungen geprüft und nach Befinden abgeändert, ergänzt oder auch in Wegfall gebracht werden können,
ward einstimmig anerkannt.   Auf Veranlassung des Punk- 9
tes 6. schlug Derselbe vor, die Frage : wegen schlüßlicher Redaction bis nach beendigter Durchgehung aller §§. des Entwurfs auszusetzen, hingegen die beschlossenen Abänderungen und Zusätze bald nach jeder Sitzung wenigstens vorläufig zu redigiren, um bei weiterem Fortschreiten der Verhandlungen den Zusammenhang mit früheren Beschlüssen
nicht zu verlieren.   Dies in voller Versammlung auszufüh-
ren sei schwierig und es scheine daher, schon um Einheit in
dem Ausdruck und der Sprache zu erhalten, angemessen,
dies Geschäft einem Abgeordneten d e r Regierung zu übertragen, deren Entwurf als Grundlage für die Verhandlungen angenommen worden sei.   Die Versammlung war
hiermit einverstanden, behielt sich jedoch die Wahl eines
Ausschusses für diese Angelegenheiten in einer späteren Sitzung
vor.   Bei Punkt 7. war man darüber einig, daß das 10
Verhältniß einer jeden Regierung zu ihren Ständen
unberührt, auch jeder dieser Regierungen frei bleibe, den
vereinbarten Entwurf anzunehmen, abzulehnen, oder auch
einen veränderten Entwurf zum Gesetz zu erheben.
Als sodann die Wahl des Entwurfs, welcher als 11
Leitfaden für die künftigen Verhandlungen dienen sollte,
zur Sprache kam, ward von mehreren Seiten darauf hingewiesen, daß der von der Königlich Preußischen Regierung ausgegangene Entwurf ganz besonders mit Hinblick
auf eine mögliche Vereinbarung mit anderen Regierungen
bearbeitet und eben deshalb in einer angemessenen Kürze
redigirt worden sei.   Dem zu Folge ward dieser Entwurf
einstimmig als Grundlage für die künftigen Berathungen
angenommen.
Auf den Wunsch der Versammlung, daß von Seiten 12
der Königlich Sächsischen Regierung ein Protocollführer
bestimmt werden möge, ward diese Function dem Stadt-
gerichtsrath, Herrn Dr. Haensel übertragen; und
man war in dieser Beziehung einverstanden, daß das

. S. 5.   Protocoll zwar in thunlichster Kürze abgefaßt | werden,
jedoch zugleich ein treues Bild der Statt gehabten Dis=
cussion darlegen, namentlich die Gründe für und wider
die Entscheidung bestrittener Puncte geben solle.

Der Druck der Protocolle ward allseitig gewünscht;
doch ward zugleich beschlossen, daß nur eine bestimmte
Zahl von Exemplaren gedruckt, und Veröffentlichung der=
selben während der Dauer der Conferenz ausgeschlossen
bleiben solle.

Schlüßlich bemerkte der Herr Staatsminister v. Kön= 13
neritz, daß von Seiten der Königlich Sächsischen Re=
gierung für die Conferenzen eine Kanzlei bestellt worden
sei, und der Aufwand für selbige von gedachter Regie=
rung bestritten werde.

II.

Leipzig, den 22. October 1847.

. S. 3 Sp. 1.   In der heutigen Conferenz, zu welcher außer den 14
in dem Protokoll vom 20. d. M. aufgeführten Herren
Abgeordneten auch der Abgeordnete der Kurfürstlich Hes=
sischen Regierung,

Herr Obergerichtsrath Fuchs

sich eingefunden hatte, ward von dem Herren Abgeord= 15
neten der Herzoglich Braunschweigschen Regierung der im
Jahre 1843 veröffentlichte Entwurf einer Wechselordnung
für das Herzogthum Braunschweig unter die anwesenden
Herren Abgeordneten vertheilt.

Als Norm für die nunmehr anzustellende Berathung 16
über die einzelnen Bestimmungen des als Grundlage an=
genommenen Entwurfs ward in Folge einer vorläufigen
Bemerkung des Herrn Staatsministers angenommen, daß
ebenso die Beziehung auf die Eigenthümlichkeiten des
einen oder andern Landes, als die Beziehung auf die
übrigen Staaten, deren Regierungen sich über eine ge=
meinschaftliche Wechsel=Ordnung vereinigen würden, zu ver=
meiden sei.

Nach diesen vorläufigen Bemerkungen wandte sich 17
die Berathung zum Gesetzentwurf selbst.

Der Königlich Preußische Abgeordnete, Herr Geheime
Justizrath Bischoff, welcher den Vortrag übernommen
hatte, erörterte zunächst nach Inhalt der Vorverhandlun=
gen die Grundzüge des Entwurfs und erwähnte hierbei in
Ansehung der bei Abfassung desselben befolgten Methode, daß
das Bestreben, dem Gesetze die möglichste Einfachheit und
Kürze zu geben, einerseits in dem einstimmigen Wunsche
der vor einiger Zeit vernommenen Sachverständigen, andrer=
seits aber in der, aus Vergleichung der Erfolge der Rhei=
nischen und der altländischen Gesetzgebung, in Preußen

mehr und mehr zur Geltung gekommenen Ueberzeugung
beruhe, daß die Garantieen einer sachgemäßen Urtheils=
finddung weniger in den Detailbestimmungen | der materiellen
Gesetzgebung, welche daduch leicht in eine gefahrbringende
Kasuistik verfallen könne, als vielmehr in den Formen
des Processes und der Art der Organisation und Be=
setzung der in Handelssachen competenten Gerichte zu fin=
den seien.

L. S. 6.

Hierauf ging die Berathung zum ersten Abschnitt
über, welche von der Wechselfähigkeit handelt.

§. 1.   Zum §. 1. bemerkte der Herr Referent, daß aus 18
den dem Entwurfe beigefügten Motiven erhelle, aus wel=
chen Gründen man die Fähigkeit, nach Wechselrecht sich
zu verbinden, von der Fähigkeit, einen Darlehnsvertrag
einzugehen, abhängig gemacht habe.   Indessen sei bekannt,
daß diese Vorschrift zu mannichfachen Erinnerungen An=
laß gegeben habe.   Würden diese Bedenken von der Ver=
sammlung getheilt, so sei man sehr gern bereit, diese Be=
ziehung auf den Dahrlehnsvertrag fallen zu lassen, an
deren Stelle die Dispositionsfähigkeit als Bedingung an=
zuerkennen und es einer Revision der Preußischen Gesetz=
gebung vorzubehalten, in welcher Art der legislative Zweck,
der jener Vorschrift zum Grunde liege, anderweit zu errei=
chen sein dürfte.   Diese Erklärung wurde allseitig ange=
nommen und demgemäß, vorbehaltlich der Beschlußnahme
über die etwa aus anderen Rücksichten nöthig scheinenden
Beschränkungen, die allgemeine Dispositionsfähigkeit als
allgemeine Bedingung der Wechselfähigkeit anerkannt.

M. S. 3 Sp. 2.

Hiernächst kamen die Fragen zur Erörterung, ob 19
Wechselfähigkeit | als Regel, oder als ein besonderes Recht
der Kaufleute und einiger anderen Personen anzusehen,
ferner ob die Wechselfähigkeit auf Wechsel jeder Art, ohne
Unterschied zwischen gezogenen und eignen Wechseln anzu=
nehmen sei.

In Ansehung der gezogenen Wechsel fand die Ge=
neralisirung der Wechselfähigkeit, mit Ausschluß einer
Stimme, keinen Widerspruch.

Was dagegen die zweite Frage betrifft, ob nämlich 20
die Ausdehnung der Wechselfähigkeit auch in Ansehung
der eignen Wechsel stattfinden soll, so stellte sich bei der
über diese Frage erfolgten umfassenden Discussion das
Bedenken heraus, ob es nicht räthlich sei, die Beantwor=
tung jener Frage bis zu dem Zeitpunkte auszusetzen, in
welchem die Bestimmungen des Entwurfs über die eignen
Wechsel (§§. 87—99.) zur Erörterung kommen würden.
Für die Aussetzung der Berathung wurde angeführt, daß
erst in dem Fortschreiten der Discussion die Gründe für
oder wider deutlicher und vollständiger sich würden er=
kennen lassen.   Indessen entschied sich die Versammlung
mit 14 Stimmen gegen 5, sogleich zur Berathung und
Beschlußnahme über diese Frage überzugehen, jedoch mit
dem Vorbehalt, bei den Berathungen über die eignen
Wechsel anderweit zu prüfen, ob in dem Verfolg der vor=
hergegangenen Erörterungen Gründe sich hervorgethan

haben würden, welche auf eine Modification der Wechsel=
fähigkeit rücksichtlich der eignen Wechsel führen könnten.

Ueber die Frage selbst sprach sich eine Majorität von 21
15 Stimmen gegen 3 dahin aus, daß in Ansehung der
Wechselfähigkeit zwischen gezogenem Papier und eignen
Wechseln kein Unterschied zu machen sei, da eigne Wechsel
im Handelsverkehr ebenfalls als Zahlungsmittel benutzt
würden, die Gefahr vor Mißbrauch der unbeschränkten
Wechselverbindlichkeit nicht eben dringend erscheine, und
L. S. 7.　　eine Bestimmung, | welche in Beziehung auf eigne Wechsel
die Wechselfähigkeit aufhebe oder beschränke, nur zu leicht
umgangen werden könne, zumal wenn, wie man jetzt all=
gemein und auch in dem Entwurf annehme, bei einem
gezogenen Wechsel der Trassant gegen den Acceptanten
wechselmäßig klagen könne.

Abweichend von den vorstehenden Ansichten der Ma= 22
jorität der Versammlung, wonach die Bestimmungen
über die Wechselfähigkeit in dem so eben angedeuteten
Umfange in die gemeinsame Wechselordnung aufgenommen
werden sollen, äußerten sich der Oesterreichische Abgeordnete,
Herr Hofrath Dr. **Heißler** und der Kurfürstlich Hessische
Abgeordnete, Herr Ober=Gerichts=Rath **Fuchs.**

Der Erstere bemerkte unter Anführung der in dieser
Beziehung in den Oesterr. Staaten bestehenden Gesetze und
der von der Oesterr. Regierung in neuester Zeit angenomme=
nen Grundsätze, daß dieselbe keinen Anstand nehme, in
Bezug auf förmliche, d. i. fremde, von einem Platz auf
einen andern gezogene Wechsel die Wechselfähigkeit allen
Personen, welche sich gültig durch Vertrag verpflichten
können, mit bloßer Ausnahme der Militärpersonen, ein=
zuräumen, daß sie aber hinsichtlich der eigenen, wenn
auch an einem andern Orte zahlbaren, und hinsichtlich
der am Orte der Ausstellung zahlbaren gezogenen Wechsel
wegen des bei diesen Wechseln wahrgenommenen Miß=
brauchs, und der dadurch entstandenen großen Benach=
theiligung unerfahrener und leichtsinniger Personen Be=
M. S. 4 Sp. 1. denken | tragen müsse, die Wechselfähigkeit in Bezug auf
solche Wechsel anderer Personen als Handelsleuten, Fabri=
kanten und öffentlich befähigten Gewerbsleuten zu gestat=
ten. Er trug daher darauf an, die allgemeine Wechsel=
fähigkeit nur hinsichtlich der erwähnten förmlichen Wechsel
auszusprechen, und die gesetzlichen Bestimmungen in Betreff
der unförmlichen Wechsel der Legislatur der einzelnen
Staaten zu überlassen.

Herr Obergerichtsrath **Fuchs** dagegen wollte ohne
weitere Unterscheidung zwischen den verschiedenen Fällen,
die Wechselfähigkeit überhaupt keinen anderen Ständeklassen
als den Kaufleuten, Handeltreibenden und höheren Beam=
ten zugestanden wissen.

Endlich entstand aus Veranlassung der Bestimmun= 23
gen des §. 1 die Frage: ob, abgesehen von dem, was
§. 2 über die Zulässigkeit des Personalarrestes bestimmt,
die Frauen, sowie die Militairpersonen und die Minderjäh=
rigen von der Wechselfähigkeit auszuschließen sein dürften?

Diese Frage ward in Ansehung der Frauen mit 15 24

Stimmen gegen 3 besonders darum verneinend entschieden, weil durch die in neuerer Zeit fast überall ausgesprochene Aufhebung der Geschlechtscuratel wenigstens für
unverheirathete Frauen eine fast unbeschränkte Dispositionsfähigkeit eingetreten sei, und die Möglichkeit einer
unstatthaften Intercession für einen Dritten bei Beurtheilung eines formellen Geschäfts nicht in Betracht komme.
Auch für die Wechselfähigkeit der Militärs entschied man 25
sich mit 15 gegen 3 Stimmen. Was endlich die Minder- 26
jährigen anlangt, so bedarf es keiner Erwähnung, daß in
Ansehung ihrer, wie der übrigen bevormundeten Personen,
nur die Frage entstehen kann, inwiefern durch die von
ihren Vertretern ausgestellten Wechselerklärungen eine wech-
selmäßige Verpflichtung | herbeigeführt werden soll.   Der

L. S. 8.

M. S. 4 Sp. 2. Herr Staatsminister | von Könneritz bemerkte, daß in
Sachsen Minderjährige durch den Vormund wechselmäßig
nur in dem Falle verbindlich werden könnten, wenn sie
Theilhaber eines Geschäfts wären, welches unter Concurrenz des bestellten Vormundes durch diesen oder durch
einen institor verwaltet werde.   Die Versammlung war
der Ansicht, daß die Minderjährigen in der Wechsel-Ordnung nicht auszuschließen seien und es den Vormund-
schafts-Ordnungen der einzelnen Staaten überlassen werden müsse, zu bestimmen, in welchem Umfange die Vor-
münder zur Ausstellung von Wechseln Namens der von
ihnen vertretenen Personen befugt seien.

Was die Fassung des §. 1 betrifft, so gab das in 27
demselben gebrauchte Wort „Personen" zu Bedenken
Anlaß.   Von einigen Mitgliedern wurde bemerkt, daß,
da nach der Gesetzgebung mehrerer deutscher Staaten für
Vereine und Actiengesellschaften die ausdrückliche Conces-
sionirung und die Ertheilung des Privilegiums einer
moralischen oder juristischen Person zu ihrem rechtlichen
Bestehen nicht erforderlich sei, der gewählte Ausdruck es
unbestimmt lasse, ob der §. auch auf Vereine zu beziehen
sei, denen die Eigenschaften moralischer Personen nicht
ertheilt worden sind.

Um Mißdeutungen zu vermeiden ward für räthlich
erachtet, den §. entweder in der Art und Weise, wie
dies in dem Braunschweiger Entwurf geschehen ist, oder
mehr positiv nach Maaßgabe der Fassung des Entwurfs
für Holstein und Lauenburg zu redigiren.   Doch sollen,
wie mit 16 gegen 2 Stimmen beschlossen wurde, Ausdrücke, wie „insofern, in dem Umfange" u. s. w., welche
Raum zu Zweifeln über den Umfang der Wechselfähigkeit
geben, vermieden werden.

Hiermit wurde die Berathung für heute geschlossen.

III.

Leipzig, den 23. October 1847.

———

M. S. 4 Sp. 1.   In der heutigen Conferenz ward nach Vorlesung [28] des über die gestrige Sitzung aufgenommenen Protocolls, wobei alle in dem letzteren aufgeführten Herren Abgeord=

§. 2. nete gegenwärtig waren, zur Berathung über den §. 2 [29] des Entwurfs geschritten, welche, nachdem der Herr Referent, Geheime Justizrath Bischoff, erklärt hatte, daß die in dem Entwurfe angegebenen Ausnahmen von Anwendung der persönlichen Haft als die alleinigen zu erachten seien, theils auf diese Ausnahmen, theils auf die im Eingange aufgestellte allgemeine Bestimmung sich erstreckte.

    Nach mehrfachen Erörterungen stellten sich endlich [30] folgende Fragen heraus:

    1) Ist anzunehmen, daß persönliche Haft für den Wech= selschuldner das in der Regel zulässige Vollstreckungs= mittel der gültiger Weise übernommenen Wechsel= verbindlichkeiten sei?

L. S. 9.   Diese Frage ward einstimmig bejahet. Man glaubte [31] indeß, daß bei der künftigen Redaction der in dem Con= texte befindliche Ausdruck: „sofort" einer Erläuterung bedürfen werde. Diese gab der Herr Referent vorläufig dahin, daß mit jenem Ausdrucke angedeutet werden solle,

M. S. 4. Sp. 2. es könne der | Personalarrest nicht bloß subsidiär, son= dern auch neben und vor der Execution in das Vermögen verfügt werden.

    2) Sind die in dem §. aufgeführten Ausnahmen an= [32] zuerkennen?

    Die unter No. 3 dieses §. angegebene Ausnahme, [33] sowie die unter No. 4 ward einstimmig anerkannt, und nur in Ansehung der zuletztgedachten der künftigen Re= daction anheim gegeben, statt der Worte: „und ande= ren juristischen Personen" für den neu anzufer= tigenden Entwurf andere zu wählen, da nach den bereits in der vorigen Sitzung vorgetragenen Bemerkungen nicht nach allen Gesetzen der deutschen Staaten Actiengesell= schaften ohne Weiteres als juristische Personen anzusehen seien, überhaupt aber etwas mehr hervorzuheben sein dürfte, was in dem Sinne des Texts eigentlich liege, daß näm= lich persönliche Haft gegen die Theilnehmer von Ver= einen der angegebenen Art nicht anwendbar sei.

    Sodann ward auch die unter No. 2 bemerkte [34] Ausnahme mit 13 Stimmen gegen 5, wiewohl mit der Modification angenommen, daß diese Ausnahme die letzte Stelle einnehmen und der Ausdruck: selbst= ständig, d. h. nach der Angabe des Herrn Referenten,

M. S. 5 Sp. 1. für eigne Rechnung, in | Wegfall kommen solle. Der
Vorschlag, das Wort Frauen, mit dem Wort Frauen-
zimmer zu vertauschen, ward mit 12 Stimmen gegen
6 abgelehnt, indem man bemerkte, daß der Ausdruck
„Frauen" in seiner allgemeineren Bedeutung zu nehmen
sei, in welcher unter demselben überhaupt Personen des
weiblichen Geschlechts begriffen werden.

Endlich ward einstimmig beschlossen, den Ausnahms- 35
fall unter No. I hinwegzulassen und statt dessen am Schluß
des §. eine allgemeine Bestimmung zu setzen, nach welcher
es der besondern Gesetzgebung jedes Staats vorbehalten
bleibe, anzuordnen, ob und wie weit die Vollstreckung des
Personalarrests auch in Beziehung auf andere als die
in den anerkannten Ausnahmefällen vorkommenden Personen beschränkt werden solle. Nur darüber war man nicht 36
einerlei Meinung, ob die Zulässigkeit einer weiteren Beschränkung allgemein oder nur für diejenigen Fälle, in welchen
das öffentliche Recht die Anwendung der persönlichen
Haft unthunlich mache, ausgesprochen werden solle. Das
Letztere ward mit 13 Stimmen gegen 5 angenommen.
Einer der Herren Abgeordneten bemerkte jedoch, er sei 37
bei Bejahung der vorstehenden Frage davon ausgegangen,
daß den Bestimmungen, welche nach §. 98 des Entwurfs
in Betreff der Vollstreckbarkeit des Wechselarrestes dem Ermessen der Regierung einzelner Staaten überlassen bleiben, diejenige beizuzählen seien, welche als Gebot der
Humanität erscheinen möchten, wie z. B. die bereits bestehende oder etwa zu erlassende Verordnung, daß die persönliche Haft eine bestimmte Dauer nicht überschreiten dürfe, daß
M. S. 5. Sp. 2. gegen beide wechselmäßig verpflichtete Ehegatten | nicht gleich-
zeitig mit der persönlichen Haft zu verfahren sei und daß
der persönliche Arrest gegen den bis zu einer gewissen
L. S. 10. Stufe des höhern | Alters gelangten Schuldner wegfalle.
Sämmtliche Herren Abgeordnete erklärten sich hiermit
einverstanden.

§. 3.   Gegen den Inhalt des §. 3, zu welchem nun- 38
mehr geschritten war, fand sich zwar keine Erinnerung; wohl aber kam zur Sprache, ob nicht in dem
ersten Abschnitt des Entwurfs Bestimmung zu treffen sei,
1) über die Wirkung, welche eine im Verfolg der Zeit
eingetretene Veränderung in Ansehung der subjectiven
Wechselfähigkeit hervorbringe; 2) über die Frage, ob und
wie weit ein an sich ungültiger Wechsel durch Hinzutritt
einer eidlichen Verpflichtung gültig werde; 3) über die
Collision der Wechselgesetze. Man war aber zu 1 und
2 der Meinung, daß hier das Civilrecht als maaßgebend
anzusehen sei, und verwies in Ansehung des Antrags
zu 3 auf §. 76.

Der von einem Abgeordneten gemachte Antrag, 39
den §. 86 des Entwurfs dem §. 3 folgen zu lassen und
demnach sofort zur Berathung desselben überzugehen,
führte zu dem Beschlusse, seiner Zeit bei Berathung des
§. 86 zu erwägen, ob demselben eine andere Stelle anzuweisen sei.

Schlüßlich stellte der Badensche Abgeordnete, Herr 40

Ministerial = Rath Brauer den allseitig genehmigten An=
trag, bei Redaction des anzufertigenden Entwurfs thun=
lichst auf Entfernung von Worten und Ausdrücken in
fremden Sprachen Bedacht zu nehmen.

IV.
Leipzig, den 25. October 1847.

—

M. S 5 Sp. 1.   In der heutigen Conferenz, welcher wegen der Ab= 40
wesenheit des Herrn Staats=Ministers von Könneritz,
der Herr Geh. Legations = Rath von Patow präsidirte
und außer den in den vorherigen Protocollen aufgeführ=
ten Herren Abgeordneten

Herr Camphausen, Präsident der Handelskammer
zu Cöln

beiwohnte, wurde von dem Referenten, Herrn Geheimen 42
Justizrath Bischoff vorgeschlagen, ehe man die einzel=
nen Bestimmungen der von den Erfordernissen eines Wech=
sels handelnden Paragraphen 4 bis 8 des Entwurfs er=
örterte, einige darauf Bezug habende Fragen allgemeinerer
Art zur Entscheidung zu bringen.

Die erste dieser Fragen war: 43

soll das Bekenntniß der empfangenen Valuta als ein
Erforderniß des Wechsels angesehen werden?

eine Frage, welche der Herr Referent nach den Motiven
des Preußischen Entwurfs verneinend beantworten zu
müssen glaubte. Dieser Ansicht stimmten alle Anwesen=
den bei, mit Ausnahme des Herrn Camphausen. Der
L. S. 11.   Letztere trug auf die | Bejahung der vorstehenden Frage 44
an, weil er keinen Fortschritt des Wechselrechts darin er=
blicken könne, daß die Form in welcher ein Wechsel er=
scheinen solle, auf Kosten der Deutlichkeit oder der Rich=
tigkeit des Ausdrucks abgekürzt werde. Es liege in der
M. S. 5 Sp. 2. Natur der Wechselurkunde, daß in | derselben mit der Lei=
stung des einen Contrahenten die Gegenleistung des An=
dern angeführt werde, und die Frage sei nicht, weshalb
das Bekenntniß beibehalten werden, sondern warum es
wegfallen solle? Der Grund, daß in Folge der Beibe=
haltung dieses Bekenntnisses viele Papiere als Wechsel
circuliren würden, ohne Wechsel zu sein, erscheine nicht
erheblich, weil der Verkehr immer dahin streben werde,
wie das Gesetz auch laute, neben den Wechseln, welche
der in dem Gesetze vorgeschriebenen Form entsprechen, andere
Papiere in Circulation zu bringen, welche jener Form
nicht entsprechen und gleichwohl den ermangelnden Credit
zu ersetzen bestimmt seien. Von practischem Nutzen sei
die Beibehaltung des Bekenntnisses wegen der dadurch be=
förderten größeren Uebersichtlichkeit der Handelsverbindun=
gen und ihrer Natur, und weil dasselbe die Beurtheilung

der Eigenschaften des umlaufenden Wechsels und die Er-
mittelung der Wahrheit der in dem Wechselproceß vorkommenden Einreden gegen die Wechsellage erleichtere.

Gegen diese Ansicht ward geltend gemacht, theils die 45
Natur des Wechselgeschäfts als eines formellen, bei welchem die causa debendi zurücktrete, theils die Unbestimmt-
heit, in welcher das Bekenntniß der Valuta, da, wo es
vorkommt, ausgedrückt zu werden pflege, wie z. B. Werth
in Rechnung, in mir selbst rc., theils endlich, daß in
den meisten neuen | Wechselgesetzen die Formel des Be-
kenntnisses der empfangenen Valuta als überflüssig angesehen worden sei.   Herr Camphausen erklärte hierauf,
daß er bei der entschiedenen Ansicht der Versammlung
auf die weitere Erörterung der Frage verzichte.

M. S. G. Sp. 1.

Die zweite Frage betraf die Zulässigkeit der 46
Wechsel au porteur. Der Herr Referent war für die
verneinende Beantwortung dieser Frage.   Derselbe erkannte zwar an, daß wenn man das sogenannte Indossament in blanco zulasse, auch ein Argument für die Zulässigkeit der Wechsel au porteur gegeben scheine, zumal
wenn man sich den Fall eines auf eigne Ordre gezogenen
und dann in blanco girirten Wechsels denke. Er war aber der
Ansicht, daß die Aufnahme solcher Wechsel als kein dringen-
des Bedürfniß des Verkehrs erscheine, daß einem solchen
eben durch Ausstellung eines Wechsels auf eigene Ordre
mit darauf gebrachtem giro in blanco jedenfalls Genüge
geschehen könne, und daß wenn in einer spätern Zeit
das Bedürfniß solcher Wechsel dringender sich herausstellen sollte, es Sache der Gesetzgebung dieser Zeit sein
werde, vermittelnd einzugreifen.   Auch von anderen Seiten ward gegen die Zulassung der Wechsel au porteur
eingewendet, daß Wechsel dieser Art als eine Art Cassen-
scheine, Banknoten, mit einem Wort als eine Art von Papiergeld anzusehen sein würden, deren Creirung die Regierungen
einzelner Staaten den Privaten schwerlich gestatten dürften.
In Erwägung aller dieser Gründe ward beschlossen, daß
Wechsel au porteur als gültige Wechsel nicht zuzulassen

L. S. 12.

seien, jedoch ein förmliches Verbot derselben auszusprechen
nicht nothwendig erscheine, da | es genüge, daß im §. 4
unter No. 3 des Entwurfs die Angabe eines bestimmten
Remittenten deutlich vorgeschrieben sei.

Auf das von einer Seite erhobene Bedenken: wie 47
ein Wechsel zu beurtheilen sei, welcher auf eine bestimmte
Person oder Inhaber laute, ward entgegnet, daß durch
den gedachten Zusatz nur das der genannten Person zu-
gestandene Recht der Begebung ausgesprochen werde, mithin ein so ausgestellter Wechsel nicht unter den Begriff
eines Wechsels au porteur falle.

Sollen die Wechsel a uso, doppio uso, halben uso rc. 48
in Ansehung der im Inlande ausgestellten Wechsel ferner beibehalten werden? Dies war die dritte von dem
Herren Referenten aufgeworfene und von demselben verneinend entschiedene Frage. Sämmtliche anwesende Herren
Abgeordnete stimmten darin überein, daß gegenwärtig
dergleichen Wechsel im Inlande selten oder gar nicht

vorkommen, und nur von einigen Plätzen, z. B. von Hamburg zuweilen Wechsel a uso auf das Ausland, namentlich Spanien, gezogen würden. Man war einstimmig der Meinung, daß in Deutschland Wechsel mit uso nicht mehr ausgefertigt werden sollen, daß es aber, wenn die Fassung des §. 4. No. 4. angenommen werde, einer weitern Bestimmung über diesen Gegenstand, wenigstens in dem zu redigirenden Entwurfe, nicht bedürfe.

Eine vierte Frage: 49

ob zu dem Wesen des Wechsels gehören solle, daß derselbe auf einen von dem Orte der Ausstellung verschiedenen Ort gezogen werde?

ward einstimmig verneint.

Dasselbe Resultat ergab sich in Ansehung der fünften Frage, welche dahin lautete: 50

ob ein Wechsel ausdrücklich auf Ordre gestellt sein müsse, wenn er als Wechsel betrachtet werden solle?

M. S. 6. Sp. 2. die | Klausel „auf Ordre" übertragbar sei, noch nicht entscheiden, sondern lediglich erklären wollte, daß eine solche Form der Ausstellung eine zulässige sei.

Als man nach der Entscheidung über die vorstehen- 51
§. 4. den allgemeinen Fragen zur Erörterung des §. 4 überging, gab die Bestimmung in No. 1 zu einer ausführlichen Discussion Veranlassung. Die Herren Abgeordneten von Hamburg führten aus, daß in Hamburg jedes auf Ordre lautende, die Eigenschaft einer Zahlungsanweisung an sich tragende gezogene Papier, im kaufmännischen Verkehr als Wechsel behandelt werde. Derartige Papiere, welchen man diese Eigenschaft versagen wollte und die, wenn die Acceptations=Pflicht auf die als Wechsel bezeichneten beschränkt würde, wahrscheinlich in größerer Menge als seither, in Umlauf gebracht werden dürften, würden aufhören discontabel zu sein, hierdurch würde der Verkehr an Sicherheit verlieren und durch die Entziehung eines Zahlungsmittels in einer Art beeinträchtigt werden, die nicht nur für Hamburg sehr nachtheilig, sondern auch weiter fühlbar werden würde. Außerdem komme in Betracht, daß nach der Gesetzgebung der meisten Länder,
L. S. 13. mit denen Deutschland in Handelsverkehr | stehe, die Benennung als Wechsel nicht als Haupterforderniß vorgeschrieben sei und es wohl als wünschenswerth erachtet werden möchte, hierin wo möglich Uebereinstimmung mit dem zu erzielen, was in anderen Ländern gesetzlich festgestellt sei. — Die Richtigkeit dieser Bemerkung, welcher übrigens der Frankfurter Herr Abgeordnete beipflichtete, ward nicht allgemein anerkannt und zugleich von mehreren Seiten erinnert, daß die Erörterung über 52 diese Bemerkung Gegenstand einer späteren Verhandlung sein werde. Hier wo es um die Form des Wechsels und um ein in dem Wechsel selbst gegebenes unzweideutiges Merkmal sich handle, an welchem das Dasein eines Papiers sich erkennen lasse, welches wechselmäßige Verbind-

lichkeiten zu begründen bestimmt sei, komme es nur darauf
an, dies Merkmal zu firiren, und das geschehe durch das
in dem §. gewählte Wort „Wechsel" auf völlig befriedigende Weise, wenn auch nicht geleugnet werden solle,
daß der Ausdruck: „an Ordre" zu gleichem Zwecke
benutzt werden könne.　Eine ganz verschiedene Frage
sei es:

> ob nicht neben dem eigentlichen als Wechsel bezeich-
> neten Papiere auch andere dies Abzeichen nicht an
> sich tragende Papiere als zur Erzeugung wechselmäßi-
> ger Verbindlichkeiten geeignet angesehen werden sollen?

Diese Frage, wenn sie überhaupt Gegenstand des
Entwurfs sein und nicht vielmehr der Gesetzgebung jedes
besondern Staats zur Beantwortung überlassen werden
solle, gehöre in einen Abschnitt, der füglich erst dann seine
Stellung finden könne, wenn über Form und Wirkung
des eigentlichen Wechsels eine feste Ansicht sich gebildet
habe.

Da auch über diesen letzteren Punct eine Vereini- 53
gung nicht bewirkt werden konnte, so ward von Seiten
des Vorsitzenden bei dieser Divergenz der Meinung über
einen an sich hochwichtigen Gegenstand und in Erwägung,
daß man wohl nicht von allen Seiten eine darauf be-
zügliche Besprechung schon jetzt erwartet und demgemäß für
heute vollständig sich vorbereitet haben werde, vorgeschlagen,
die Discussion darüber bis morgen auszusetzen, womit
man sich einverstanden erklärte.

Weniger Schwierigkeiten boten die übrigen Absätze 54
des §. dar.　Ueber No. 5. 7. 8. ward gar nichts erinnert.　Zu No. 2 wurde von einem Mitgliede bean- 55
tragt, daß die in dem Wechsel zu erwähnende Geldsumme immer in Buchstaben ausgedrückt und demgemäß
M. S. 7 Sp. 1. auch der §. 6. des Entwurfs | abgeändert werde. Man er-
kannte an, daß auf diese Weise zur Sicherstellung des
Wechsels gegen Verfälschung beigetragen werde, achtete
es aber für bedenklich, von der Anwendung dieser Sicher-
heitsmaaßregel die Gültigkeit des Wechsels abhängig zu
machen und lehnte daher den Vorschlag mit 16 Stimmen
gegen 2 ab.

Bei No. 4. ward zwar von einer Seite bemerklich 56
gemacht, daß Zeitbestimmungen wie die hier aufgeführten
lieber später in einem besondern §. hätten aufgestellt werden sollen, allein es ward darauf erwidert, daß es hier
darum zu thun sei, das Formelle des Wechsels in Bestimmung der Zahlungszeit hervorzuheben und damit Bestimmungen wie a uso, a piacere, auszuschließen, obwohl 57
es keineswegs die Absicht sei, die Worte: Sicht, vista,
L. S. 14.　dato, als ausschließlich anwendbare | Ausdrücke festzustellen,
vielmehr den Interessenten vorbehalten bleibe, statt dieser
Ausdrücke andere gleichgeltende zu wählen.

Auf die Bemerkung, daß hie und da die christlichen Feste, 58
z. B. Ostern, Weihnachten 2c. oder auf andere Weise bestimmte Zeitabschnitte z. B. in Mecklenburg der Antoni-
M. S.7 Sp. 2. termin | und der Johannistermin als Zahlungszeit häufig

vorkommen, war man der Meinung, daß dieser Gebrauch in Beziehung auf Wechsel auszuschließen sei.

Zu No. 6. ward die Frage aufgeworfen: 59
    ob es überall der Angabe eines Datums für den Wechsel bedürfe?

Man ließ es aber bei der Bestimmung des §. bewenden, und hielt es nicht erforderlich, durch die Fassung des §. anzudeuten, daß das Datum das wirkliche Datum der Ausstellung sein müsse.

Auch war man der Meinung, daß Ausdrücke, wie 60 Leipziger Ostermesse, Frankfurter Margarethen Messe ꝛc., nicht geeignet seien, das ausgeschriebene Datum zu vertreten.

Der von einem Mitgliede gestellte Antrag, unter 61 die Essentialien der Tratte das Dasein eines Zahlungsauftrages aufzunehmen, indem sich der gezogene Wechsel gerade hierdurch von dem eignen Wechsel unterscheide, fand keine Unterstützung. Man war der Meinung, daß die Hervorhebung solcher Unterscheidungen lediglich der Doctrin zu überlassen sei.

V.

Leipzig, den 26. October 1847.

M. S 7. Sp. 1.   Nachdem die heutige Sitzung unter dem Vorsitz 62 des Herrn Geheimen Legationsrath von Patow und im Beisein der sämmtlichen Herren Abgeordneten mit Vorlesung des Protocolles der gestrigen Sitzung begonnen hatte, trug der K. K. Oesterreichische Abgeordnete   63

Herr Hofrath Dr. Heißler

darauf an, in Beziehung auf die vierte der gestern von dem Herrn Referenten vorgetragenen allgemeinen Fragen eine besondere Erklärung zu den Acten zu nehmen. Diese Erklärung lautete dahin:

er betrachte zwar bei Bestimmung des Begriffs eines gezogenen Wechsels, von welchem der jetzt zur Berathung vorliegende erste Abschnitt des Entwurfs handle, es nicht als wesentliches Erforderniß eines solchen Wechsels, daß derselbe von einem Orte auf einen andern gezogen sei, müsse jedoch bemerken, daß nach Oesterreichischen Gesetzen dies wirklich als ein Erforderniß der förmlichen Wechsel angesehen werde; L. S. 15.   daß aber | alle Wechsel, welche von dem Aussteller selbst an irgend einem Orte zu zahlen seien, sowie Wechsel, die ein Dritter an den Ort der Ausstellung zu zahlen habe, als unförmliche Wechsel betrachtet würden, deren Ausstellung nur gehörig protokollirten Handelsleuten, Fabrikanten und Gewerbtreibenden gestattet sei. Diese Bemerkung gelte auch von den im §. 5. erwähnten traffirt eignen Wechseln und von den **Platzwechseln**, von welchen im §. 18. sub No. 1 die Rede sei. Eine genaue Bestimmung des förmlichen oder fremden trassirten Wechsels sei übrigens von Wichtigkeit hinsichtlich der Vorschriften über den Kauf des Wechsels, da man bei einem solchen Kaufsgeschäft gewöhnlich einen gezogenen fremden Wechsel vor | Augen habe.

M. S. 7 Sp. 2

Wenn nun von ihm, dem Herrn Abgeordneten, seine Zustimmung zu der Annahme ertheilt worden sei, daß zu dem im §. 4. des Entwurfs aufgestellten Erfordernissen die Ziehung auf einen von dem Orte der Ausstellung verschiedenen Ort nicht gehöre, so sei dies nur mit Berücksichtigung der Ueberschrift des zweiten Abschnitts des Entwurfs und des Beschlusses, nach welchem die allgemeine Wechselfähigkeit sowohl auf gezogene, als auf eigne Wechsel ausgedehnt werde, geschehen und in diesem Maaße zu verstehen.

Nachdem diese Erklärung zum Protocoll genommen war, ward die Erörterung über die in gestriger Sitzung 64 ausgesetzte Frage wieder aufgenommen.

Der Herr Referent erklärte: Der Vorschlag der Herren Abgeordneten von Hamburg bezwecke im Wesentlichen dasselbe, was man bei Abfassung der Schlußbestimmung des Preußischen Entwurfs beabsichtigt habe, wo die Bestimmungen des Preußischen Landrechts über kaufmännische Anweisungen und Handelsbillets aufgehoben seien. Von der einen wie von der andern Seite habe man denselben Zweck, nämlich den Zweck, einer unnützen Vervielfältigung der verschiedenen Arten der kaufmännischen Kreditpapiere,

λ.

sowie den Uebelständen, welche sich daraus für den Verkehr ergäben, vorzubeugen. Nur in den Mitteln, welche zur Erreichung dieses Zwecks vorgeschlagen würden, seien die Anträge verschieden. Der Vorschlag von Hamburg gehe dahin, alle Papiere, in denen eine Zahlungs-Anweisung enthalten sei, unter den Begriff des Wechsels zu bringen. Dagegen wolle Preußen alle Papiere, die nicht die wesentlichen Erfordernisse des Wechsels enthielten, des speciellen Privilegiums der kaufmännischen Papiere entkleiden und unter die Herrschaft des gemeinen Civilrechts

M. S. 8 Sp. 1.

stellen, nach welchem dann zu beurtheilen sei, ob und mit welcher Wirkung das Geschäft zu Recht bestehen könne. Es lasse sich nicht bezweifeln, daß sowohl nach dem einen, wie nach dem andern Vorschlage der Zweck erreicht werden könne. Indessen komme in Betracht, daß der Vorschlag von Preußen, der übrigens bei der Wichtigkeit der Sache auch positiv im Gesetze ausgedrückt werden könne, den Zweck auf eine weniger gewaltsame Weise ins Leben führen würde, als dies durch den Vorschlag von Hamburg geschehen möchte. Im deutschen Wechselrechte habe man, mit Ausnahme weniger Specialgesetzgebungen, sowohl in der Legislation, als in der Doctrin stets den Begriff

S. 16.

des Wechsels auf das in Wechselform ausgestellte, und mit dem Ausdruck „Wechsel" ausdrücklich bezeichnete Papier beschränkt; man habe auf die Bezeichnung „Wechsel", in der man ein Warnungszeichen für unerfahrene Personen

erblickt habe, ein großes Gewicht gelegt und demgemäß
alle Zahlungsanweisungen, in denen sich dieser Ausdruck
nicht finde, aus dem Begriff des Wechsels ausgeschlossen.
Mit der Annahme des Vorschlags von Hamburg würden
nun aber alle diese Papiere unter den Begriff des Wechsels fallen; es würde letzterer eine sehr wichtige und bedeutungsvolle Ausdehnung erhalten und es würden bei
der Ausdehnung der Wechselfähigkeit viele Regierungen
mit Recht Bedenken tragen, diese Erweiterung des bestehenden Rechts zu sanctioniren. Sei dies aber voraus-
zusehen, so erscheine es nicht räthlich, einen Grundsatz zu
adoptiren, der, wenn er nicht von allen Regierungen
gleichmäßig angenommen würde, bei der Wichtigkeit seiner
Folgen sehr geeignet sei, die Grundlagen eines gemeinsamen Wechselrechts zu erschüttern.

Schlüßlich machte der Herr Referent darauf aufmerk-65
sam, daß nach der gegenwärtigen Lage der Berathung
die nachfolgenden drei Fragen zur Discussion würden gelangen müssen:

1) ist die Bestimmung unter No. 1 §. 4 des Entwurfs anzunehmen?

2) ist jedes auf „Ordre" gestellte, gezogene Papier 66
einem solchen, in welchem der Ausdruck „Wechsel"
vorkommt, gleichzuachten?

3) sollen Anweisungen in dem Sinne, wie solche in 67
dem Sächsischen Entwurf vorkommen, beibehalten
werden?

Es wurde hierauf die Discussion über die vorstehen-68
den Fragen eröffnet.

Von den Sächsischen Herren Abgeordneten wurde
die Wichtigkeit der Beibehaltung eines lediglich auf dem
Credit des Ausstellers und der Indossanten beruhenden,
nicht acceptabeln, übrigens aber den förmlichen Wechseln
gleichstehenden Papieres zunächst für die Sächsischen Verhältnisse hervorgehoben. Es wurde bemerkt, daß die Nothwendigkeit eines solchen Papiers besonders seit Einführung
des prompten Accepts in Sachsen hervorgetreten sei, daß
dasselbe als Zahlungsmittel des kleineren und mittleren
Gewerbstandes diene, daß darauf die Selbstständigkeit
des letzteren gegenüber den großen und reichen Fabrik-
etablissements beruhe und daß die Unterdrückung dieses
Bedürfnisses mit wichtigen und nachtheiligen Folgen für
die commerciellen, industriellen und selbst socialen Zustände
des Landes verknüpft sein werde. Aber nicht allein in
Sachsen zeige sich ein solches Bedürfniß, das zum guten
Theil auf dem verhältnißmäßig kleinen Capitalreichthum,
der dem Deutschen Gewerbtreibenden zu Gebote stehe, beruhe; es trete überall in Deutschland hervor, wo ähnliche
Verhältnisse bestehen, so namentlich in den Kaiserlich
Oesterreichischen Staaten, in Schlesien ꝛc. und werde auch
in dem südlichen Deutschland mehr noch als jetzt empfun-
M. S. 8. Sp. 2. den werden, | wenn der prompte Accept in Augsburg ein-
geführt werden sollte. Das Bedürfniß habe sich nur unter
verschiedenen Formen Bahn gebrochen, so in Oesterreich

L. S. 17.

im domicilirten Wechsel, in Sachsen und Schlesien in der Anweisung, im westlichen Deutschland noch unter | andrer Gestalt. Es werde Aufgabe der Gesetzgebung sein, die Befriedigung des Bedürfnisses zu regeln, nicht ihm ent= gegen zu treten. In welcher Weise diese Regelung vor= 69 zunehmen sei, könne füglich späterer Verhandlung vorbe= halten bleiben, jetzt scheine es nur darauf anzukommen, nicht den Weg dazu durch Annahme des Hamburger Vorschlags abzuschneiden, und von Seiten Sachsens müsse man wünschen, daß eine Beschlußnahme über diese hoch= wichtige Frage vertagt werde.

Von mehreren Seiten ward hierauf in Vorschlag gebracht, die Bestimmung von No. 1. §. 4. des Ent= wurfs beizubehalten, jedoch unabhängig davon zu erörtern, ob neben den auf diese Weise bezeichneten trassirten Wech= seln auch andere Papiere, und welche, Wechselkraft haben sollten. Diese Erörterung sollte nach der Ansicht mehrerer Abgeordneten für den Schluß der Verhandlungen aufge= spart werden.

Dem letzteren Vorschlag ward wiederholt der Ein= 70 wand entgegengesetzt, daß die Discussion über den in Frage kommenden Punkt sich bereits zu ausführlich ver= breitet habe, als daß es räthlich erscheine, einen Be= schluß über dieselbe weiter hinauszuschieben. Der Herr Vor= sitzende erachtete einen solchen Aufschub auch in formeller Hinsicht für bedenklich, weil in der gestrigen Sitzung die Erledigung dieser Angelegenheit ausdrücklich der heutigen Sitzung zugewiesen worden sei. Da indeß die Hambur= 71 ger Herren Abgeordneten erklärten, daß sie die Aussetzung der Beschlußnahme über ihren Vorschlag sich bereitwillig gefallen lassen würden, wenn nur auch die Abstimmung über §. 4. No. 1. ausgesetzt werde, so ward der Punkt 72 wegen der Aussetzung der Entscheidung zur Abstimmung gebracht. Diese erfolgte; es ergab sich hierbei, daß eben so viel Stimmen für die Aussetzung als gegen dieselbe sich erklärten und es ward nunmehr in Folge des votum decisivum des Herrn Vorsitzenden die Aussetzung eines definitiven Beschlusses genehmigt.

§. 5.   Man fuhr nunmehr in der weiteren Erörterung des 73 Entwurfs fort und war zu §. 5. einverstanden, daß so= wohl die sogenannten trassirt eignen Wechsel, als die Wechsel an eigne Ordre als wechselkräftig angesehen wer= den sollten. In Betreff der ersteren kam in Frage, ob 74 die Beschränkung: daß die Zahlung an einem anderen Orte, als dem der Ausstellung geschehen solle, beizube= halten sei. Dieser Punkt gelangte zur Abstimmung und es ward mit zehn Stimmen gegen acht entschieden, daß diese Beschränkung wegfallen solle. Zugleich wurde auf 75 den Antrag mehrerer Mitglieder beschlossen, die rechtliche Bedeutung der trassirt eigenen Wechsel beim §. 87 noch näher zu bestimmen. Ob nicht des für fremde Rechnung 76 gezogenen Wechsels Erwähnung geschehen solle, kam eben= falls zur Frage; man hielt dies jedoch nicht für erfor= derlich und überließ der Jurisprudenz, das Eigenthümliche von Wechseln dieser Art hervorzuheben und nöthigenfalls nachzuweisen, daß dieselben durch die Bestimmungen des Gesetzes nicht ausgeschlossen seien.

§. 6. Bei Erörterung des §. 6. kam in Frage, was an= 77 zunehmen sei, wenn Abweichungen in Ansehung der Summe bei Bezeichnungen derselben Art sich zeigen. Auch hier traten verschiedene Meinungen hervor, indem auf der einen Seite die | Angabe in dem Context, auf der andern, die geringere Summe als maaßgebend angenom= men ward. Mehrere | Mitglieder trugen darauf an, den §. ganz wegzulassen und die entstehenden Zweifel dem richterlichen Ermessen anheim zu geben. Indessen ent= schied sich die Majorität der Versammlung, den §. mit einem den obigen Zweifel erläuternden Zusatz beizubehalten. Dieser Zusatz soll, wie dies mit 16 Stimmen gegen 2 beschlossen wurde, darin bestehen, daß in den Fällen, wo die Wechselsumme mehrmals mit Buchstaben oder mehr= mals mit Ziffern geschrieben ist, bei einer sich ergebenden Verschiedenheit der Summen, für das Wechselverfahren die kleinere Summe als die zu zahlende erachtet werden soll.

§. 7. In Ansehung des §. 7. gab man anheim, ob bei 78 der Redaction dieser §. mit §. 4 No. 8. vielleicht in eine angemessene Verbindung gebracht werden könne. Außerdem brachte Herr Vicepräsident Einert noch die 79 Bestimmung in Vorschlag, daß bei gänzlichem Mangel der Angabe eines Zahlungsorts, der Ort der Ausstellung des Wechsels in Betracht zu ziehen sei. Er rechtfertigte diesen Antrag durch die Bemerkung, daß es angemessener erscheine, dem Wechsel soviel als möglich Geltung zu er= halten. Indeß fand dieser Antrag keine Zustimmung, vielmehr ward dagegen geltend gemacht, daß bei einem streng förmlichen Geschäft, wie es der Wechsel sei, die vorgeschlagene Modification bedenklich erscheine.

Beim §. 8 ward zunächst die Frage aufgeworfen, 80 ob man nicht dem Indossament und dem Accept eines mangelhaft ausgestellten Wechsels wechselmäßige Wirkung gegen den Indossanten und Acceptanten beilegen solle. Für die bejahende Beantwortung dieser Frage wurde von einem Mitgliede angeführt, daß Indossament und Accept eines Wechsels als eigne Geschäfte anzusehen seien, welche selbstständig gewisse Wirkungen hervorbringen; dasselbe be= zog sich insbesondere, was | das Indossament betrifft, auf die Bestimmung der §§. 71 und 72 des Entwurfs, welche mit der Bestimmung, daß das Indossament eines ungül= tigen Wechsels völlig wirkungslos sei, nicht in Einklang zu stehen scheine. Dieser Ansicht pflichteten drei andere Mitglieder bei. Allein von mehreren Seiten ward ihr entgegengetreten. Der Herr Referent entgegnete auf das aus den §§. 71 und 72 entnommene Bedenken, daß in diesen §§. ein wirklich unterschriebener Wechsel vorausgesetzt werde und nur die Aechtheit der Unterschrift in Frage komme, während in dem vorliegenden §. von einem nicht unterschriebenen Wechsel, mithin von einem äußerlich sicht= baren Mangel die Rede sei. Ein anderes Mitglied fand eine Bestimmung, in Folge deren ein Indossant oder Acceptant verbindlich werden solle, während der Ausgeber

L. S. 18.

M. S. 9 Sp. 1.

M. S. 9 Sp. 2.

2*

von welchem der vorhandene Mangel eigentlich verschuldet
worden, von allem Anspruche frei bleibe, nichts weniger
als angemessen.   Nach längerer Besprechung des Gegen- 81
standes ward einmüthig beschlossen, daß den vorgedachten
Anträgen keine Folge zu geben sei, wobei jedoch voraus- 82
gesetzt wurde, daß die Frage ob und in welchem Maaße
aus einer mangelhaft ausgestellten Wechselerklärung ein
nicht wechselmäßiger Anspruch stattfinde, lediglich aus dem
Civilrechte zu beantworten und nur vielleicht am Ende der 83
Verhandlungen die Aufnahme einer Bestimmung | zu be-
schließen sein werde, welche in Betreff aller solcher durch
die Wechselordnung nicht entschiedenen Fragen ausdrücklich
auf das Civilrecht verweise.

L. S. 19.

Ein Antrag, den letzten Abschnitt des §. wegzulassen, 84
fand ebenfalls keinen Anklang und ward mit 15 Stimmen gegen 3 abgelehnt.   Ebenso wurde eine Modifica- 85
tion, welche, in Ansehung der Gültigkeit des Accepts bei
Mängeln der §. 4. No. 6—8. angegebenen Art beantragt
worden war, mit 14 Stimmen gegen 4 abgelehnt.

VI.
Leipzig, den 27. October 1847.

—

M. S. 9. Sp. 1.   Nach Eröffnung der Conferenz und Vorlesung des 86
Protokolles über die gestrige Sitzung ging man sofort
§. 9.   zur Berathung des §. 9. über.   In Beziehung auf
diesen §. ward erinnert, daß es zweckmäßig erscheine,
hier, sowie an einigen anderen Orten des Entwurfs, nicht
von dem „Eigenthümer", sondern von dem „Inhaber" des Wechsels zu sprechen; sowie: daß das Schlußwort: „wechselmäßig" überflüssig erscheine.   Was 87
die erste Erinnerung anlangte, so ward beschlossen, der
Redaction anheimzugeben, bei jedem §. den Ausdruck zu
wählen, der dem in dem §. behandelten Verhältniß am
angemessensten sei.   Der zweite Antrag aber fand keinen 88
Anklang; man hielt vielmehr für wünschenswerth, daß
bei der anderweiten Redaction des Entwurfs, um jedem
Mißverständniß vorzubeugen, überall wo die Haftungs-
pflichtigkeit der verschiedenen Wechselverbundenen bestimmt
wird, ausdrücklich hervorgehoben werde, daß nur die Ver-
M. S. 9. Sp. 2.   pflichtung nach Wechselrecht Gegenstand der | Bestim-
mung sei.   Dagegen wurde beschlossen, die Worte: „dem 89
Remittenten und jedem spätern Eigenthümer des Wechsels"
aus dem Entwurfe hinwegzulassen, da sie sich, soweit sie
den Remittenten betreffen, von selbst verstehen, im Uebrigen aber aus den späteren Bestimmungen hervorgeht, daß
und inwiefern der Aussteller den Nachfolgern des Remittenten hafte.

Wegen der folgenden §§. wurde von einer Seite 90
bemerkt, ob es nicht vielleicht zweckmäßiger sein würde,
zuerst von dem Wechsel in der einfachen Gestalt, in

welcher bloß Trassant, Remittent und Trassat als die
dabei Interessirten vorkommen, zu handeln und erst nach=
her auf den complicirteren Fall des Indossaments über=
zugehen. Die Versammlung gab indeß dieser Bemerkung
keine weitere Folge, in Betracht, daß die Bestimmungen
der späteren Abschnitte auch die Indossanten und Indossa=
tare betreffen, mithin die Vorschriften über das Indossament
denselben vorhergehen müssen.

M. S. 10. Sp. 1.   Der Referent, Herr Geh. Justizrath B i s c h o f f, 91
brachte sodann die Präjudizialfrage zur Erörterung:

L. S. 20.   ob nach Maaßgabe des §. 13. des Entwurfs das
sogenannte giro in blanco als gültig und wirksam
anerkannt werden solle?

Herr C a m p h a u s e n sprach sich in Beziehung 92
auf diese Frage verneinend aus, und bat, da Nie=
mand in der Versammlung über oder gegen das
Indossament in blanco das Wort nehme, nur kurz einige
der Gründe vortragen zu dürfen, wegen deren er sich
dagegen erklären müsse. Die Uebernahme von Verpflich=
tungen durch bloße Namensunterschrift, ohne ihren schrift=
lichen Ausdruck durch Worte, sei ein unnatürliches Ver=
fahren, das besonderer Gründe zu seiner Rechtfertigung
bedürfe. Er nehme diese Gründe nicht wahr und wenn
er auch zugebe, daß durch den das Werthbekenntniß ent=
fernenden Beschluß der Versammlung ein wesentlicher
Bestandtheil des Indossaments bereits beseitigt sei, so
berechtige dies andrerseits zu der Erwartung, daß die
Beibehaltung der übrigen Bestandtheile (Zahlungs=Auf=
forderung an Ordre, Name des Indossatars und Datum)
um so geringerem Bedenken unterliege. Es sei kein Be=
dürfniß vorhanden, durch erleichterten Umlauf von Hand
zu Hand den Wechsel dem Gelde zu assimiliren, im Ge=
gentheile sei durch die Erfahrungen der letzten 50 Jahre
der Staatswissenschaft das als ein Axiom gewonnen, daß
alles Papiergeld unter der Beaufsichtigung der Oeffent=
lichkeit stehen und daß Jedem die Beurtheilung der für
die Einlösung vorhandenen Garantieen möglichst leicht
gemacht werden müsse. Das Bedürfniß des Geldumlaufs
unterscheide sich scharf von dem Bedürfnisse des Personal=
Credits; beide hätten sich innerhalb der ihnen angewie=
senen Grenzen zu bewegen. Dem gesunden Credit, der
Solidität des allgemeinen Verkehrs entspreche es, daß
Jeder den Lauf der Wechsel von einer Hand in die an=
dere verfolgen könne. Er wolle nicht bestreiten, daß es
häufig für den Einzelnen vortheilhaft sein werde, das
Blanco=Indossament zur Verdeckung seiner Wechsel=Ope=
rationen benutzen zu können, daß mancher Privatmann sich
dadurch im Stande sehen werde, im Verborgenen bedeu=
tende Wechselgeschäfte zu betreiben; dieser Vortheil des
Einzelnen gestalte sich aber zum Nachtheile für das All=
gemeine, in dessen Interesse es liege, die Verheimlichung
auffallender Wechsel=Operationen zu erschweren. Von
großer Wichtigkeit sei die Zulassung des Blanco=Indossa=
ments für diejenigen Handlungshäuser an den größeren

Börsenplätzen, welche häufig Aufträge ihrer Freunde zur Uebersendung von Wechseln auszuführen hätten; sie würden sich in der Lage befinden, die Aufträge ohne ihr eigenes Giro auszuführen, und ihre Sorgfalt werde auf Kosten der Solidität des Wechsel-Verkehrs eine geringere sein, als wenn sie sich vermöge ihres Indossaments dem Wechselregresse aussetzen müßten. Der Regreß werde erschwert oder unmöglich, wenn der Inhaber den Wohnort der Blanco-Indossanten nicht in Erfahrung bringen könne; dies sei schon hinsichtlich der bekannteren und bedeutenderen Handelsfirmen denkbar, deutlicher aber werde der Uebelstand, wenn sich unter den Indossanten häufig vorkommende Namen, wie Müller, Becker, Schmidt befänden, wo es geradezu unmöglich werden könne, in der vorgeschriebenen Frist zu ermitteln, wo der betreffende Müller, Becker oder Schmidt wohne. Außerdem sei die Datirung des Indossaments erforderlich zu beweisen in Streitsachen, zur | Verhinderung von Täuschungen, von Antedatirungen, von betrüglichen Entziehungen bei Fallimenten. Durch die Zulassung der Blanco-Indossamente sei, wenn | nicht die Nothwendigkeit, doch die Veranlassung gegeben, nun auch die Ausfüllung aller Indossamente als ein gesetzliches Recht dem jedesmaligen Inhaber zuzusprechen und dadurch den Letzteren zur Angabe von Thatsachen, deren Richtigkeit er nicht kenne, zu ermächtigen. Ihm scheine in dieser Verfügung eine Verletzung des öffentlichen Rechtsbewußtseins zu liegen, welche, wenn sie eine unvermeidliche Folge des Blanco-Indossaments wäre, allein dessen Verwerfung begründen würde. Das Indossament in blanco mit der gesetzlichen Ermächtigung zur Ausfüllung Aller werde um so bedenklicher, weil die ungebührliche Anwendung der in den §§. 15 und 17 des Entwurfs gestatteten Zusätze die wechselmäßige Verbindlichkeit unterbrechen würde. Er wolle schlüßlich kein durchschlagendes Gewicht darauf legen, daß die bestehende Gesetzgebung in weitem Kreise die Ausfüllung des Indossaments vorschreibe, da jedoch die Conferenz zusammengetreten sei, um für einen großen Länderkreis ein gemeinschaftliches Recht zu gewinnen, so vermöge er es auch nicht für gleichgültig zu erachten, ob durch den Beschluß der Versammlung in einer wichtigen Frage die Gleichförmigkeit für 100 Millionen oder für 40 Millionen Menschen vorbereitet werde.

Zu dieser Erklärung bemerkte der Großherzl. Hessische 93 Bevollmächtigte, Herr Ministerialrath Dr. B r e i d e n b a ch weiter: Er würde sich erlaubt haben, die für die Nothwendigkeit des Werthbekenntnisses, also gegen die Statthaftigkeit des Blanco-Indossaments sprechenden, von den Behörden des Großherzogthums, welche den Entwurf begutachtet haben, angeführten Gründe der Conferenz vorzutragen, wenn nicht die so eben vernommene Auseinandersetzung des Herrn C a m p h a u s e n das Wesentlichste bereits enthielte. Auch in der Hessischen Rheinprovinz wünsche man in dieser Beziehung die Beibehaltung des code de commerce, und nicht minder sei der Handels-

L. S. 21.

M. S. 10. Sp. 2.

stand der Stadt Offenbach hiermit einverstanden. Er könne daher nur wünschen, daß es der Versammlung gefallen wolle, jene Gründe in Erwägung zu ziehen; sollten sich jedoch durch dieselben die übrigen Herren Abgeordneten nicht bestimmen lassen können, von dem §. 13 abzugehen, so werde er allein keinen Dissens machen.

Hiegegen ward bemerkt, daß man zwar das Gewicht 94 der angeführten Gründe nicht verkennen wolle, jedoch nicht unbeachtet lassen dürfe, daß das Blanco-Indossament schon seit sehr langer Zeit und selbst im Widerspruch mit bestehenden Gesetzen, im Verkehr sich geltend gemacht habe. In dieser Beziehung führte Herr Vicepräsident Einert die Leipziger Wechsel-Ordnung vom Jahre 1682 als Beleg an, in welcher das giro in blanco nach dem Vorgang der Statuten einiger Reichsstädte abgeschafft werde; was unverkennbar auf ein früheres Bestehen dieser Art des Giro hinweise. Er bemerkte dabei, daß ohngeachtet des in der Leipziger Wechsel-Ordnung ausgesprochenen Verbots der Gebrauch des giro in blanco wie an anderen Orten, so auch in Sachsen, im Verkehre sich erhalten habe und daß es unter diesen Umständen bedenklich erscheine, einer nicht zu bezweifelnden Usance entgegen zu treten. Nicht minder wurde erwähnt, daß selbst in Frankreich, wie es notorisch sei, eine große Menge Effecten mit Indossament in blanco negociirt und daß dabei den Inhabern nicht das Recht abgesprochen werde, das Eigenthum zu übertragen, indem sich die Sache so stelle, daß man bei den Gerichten freilich solche Inhaber nur als Mandatare ansehe, doch aber unter Beistimmung von Schriftstellern über das Handelsrecht, zu dem Resultate gekommen sei, daß solche | Inhaber als Mandatare das Recht hätten, das Eigenthum zu übertragen, daß man aber freilich in Frankreich diesen ungewissen Zustand als etwas Drückendes empfinde und eine Veränderung durch die Legislation herbeiwünsche, daß ferner, was die übrigen angeführten Nachtheile des Indossirens in blanco betreffe, ein Jeder, der einen Wechsel kaufe oder annehme, die Güte des Giro nach dem ihm bekannten Namen beurtheilen und eventualiter verlangen werde, daß derjenige, von dem er den Wechsel erhalten, ihn auch indossire, und daß es endlich an einer entsprechenden Strafe fehlen dürfte, die geeignet erscheine, einem etwaigen Verbote des Blanco-Giro Wirkung zu verschaffen. In Erwägung dieser Gründe entschied die Versammlung sich einstimmig für die Zulassung des Blanco-Indossaments. 95

Der Herr Referent erörterte hierauf mit Beziehung 96 auf §. 10 des Entwurfs der Versammlung die zweite Vorfrage; die Frage nämlich:

> ob auch Wechsel, welche nicht ausdrücklich auf Ordre gestellt sind, als übertragbar durch Giro anzusehen seien?

Hier zeigte sich eine bedeutende Verschiedenheit der 97 Ansichten. Von den Herren Abgeordneten für Hamburg wurde hervorgehoben, wie es im Handel und namentlich

L. S. 22.

M. S. 11. Sp. 1.

im Wechselverkehr hergebracht sei, den Begriff der Nego-
ciabilität des Documents gerade an den Ausdruck „Ordre"
zu knüpfen; wie dieser Ausdruck in vielen Ländern für den
Wechsel und das Indossament, in anderen wenigstens für den
Text des Wechsels unbedingt erfordert werde, wenn ein
begebbares Papier vorhanden sein solle; wie ferner wesentlich in Betracht komme, daß man bei einer Regreßnahme
in fremden Ländern beim Fehlen dieses Wortes leicht auf
Schwierigkeiten stoßen könne, und man endlich sich auch
bei dem Satze, daß nun doch nach heimischem Rechte
die Sache in Ordnung sei, nicht beruhigen dürfe, wenn
man wisse, wie schwierig oft eine Beweisführung nach
diesseitigem Rechte in der Fremde sei.

Diese Ansicht ward von mehreren Seiten unterstützt.

Von anderen Mitgliedern wurde dagegen für die be= 98
jahende Beantwortung der Frage angeführt, daß nach
vielen Deutschen Wechselordnungen der Zusatz: „oder Ordre"
nicht erforderlich sei, um einen Wechsel begebbar zu machen.
Man müsse dies um so mehr als richtig anerkennen,
als das Verbot der Begebung den Wechsel seiner natürlichen Function, seiner eigentlichen Bestimmung als Zahlungsmittel entfremde und daher sein eigentliches Wesen
zerstöre. Solle gleichwohl ein solches Verbot der Begebung eintreten, so sei dies allemal als eine Ausnahme
von der Regel zu betrachten und so müsse es dann auch
das Gesetz nehmen. | Man müsse die Begebung an das
bloße Wort „Wechsel" und den damit verbundenen Begriff
knüpfen und die Ausnahme nur dann eintreten lassen,
wenn ein Geber das Besondere durch ein ausdrückliches
Verbot des Regelmäßigen angeordnet habe. Anders sei
die Sache allerdings zum großen Theil in ausländischen
Gesetzgebungen aufgefaßt; allein die Bestimmungen eines
für Deutschland zu entwerfenden Wechselgesetzes mit dem
im Auslande gültigen Recht überall in Einklang zu bringen,
sei unmöglich.

L. S. 23.

Die aufgeworfene Frage gelangte hierauf zur Ab= 99
stimmung und ward mit 14 gegen 4 Stimmen bejahend
entschieden.

Hiernächst war man allseitig darin einverstanden, 100
daß wenn der Wechsel selbst nicht auf Ordre gestellt zu
werden brauche, | um begebbar zu sein, es auch der Worte:
„an Ordre" für die darauf gebrachten Indossamente
nicht bedürfe.

M. S. 11. Sp. 2.

An die vorstehende Erörterung knüpfte sich die wei= 101
tere Frage:

Welche Folge eine gegen das im Wechsel ausgedrückte Verbot bewirkte weitere Begebung des Wechsels habe?

Der Herr Referent war der Meinung, daß das Verbot 102
bloß die Unstatthaftigkeit des Regresses gegen den Aussteller zur Folge habe. Der Sächsische Abgeordnete Herr
Vicepräsident Einert stimmte dieser Meinung bei und
erklärte sich erläuternd noch dahin, daß in Ansehung des
Verhältnisses unter denen, auf welche der Wechsel über-

gegangen sei, nichts geändert werde, vielmehr zwischen
ihnen wechselmäßiger Regreß Statt finde.

Von mehreren anderen Seiten ward dagegen behauptet, 103
daß eine gegen ein ausgesprochenes Verbot unternommene
Begebung unwirksam, namentlich nicht geeignet sei, wech=
selmäßige Wirkungen hervorzubringen, daß hierbei das
Interesse des Ausgebers beachtet werden müsse, dem oft
viel daran liegen könne, daß das von ihm gemachte Geld=
geschäft ein Geheimniß bleibe und daß dies Interesse nicht
besser gewahrt werde, als dadurch, daß jede dem Verbot
zuwiderlaufende Handlung erfolglos sei. Eine Vereinigung
der verschiedenen Meinungen war nicht zu ermitteln, unge=
achtet gegen die letzte Ansicht geltend gemacht ward, daß
der, von welchem das Verbot ausgegangen sei, wenigstens
eine Uebertragung durch Cession nicht hindern könne und
sein Interesse vollkommen gewahrt sei, wenn er von den
Regreßansprüchen eines Dritten befreit bleibe. Es ward 104
daher zur Abstimmung geschritten und mit 16 Stimmen
gegen 2 entschieden, daß die einem Verbote zuwider vor=
genommene Indossirung ungültig sei. Demgemäß kann
ein Wechsel, in welchem der Aussteller die Begebung aus=
drücklich untersagt hat, durch Indossament, also mit
wechselrechtlicher Wirkung, überhaupt nicht übertragen
werden. Der Redaction wurde vorbehalten, dieses durch
die Fassung des §. noch bestimmter hervorzuheben. Zu= 105
gleich war man darüber einverstanden, daß die Frage:
ob eine solche vom Aussteller verbotene Uebertragung eines
Wechsels unter Umständen und nach Maaßgabe der ge=
brauchten Form als Cession gültig sein könne, nach dem
Civilrechte eines jeden Staates zu beurtheilen sei.

§. 10.   Außerdem ward zum §. 10 noch für die Redaction 106
L. S. 24.   in Vorschlag gebracht, | statt der Worte: „seine Rechte“
die Worte: „die auf dem Wechsel beruhenden
Rechte“ zu setzen, um auszudrücken, daß der Indossatar
durch die wechselmäßige Uebertragung alle aus dem In=
halte des Wechsels hervorgehenden Rechte selbstständig und
unabhängig von dem persönlichen Rechtsverhältnisse er=
werbe, welches zwischen dem Aussteller und anderen Vor=
männern des Indossatars stattfinde.

§. 11.   Gleichergestalt ward zu §. 11, welcher nunmehr zur 107
Erörterung gelangte, in Vorschlag gebracht, die Worte:
„des Indossanten“ und: „neuen Eigenthümer“
wegfallen zu lassen, statt des Ausdrucks „begeben“,
der nur für den Fall des Verkaufs gebraucht werde,
einen anderen umfassenderen, wie etwa „übertragen“ zu
substituiren und überhaupt für den letzten Satz eine prä=
cisere Fassung zu suchen.

§. 12.   Der folgende §. 12 gab keine Veranlassung zu einer 108
§. 13. Discussion und zu §. 13 ward nur für die Redaction 109
eine andere Fassung, wie etwa folgende:
          ein Blanco=Indossament wird durch die auf der
M. S. 12. Sp. 2.   Rückseite | des Wechsels gebrachte Namensschrift voll=
          zogen und hat die Wirkung eines förmlichen In=
          dossaments;
in Vorschlag gebracht.

§. 14.   Dagegen kam beim §. 14 in Frage, ob dem In= 110
haber zu gestatten sei, ein Blanco=Giro in dem Umfange
auszufüllen, wie dies der §. zu erlauben scheine. Man
hielt dafür, daß jedenfalls das Wort: „insbesondere"
gestrichen werden müsse, weil dasselbe vielleicht dahin miß=
verstanden werden könne, daß außer Namen oder Firma
des Indossatars, Ort und Datum, auch noch irgend et=
was Anderes eingerückt werden dürfe, was offenbar nicht
in dem Sinne des Gesetzes liege. Mehrere Stimmen hiel=
ten den ganzen Zwischensatz: „insbesondere" bis „einzu=
rücken" für überflüssig, von anderen wurde die Befugniß,
Datum und Ort des Indossaments auszufüllen, wenigstens
insofern bestritten, als nicht etwa die Rede sei von dem=
jenigen Blanco=Indossament, durch welches der Wechsel
auf den dermaligen Inhaber übergegangen sei. Man
bemerkte, daß, was frühere giri in blanco anlange, Ort
und Datum dem derzeitigen Inhaber in der Regel un=
bekannt sein würden, mithin, wenn gestattet werden sollte,
auch solche Indossamente mit Ort und Datum auszufüllen,
leicht Veranlassung zu unwahren Angaben gegeben sei.
Dagegen wurde bemerkt, daß die Ausfüllung des letzten
Indossaments allein zu gestatten, von keinem wesentlichen
Nutzen sein und das Verbot, frühere giri auszufüllen,
Lücken in der Legitimation zur Sache veranlassen und

M. S. 12. Sp. 2.   den Zweck | nicht erreichen lassen würde, sich gegen Miß=
brauch der Blanco=Indossamente durch deren Ausfüllung
sicher zu stellen. Endlich ward auch zu erwägen gegeben,
ob nicht, ehe bestimmt werde, was bei einem Blanco=
Giro ausgefüllt werden könne, zu bestimmen sei, was zu
dem Wesen eines förmlichen Indossaments gehöre.

     Bei dieser Verschiedenheit der Ansichten stellten sich 111
drei Fragen heraus, welche zur Abstimmung gelangten.

L. S. 25.   Die erste dieser Fragen: | Soll dem §. 14 eine An=
gabe der Erfordernisse eines vollständigen Indossaments
vorhergehen? ward mit 16 Stimmen gegen 2 verneinend
entschieden.

     Die zweite Frage: soll der Mittelsatz des §. 14 112
von dem Worte: „insbesondere" bis zu dem Worte
„einzurücken" beibehalten werden? ward mit 17 Stim=
men gegen 1 verneint.

     Die dritte Frage endlich: Sollen die demnach ver= 113
bleibenden Worte des §. einen die Befugniß beschränken=
den Zusatz dahin erhalten, daß nur die Namen der In=
dossatare einzurücken seien? ward von 5 Stimmen bejaht,
von 13 aber verneint.

§. 15.   In Beziehung auf §. 15 achtete man für die künf= 114
tige Redaction nöthig zu bemerken, daß statt der in dem
§. ausgezeichneten Worte auch andere gleichbedeutende
gebraucht werden könnten.

VII.

Leipzig, den 28. October 1847.

—

M.S.12.Sp.1.   Nachdem die Conferenz in Gegenwart der sämmt- 115
lichen Herren Abgeordneten unter dem Vorsitze des Herrn
Geh. Legationsrath von Patow eröffnet und das Protocoll der gestrigen Sitzung verlesen worden war, wurde
zum §. 10 nachträglich die Ansicht ausgesprochen, daß
es nothwendig sei, in demselben eine bestimmte Disposition
rücksichtlich der Folgen aufzunehmen, welche eine gegen
das Verbot des Ausgebers bewirkte Begebung nach sich
ziehe. Von mehreren Seiten war man damit einverstanden und schlug namentlich als eine den bisherigen Verhandlungen entsprechende Bestimmung den Zusatz vor:

    Das gegen ein solches Verbot bewirkte Indossament
    hat keinerlei wechselrechtliche Folgen.

  Die Berücksichtigung dieses Vorschlages wurde der
Redaction überlassen, zugleich jedoch anerkannt, daß die
Gestattung eines Indossaments ohne wechselrechtliche Folgen, durch die Fassung des Entwurfs nicht
ausgesprochen werden soll.

§. 16.   Es ward hierauf zur Berathung des §. 16 geschrit- 116
ten. Der Herr Referent machte zuvörderst auf die Ur-
sachen aufmerksam, aus welchen, mit Ausnahme des
Preußischen Landrechtes und der Bremer Wechsel-Ordnung
die meisten Wechselgesetze das Indossament eines verfalle-
M.S.12.Sp.2. nen Wechsels theils gar nicht erwähnt, | theils gegen dasselbe
sich ausgesprochen haben. Er hob insbesondere hervor,
daß für eine Bestimmung der letzteren Art, theils innere,
theils äußere Gründe sich angeben ließen. Zu jenen gehöre vornämlich, daß der Wechsel mit Eintritt des Ver-
L. S. 26. falltages seine Bedeutung als Wechsel bis auf die etwaige
Regreßnahme gegen diejenigen, durch deren Hände er
bis dahin gegangen sei, verliere und, wenn bei nicht erfolgter Einlösung, nach Verfall eine weitere Begebung
stattfinde, der Gegenstand eines neuen Geschäfts werde,
bei welchem, außer der ersten Reihe von Indossanten,
auf die der Wechsel vor Verfall übergegangen, eine zweite
Reihe von Indossanten und Indossataren, die erst nach
dem Verfalltage eingetreten seien, sich bilde. Die hiermit
entstehenden Schwierigkeiten, dem nach Verfall bewirkten Indossament practische Geltung zu verschaffen, sowie
insbesondere der Umstand, daß nicht alle hierbei in Frage

kommenden Umstände durch den Wechsel selbst dargethan werden können, müßten als äußere Gründe angesehen werden, wegen deren man das Indossament nach Verfall anzuerkennen Anstand genommen habe. Der Herr Referent stimmte für die Fassung des Entwurfs | und bemerkte, 117 daß, wenn in dem Entwurfe dem Giro nach Verfall die Wirkung einer Cession beigelegt werde, damit namentlich gesagt sein solle, daß derjenige, welcher aus einem ihm

M. S. 13 Sp. 1. nach Verfall girirten | Wechsel Ansprüche erhebe, sich dieselben Einreden gefallen lassen müsse, welche gegen den Cedenten geltend zu machen gewesen wären.

Die Hamburger Herren Abgeordneten erklärten sich 118 mit der Bestimmung des §. 16 einverstanden, jedoch nur unter der Voraussetzung, daß sie nicht bei allen nach dem Verfalltage, sondern nur bei den nach Aufnahme des Protestes Mangels Zahlung ausgestellten Indossamenten zur Anwendung komme. Denn verfallene, aber noch nicht Mangels Zahlung protestirte Wechsel würden häufig negociirt und das Bedürfniß des Verkehres erfordere, daß bei ihnen das Indossament auch ferner mit voller Wirkung zugelassen werde. Auch sei die Beschränkung des §. 16 auf die wegen nicht erfolgter Einlösung protestirten Wechsel schon deshalb erforderlich, weil man bei der Zulässigkeit eines nicht datirten Indossaments und des reinen Blanco-Indossaments in den meisten Fällen kein äußeres Kennzeichen für die Zeit der Indossirung habe, mithin genöthigt sein werde, die Indossamente als vor dem Verfalltage ausgestellt zu betrachten, sofern nicht aus einer Vergleichung mit dem Proteste Mangels Zahlung, der ja eine Abschrift des Wechsels enthalten müsse, das Gegentheil sich ergebe. Der §. 16 des Entwurfs werde daher etwa nachstehende Fassung erhalten müssen:

Das nach Erhebung des Protestes Mangels Zahlung geschehene Indossament hat keine andere wechselrechtliche Wirkung, als daß die Rechte des Indossanten auf den Indossator übergehen.

Von mehreren Seiten erklärte man sich, ohne auf 119 diese Unterscheidung einzugehen, überhaupt dagegen, in der Wechselordnung auszusprechen, „daß ein Indossament unter der Voraussetzung des §. eine Cession sei“. Denn Indossament und Cession wären, wie solches auch in den Motiven des Entwurfs zugegeben werde, in ihrem inneren Wesen von einander verschiedene Dinge und eines derselben könne daher nicht wohl in das andere übergehen. Jener Satz werde zu der irrigen Theorie Anlaß geben, es sei der eigentliche Kern des Indossaments eine Cession und dieser Kern träte jedesmal da hervor, wo die besonderen wechsel-

L. S. 27. rechtlichen | Verstärkungen und Zuthaten, durch welche er verdeckt sei, hinwegfielen. Eine solche Theorie werde sicher zu Verwirrungen führen und sei für ein gemeinsames Gesetz um so weniger brauchbar, als die verschiedenen Civilrechte keineswegs völlig gleiche Grundsätze über Cessionen enthielten. Es lasse sich auch der Ausweg ohne 120 Zurückgehen auf die Cession wohl finden. Da nach dem Verfalltage bis zur Verjährung die Wechselkraft noch bestehe, so müsse man es hinsichtlich des Indossaments schlechthin bei den gewöhnlichen wechselrechtlichen Folgen lassen. Zwar könne man glauben, das Indossament enthalte eine neue Zahlungsaufforderung und könne also überall nicht mehr beachtet werden, allein mit dieser Ansicht werde die blos formelle Seite des Indossaments zu sehr urgirt, und das Wesen desselben enthalte eigentlich nichts, was eine solche Strenge nöthig mache. Man brauche also denjenigen Gesetzgebungen, welche Indossamente nach Verfall für ungültig erklärten, keineswegs zu folgen. Die Sache löse sich auf, wenn man die Folgen des Indossaments hinsichtlich der Personen gehörig sondere. Hinsichtlich des Acceptanten existire kein Grund, zu seinen Gunsten die Wirkungen eines nach Verfall vorgekommenen Indossaments irgend zu schmälern. Hinsichtlich des Regresses müsse man unterscheiden, ob der Wechsel gehörig präsentirt und protestirt sei oder nicht. Im ersteren Falle habe es kein Bedenken, den Regreß gegen M. S. 13 Sp. 2. die Vormänner des Indossirenden | zu gestatten. Das Indossament sei hier ein Mittel, den Regreß auf den Indossatar zu übertragen. Sei der Wechsel präjudicirt, so könne der Regreß freilich gegen diese Vormänner nicht mehr statthaft sein, wohl aber habe der Indossirende alsdann durch sein Indossament einen nochmaligen Versuch zur Einziehung machen wollen und müsse selbst regreßpflichtig sein, wenn er ein volles und kein bloßes Procura = Indossament ertheile.

Es sei daher möglich, entweder die Zulässigkeit des Indossaments nach Verfall schlechthin auszusprechen und die Bestimmung der Folgen der Jurisprudenz zu überlassen, oder aber diese Folgen gleich mitzubestimmen. Letzteres sei das Gerathenste, um die in dieser Materie ventilirten Controversen zu entscheiden und man beantrage daher, statt des §. 16 des Entwurfs eine Bestimmung dahin aufzunehmen, daß das Indossament nach Verfall schlechthin die Rechte gegen den Acceptanten und außerdem die Regreßrechte gegen die Vormänner des Indossirenden gewähren solle, insofern der Wechsel binnen 24 Stunden präsentirt oder zur Präsentation abgesandt werde.

Gerade für die Regreßrechte habe sich freilich 121 in der Französischen Jurisprudenz eine abweichende Ansicht gebildet, welche jedenfalls der Erwägung werth sei. Man nehme an, daß bei Verfall sich das Schicksal des Wechsels entscheide, daß nach Verfall, wenn nicht gezahlt und deshalb protestirt sei, die reine zum Circuliren bestimmte Wechselforderung nicht mehr existire, sondern in eine auf dem Proteste beruhende Entschädigungsforderung übergegangen sei. Es gebe eigentlich keinen Wechsel mehr, sondern nur noch eine aus den Schicksalen des Wechsels hervorgegangene Regreßforderung, die nicht durch Indossament weiter verpflanzt und für welche durch L. S. 28. Indossament keine neue Garantie des richtigen Einganges am Verfalltage übernommen werden könne. Diese Erwägung sei wohl an sich richtig, sie genüge aber nicht, dem Indossamente nach Verfall seine Wirkungen abzusprechen. Es folge schon von selbst, daß die Circulation verfallener Wechsel nicht weiter durch Indossamente vermittelt werden könne. Ein Indossament komme hier nur noch zu besonderen aus den Verhältnissen folgenden Zwecken vor, und hier sei kein Grund, seine Wirkungen zu beschränken. Die Obligation der Regreßpflichtigen sei nicht eigentlich — wie die Französische Jurisprudenz annehme — novirt und umgestaltet, sondern die vor Verfall eventuelle und bedingte Gewährleistung sei durch die Entscheidung am Verfalltage entweder ganz weggefallen oder zu einer unbedingten geworden.

Von einer anderen Seite wurde auf den Sächsischen 122 Entwurf §. 161 Bezug genommen und von dem Herrn Referenten wurde anerkannt, daß die Bestimmungen dieses §. im Materiellen mit demjenigen übereintreffen, was in einem früheren Entwurf einer Wechselordnung für die Preußischen Staaten gesagt worden sei.

Endlich machte sich auch noch die Ansicht geltend, 123 daß in der Hauptsache durch ein Indossament nach Verfall nichts in den bisherigen Verhältnissen geändert werde. In Ansehung der Regreßnahme lasse sich daran nicht zweifeln, aber auch in Ansehung der Ansprüche gegen den Acceptanten müsse dasselbe angenommen werden; und es gäbe keinen Grund zu der Annahme, daß dieser berechtigt sei, demjenigen, der nach Verfall den Wechsel erworben hatte, Einreden entgegenzusetzen, die er dem, welcher den Wechsel am Verfalltage präsentirte, nicht hätte entgegen stellen können.

Sämmtliche Herren Abgeordnete des Kaufmanns- 124 standes bestätigen übrigens, daß es im kaufmännischen
M. S. 14 Sp. 1. Verkehre selten | vorkomme, daß ein Wechsel nach einem Mangels Zahlung aufgenommenen Proteste noch indossirt werde, dagegen aber verfallene, noch nicht protestirte Wechsel sehr häufig durch Indossamente weiter begeben würden.

Um diese Angelegenheit zur Entscheidung zu bringen, 125 ward zuvörderst die Frage gestellt:

> Kann ein Mangels Zahlung protestirter Wechsel mit der Wirkung girirt werden, daß der Girat gleich einem Cessionar den Regreß ergreifen, dabei aber nicht mehr Recht in Anspruch nehmen dürfe, als seinem Indossanten zuständig gewesen?

Diese Frage wurde einstimmig bejaht, jedoch dabei ausgesprochen, daß bei der Redaction des Entwurfs eine Bezugnahme auf die Cession zu vermeiden sei.

Eine zweite Frage: 126
> Soll dasselbe auch angenommen werden von Wechseln, welche nicht zu rechter Zeit Mangels Zahlung protestirt und dennoch nachher weiter girirt worden sind?

M. S. 14 Sp. 2. ward mit 10 Stimmen gegen 8 verneinend beantwortet, indem die Mehrheit annahm, daß auch ein verfallener Wechsel, so lange er nicht protestirt worden, mit voller wechselmäßiger Wirkung indossirt werden könne.

L. S. 29. Hieran knüpften sich die weiteren Fragen: 127

1) Ob nicht ein Merkmal gegeben werden solle, aus welchem sich erkennen läßt, daß ein nach Verfall begebener Wechsel zu Verfall wirklich protestirt worden sei, oder nicht?

2) Ob nach der Bestimmung des Entwurfs der Braun= 128 schweiger Wechsel=Ordnung für den Regreß aus einem nach Verfall girirten Wechsel, eine gewisse Frist zu bestimmen, oder hierbei auf die Vorschriften über Verjährung, oder auch auf die Bestimmungen über Präsentation der Sichtwechsel Rücksicht zu nehmen sei?

Man überzeugte sich indeß, daß es zweckmäßiger 129 sein werde, die Beantwortung dieser Fragen bis zu dem Abschnitte auszusetzen, in welchem von der Regreßnahme überhaupt die Rede ist.

VIII.

Leipzig, den 29. October 1847.

M. S. 14 Sp. 1.   Bei der Eröffnung der heutigen Conferenz, an 130 welcher auch Se. Excellenz der Herr Staatsminister von Könneritz wieder Theil nahm, setzte der Letztere die Versammlung zuvörderst davon in Kenntniß, daß fortan auch die Großherzoglich Oldenburgische Regierung an der Conferenz mit der ihr vorbehaltenen Stimme Theil nehmen werde und zur Führung derselben den Herrn Senator D. Albers bevollmächtigt habe, ingleichen daß der Königl. Württembergische Herr Bevollmächtigte beauftragt worden sei, auch die Fürstlich Hohenzollern = Sieg= maringensche Regierung mit zu vertreten.

Sodann ersuchte derselbe, weil er wegen seiner Ab= wesenheit den Berathungen in ihrem Zusammenhange nicht habe folgen können und mit der gegenwärtigen Lage derselben nicht vertraut sei, den Herrn Geh. Legations= rath von Patow die specielle Leitung der Berathung vorläufig noch ferner zu übernehmen.

Ehe aber zur Berathung des §. 17 geschritten ward, 131 kam es in Frage: Ob in den Entwurf eine Bestimmung darüber aufgenommen werden solle, inwiefern das in einem Indossamente enthaltene Verbot der weiteren Ueber= tragung Einfluß auf spätere Indossamente äußere? Gegen die Aufnahme einer solchen Bestimmung wurde angeführt, daß ein Verbot der weiteren Begebung in den Indossa= menten selten vorkomme und die Wirkung desselben nach dem Inhalte der §§. 10 und 15 zu bemessen sein werde. Von anderer Seite wurde aber bemerkt, daß ein Indos= sant aus verschiedenen Beweggründen, z. B. um seine Geschäftsverbindung mit dem Indossatar geheim zu hal= ten, um sich Einreden gegen die Person des letzteren zu sichern u. dergl., zu dem Verbote weiterer Begebung ver=

L. S. 30.

anlaßt werden | könne, der Inhalt der §§. 10 und 15 aber keinen genügenden Anhaltspunct für die Beurtheilung der Wirkungen eines solchen Verbotes darbieten würde.

M.S. 14 Sp. 2.

Von dem Herrn Referenten ward hierauf hervorgehoben, daß entweder ein im Indossament ausgesprochenes Verbot der weiteren Begebung für ungültig erklärt, oder aber seine Wirkung dahin bestimmt werden könne, entweder, daß eine verbotswidrige Indossirung keine wechselrechtliche Folgen hervorbringe, oder daß der Indossant, welcher das Verbot gegeben habe, dem Regresse seines Indossatars, nicht aber der Nachmänner dieses letzteren, unterworfen sei.

132

Es wurde daher zuerst die Frage:

133

Soll eine Bestimmung über die Folgen einer gegen das in einem Indossamente ausgedrückte Verbot bewirkten weiteren Uebertragung des Wechsels in den Entwurf aufgenommen werden?

zur Abstimmung gebracht und mit 18 Stimmen gegen 1 bejaht.

Hiernach mußte in der Sache selbst eine Entscheidung getroffen werden. Zu diesem Zwecke wurde die Frage gestellt:

134

Soll das im Indossamente ausgesprochene Verbot der weiteren Uebertragung wirkungslos sein?

Diese Frage wurde mit 18 Stimmen gegen 1 verneint. Die hierauf gestellte Alternativfrage:

135

Soll für das von einem Indossanten ausgegangene Verbot der weiteren Uebertragung dasselbe Anwendung finden, was bei §. 10 in Betreff eines von dem Aussteller in dem Wechsel selbst ausgedrückten Verbotes angenommen ist, oder soll jenes Verbot nur den, die weitere Uebertragung verbietenden Indossanten gegen Regreßansprüche der weiteren Indossatare schützen?

wurde nach einer die Verschiedenheit beider Fälle in ihren Folgen entwickelnden Erörterung mit 12 gegen 7 Stimmen dahin entschieden, daß nur des Regreß, nicht des

M.S. 15 Sp. 1.

nächsten, wohl aber | aller auf diesen folgenden Indossatare gegen den das weitere Giriren verbietenden Indossanten ausgeschlossen sein solle.

Durch diesen Beschluß wurde einer der Herren Abgeordneten zu der Bemerkung veranlaßt, es scheine nun nothwendig, auf den §. 10 zurückzukommen, und auch über die Wirkung eines, gegen das im Wechsel selbst vom Aussteller erlassene Verbot der Uebertragung ausgestellten Indossaments eine ausdrückliche Bestimmung zu treffen und namentlich zu verfügen, daß ein gegen dieses Verbot ausgestelltes Indossament für die Indossatare keinen Regreß gegen den Aussteller begründe.

136

In formeller Beziehung scheine dies nothwendig, weil eine Lücke in dem Gesetze erscheinen würde, wenn dasselbe sich über die Wirkung des von einem Indossanten herrührenden Verbotes der Begebung ausspreche, ohne

137

etwas über die Folgen des von dem Trassanten ausge=
henden Verbotes der Begebung zu bestimmen.   Aus der
Unterlassung einer solchen Verfügung würde für den

L. S. 31.

Richter der Zweifel entstehen, ob ein Indossament im
letzteren Falle keine wechselrechtliche Wirkung habe | oder
nach der Analogie der für den ersten Fall gegebenen Be=
stimmung nur den Regreß gegen den Aussteller aus=
schließe.   In materieller Beziehung sei die angetragene 138
Verfügung ebenfalls erforderlich.   Denn der Aussteller,
der ein solches Verbot in den Wechsel setze, könne nur
die Absicht haben, Niemanden sonst als seinem Remittenten
zu haften; der Remittent aber, welcher gegen die über=
nommene Verpflichtung den Wechsel weiter begebe, ver=
diene keinen besonderen Schutz, um ihn der wechselmäßigen
Haftung aus seinem Indossamente zu entziehen.

Auch von einer anderen Seite ward bemerkt, daß 139
wenn für ein in einem Indossamente ausgedrücktes Ver=
bot hinsichtlich der Folgen desselben etwas anderes gelten
solle, als von dem in dem Wechsel enthaltenen Verbote
der weiteren Begebung, dies in dem Gesetze nothwendig
deutlich ausgesprochen und daher der §. 10 anders als
er gegenwärtig laute, gefaßt werden müsse, weil man
sonst bei der Aehnlichkeit des Verhältnisses des Indos=
santen zu dem Indossatare mit dem des Ausgebers zu
dem Remittenten geneigt sein werde, für ersteres dasselbe
anzunehmen, was für letzteres ausgesprochen worden und
hier durch Stimmenmehrheit bereits angenommen sei.

Bei der hiernach wieder aufgenommenen Discussion 140
des §. 10, wurde dieser Ansicht entgegengesetzt: Das
Verhältniß sei ein ganz anderes, wenn der Aussteller des
Wechsels das Indossament untersage; denn alsdann habe
der Wechsel schon bei seiner Entstehung diese Beschrän=
kung an sich, und das Interesse des Ausstellers, daß
der Wechsel in den Händen des Remittenten verbleibe,
sei ein ganz klares. — Der Indossant aber, der ein 141
solches Verbot erlasse, werde die Natur des Wechsels,
als eines zum Umlauf bestimmten Papieres alteriren,
wenn man ihm verstatte, mehr dadurch auszudrücken,
als, daß er bloß seinem Indossatare haften wolle.
Auch würde der Indossant selten oder nie einen genügen=
den Grund haben, ein Mehreres zu wünschen.   Wechsel
gekauft und weiter begeben zu haben, könne dem Credit
nie schaden.

Hierauf wurde die Frage:			142
	Soll dasselbe, was in Betreff des von einem In=
	dossanten ausgegangenen Verbotes der weiteren
	Uebertragung beschlossen worden ist, auch in Be=
	treff eines solchen von dem Aussteller ausge=
	gangenen Verbotes ausgesprochen werden?
zur Abstimmung gebracht, jedoch mit 10 Stimmen gegen
9 verneint, zugleich aber der Redaction wiederholt vor=
behalten bei der Fassung des §. 10 darauf Bedacht zu

M. S. 15 Sp. 2.

nehmen, daß | die wechselmäßige Unwirksamkeit der gegen
das Verbot des Ausstellers erfolgten Indossamente
deutlich ausgesprochen werde.

Die Berathung wandte sich nunmehr zu den Be= 143
§. 17. stimmungen des §. 17. über das Indossament in procura.

Das von einer Seite angeregte Bedenken, ob es überhaupt erforderlich sei, solche Bestimmungen in das Gesetz aufzunehmen, wurde von der Versammlung nicht getheilt.

Gegen den ersten Absatz des §. 17 ward zwar 144
L. S. 32.   der Zweifel erhoben, ob der | Procurist auch zur Anstellung der Regreßklage als befähigt anzusehen sei, indem derselbe nicht allemal den Umfang der Regreßansprüche seines Auftraggebers genau kennen werde. Man hielt aber diese Zweifel nicht für erheblich, da es Sache des Auf= traggebers sei, seinen Beauftragten mit der nöthigen In= struction zu versehen.

In Ansehung des zweiten Absatzes dieses §. ver= 145
einigte man sich dahin, daß auch, wenn dem Procura= Indossamente der Zusatz, „oder Ordre" beigefügt wor= den sein sollte, dadurch der Procurist nicht befugt werde, das Eigenthum des Wechsels weiter zu übertragen, er vielmehr nicht berechtigt sei, zur Eincassirung ꝛc. des Wech= sels durch ein neues Procura=Indossament sich einen anderen zu substituiren.

Es machte sich für diese Ansicht der Versammlung namentlich der Grund geltend, daß ein Jeder, der es dem Ermessen seines Procuristen überlassen wolle, ob er den Wechsel zum Eincassiren behalten, oder denselben weiter begeben wolle — dies durch ein gewöhnliches Indossa= ment erreichen könne — es mithin an einem hinreichen= den Grunde fehle, zwischen Indossamenten in procura, die an Ordre gestellt seien, und solchen, bei denen dies nicht der Fall sei, zu unterscheiden. Der Redaction ward es überlassen diesen Beschluß der Versammlung deutlicher hervorzuheben.

Endlich ging in Ansehung des dritten Absatzes des §. 146
die einstimmige Meinung dahin, daß nicht nur durch die hervorgehobenen Worte, sondern auch durch andere gleich= bedeutende, das Dasein eines Indossamentes in procura, beurkundet werden könne und demgemäß der erste Absatz des §. bei der Redaction in angemessener Weise abzu= ändern, der dritte Absatz aber zu streichen sei.

§. 18.   Nach Vorlesung des §. 18 entspann sich eine aus= 147
führliche Debatte über die von dem Herrn Referenten aufgeworfene Frage: ob für den Erwerber eines gezoge= nen Wechsels bloß ein Recht, nicht auch eine Pflicht, selbigen dem Bezogenen zur Annahme zu präsentiren, an= zuerkennen sei? In dieser Beziehung sprachen sich die Hamburger Herren Abgeordneten dahin aus:

Seit länger als 200 Jahren bestehe zu Hamburg eine schon in der älteren Wechsel=Ordnung anerkannte Regel, daß ein als Rimesse nach Hamburg eingesendeter und auf ein dortiges Haus gezogener Dato=Wechsel dem Bezogenen zum Accepte präsentirt werden müsse. Diese Maaßregel habe man stets bewährt und geeignet befun= den, unsolide Geschäfte und Collusionen zu vermeiden.

Die Solidität des Hamburger Wechselgeschäfts habe da=
durch nur gewonnen. Dieselbe Einrichtung finde auch auf
anderen Wechselplätzen Statt. Dem Inhaber werde da=
durch allerdings eine Verpflichtung auferlegt, aber derselbe
könne es nicht ablehnen, diese Verpflichtung in seinem
und der übrigen Betheiligten Interesse zu übernehmen.
Jeder Wechselinhaber habe, soweit es mit seinem eige=
nen Interesse nicht in Conflict komme, . das Interesse
seiner Vormänner bestmöglichst zu wahren, und daher,
wenn er an dem nämlichen Orte wie der Be=

M. S. 16 Sp. 1. zogene sich befinde, nach einer | natürlichen Diligenz, die
dort zur Hand liegende Garantie des Acceptes zu ver=
schaffen, selbst wenn er im Vertrauen auf die Sufficienz
seiner Vormänner sich dieser Garantie entschlagen zu kön=

L. S. 33. nen meine. — Die meisten Wechsel würden in | der Praxis
in der Voraussetzung remittirt, daß man die Sicherheit
der Acceptation — welche zu fordern, jedenfalls ein Recht
sei — auch wirklich zu erlangen suche, ein guter Man=
datar werde aber eine Vorsicht anwenden, die eben so
leicht in der Erlangung, als gewichtig in ihren Folgen sei.
Wenn man dagegen einwende, daß der Beweis des Um=
standes, ob und wann der Wechsel zu Hamburg ange=
kommen sei, mit Schwierigkeiten verbunden sein werde;
so müsse erwiedert werden, daß seit einer langen Reihe
von Jahren ein Streit über diesen Gegenstand, wenig=
stens in Hamburg nicht vorgekommen sei, aber auch in
den meisten Fällen sehr leicht zu erledigen sein würde.
Ebensowenig seien andere Bedenken erheblich; wenn man
sage, daß ja die Prima [oder Copie] zum Accepte gesandt
werden könne, so sei dieses theils umständlich, theils mit
Kosten verknüpft, theils nicht für jeden Inhaber durch=
zuführen; wenn man entgegne, es stehe frei, den Auf=
trag ausdrücklich zu geben, so übersehe man, daß häufig
der Beweis eines solchen Mandates schwierig sein möchte,
auch dadurch die Sache, indem dann nur eine Schadens=
klage zustehe, aus dem Wechselprocesse herauskomme und
der Auftrag nicht von den Vormännern des Auftragge=
bers geltend gemacht werden könne. Wie denn ja auch,
wenn ein solches Mandat bei Remittirung als stillschwei=
gend ertheilt anzunehmen sei, es nicht erst noch ausdrück=
lich gegeben zu werden brauche. Aus diesen Gründen werde
es sich empfehlen eine entsprechende Bestimmung in den
Entwurf zu der allgemeinen Wechsel=Ordnung aufzunehmen.

Dagegen erhob sich Widerspruch von verschiedenen 148
Seiten. Insbesondere ward angeführt, daß eine Vor=
schrift, wie die von den Hamburger Herren Abgeordneten
in Vorschlag gebrachte, in das Gesetz nicht aufgenommen
werden könne, ohne für den Fall der Vernachlässigung der=
selben ein Präjudiz hinsichtlich des Wechselregresses eintreten
zu lassen, welches mit dem durch jene Vorschrift bezweck=
ten Vortheile in keinem Verhältnisse stehe, indem der Nach=
theil, der durch dieses Präjudiz herbeigeführt werde (Ver=
lust des Regresses) den Vortheil, schleuniger Nachricht
über das Schicksal des ausgegebenen Wechsels bei weitem
überwiege. Es handle sich hier um eine Sicherheits=

maaßregel, deren Anwendung man Niemandem unter Androhung eines nicht in der Sache liegenden Präjudizes zur Pflicht machen könne. Der zufällige Umstand, daß der Wechsel vor Verfall an dem Zahlungsorte ankomme, erscheine nicht geeignet eine Aenderung rücksichtlich der Rechte und Pflichten der Indossanten zu begründen. Es werde daher, um der beantragten Vorschrift Bedeutung zu verschaffen, auch eine Frist zur Einsendung des Wechsels vorgeschrieben werden müssen, deren Unzweckmäßigkeit längst anerkannt worden sei. Habe auch zu Hamburg ein günstiges Zusammentreffen der Umstände seither die Nothwendigkeit eines hier zur Sprache kommenden Beweises zur Zeit nicht eintreten lassen, so sei doch damit keine Bürgschaft gegeben, daß diese Nothwendigkeit zu Hamburg oder an anderen Orten nicht eintreten werde. Die Schwierigkeiten eines solchen Beweises seien aber, zumal wenn der Wechsel durch ein Blanco-Indossament übergegangen sei, nicht zu verkennen. Für die Vorbesitzer des Wechsels zu sorgen, dazu habe der Inhaber keinen

L. S. 34.

Beruf, jene hätten ihr Interesse selbst wahrzunehmen | und, wenn ihnen daran gelegen sei, baldmöglichst Kenntniß über die Acceptation zu erlangen, geeignete Maaßregeln zu nehmen.

M. S. 16 Sp. 2.

Wenn zu Hamburg eine Einrichtung, wie die in Vorschlag gebrachte, vortheilhaft befunden worden sei, so habe sich dagegen an anderen Orten aus dem Mangel einer solchen Vorschrift kein Nachtheil, kein schädlicher Einfluß auf das daselbst bestehende Wechselgeschäft ergeben. Habe man es in Hamburg oder an andern Orten in dieser Weise immer gehalten, so sei es nicht nöthig, darüber eine bestimmte Vorschrift zu ertheilen. Am wenigsten passend erscheine eine solche Vorschrift für eine allgemeine Wechselordnung, wenn man auch zugeben wollte, daß dieselbe localen Interessen entsprechen könne.

Dieser Punkt gelangte zur Abstimmung und es ward 149 mit 17 gegen 2 Stimmen (welche letzteren von den Herren Abgeordneten für Holstein und Hamburg abgegeben wurden) angenommen, daß der Inhaber eines Wechsels zwar ein Recht, aber keine Pflicht habe, den Wechsel zur Annahme zu präsentiren. Man war übrigens einverstanden, 150 daß einem Mandatare die Pflicht von seinem Mandanten auferlegt werden könne, den Wechsel zur Acceptation zu befördern, daß aber Bestimmungen hierüber nicht in die Wechselordnung gehören.

Hiernächst ging der Herr Referent auf die Frage 151 über, von welchem Zeitpunkte an der Wechselinhaber berechtigt erklärt werden solle, den Wechsel zur Annahme zu präsentiren und eventuell Protest zu erheben?

Da hierbei der Gegensatz der im Entwurfe vorgeschlagenen prompten Annahme zu der in Bayern bestehenden Acceptationsart der Augsburger Wechselordnung zur Sprache gebracht wurde, so erklärte der Kön. Bayersche Abgeordnete, Herr Ober-Appellations-Rath Kleinschrod, daß zwar gegen den §. 18 des Entwurfs, insofern er

die ohnedieß schon in den meisten Ländern zur Anwendung kommende prompte Acceptationsart als allgemeine
Regel aufstellt, im Wesentlichen nichts einzuwenden sei,
sich aber hinsichtlich der aus eigenthümlichen Verhältnissen
hervorgegangenen Acceptationsart der Augsburger Wechselordnung die Frage ergebe, ob dieselbe nicht neben der
allgemeinen Regel mittelst einer exceptionellen Vorschrift
aufrecht zu erhalten sei? Diese Frage werde indessen ihre
Erledigung nicht in der Mitte der Conferenz erhalten
können, da bezüglich der hier zur Geltung gelangenden
Ansichten für die einzelnen Regierungen keinerlei Verpflichtung begründet werde, und er auch in Gemäßheit
der von den Regierungen vor dem Anfange der Conferenz getroffenen Verabredung mit einer speciellen Instruction bezüglich dieses Punktes nicht versehen sei, mithin
sich nicht in der Lage befinde, eine Erklärung darüber
abzugeben, nach welchen Directiven die Kön. Bayersche
Regierung bei dieser Collision allgemeiner und particu-
lärer Interessen verfahren werde. Diesem zufolge sei
aus dem Standpunkte der Conferenz die Statuirung einer
exceptionellen Vorschrift hinsichtlich der Augsburger Acceptationsart als offene Frage zu betrachten, deren Entscheidung dem alleinigen Ermessen der Kön. Bayerschen
Regierung vorbehalten bleibe. Unter dieser Voraussetzung 153
und ohne dadurch dem Ermessen der Bayerschen Regierung vorgreifen zu wollen, unterstellte er der Erwägung

L. S. 35.

der | Conferenz, ob nicht vielleicht, um dadurch möglicher-
weise den Weg zur Vermittelung anzubahnen, im ersten
Satze des §. 18 nach den Worten: „der Eigenthümer
des Wechsels ist" beigefügt werden könne: „in Ermangelung gegentheiliger im Wechsel ausgedrückter Verabredung." Dieser Vorbehalt scheine um so weniger bedenklich, als er an derselben Stelle im §. 15 des älteren
Preußischen Entwurfs vom Jahre 1846 wirklich vorgekommen und in dem neuesten Entwurfe nur auf die

M. S. 17 Sp. 1. Bemerkung der Sachverständigen, | daß ein Tag für die
Präsentation zur Annahme nicht in dem Wechsel festgesetzt
zu werden pflege, hinweggelassen worden sei.

Von Seiten des Herrn Referenten ward hierauf bemerkt, daß der in dem früheren Entwurfe gemachte Vorbehalt bei Berathung des vorliegenden Entwurfs als un-
practisch erkannt und daher von demselben abgesehen worden sei.

Auch andere Stimmen erhoben sich gegen einen solchen
Vorbehalt und bemerkten, daß derselbe noch bedenklicher erscheine, als die ausnahmsweise Aufrechthaltung der Augsburger Acceptationsart. Von einer Seite wurde der Vor- 154
schlag gemacht, die Entscheidung über diesen Punkt auszusetzen, weil man außerdem der Frage: „Ob Anweisungen
in dem Sinne des Sächsischen Entwurfs Wechselkraft zuzugestehen sei," präjudiciren würde. Gegen diese Meinung
wurde indeß angeführt, daß dergleichen Anweisungen im
Allgemeinen schon durch ihre äußere Form als nicht-ac-
ceptables Papier sich kund gäben und deshalb weit weniger
bedenklich wären.

Von mehreren Seiten wurde sodann die Weglaffung 155
der Bestimmungen unter No. 1 und 2 dieses §, oder
wenigstens der unter No. 2 gewünscht und zwar ersteres,
weil diese Bestimmung sich von selbst verstehe, letzteres,
weil über den gewöhnlichen Postenlauf etwas Bestimmtes
wenigstens nicht an allen Orten sich angeben lasse, und
weil in Ansehung des Avisbriefes der Beweis mit Schwie=
rigkeiten verbunden sein werde.

Der Großherzogl. Hessische Herr Bevollmächtigte erhob 156
gegen §. 18 folgenden Anstand :

Der §. 18, insofern darin der Besitzer des Wechsels
berechtigt werde, denselben sogleich nicht nur zu präsenti=
ren, sondern auch protestiren zu laffen, weiche von dem
Art. 125 des Code de commerce ab, wonach der Pro=
test erst 24 Stunden nach der Präsentation erhoben werden
kann, und er erlaube sich, die Aufnahme dieses Satzes in
die gemeinsame Wechselordnung zu beantragen. Der Han=
delsstand der Provinz Rheinhessen, vertreten durch die
Handelskammern zu Mainz und Worms und nicht minder
das Handelsgericht zu Mainz hätten sich dahin ·ausge=
sprochen, daß die erwähnte Bestimmung des dort gelten=
den Französischen Gesetzbuchs bisher zu keiner Verwickelung
. M. S.17 Sp. 2. geführt, vielmehr sich als wohlthätig | bewiesen habe. Es
sei auch kaum die darin liegende Billigkeit zu verkennen;
dem Bezogenen müsse doch wohl einige Zeit zur Faffung
seines Beschluffes, ob er acceptiren wolle oder nicht, be=
laffen werden; er sei oft in dem Falle, seine Correspon=
denz vorher vergleichen, den Stand seiner laufenden
Rechnung mit dem Traffanten nachsehen oder seine Caffe
untersuchen zu müffen, er könne momentan abwesend sein
L. S. 36.   u. f. w. Man | werde zwar einwenden, daß hier ein
Respecttag für die Acceptation befürwortet werde; dem sei
aber nicht so, vielmehr handle es sich von einer Delibera=
tionsfrist, die ungleich wichtiger sei, als die bezüglich der
Zahlung bisher üblichen Discretionstage.   Wer einen
Wechsel acceptirt habe, müffe allerdings auf den Ver=
falltag Zahlung leisten; er könne sich aber auch danach
richten, der Tag überrasche ihn nicht; anders aber sei die
Lage des Bezogenen, dem plötzlich viele Tratten zur Er=
klärung über Annahme oder Nichtannahme vorgelegt
würden.

Gegen diesen Antrag ward erinnert, daß durch
die Vorschrift des §. 83, wonach die Präsentation in
dem Geschäftslocale des Bezogenen erfolgen müffe, dafür
gesorgt sei, daß der Letztere, wenn der Wechsel ihm prä=
sentirt werde, sich auch in der Lage befinde, seine Cor=
respondenz oder seine Bücher vergleichen und danach sofort
seine Erklärung abgeben zu können.

Bei der hierauf veranstalteten Abstimmung ward mit 157
17 gegen 2 Stimmen entschieden, daß der vom Herrn
Oberappellations = Gerichts = Rath D. Kleinschrod zur
Sprache gebrachte Vorbehalt, nicht aufzunehmen sei; ferner 158
einstimmig, daß die Zeit, wann der Inhaber den
Wechsel zur Annahme zu präsentiren und bei verweigerter
Annahme zu protestiren berechtigt sei, in dem Entwurfe

nicht festgesetzt; endlich mit 16 Stimmen gegen 3, daß 159
die in dem Art. 125 des Code de commerce erwähnte
Frist von 24 Stunden dem Bezogenen nicht zugestanden
werden solle. Demgemäß ward anerkannt, daß No. 1 160
und 2 des §. 18 wegfallen.

Schlüßlich ward der künftigen Redaction überlassen, 161
zu ermessen, ob nicht hier das Wort „Eigenthümer,"
mit einem anderen zu vertauschen und dem Schlußwort
des §. noch die Worte: „Mangels Annahme" hin=
zuzufügen seien.

IX.

Leipzig, den 30. October 1847.

M.S.17 Sp.1. Den Gegenstand der Berathung in der heutigen 162
Conferenz, welcher der Herr Staatsminister von Kö=
nerit z wiederum beiwohnte, bildete zunächst die im §. 18.
No. 3 enthaltene exceptionelle Bestimmung über Meß=
wechsel und deren Präsentation. Daß unter Meßwechseln 163
nur solche zu verstehen seien, deren Zahlungszeit im All=
gemeinen auf eine Messe bestimmt, also nicht auch die,
deren Zahlungstermin auf einen bestimmten Tag festge=
setzt ist, welcher in eine am Zahlungsorte stattfindende
Messe hineinfällt, darüber war man einverstanden. Nicht 164
so über die Beibehaltung der oben angezogenen Bestimmung;
M.S. 17 Sp.2. für dieselbe erklärten sich die Herren Abgeordneten für
Oesterreich, Sachsen, Braunschweig und Frankfurt. Als
Grund für die Beibehaltung wurde angeführt, daß eine gleich=
lautende Bestimmung fast in allen Wechselordnungen der
älteren und neueren Zeit, selbst in solchen, in denen das
L. S. 37. prompte Accept als Regel angenommen werde, sich finde
und demgemäß bis jetzt ohne Anstoß in Anwendung ge=
bracht worden sei. Hierin liege schon ein wichtiges Argu=
ment für fernere Beibehaltung dieser Bestimmung, wenn
man auch zugeben wolle, daß dieselbe nicht ganz der
M.S.18 Sp.1. streng juristischen Consequenz | entspreche, und daher wohl
bezweifelt werden könne, ob es nützlich sei, dieselbe
einzuführen, wenn sie nicht schon gesetzlich bestände.
Uebrigens hänge die für Meßwechsel bestehende Eigen=
thümlichkeit mit dem ganzen Meßhandel, namentlich in
Leipzig mit dem Handel nach dem Oriente zusammen und
könne ohne eine Beeinträchtigung dieses Handels, deren
Folgen sich nicht übersehen ließen, nicht beseitigt werden.
Es sei auch hier nicht die Rede von Begünstigungen der
Meßplätze, sondern von einem Vortheile, den man den
Fieranten und überhaupt Allen, welche mit der Messe
in Berührung kämen, zu gewähren suche.

Von dem Braunschweigischen Herrn Abgeordneten 165
ward im Laufe dieser Discussion besonders bemerkt, man

habe in Braunschweig die theoretische Inconsequenz wohl
gefühlt, welche darin liege, wenn man neben dem Ueber-
gange zu dem Systeme des prompten Acceptes noch die
besonderen Bestimmungen über die Acceptation der Meßwechsel beibehalte. Es sei deßhalb in dem Braunschweigischen Entwurfe einer Wechselordnung §. 31. auch der
Versuch gemacht, diese Inconsequenz zu beseitigen: dieß
sei aber bis jetzt ein bloßer Vorschlag, der noch den er-
heblichsten Bedenken unterliege. In Braunschweig, wie
an anderen Meßplätzen sei der Grund des bestehenden
Ausnahmeverhältnisses der, daß sich die Meßwechsel auf
Meßgeschäfte, namentlich auf Waarensendungen zu den
Messen gründeten und daß sie mit dem auf der Messe
gelöseten Gelde bezahlt werden sollten. Die Bezogenen
würden hier auf das Erheblichste belästigt und gefährdet,
wenn sie vielleicht lange vor Beginn der Meßgeschäfte
zum Accepte aufgefordert und damit in den Fall gebracht
werden dürften, entweder ihre Wechsel gleich protestirt zu
sehen, oder sich dem Personalarreste am Wechselplatze zu
unterwerfen, ohne über den Ausfall ihrer Meßgeschäfte sicher
zu sein. Man wünsche also Braunschweigischer Seits die
Beibehaltung des bisherigen Verhältnisses, um nicht den
ohnehin durch viele Zeitumstände beeinträchtigten Fort-
gang der Messen zu gefährden. Man wünsche aber auch
gerade eine gemeinschaftliche Bestimmung, indem in dem
Vaterlande der Meßbesucher das Recht des Meßplatzes
vielleicht sonst nicht respectirt, mindestens durch das Fehlen einer gemeinschaftlichen Bestimmung Anlaß zu Controversen hierüber gegeben werden würde.

    Der Oesterreichische Herr Abgeordnete hielt dafür, 166
daß die Vorschrift des Entwurfs unter No. 3 nicht allein
beizubehalten, sondern noch zu vervollständigen sei, indem
es neben derselben einiger subsidiären Bestimmungen über
die Zeit der Präsentation für den Fall bedürfe, wenn an einem
Platze eine besondere Meß= oder Marktordnung nicht bestehe
oder über jene Zeit keine Bestimmung enthalte. Derselbe
schlug insbesondere die Annahme der in dem §. 87 des
Oesterreichischen Entwurfs einer Wechselordnung enthaltenen Bestimmung vor, daß auf Messen und Märkten von
einer Dauer von mehr als acht Tagen, die Präsentation
L. S. 38.   nur in der | zweiten Hälfte der Meß= oder Marktzeit, auf
Messen und Märkten von kürzerer Dauer aber gleich vom
ersten Tage an zulässig sei.

    Er bemerkte noch, daß er die für die Beibehaltung
der Meß= und Marktwechsel angeführten Gründe vollkommen theile, daß er es aber inconsequent finde, wenn
man die Meß= und Marktwechsel dort, wo eine Meß=
oder Marktordnung bestehe, mit einer besonderen Präsentationsfrist aufrecht erhalten, bei jenen Märkten aber,
wo dieß nicht der Fall sei, stillschweigend abschaffen
wolle. Es dürfte sich wohl keine Regierung bestimmt
finden, wegen eines solchen Beschlusses hinsichtlich der auf
ihre Messen und Märkte gezogenen Wechsel neue Vor-
M.S. 18 Sp 2. schriften | über die Präsentation solcher Wechsel zu erlassen.

    Er könne keinen hinlänglichen Grund zur Abschaffung 167

einer seit Jahrhunderten bestandenen Gewohnheit, welche sich für die Fieranten sehr bequem und vortheilhaft bewiesen, bloß darin zu finden, weil man in dem nun zu entwerfenden Wechselgesetze einen neuen allgemeinen Grundsatz über die Frist zur Präsentation der Wechsel überhaupt angenommen habe, womit die für Meßwechsel bestehende Vorschrift nicht übereinstimme. Auch nach den älteren Wechselordnungen seien für Meßwechsel wegen ihrer Eigenthümlichkeit und ihres besonderen Zweckes besondere, von den allgemeinen Regeln abweichende Vorschriften statuirt worden. Man müsse bedenken, daß es sich jetzt nicht darum handle, ob man eine Anomalie für eine Gattung von Wechseln einführen wolle, sondern darum, ob eine uralte Einrichtung, die sich bisher für eine große Classe von Personen nützlich erwiesen, und wovon man keinen erheblichen Nachtheil anzuführen wisse, bloß darum abzuschaffen sei, weil sie nicht unter die jetzt angenommene Regel passe. Der Einwand, daß man doch nicht einem Jeden zumuthen könne, sich mit allen Meß- und Marktordnungen Deutschlands bekannt zu machen, zerfalle ganz, wenn man nach dem §. 87 des Oesterreichischen Entwurfs eine allgemeine Regel für alle Meß- und Marktwechsel aufstelle, und so die für einzelne Messen und Märkte bisher bestandenen besonderen Vorschriften aufhebe, ohne doch die Eigenthümlichkeit dieser Gattung von Wechseln ganz aufzugeben.

Von Seiten des Württembergischen Herrn Abgeordneten ward die Meinung ausgesprochen, daß die Meßwechsel an den Orten, an welchen dieselben bereits beständen, mit der im §. 18 ausgedrückten Eigenthümlichkeit fortbestehen könnten, daß es aber zugleich zuträglich sein würde, diese Orte in dem abzufassenden Entwurfe anzugeben. **168**

Nachdem sich auf diese Weise ein Theil der Versammlung für die Beibehaltung des Privilegiums der Meßwechsel hinsichts der Präsentation zur Annahme erklärt hatte, wurde auch die entgegenstehende Ansicht geltend gemacht. Von einer Seite erachtete man eine Theilung der Frage für erforderlich und trug darauf an, zuerst darüber zu beschließen, ob überhaupt Wechsel ohne das Recht des Inhabers zur sofortigen Einforderung der Acceptation zugelassen werden sollten. Möchte die Conferenz diese Frage bejahen, so würden dann erst die etwaigen Modificationen der betreffenden Bestimmungen des Entwurfs in Berathung zu nehmen sein. Man glaube indeß, sich für die Verneinung der Frage aussprechen zu müssen, | indem man nur dann mit dem Systeme in Uebereinstimmung bleibe, welches die Conferenz bisher befolgt habe und welches dahin gerichtet sei, die Solidität des Wechselverkehrs durch die Beseitigung unacceptabler oder nicht sofort acceptabler Wechsel zu fördern und die möglichste Gleichförmigkeit der an den Wechsel zu knüpfenden Rechte und Pflichten zu erzielen. In diesem Geiste seien alle bisherigen Beschlüsse der Conferenz ergangen, was namentlich auch von denjenigen der letzten Sitzung gelte, in welcher man sich nicht nur gegen die in Augsburg **169**

170

L. S. 39.

übliche Aussetzung der Acceptation bis 14 Tage vor Ver=
fall, sondern auch gegen eine im Wege der Privatüber=
einkunft zwischen dem Trassanten und dem Remittenten
zu vereinbarende Hinausschiebung der Acceptationspflicht
erklärt habe. Wolle die Versammlung, was sie gestern
für Augsburg und für Separat=Verträge versagt habe,
heute für alle Meßwechsel bewilligen, so würde diesem
Beschlusse die Folgerichtigkeit abzusprechen sein. Wie der
Solidität des Wechselverkehrs, so schade es auch der
M.S.19Sp.1. Gleichförmigkeit desselben, | wenn für die Meßwechsel die
Acceptationspflicht von der Meßordnung abhängig gemacht
werde; man schaffe dadurch zwei Wechselgattungen, accep=
table und nicht=acceptable, von denen außerdem die eine
in eben so viele Unterabtheilungen zerfalle, als es Messen
und Märkte oder Meß= und Markt=Ordnungen gäbe. Das
Gesetz würde dem Inhaber eines Meßwechsels keine Aus=
kunft darüber geben, wann er dessen Annahme zu fordern
das Recht habe; zur Ergänzung des Gesetzes werde man einer
umfangreichen Sammlung aller Meß= und Markt=Ordnun=
gen Deutschlands bedürfen. Die vorgeschlagene Ausnahme
sei indeß nicht nur prinzipwidrig und unzweckmäßig, son=
dern auch unnöthig, weil der Zweck, einen Wechsel ohne
andere Garantie als diejenige des Ausstellers zu schaffen,
durch den eignen oder trocknen Wechsel, zahlbar an dem
betreffenden Meßplatze, erreicht werden könne; nicht ein=
mal die angebliche Unbeliebtheit dieser Wechsel lasse sich
hiergegen anführen, da der Entwurf durch die soge=
nannten trassirt=eignen Wechsel die Möglichkeit biete, dem
trockenen Wechsel die Form des gezogenen zu geben.
Wenn behauptet werde, daß der Meßverkehr die Meß=
wechsel bedinge, indem häufig für abgesandte Waaren
trassirt und bis zu deren Ankunft die Acceptation der
Tratten verschoben werden müsse, so sei zu bedenken, daß
aller Waarenhandel zu Lande in dieser Beziehung dem Meß=
waarenhandel gleichstehe, daß aber der Waarenhandel zur
See wesentlich auf der Acceptation von Tratten für abgesandte
und nicht angekommene Waaren beruhe und daß das Connois=
sement bei der Waarenversendung zu Lande durch die Be=
scheinigung des Fuhrmanns oder des Transportunternehmers
ersetzt werden könne, auch schon gegenwärtig sehr häufig ersetzt
werde. Die Hauptgrundlage, man dürfe sagen, die ein=
zige Grundlage des Meßwechsels sei das Bedürfniß, zur
Ergänzung des fehlenden Credits in den Formen des
Wechsels ein Papier in Umlauf zu bringen, dem eine der
wesentlichsten Eigenschaften des Wechsels fehle. Dieses
Bedürfniß habe sich vermöge Umgehung der für die Wech=
selform bestehenden gesetzlichen Vorschriften immer Bahn
zu brechen gesucht und werde sich auch künftighin Bahn
zu brechen suchen. Wenn aber die Gesetzgebung unzu=
L. S. 40. reichend, selbst nicht berufen sei, | der Unsolidität des Wech=
selverkehrs durch Verbote entgegenzutreten, so könne sie
sich andrerseits noch weniger berufen fühlen, ihr durch
ausdrückliche Bestimmungen gesetzliche Sanction zu ertheilen.
Endlich sei zu bemerken, daß der Antrag Hamburgs,
allen Zahlungsanweisungen an Ordre die Wirkungen des

Wechsels beizulegen, also die Möglichkeit der Creirung unacceptabler Wechsel auf das Aeußerste zu beschränken, zur späteren Verhandlung ausgesetzt worden und daß dieser Verhandlung präjudicirt werde, wenn die Versammlung heute im Gegentheile beschließen wollte, unacceptable Wechsel durch das Gesetz zu schaffen.

Diese Ansicht blieb nicht ohne Widerspruch. Nament= 171 lich wurde gegen die behauptete Aehnlichkeit zwischen do= micilirten und Meßwechseln geltend gemacht, daß es in einem Domicilwechsel heiße: „N. N. in Chemnitz, zahlbar in Leipzig", dagegen in einem Meßwechsel: „N. N. aus Chemnitz, in der Leipziger Messe zahlbar." Werde nun dem N. N. ein auf seine Firma in Chemnitz gezogener Wechsel in Leipzig zur Annahme vorgelegt, so könne der= selbe, jener Wechsel möge in Leipzig domicilirt oder eine einfache Tratte sein, jederzeit die Antwort geben, daß er in Leipzig, wo er keinen Avis habe und nicht wissen könne, ob von dem Trassanten Deckung geschafft sei, sich nicht zu erklären brauche, sondern dem Präsentanten überlasse, M. S. 19 Sp. 2. den Wechsel in Chemnitz vorzulegen. Handle es sich | da= gegen um einen Meßwechsel, so könne der N. N. gerade umgekehrt in Chemnitz niemals zu einer Erklärung über die Annahme angehalten werden. In Leipzig dagegen brauche er vor der Messe zwar eben so wenig, wie in dem ersten Falle eine Erklärung abzugeben; während der Messe aber müsse er in Leipzig entweder annehmen, oder die Aufnahme des Protestes Mangels Annahme gewärtigen.

Auf diese Einwendungen wurde erwiedert: Es sei 172 nicht behauptet worden, daß durch den Wegfall der nicht sofort acceptablen Meßwechsel überhaupt an dem bestehen= den Zustande nichts geändert werde; auch könne es nicht die Aufgabe sein, Alles, was an diesem oder jenem Orte üblich, zum Gesetze zu erheben. Wenn bisher auf N. N. aus Chemnitz in Leipzig gezogen worden, so werde man künftig entweder auf N. N. in Chemnitz, zahlbar in Leip= zig, zu ziehen oder vorauszusetzen haben, daß der N. N. auch außer der Messe in Leipzig anwesend oder durch einen zur Wechselannahme Bevollmächtigten vertreten sei.

Bei der hierauf vorgenommenen Abstimmung ward 173 die zuerst aufgestellte Frage:

> Soll die im §. 18 No. 3 enthaltene Bestimmung, wenn auch mit Vorbehalt gewisser Modificationen, beibehalten werden?

mit 15 Stimmen gegen 4 bejahend beantwortet.

Die zweite Frage: 174

> Soll für diejenigen Meß= oder Marktorte, welche eine die Präsentationsfrist bestimmende Meß= oder Marktordnung nicht besitzen, eine subsidiäre Vor= schrift über diese Frist in die allgemeine Wechsel= ordnung aufgenommen werden?

L. S. 41. ward dagegen mit 16 Stimmen gegen 3 verneinend be= antwortet. Doch ward zugleich | der Wunsch ausgesprochen, 175 daß bei den besonderen Meß= und Marktordnungen mög= lichste Gleichheit beobachtet werden möge.

Der Antrag, die Meßwechsel nur an solchen Meß= 176
plätzen, an welchen dieselben in ihrer Eigenthümlichkeit
einmal hergebracht sind, ferner bestehen zu lassen, fand
zwar keine genügende Zustimmung; es wurde indeß her= 177
vorgehoben, daß die Versammlung, wenn sie auch nun=
mehr für die Meßwechsel sich' entschieden habe, doch nur
gewillt gewesen, eine Ausnahme von einer allgemeinen Regel
zu beschließen. Es entspreche aber diesem Systeme nicht,
die Ausdehnung und Vervielfältigung der Ausnahmen zu
befördern oder zu erleichtern. Das Gesetz könne aller=
dings die jetzigen und künftigen Meß= und Marktordnun=
gen nicht aufführen, allein es werde sehr nützlich sein,
wenn jede Regierung bei Publication des Gesetzes zugleich
in einer besonderen Bekanntmachung diejenigen Deutschen
Messen und Märkte bezeichne, auf welche der §. 18 des Ent=
wurfs Anwendung finde. Daß ein dahin gehender Wunsch
in das Protocoll aufgenommen werde, scheine um so
nöthiger, als aus der Bestimmung des Wechsels zur all=
gemeinen Circulation, für jeden Angehörigen eines ein=
zelnen Staates das Bedürfniß sich ergebe, von den Par=
ticularbestimmungen in anderen Staaten Kenntniß zu
erlangen.

Nach Fassung dieses Beschlusses äußerte der Herr 178
Banquier, Assessor Schmid: Da durch die Bestimmung
über die Meßwechsel ein der Augsburger Acceptationsweise
homogenes Institut aufrecht erhalten werde, welches eigent=
lich nur ein Privilegium für einige Meßplätze enthalte,
so könne es um so weniger einem Bedenken unterliegen,
wenn auch die Stadt Augsburg durch eine exceptionelle Be=
stimmung im Besitze ihrer bisherigen Acceptationsweise erhal=
ten werde. Dieselbe sei aus der eigenthümlichen Gestalt
M. S. 20 Sp. 1. des Augsburger Wechselhandels | mit Italien und der
Schweiz hervorgegangen und finde ihre volle Rechtfertigung
in dem allgemeinen Bedürfnisse, da sie dem Handel und
der Industrie des Inlandes eine dem angenommenen all=
gemeinen Grundsatze, wie der Sicherheit des Verkehrs
mehr entsprechende Erleichterung gewähre, als die ander=
wärts entstanden Surrogate.

§. 19.   Einen ferneren Gegenstand der Erörterung in der 179
heutigen Versammlung bot der §. 19 dar. Die Frage,
welche hiebei ausführlich beleuchtet wurde, betraf die in
dem erwähnten §. für die Sichtwechsel vorgeschriebene
Präsentationsfrist. Man fand die Bestimmung einer
solchen Frist nothwendig, um den Ausgeber solcher Wech=
sel nicht auf unbestimmte Zeit Regreßansprüchen auszu=
setzen, da die Verjährung nicht vor erfolgter Präsentation
beginne und also den Schutz, auf welchen es ankomme,
nicht gewähren könne. Wie nun aber die Bestimmungen
über eine solche Frist zu reguliren seien, darüber sprach
man sich verschieden aus.

Der Herr Referent machte bemerklich, daß von meh= 180
reren Seiten bezweifelt werde, ob Bestimmungen, wie sie der
Entwurf enthält, durch die Gesetze eines einzelnen Staates
gegeben werden können. Man glaube nämlich, es werde durch
solche Bestimmungen in den Kreis einer fremden Gesetz=

gebung eingegriffen. Es sei aber dieser Punct nach dem Grundsatze über die Collision inländischer und ausländischer Gesetze zu entscheiden und der Satz, welcher hier in
L. S. 42.
Betracht komme, sei der | schon in den älteren Zeiten anerkannte: locus regit actum. Dieser Satz sei nicht blos auf die Formalien, sondern auch auf die materiellen Folgen der Geschäfte zu beziehen und erleide blos in zwei Fällen eine Ausnahme, einmal nämlich, wenn es um persönliche Dispositionsfähigkeit sich handle, und dann, wenn der Gegenstand des Geschäftes ein Immobile sei. Nach diesem Satze sei es unbedenklich, Bestimmungen über Präsentationsfrist für die in dem Inlande ausgestellten Sichtwechsel auszusprechen, während es als Eingriff in eine fremde Gesetzgebung anzusehen wäre, wenn die einheimische Gesetzgebung für die aus dem Auslande in das Inland gelangenden Wechsel dergleichen vorschreiben wollte.

Der Herr Referent gab daher anheim, die in dem 181 §. enthaltenen Bestimmungen abzuändern und die zu vereinbarende Vorschrift nicht für die im Inlande z a h l - b a r e n, sondern für die im Inlande a u s g e s t e l l t e n Wechsel, gleichviel ob sie im Inlande oder Auslande zahlbar wären, zu erlassen.

Von mehreren Seiten ward anerkannt, daß zwar den 182 für den Aussteller aus Sichtwechseln entstehenden Unbequemlichkeiten durch eine auf den Wechsel geschriebene Bemerkung entgegen gewirkt werden könne. Allein es ward auch zugegeben, daß dies nicht zu geschehen pflege und daß es mithin nothwendig wäre, Sichtwechsel durch Bestimmung einer Präsentationsfrist in eine Art von Datowechseln umzuwandeln. Zugleich erklärte man sich mit der Ansicht des Herrn Referenten darüber, i n w e l c h e r Art eine solche Bestimmung zu treffen sei, einverstanden und hob dabei noch hervor, daß, wenn jedes Land festsetzen wollte, wie es sowohl bei den a u s demselben, als bei den a u f dasselbe gezogenen Sichtwechseln zu halten sei, ein die größten Conflicte herbeiführender Zustand unvermeidlich sein würde. Ein Princip könne hierbei nur das richtige sein und da verdiene gewiß dasjenige den Vorzug, welches dem Zwecke einer solchen Bestimmung entspreche, der doch nur darin gefunden werden könne, daß das Gesetz das ergänze, was der Aussteller hätte thun können oder sollen.

M. S. 20 Sp. 2 Von einer anderen Seite ward über diesen Gegenstand 184 bemerkt: Der §. 19 entspreche zwar im Principe dem Art. 160 des Code de commerce, aber er enthalte gleich letzterem, eine Lücke, er schweige nämlich von dem Falle, wenn ein Inländer auf das Ausland trassire. Das Französische Gesetz vom 19. März 1817 habe hierin auf eine ebenso einfache, als passende Weise nachgeholfen, indem es vorschreibe, daß die Bestimmungen, welche über die auf einen Platz des Inlandes gezogenen Wechsel gelten, auch auf Wechsel jener Art Anwendung finden sollen. Daß die Gesetzgebung wohl befugt sei, das inländische Gesetz zur Anwendung zu bringen, wenn gegen einen Inländer

wegen der von ihm auf das Ausland gezogenen Wechsel re-
grebirt werde, dürfte wohl nicht zu bezweifeln sein; dem
internationalen Rechte wolle man es jedoch nicht entsprechend
finden, dieselbe Bestimmung auch im anderen Falle vorzuschreiben. Hiergegen sei aber zu bemerken, daß es sich
doch eigentlich in b e i d e n Fällen um eine Extinctivver-
jährung handle, um die Frage nämlich, wie lange eine
Entschädigungsklage gegen einen Inländer angestellt
werden könne, was überall, wenn der Inländer im In-
L. S. 43. lande belangt | werde, nach inländischen Gesetzen zu beur-
theilen sei. Ueberdieß bestehe in ganz Frankreich der
Art. 160 u n d das Gesetz von 1817, es werde also dort
das fragliche Princip gegen Deutschland in Anwendung
gebracht. Wenn, worauf man antrage, der §. 19 des
Entwurfs im Principe angenommen, ein Zusatz im Sinne
des Französischen Gesetzes von 1817 hinzugefügt und die
Bestimmung der Fristen so beliebt würde, wie der Art.
160 des Code de commerce besage, dann würden in
fraglicher Beziehung das Deutsche und Französische Wechselrecht ganz gleich sein, worin ein offenbarer Vortheil
und zugleich der Ausschluß einer Verletzung des internationalen Rechts, wenigstens in Ansehung dieser beiden
Nationen, liegen würde, wenn überhaupt das internationale Recht hier ein Hemmniß abgeben könnte.

Nach einer ferneren Discussion über die diesen Ge- 185
genstand betreffenden Bestimmungen des Französischen
Rechts, bei welcher insonderheit der bei Gelegenheit der
Deliberation über das Gesetz vom 19. März 1817 von
de Sèze in der Pairskammer erstattete Bericht erwogen
und die Uebereinstimmung der in diesem Berichte ausgesprochenen Ansicht mit dem Vorschlage des Herrn Referenten anerkannt wurde, stellte ein Mitglied der Versamm- 186
lung einen, sowohl über die Bestimmungen des Französischen
Rechts als den Vorschlag des Herrn Referenten noch
hinausgehenden Antrag. Man könne nämlich über die
Präsentation der Sichtwechsel entweder die Gesetze des
Ausstellungsortes oder die des Zahlungsortes entscheiden
lassen und also bei Erlassung eines neuen Gesetzes der
Ansicht folgen, daß man e n t w e d e r für die im Inlande
ausgestellten, o d e r für die im Inlande zahlbaren Wechsel
eine Bestimmung treffen müsse. Betrachte man die Sache
aber genauer, so finde man, daß Eines von Beiden allein
nicht ausreiche. Auch in Frankreich habe man erst das
Eine, und dann hinterher noch das Andere bestimmt.
Der im Inlande ausgestellte Wechsel erfordere zunächst
eine Bestimmung, um den inländischen Aussteller und
Indossanten zu schützen; allein auch der im Auslande
ausgestellte durchlaufe das Inland und bedürfe einer
Bestimmung für die inländischen Indossanten. Es sei
deshalb zu wünschen, daß man die proponirte neue Bestimmung für die im Inlande ausgestellten Wechsel aufnehme,
aber die ursprüngliche für die im Inlande z a h l b a r e n,
im Auslande ausgestellten, nicht streiche, sondern beibehalte. Auch diese beiden Bestimmungen zusammen ge-
M.S 21. Sp.1. nügten | noch nicht, es müsse vielmehr auch noch der Fall

erwogen werden, daß ein vom Auslande auf das Aus=
land gezogener Sichtwechsel im Inlande indoffirt werde,
in welchem Falle es sich um Schutz für den inländischen
Indoffanten handle. Der Indoffant sei als Traffant zu
betrachten, er übernehme genau dieselbe Verpflichtung, das
ursprüngliche Verhältniß pflanze sich auf ihn fort und er
sei ganz in gleicher Weise, als der Traffant, regreßpflichtig.
Handle es sich also darum, bei Sichtwechseln eine Frist
zu bestimmen, nach deren Ablaufe die Wechselgaranten frei
sein sollten, so müsse man sowohl den inländischen Aus=
steller, als auch den inländischen Indoffanten in's Auge
fassen. Eine Bestimmung über Wechsel vom Inlande
auf das Ausland oder umgekehrt erschöpfe somit die Sache

L. S. 44.   nicht, man müsse vielmehr die | Bestimmung ganz generell
für alle im Inlande ausgestellten oder indoffirten Wechsel
treffen, so daß sich jeder inländische Traffant oder In=
doffant darauf berufen könne.

Hiegegen ward bemerkt, daß die Gesetzgebung, wenn 187
sie eine solche Bestimmung treffe, über das Gebiet des
Möglichen hinaus zu schreiten scheine. Dem vom Aus=
lande auf das Ausland gezogenen Wechsel liege bei seiner
Ankunft im Inlande ein bereits abgeschlossenes Rechts=
verhältniß zum Grunde, dessen Aenderung durch das aus=
ländische Gesetz nicht mehr möglich sei. Besondere Be=
stimmungen für den inländischen Indoffanten eines solchen
Wechsels würden sich kaum treffen lassen, ohne der aus=
ländischen Gesetzgebung feindlich entgegen zu treten.

Nachdem noch von einem der Herren Abgeordneten 188
zu erwägen gegeben worden war, daß in Beziehung auf die
dießfalls erforderlich werdenden Bestimmungen nicht sowohl
das Interesse des Ausstellers, der durch eine entsprechende
Anmerkung auf dem Wechsel sich schützen könne, als viel=
mehr das des Remittenten zu beachten und daher eine
Bestimmung analog der des §. 77 zu treffen sei, gelangte
der Gegenstand der bisherigen Berathung zur Abstim= 189
mung, jedoch mit dem ausdrücklichen Vorbehalte, Modi=
ficationen auszusprechen, welche in dem Verfolge der Ver=
handlungen als angemessen sich herausstellen dürften.

Demgemäß ward zuerst die Frage aufgeworfen:

> Soll in dem Entwurfe eine Bestimmung über die
> von dem Inlande nach dem In = oder Auslande
> gehenden Sichtwechsel aufgenommen werden?

und mit 18 Stimmen gegen 1 bejaht. Eben so ward 190
die anderweitige Frage:

> Soll die Bestimmung des §. 19 unter No. 1 ab=
> gesehen von der darinnen angegebenen Zeitfrist,
> nur für die von dem Inlande gezogenen Sicht=
> wechsel gelten?

M. S. 21 Sp. 2. mit 15 Stimmen gegen 4 bejahend beantwortet und hier=
mit auch die Bestimmung des §. 19 unter No. 2, insoweit
sie sich auf die vom Auslande gezogenen Wechsel bezog,
beseitigt.

Nächstdem kam die Präsentationsfrist selbst in nä= 191
here Betrachtung. Man war einverstanden, daß zwar

für Platzwechsel der in Frage stehenden Art es einer so langen Frist nicht bedürfe, als für Sichtwechsel, die auf andere Plätze gezogen worden sind, und daß es bei Sichtwechseln der letztgedachten Art angemessen scheinen könne, nach dem Vorgange der neueren Gesetze oder Gesetzentwürfe die Entfernung zwischen dem Orte der Begebung und dem der Präsentation zu berücksichtigen. Man erwog jedoch, daß theils nicht immer die möglichst schleunige Versendung in der Absicht der Betheiligten liege, theils die Festsetzung verschiedener Fristen je nach der Entfernung nur auf der Annahme, daß die Wechsel möglicher Weise innerhalb dieser Fristen an den Zahlort gelangen könnten, beruhe, und es sonach gerathener sei, nur eine für alle Fälle ausreichende Frist festzusetzen. Es ward daher mit 18 Stimmen gegen 1 beschlossen, daß für alle Fälle, in welchen im Wechsel selbst keine besondere Bestimmung enthalten sei, nur eine einzige, | für jede Entfernung gültige Frist angenommen werden solle, und ferner mit 16 Stimmen gegen 3, daß diese Frist namentlich mit Rücksicht auf die Verhältnisse des Handels nach der Ostküste von Afrika und ähnlichen entfernten Ländern, mit denen keine regelmäßige Postverbindung bestehe, auf 2 Jahre festzusetzen sei.

L. S. 45.

192

193

Es kam hierbei zur Sprache, ob nicht auch bei domicilirten Wechseln die Nothwendigkeit einer Präsentation zur Annahme zu statuiren sei, man ging jedoch für jetzt nicht weiter auf die Frage ein und beschloß, das Weitere bis zum §. 25 auszusetzen. 194

Am Schlusse der heutigen Sitzung erfolgte noch die Wahl einer Commission für die nach Maaßgabe der gefaßten Beschlüsse zu bewirkende anderweite Redaction des Entwurfs. Man war darüber einig, daß diese Commission aus dem Herrn Referenten und vier andern Mitgliedern bestehen solle. Zu den letzteren wurden durch Stimmenmehrheit der Herr Hofrath Dr. Liebe, der Herr Ministerialrath Dr. Breidenbach, der Herr Obertribunalrath Dr. von Hofacker und der Herr Senator Dr. Albers gewählt. 195

Zu bemerken ist noch, daß eine von dem Herrn Professor Thöl vor einigen Tagen dem Herrn Vorsitzenden übergebene Schrift, unter dem Titel: „Quellen und Zeugnisse des Wechselrechts" in der Zwischenzeit gedruckt und zu Anfange der heutigen Conferenz sämmtlichen Mitgliedern derselben zugestellt worden war. 196

X.

Leipzig, den 2. November 1847.

M. S. 21 Sp. 1. Die heutige Sitzung wurde unter der Leitung Sr. Excellenz des Herrn Staatsministers von Könneritz mit einigen nachträglichen Bemerkungen zum §. 19 des Entwurfs eröffnet. 197

M. S. 21 Sp. 2. Von einer Seite wurde nämlich anheimgegeben: 198
1) den Ausdruck: „Verpflichtung" in dem ersten
Absatze des §. 19 mit einem anderen zu vertauschen, weil
eine Verpflichtung zur Präsentation nicht unbedingt, son-
M. S. 22 Sp. 1. dern nur | insoweit bestehe, als Zahlung verlangt werden
solle und bei Sichtwechseln, namentlich bei solchen, welche
in die Hände von Reisenden gegeben würden, der Fall
nicht selten vorkomme, daß der Wechsel, ohne präsentirt
worden zu sein, an den Aussteller zurückgelange.

Von einer anderen Seite wurde indeß hierauf erwiedert, daß der Ausdruck „Verpflichtung" an jener Stelle
absichtlich gewählt worden sei, um den Gegensatz zu der
im §. 18 enthaltenen Bestimmung „der Berechtigung
zur Präsentation" schärfer hervorzuheben, daß der Umfang dieser Verpflichtung, zur Erhaltung der Rechte aus
dem Wechsel in der folgenden Bestimmung des Para-
L. S. 46. graphen näher | angegeben, daß aber, wie sich von selbst
verstehe, die Vorschrift auf den Fall nicht zu beziehen sei,
wo Jemand von dem Wechsel überhaupt keinen Gebrauch
mache und sich durch dessen Zurückgabe das Rechtsver-
hältniß auflöse.

Hiernach wurde die Berücksichtigung der gemachten 199
Bemerkung, so wie

2) der weiteren, ob das Wort „inländischen" im
zweiten Absatze bei Indossanten und Aussteller, nicht besser
wegfalle, dem Ermessen der Redactionscommission um so
mehr anheim gegeben, als der §. 19. nach dem in der
vorigen Sitzung gefaßten Beschlusse, ohnehin einer neuen
Redaction bedarf.

Zu den Worten des zweiten Absatzes: „nach Maaßgabe 200
der besonderen im Wechsel ausgedrückten Verabredung"
wurde bemerkt, daß diese nur auf eine Fristbestimmung von
Seiten des Ausstellers zu beziehen seien, daß aber auch
der Fall einer ausdrücklichen Bestimmung zu bedürfen
scheine, wenn ein Indossant, bei Uebertragung des Wechsels, die in demselben bestimmte oder nach dem Gesetze
laufende Frist zur Präsentation, in dem Indossamente
abkürze.

Nach stattgehabter Discussion einigte man sich in
der Ansicht, daß einer solchen Fristbeschränkung von Seiten des Indossanten nur die Wirkung beigelegt werden
könne, daß sie ihn bei späterer Präsentation gegen Regreß-Ansprüche sicher stelle, während sie auf die Rechtsverhältnisse seiner Vormänner und Nachmänner so wie
auf jene des Ausstellers und des Bezogenen ohne Einfluß
bleibe. Es wurde daher einstimmig beschlossen, eine Bestimmung in diesem Sinne in den Entwurf aufzunehmen.

§. 20. Zum §. 20 machte der Herr Referent, unter Beziehung 201
auf die gedruckten Motive des Entwurfs, auf die abweichenden Bestimmungen anderer Gesetzgebungen, namentlich des **Code de commerce** zc. in dem Falle aufmerksam,
wenn der Bezogene die Datirung seines Acceptes verweigert oder unterlassen habe.

Nach ausführlicher Erörterung der Gründe für und

4

wider die Bestimmungen des Entwurfs wurde der
§. 20 angenommen.

§. 21.   Der zum §. 21 gestellte Antrag des Oesterreichischen 201a
Herrn Abgeordneten, die bloße Beisetzung des Namens
oder der Firma des Bezogenen auf der Vorderseite des
Wechsels, zur Annahme nicht für genügend zu erachten,
vielmehr eine bestimmte, die Annahme unzweideutig ausdrückende Erklärung, durch Gebrauch der Worte „angenommen" oder „acceptirt" oder anderer gleichbedeutender
Ausdrücke, vorzuschreiben, wurde nach stattgefundener Erörterung mit 13 Stimmen gegen 6 abgelehnt.   Die von 202
einem anderen Mitgliede angeregte Frage: ob das Wort
„gesehen" mit der Namensunterschrift des Bezogenen auf
dem Wechsel, als Annahme gelten solle? was bekanntlich
in der Französischen Jurisprudenz zu Streitfragen Ver-
M.S.22 Sp.2. anlassung gegeben habe, | wurde ausgesetzt, indem auf den
Antrag mehrerer Mitglieder beschlossen wurde, die Discussion über den §. 24 vorausgehen zu lassen und sogleich zu derselben zu schreiten.

§. 24.   Von dem Herrn Abgeordneten für Holstein und Lauen= 203
burg wurde beantragt, der Bestimmung im §. 24, diese-
nige des §. 36 des von ihm mitgetheilten Entwurfs einer
Wechselordnung, zu substituiren, welche dahin lautet:
L. S. 47.   Der Trassat darf ohne Genehmigung des Inhabers
und durch diesen veranlaßte vorgängige Protesterhebung, den Wechsel weder für eine geringere Summe,
noch in einer anderen Währung, noch auf eine andere Verfallzeit, als worauf der Wechsel lautet, noch
unter irgend einer von dem Inhalte des Wechsels
abweichenden Bedingung acceptiren. Ist einer solchen
Annahme die vorgedachte Protesterhebung nicht vor-
angegangen, so ist der Wechsel seinem ganzen Inhalte nach für angenommen zu achten.   Nach vor-
genommenem Proteste muß der Inhaber die Annahme
für einen Theil des Wechselbetrags zulassen, wenn
der Einsender ihm nicht andere Vorschrift ertheilt
hat.   Andere Abweichungen von dem Inhalte des
Wechsels aber darf er nur gestatten, wenn er ausdrücklich dazu befugt ist.

Dieser Antrag wurde von mehreren Seiten, nament= 204
lich von den Herren Abgeordneten von Hamburg, Bremen
und Lübeck unterstützt und dafür insbesondere geltend gemacht: Es sei an den größeren Handelsplätzen, überhaupt
im größeren Wechselverkehre, nicht Ausnahme, sondern die
Regel, daß die Wechsel dem Bezogenen nicht bloß vorgezeigt, sondern zur Prüfung und Erklärung über die
Annahme anvertraut würden. Benutze derselbe nun die
ihm anvertraute Urkunde, um irgend eine andere Erklärung, als die ihm abverlangte, „eines unbedingten Acceptes", darauf zu schreiben, so könne dies für den Inhaber des Wechsels sehr nachtheilig sein, namentlich auch
die Regreßnahme gegen auswärtige Wechselverbundene
sehr erschweren oder unmöglich machen. Jedenfalls liege
in einem solchen Verfahren ein Mißbrauch, für welchen

den Bezogenen die in der vorgeschlagenen Bestimmung ausgesprochene unbedingte Haftung mit Recht treffe. Es involvire dieses auch keine Härte, da der Bezogene mit den Vorschriften des Gesetzes vertraut sein, also die Folgen seiner Handlung kennen müsse. Auf der anderen Seite würde, wenn die erwähnte Folge nicht eintreten solle, zu nachträglichen Abänderungen und Einschränkungen einer bereits erfolgten Annahme besonders in dem Falle, wenn der Bezogene, noch ehe er den Wechsel zurückgegeben, ungünstige Nachrichten über den Aussteller erhalte, überhaupt zu Collusionen zwischen dem Inhaber und dem Acceptanten Gelegenheit dargeboten, wodurch die Solidität und Sicherheit des Verkehres mit Wechseln sehr gefährdet werde.

Der gestellte Antrag fand jedoch von vielen Seiten 205 entschiedenen Widerspruch. Für die entgegenstehende Ansicht wurde besonders hervorgehoben, daß die angedrohte Folge für den Bezogenen eine zu große Härte enthalte. Man dürfe keineswegs die Vermuthung aufstellen, daß, wenn eine die Annahme beschränkende oder bedingende oder eine dieselbe ausschließende Erklärung auf den Wechsel geschrieben werde, ohne daß vorher die Zustimmung des Präsentanten erhoben worden sei, hierbei eine böse Absicht zum Grunde liege, oder daß solches mit dem Bewußtsein eines Mißbrauchs der Urkunde geschehen sei; es könne dieses ganz in gutem Glauben und in der Absicht, der Aufforderung, sich über die Annahme zu erklären, Genüge zu leisten, erfolgt sein. Die Voraussetzung einer genauen Bekanntschaft mit M. S. 23 Sp. 1. den positiven Bestimmungen und | Formen des Wechsel-
L. S. 48. verkehres dürfe aber besonders | dann nicht zum Maaßstabe der Beurtheilung solcher Präjudize dienen, wenn die Wechselfähigkeit nicht mehr als ein Vorrecht des Handelsstandes betrachtet, sondern, wie dieses in der Absicht des Entwurfs liege, für alle Stände ausgesprochen werden solle. Verkürzungen und Benachtheiligungen, welche man in der einen Richtung durch solche Bestimmungen zu verhindern suche, könnten dann in anderen Richtungen in einem um so größeren Maaße hervorgerufen werden. Zudem beruhe es auf Vertrauen, wenn der Präsentant, statt den Wechsel bloß vorzulegen, denselben dem Bezogenen anvertraue und diesem dadurch eine Frist zur Erklärung bewillige, er müsse sich daher auch die Folgen hiervon M. S. 23 Sp. 2. gefallen lassen. In diesem gegenseitigen | Vertrauen müsse aber auch die Garantie gefunden werden, daß Fälle der bezeichneten Art nur zu den seltenen Ausnahmen gerechnet, daher der Bildung einer gesetzlichen Regel nicht zum Maaßstabe dienen könnten. Gegen nachträgliche Abänderungen und Einschränkungen einer unbedingten Annahme, welche auf Collusionen beruhten, könnten aber nur die Strafgesetze Schutz gewähren. Endlich müsse die Annahme des Antrages schon aus dem Grunde bedenklich erscheinen, weil noch keine Deutsche Wechselordnung in ihren Bestimmungen über den fraglichen Gegenstand so weit gegangen sei.

Die Fortsetzung der Discussion und Beschlußfassung 206

über den §. 24 wurde zur folgenden Sitzung ausgesetzt, 207
und zu dem §. 22 übergegangen, welcher keine Beanstan=
dung fand.

§. 22.

XI.

Leipzig, den 3. November 1847.

M. S. 23 Sp. 1. Unter dem Vorsitze Sr. Excellenz des Herrn Staats= 208
ministers von Könneritz wurde die Conferenz eröffnet,
das Protocoll über die gestrige Sitzung vorgelesen und
die Discussion über die ausgesetzten Punkte wieder auf=
genommen.

Der Herr Referent wies auf die Verschiedenheit der Be= 209
stimmungen hin, welche zur Entscheidung der Frage: über
die Wirkungen einer bedingten und beschränkten Annahme,
in dem vorliegenden Entwurfe, in dem Code de commerce
und in dem Entwurfe einer Wechselordnung für Holstein
und Lauenburg enthalten seien.

Der vorliegende Entwurf erkläre den Acceptanten 210
nach dem Inhalte seines Acceptes haftbar, die Annahme
aber im Verhältniß zu dem Inhaber für verweigert und
berechtige diesen dadurch, Protest zu erheben, Regreß auf
Sicherstellung zu nehmen oder auch den Verfalltag abzu=
warten und dann nach erhaltenem Proteste Regreß wegen
Mangels Zahlung zu nehmen. Er belasse somit jeden
der Betheiligten in seiner Rechtssphäre und löse die Frage
folgerichtig.

L. S. 49. Das Französische Handelsgesetzbuch Art. 124 stimme 211
insoweit mit dem Entwurfe überein, als dasselbe aus
einer bedingten oder beschränkten Annahme keine unbe=
schränkte Haftung des Acceptanten herleite. Es erkläre
dagegen abweichend von dem Entwurfe, zwar eine be=
dingte Annahme für unstatthaft, eine beschränkte aber in
Rücksicht auf die Summe für zulässig und verpflichte
im letzteren Falle den Inhaber, wegen der Restsumme
den Wechsel protestiren zu lassen. Zu einer solchen Un=
terscheidung scheine jedoch kein rechter innerer Grund vor=
zuliegen, auch lasse das Gesetz es unbestimmt, welche
Präjudize in dem einen, wie in dem anderen Falle, be=
sonders bei unterlassener Protesterhebung eintreten sollten.
Hiernach dürfte die Annahme dieser Bestimmungen nicht
zu empfehlen sein.

Die Bestimmungen des Holstein=Lauenburgischen Ent= 212
wurfs, nach welchem jeder ohne Einwilligung des In=
habers und ohne vorgängige Protesterhebung auf den
Wechsel geschriebenen Erklärung die Wirkung einer unbe=
dingten Annahme beigelegt werden solle, wobei also selbst
solche Erklärungen nicht ausgeschlossen seien, welche die
Absicht, nicht acceptiren zu wollen, bestimmt ausdrückten,

M. S. 23 Sp. 2. hätten auf den ersten Anblick etwas Ansprechendes. | Sie

bezwecke Sicherung einer strengen Ordnung in Behand=
lung des Wechsels, als eines Formalactes, und könne da=
für die Natur des Litteral=Geschäftes geltend gemacht
werden. Bei näherer Erwägung dürfte das Präjudiz
jedoch zu streng und durch ein Bedürfniß nicht gerecht=
fertigt erscheinen. Bekanntschaft mit allen einzelnen Bestim=
mungen des Gesetzes, somit Kenntniß des mit einer solchen
Erklärung verbundenen Nachtheils könne, besonders bei
der beabsichtigten Ausdehnung der Wechselfähigkeit nicht
unbedingt vorausgesetzt werden, somit das Präjudiz für
den Bezogenen leicht einen großen Nachtheil zur Folge
haben, gegen welchen er sich durch seine Erklärung zu
schützen die Absicht gehabt habe. Aendere der Bezogene,
noch ehe er den Wechsel zurückgegeben habe, also während
der ihm von dem Inhaber selbst gegebenen Deliberations=
frist, seinen Entschluß und füge er einem bereits geschrie
benen Accepte, aus welcher Veranlassung dieses immerhin
geschehen möge, abändernde oder einschränkende Zusätze
bei, so könne darin, vom rechtlichen Standpunkte aus
betrachtet, nicht einmal etwas Unbefugtes gefunden wer=
den. Gegen spätere Abänderungen, möchten solche nun
einseitig vorgenommen oder durch Collusionen möglich ge=
macht werden, könne, wie dieses auch bereits hervorgeho=
ben worden sei, nicht die Wechselordnung, sondern nur
das Strafgesetz sichern.

Zur Ausgleichung der verschiedenen, theils für die 213
Bestimmungen des Entwurfs, theils zur Unterstützung des
hiervon abweichenden Antrags, geltend gemachten Ansich=
ten wurde von einem der Herren Bevollmächtigten vorgeschla=
gen, die §§. 21 und 24 wie folgt, zu fassen:

§. 21. Die Annahme des Wechsels muß auf dem
Wechsel und schriftlich geschehen. Auch dann, wenn
der Bezogene nichts Weiteres als seinen Namen
oder seine Firma auf die Vorderseite des Wechsels
geschrieben hat, ist die vollständige Annahme des
Wechsels erfolgt. Der Bezogene kann die gesche=
hene Annahme nicht widerrufen.

L. S. 50.

§. 24. Der Bezogene kann nur nach erhobenem Pro=
teste durch Beisätze oder Zusätze bedingt oder be=
schränkt acceptiren. Handelt er dem entgegen, so
gilt der Zusatz oder Beisatz als nicht geschrieben.

M. S. 24. Sp.1.

Hiervon macht nur der Fall | eine Ausnahme, wenn
das Accept für eine geringere Summe erfolgt, als
in dem Wechsel ausgedrückt ist. Der Inhaber des
Wechsels ist verbunden, diese Annahme sich gefallen
zu lassen, muß jedoch den Wechsel für den Mehr=
betrag protestiren lassen.

Hierzu bemerkte der Herr Proponent: 215

Es sei dieser Vorschlag vielleicht dazu geeignet, die
verschiedenen Ansichten zu vermitteln. Theoretisch stehe
unzweifelhaft fest, daß eine auf irgend eine Weise bedingte
Annahme schlechterdings nicht als vollständige Acceptation
betrachtet werden dürfe. Eben so gewiß sei es aber auch,
daß der Bezogene kein Recht habe, ohne Zustimmung des
Inhabers des Wechsels irgend etwas Anderes, als die

pure Annahme auf den Wechsel zu schreiben. Die Ge=
setzgebung sei daher wohl befugt, für den Fall, daß der
Bezogene dieser Pflicht entgegen handle, demselben ein
Präjudiz anzudrohen, welches aber seine Grenzen haben
müsse. Es so weit auszudehnen, daß eine schriftlich auf
den Wechsel gesetzte Erklärung, nicht annehmen zu wollen,
als unbedingte Annahme gelten solle, das widerstrebe dem
Rechtsgefühle. Eben so gehe es nicht an, wenn der Be=
zogene auf den Wechsel bemerkt habe, er wolle nur einen
Theil der Summe bezahlen, diese Erklärung dahin zu
deuten, daß er sich zum Ganzen verpflichtet habe. Da=
gegen könne man dem von mehreren Herren Sachver=
ständigen behaupteten practischen Bedürfnisse dadurch
genügen, daß man sonstige Beschränkungen, die sich
nur auf Zeit und Ort der Zahlung beziehen können,
als nicht geschrieben betrachte und es sei dieß auch da=
rum erforderlich, weil sonst durch unleserliche und captiöse
Zusätze der Inhaber zu Schaden kommen könne. Daß
nach erhobenem Proteste Mangels (purer) Annahme jeder
Zusatz statthaft sein müsse, möchte schwerlich zu beanstan=
den sein; durch den Protest seien alle Rechte des In=
habers gewahrt und die hierauf erfolgende bedingte oder
beschränkte Annahme könne ihm nur nützen, nicht schaden,
er werde sie um so lieber gutheißen, als er dadurch sich
keinem Anspruche von Seiten desjenigen, der ihm die
Tratte remittirt habe, aussetze. Was die über das theil=
weise Accept beantragte Bestimmung betreffe, so ent=
spreche sie dem Art. 124 des Code de commerce, über
dessen Auslegung in Frankreich freilich eine Controverse
bestehe.

Von einer anderen Seite wurde in gleichem Sinne 215
beantragt und mehrfach unterstützt, eine dem §. 37 des
Braunschweigischen Entwurfs und den §§. 104 bis 107
des Sächsischen Entwurfs entsprechende Bestimmung an=
zunehmen, wonach Bedingungen und Beschränkungen,
welche dem Inhalte des Wechsels nicht gemäß sind, für
nicht geschrieben geachtet werden sollen, während die An=
nahme auf einen Theil der im Wechsel verschriebenen
Summe zulässig sei.

L. § 51.

Es wurde dieses hauptsächlich damit unterstützt, daß
die Zulassung von Bedingungen und Beschränkungen bei
der Annahme, erfahrungsmäßig zu Verwickelungen führe
und daher um so weniger Begünstigung verdiene, als
sie streng genommen außer dem | Bereiche des Wechselge=
schäfts liege, daß dagegen durch die Zulassung der An=
nahme auf einen Theil der Summe, in der Mehrzahl
der Fälle, das Interesse nicht nur des Inhabers, sondern
auch seiner Vormänner und des Trassanten gewahrt und
gefördert werde.

Hiergegen wurde jedoch erinnert, daß in vielen 216
Fällen von dem Aussteller oder einem Indossanten
vorgeschrieben werde, die Acceptation auf eine spätere
Frist zuzulassen, weil ihnen eine solche Annahme lieber sei,
als gänzliche Versagung der Annahme. — Das Gesetz
mache dies unmöglich, wenn es erkläre, daß eine Annahme

M. S. 24 Sp. 2. auf eine spätere Zeit, als eine Annahme | auf die im Wechsel ausgedrückte Verfallzeit betrachtet werden solle.

Mit Vorbehalt der der Redaction zu überlassenden 217 Fassung der künftigen Bestimmung wurden nun folgende Fragen zur Abstimmung vorgelegt:

1) Soll jede Erklärung, welche ohne vorher bewirkte Aufnahme eines Protestes von dem Bezogenen auf den Wechsel geschrieben wird, als unbeschränktes Accept gelten?

2) Sollen alle Beschränkungen, die dem Accepte bei= 218 gefügt und vor Aufnahme des Protestes auf den Wechsel gesetzt worden sind, unbedingt für nicht geschrieben geachtet werden?

Beide Fragen wurden mit 14 Stimmen gegen 5 219 verneint. Die dritte Frage:

3) Sollen Beschränkungen, welche nicht auf die Größe 220 der verschriebenen Summe sich beziehen, unbedingt und ohne daß es der Aufnahme eines Protestes bedarf, für nicht geschrieben angesehen werden?

wurde mit 11 Stimmen gegen 8 bejaht, die vierte Frage endlich:

4) Ist, wenn die Beschränkung des Acceptes lediglich 221 auf die Größe der verschriebenen Summe sich be= zieht, Aufnahme eines Protestes nöthig?

mit 15 Stimmen gegen 4 verneint.

§. 21. Die Discussion führte nun auf den §. 21 zurück. 222 Hierzu bemerkte der Oesterreichische Herr Abgeordnete: Nachdem die Versammlung gegen seine Ansicht be= reits den Grundsatz angenommen, daß die bloße Unter= schrift des Bezogenen auf der Vorderseite des Wechsels als Acceptation gelte so halte er sich für verpflichtet, auf folgende, die verschiedenen Ansichten vermittelnde Bestimmung anzutragen:

Die Annahme muß auf der Vorderseite des Wechsels schriftlich mit den Worten: „angenommen" oder „acceptirt" oder anderen gleichbedeutenden, welche die Absicht, den Wechsel bezahlen zu wollen, bestimmt ausdrücken, erfolgen und von dem Bezogenen unter= schrieben sein. Wenn aber der Bezogene bloß seine Unterschrift ohne allen Beisatz auf die Vorderseite des Wechsels setzt, so hat diese Unterschrift die Kraft einer vollständigen Acceptation.

Es scheine ihm, fügte er hinzu, bedenklich, nachdem bisher die meisten Wechselgesetze eine klare und bestimmte Annahme erforderten, jetzt in einem Gesetze für ganz Deutschland und bei der auf alle Classen von Personen ausgedehnten Wechselfähigkeit einen der wichtigsten Acte auf eine juristische Fiction zu gründen.

L. S. 52. Das Gesetz müsse vor Allem klar sprechen und es dürfte nicht gerathen sein, eine bisher allgemein bestandene Uebung in der Form der Acceptation abzuschaffen. Auch glaube er, daß hieraus ein Widerspruch mit den Bestim= mungen des §. 24 hervorgehen werde.

Dieser Antrag fand von mehreren Seiten Unter= stützung.

Von einer anderen Seite wurde dagegen, um Zwei- 223
fel bei der Auslegung einzelner, bei dem Accepte gewähl-
ter Ausdrücke möglichst zu beseitigen und abzuschneiden,
beantragt, dem §. eine weitere Fassung dahin zu geben:

> Daß jede auf den Wechsel geschriebene und von
> dem Bezogenen unterschriebene Erklärung, welche die
> Absicht, nicht acceptiren zu wollen, nicht bestimmt
> ausdrücke, für unbedingte Annahme gelte und daß
> gleiches eintrete, wenn der Bezogene, ohne weiteren
> Beisatz seinen Namen oder seine Firma auf die
> Vorderseite des Wechsels schreibe.

M.S.25.Sp.1. Dieser letztere Vorschlag kam zuerst zur Abstimmung
und wurde mit 10 Stimmen gegen 9 angenommen.
Der Oesterreichische Herr Abgeordnete erklärte, daß er 224
durch diese Abstimmung seinen Antrag als abgelehnt
ansehe.

§. 23.   Die Bestimmung im ersten Absatze des §. 23 wurde 225
von zwei Seiten beanstandet, jedoch mit Bezug auf die
dafür sprechenden, in der neueren Litteratur des Wechselrechts vielfach erörterten Gründe mit 17 Stimmen gegen
2 angenommen.

Zum zweiten Absatze des §. 23 wurde beschlossen, nach 226
den Worten „dem Bezogenen" die Worte „als solchem"
hinzuzufügen, da der Bezogene, wenn er zu Ehren des
Ausstellers acceptirt, in dieser Eigenschaft allerdings einen
wechselmäßigen Anspruch gegen den Aussteller erlangt.

§. 25.   Gegen den §. 25 wurden von verschiedenen Seiten 227
Bedenken erhoben. Die Hamburgischen Herren Abgeordneten beantragten, mit Bezug auf den zum §. 19
M.S.25.Sp.2. gemachten Vorbehalt, | es möge verordnet werden, daß die
Präsentation von Domicil-Wechseln bei dem Bezogenen
zur Annahme und Domicilirung so zeitig vorzunehmen
sei, daß sie, acceptirt oder protestirt, rechtzeitig am Zahlungsorte eintreffen. Von einer Seite wurde vorgeschlagen, 228
die Streitfrage durch eine veränderte Fassung des §. 41
zu schlichten und zwar durch folgende:

> Die Zahlung domicilirter Wechsel ist am Domicil-
> orte von dem Domiciliaten zu fordern; nur dann,
> wenn ein solcher im Wechsel oder Accepte nicht be-
> nannt oder das Accept abgeschlagen worden ist, kann
> der Bezogene selbst am Zahlungsorte aufgesucht und,
> wenn er daselbst sich nicht treffen läßt, gegen ihn
> ein Protest (in den Wind) aufgenommen werden.

Wegen vorgerückter Tageszeit wurde beschlossen, sich
für heute auf Entgegennahme dieser Vorschläge zu beschränken und die Berathung in der nächsten Sitzung
fortzusetzen.

L. S. 53.

XII.
Leipzig, den 4. November 1847.

—

M. S. 25. Ep. 1. In der heutigen Sitzung, welche wegen Ab= 229
wesenheit des Herrn Staatsministers von Könneritz
der Herr Geheime Legationsrath von Patow leitete,
ward nach Vorlesung des Protocolles über die gestrige
Sitzung mit der Berathung des §. 25 fortgefahren.

Die Hamburger Herren Deputirten führten zur Begrün= 230
dung des von ihnen gemachten Vorschlages Folgendes an:
Ohne die von ihnen beantragte Bestimmung und nach Maaß=
gabe des Entwurfs würde der Fall oft eintreten, daß ein
Wechsel, ohne dem Bezogenen je zu Gesicht gekommen zu
sein, wegen Mangels Zahlung protestirt werde. Denn nach
dem §. 83 genüge es alsdann, wenn der Inhaber sich am
Domicilorte nach dem Bezogenen bei der Polizeibehörde
erkundige, was gewiß nicht passe, sobald man aus dem
Wechsel selbst entnehme, daß der Bezogene nicht dort,
sondern anderswo wohne. Ein auf solche Weise prote=
stirter Wechsel werde aber nach fremden Gesetzen bei
der Regreßlage leicht auf Schwierigkeiten stoßen. Die
Domicilwechsel kämen, namentlich vom Auslande gezogen,
in großer Anzahl vor. Wollte man unter allen Umstän=
den dem Trassanten die Pflicht aufbürden, sie zum Ac=
cepte einzusenden, oder sie nicht eher zu begeben, bis die
Annahme erfolgt sei, so würde dies in vielen Fällen gar
nicht ausführbar sein, mindestens dem Verkehre eine
nachtheilige Beschränkung auferlegen, und mehreren Han=
delsplätzen, welche durch ihre Lage angewiesen sind, kein
directes Acceptations=Geschäft zu haben, sondern sich zur
Einlösung der Accepte eines anderen Platzes bedienen zu
müssen, empfindliche Folgen bereiten, während doch nicht
einzusehen sei, warum man den Domicilwechsel so sehr
gegen andere Wechsel zurücksetzen solle.

Zur Rechtfertigung des in dem gestrigen Protocolle 231
enthaltenen anderweiten, jedoch ebenfalls gegen den Ent=
wurf gerichteten Vorschlages wurde erwähnt:

M. S. 25 Ep. 2. Der Entwurf nehme auch bei domicilirten Wechseln
keine Pflicht an, die Acceptation zu suchen, und sei insofern
völlig consequent. Diese Consequenz führe indeß zu dem
Resultate, daß der Inhaber in dem gewöhnlichen Falle,
in welchem der Domiciliat nicht im Wechsel genannt sei, sich
um den Bezogenen vor Verfall nicht kümmern, sondern den=
selben erst am Domicil aufsuchen und hier — da der
Bezogene einen anderen Wohnort habe und nicht nach dem
Zahlorte hinreisen werde, um die Zahlung zu besorgen —
in den Wind protestiren lassen werde. Auch da, wo
keine Präsentation zum Accepte nöthig sei, habe man
dieses Resultat doch nicht für schlechthin zulässig gehalten.

So bestehe nach dem code de commerce keine Pflicht der
Präsentation zur Annahme, gleichwohl folgere man aber
aus Art. 123, nach welchem beim Accepte der Domici-
L. S. 54.   liat benannt' werden müsse, daß sich der Inhaber beim
Bezogenen zu melden habe, um den Domiciliaten zu | er-
fahren, und man statuire keine Befugniß, im Falle dieses
unterlassen sei, am Zahlorte in den Wind zu protestiren.

Um diese Befugniß auszuschließen, brauche man auch 232
nicht vom Systeme des Entwurfs abzuweichen, und für
Domicilwechsel eine Pflicht der Präsentation zur Annahme
vorzuschreiben.   Enthalte der Wechsel selbst den Namen
des Domiciliaten oder werde er vielleicht gleich Anfangs
mit einem diesen Namen enthaltenden Accepte in Cours
gesetzt, so erledige sich die Sache von selbst.   Es komme
nur auf eine Vorschrift darüber an, welche die Person
sei, der gültig zur Zahlung präsentirt und gegen welche
protestirt werden dürfe.   Verfolge man den Gang des
Geschäftes, so könne sich der Inhaber wegen des Acceptes nur an den Bezogenen wenden und, wenn dieser
keinen Domiciliaten benenne, entweder protestiren und
regrediren, oder, was der Entwurf, der hier keinen Pro-
M.S. 26 Sp. 1.   test zulasse, allein gestatte, annehmen, | daß der Bezogene
selbst am Domicilorte zahlen wolle.   Zur Zahlung
könne der Inhaber sich nur am Domicilorte beim Domiciliaten melden, und es komme nur auf die Fälle an, in
welchen ein Domiciliat gar nicht genannt sei.

Der Entwurf nehme hier im §. 41 schlechthin, und 233
ohne Unterschied, ob der Bezogene gefragt sei oder nicht,
an, daß der Bezogene selbst sich am Zahlorte treffen lassen
und zahlen wolle.   Diese Annahme gehe indeß zu weit;
sei dem Bezogenen der Wechsel gar nicht vorgelegt, habe
er gar keine Gelegenheit gehabt, sich zu erklären, ob er
einen Domiciliaten benennen oder sich selbst am Zahlorte
finden lassen wolle, so könne man auch die Absicht nicht
annehmen, daß er selbst hinreisen und zahlen wolle.
Diese Absicht sei wohl nur Ausnahme, und man dürfe
sie, ohne mit den Verhältnissen in Collision zu treten,
nicht als die Regel voraussetzen.   Nur alsdann könne
von einer solchen Voraussetzung ausgegangen werden,
wenn der Wechsel dem Bezogenen zur Annahme vorgelegt, und von ihm bei dieser Gelegenheit nicht erklärt
worden sei, daß am Zahlorte ein anderer als er selbst
zahlen werde.   Denn habe er acceptirt, ohne einen Domiciliaten zu benennen, so sei anzunehmen, daß er selbst
am Zahlungsorte anwesend sein wolle.   Habe er aber
das Accept verweigert, so dürfe angenommen werden,
daß er, wenn er später sich noch zur Zahlung entschließen
sollte, sich zur Verfallzeit an dem Zahlungsorte einfinden
werde.   Es werde daher die Bestimmung des Entwurfs 234
in Etwas zu beschränken und im §. 41 zu verordnen sein,
daß regelmäßig die Präsentation zur Zahlung dem Domiciliaten geschehen müsse, und daß nur dann, wenn

1) der Aussteller selbst einen solchen im Wechsel nicht
benannt und

2) auch vom Bezogenen kein Domiciliat beim Accepte
namhaft gemacht, oder das Accept abgeschlagen sei,
der Bezogene selbst als Zahler angesehen und gegen ihn
am Zahl[tage]orte protestirt werden dürfe.

Hiermit würden die Fälle, daß der Inhaber statt 235
beim Bezogenen sich zu melden, gleich an den Zahlort
gehe und hier in den Wind protestire, ausgeschlossen und
man schreibe die Vorlegung zum Accepte gleichwohl nicht
direct vor. Daß bei sehr kurzen Wechseln die Zeit oft

L. S. 55.   etwas knapp werden könne, wenn man | dieselben erst zum Be-
zogenen senden müsse, sei wahr; allein hiergegen könnten
sich die Parteien sehr wohl sichern, und jeder könne sich,
da aus dem Wechsel selbst immer das Verhältniß klar
sei, vor Verlegenheiten hüten. Es sei hier nicht mehr
möglich als, was in Artikel 16 der Leipziger Wechsel-
Ordnung geschehen, die Parteien auf diesen Umstand aufmerksam zu machen.

Von einer anderen Seite wurde darauf aufmerksam 236
gemacht: Es handle sich lediglich um die Frage, ob man
von dem Satze des §. 19, daß eine Verpflichtung, den
Wechsel zur Annahme zu präsentiren, nur bei Wechseln
stattfinde, die auf eine bestimmte Zeit nach Sicht lauten, zu Gunsten der Domicilwechsel abgehen, nämlich bezüglich ihrer, eine solche Pflicht auflegen wolle oder nicht;
die Präsentation eines Domicilwechsels zum Behufe der
Angabe der Adresse sei im Grunde genommen nichts Anderes als eine Präsentation zum Accepte.

Dagegen gab der Oesterreichische Herr Bevollmächtigte 237
folgende Erklärung ab: Ihm scheine eine vorläufige Präsentation jener Domicilwechsel, in welchen der Domiciliat nicht benannt sei, vor der Verfallzeit unerläßlich zu sein, weil man

M. S. 26. Sp. 2.   sonst aus dem Wechsel den eigentlichen Zahler nicht | ent-
nehmen könne, und kein genügender Grund vorhanden
sei anzunehmen, der an einem anderen Orte wohn-
hafte Bezogene werde sich wegen Zahlung des ihm noch
nicht vorgewiesenen und von ihm nicht acceptirten Wechsels am Verfalltage am Zahlungsorte einfinden. Dieß
werde in dem §. 123 des Oesterreichischen Entwurfs, wenn
auch nicht ausdrücklich gesagt, doch angedeutet, indem
daselbst, wenn der Bezogene bei der Acceptation den Domiciliaten beizusetzen verweigert, die Protesterhebung angeordnet sei. Wenn der Domiciliat in dem Wechsel 238
schon benannt sei, so bedürfe es nach den über die Präsentation bereits angenommenen Grundsätzen in dieser Beziehung keiner besonderen Verfügung, wohl aber in dem
entgegengesetzten Falle. Es lasse sich in dieser Hinsicht 239
keine bestimmte Frist festsetzen, sie ergebe sich aber aus
der Natur der Sache; denn die Präsentation zur Acceptation müsse so zeitig geschehen, daß dadurch zur Verfallzeit die Präsentation des Wechsels am Zahlungsorte nicht
gehindert werde.

Er müsse daher zu der am Schlusse der vorigen Sitzung 240
vorgeschlagenen Fassung des §. 41:

„Die Zahlung domicilirter Wechsel ist am Domicilorte bei dem Domiciliaten zu fordern; nur als-

dann, wenn ein solcher im Wechsel oder Accepte
nicht benannt, oder die Acceptation abgeschlagen
ist, darf angenommen werden, daß der Bezogene
selbst sich am Zahlungsorte werde antreffen lassen;"
folgenden Zusatz beantragen:

> „Ein in dem letzteren Falle gegen den Bezogenen
> wegen Mangels Zahlung aufgenommener Protest
> giebt jedoch keinen Regreß gegen die Vormänner
> und den Aussteller, wenn nicht durch den Protest
> wegen nicht gehöriger Acceptation erwiesen ist, daß
> der Wechselinhaber die Benennung des Domicilia-
> ten fruchtlos von dem Bezogenen verlangt habe."

L. S. 56   Dieß würde dann auch eine angemessene Abänderung 241
des §. 25 und einen Zusatz zum §. 19 über die Verpflichtung des Inhabers zur zeitigen Präsentation solcher
Wechsel zur Folge haben.   Man könne auch nicht sagen, 242
daß durch eine solche Verfügung der Inhaber ungebühr-
lich beschwert werde, denn er müsse aus dem Gesetze seine
Obliegenheiten kennen; es liege auch in der Natur der
Sache, daß jeder Inhaber wissen wolle, an welche bestimmte Person er sich der Zahlung wegen zu wenden
habe, und jeder Inhaber werde dann die nöthige Vor-
kehrung treffen, damit die Präsentation zeitig genug erfolge.   Wer den Wechsel zu einer Zeit übernehme, wo
dieß nicht mehr möglich ist, habe die Folgen nur seiner
eigenen Unvorsichtigkeit zuzuschreiben.

Die Sächsischen Herren Abgeordneten sprachen sich aus 243
nachstehenden Gründen für unveränderte Annahme des
§. 25 aus:

> Es müsse auf dem domicilirten Wechsel der Zahler
> sowie der Ort, an welchem die Zahlung gesucht werden
> solle, angegeben werden.   Dies anzugeben, sei zunächst
> der Aussteller verpflichtet.   Es sei nur die Frage: Ob
> derselbe diese Verpflichtung auf einen Anderen übertragen
> könne?   Daß er dem Bezogenen diese Pflicht auferlegen
> könne, sei nicht zu bezweifeln.   Dieser müsse, wenn ihm
> der Wechsel vor Verfall vorgezeigt werde, den Ort der
> Zahlung angeben; außerdem werde angenommen, daß er
> selbst an dem Platze des Domicils zahlen wolle; was
> wiederum die Folge habe, daß der Inhaber zur Verfall-
> zeit einen Protest (in den Wind) aufnehmen könne, wenn
> der Bezogene in dem Domicile nicht gegenwärtig gefun-
> den werde.   Allein daß der Ausgeber seine oberwähnte

M. S. 27 Sp. 1   Verpflichtung auch auf den Nehmer des Wechsels | über-
tragen könne, dazu fehle es an einem hinreichenden
Grunde.   Es würden den Nehmer des Wechsels, wolle
man ihm eine solche Verpflichtung auferlegen, oft Nachtheile treffen können, ohne daß er es sei, der etwas verschuldet habe.   In vielen Fällen werde es schwer zu be- 244
urtheilen sein, ob die Zeit vor Verfall des Wechsels noch
in dem Maaße vorhanden sei, daß der Inhaber denselben
noch zur Annahme und Domicilirung nach dem Wohnorte des Bezogenen senden müsse und könne; auch seien
die Bezogenen von Domicilwechseln sehr oft an Neben-
plätzen wohnhaft, wo dem Inhaber kein Correspondent

zur Besorgung des Erforderlichen zu Gebote stehen werde.
Bleibe es bei der Bestimmung des §. 25, so dürfe man 245
erwarten, daß die Besorgung der Domicilirung derjenige
übernehmen werde, welchen die Nachtheile eines Wind=
protestes zumeist treffen würden. Auf den §. 19 des Ent= 246
wurfs könne man sich für Annahme der Befugniß, die in
Rede stehende Verpflichtung auf den Nehmer zu über=
tragen, nicht berufen; denn daselbst sei die Rede von
einem Rechte des Inhabers, dessen Ausübung nur an
eine gewisse Zeit gebunden sei, nicht von einer Ver=
pflichtung.

Dieser Ansicht wurde Folgendes entgegengesetzt: Wenn 247
Jemand einen Wechsel ausstelle, und sowohl den Be=
zogenen als den Ort der Zahlung benenne, nur in
der Art, daß der letztere nicht der Wohnort des Bezo=
genen sei, und der Remittent durch Abnahme des Wech=
sels das Geschehene gutheiße, so könne die Gesetzgebung
keine genügenden Gründe haben, diesem Verfahren ent=
L. S. 57. gegen zu treten. | Der Remittent sei nicht genöthigt, einen
solchen Wechsel anzunehmen; nehme er ihn an, so dürfe
er keine Prozedur einschlagen, die nothwendig zu einem
Proteste in den Wind führe, also müsse er dem Bezoge=
nen vor Verfall Gelegenheit geben, auf dem Wechsel
auszudrücken, bei wem die Zahlung gefordert werden
solle. Was der Entwurf implicite enthalte, stimme in 248
der Hauptsache mit einem neueren Frankfurter Gesetze
überein, welches sage: „Wechsel, die auf einen auswärti=
gen Bezogenen, dahier zahlbar, lauten, ist der Inhaber
zwar berechtiget, zum Behufe der Annahme und hiesigen
Domicilirung nach dem Wohnorte des Bezogenen zu sen=
den, der Inhaber ist aber hierzu nicht verpflichtet, und
es werden daher solche Wechsel auch in Ermangelung einer
hiesigen Zahlungsadresse richtig wegen Mangels Zahlung
dahier protestirt." Aber gerade dieses Gesetz habe außer= 249
halb Frankfurt vielen Anstand und manche Klage des
Handelsstandes erregt.

Zur Vertheidigung des Entwurfs wurde jedoch be= 250
merkt: Die Nothwendigkeit der Präsentation domicilirter
Wechsel könne nicht ausgesprochen werden, ohne zugleich
Bestimmungen aufzustellen, wann und von welchem In=
haber und unter welchem Präjudize dieselbe geschehen müsse.
Dies werde zu Weitläuftigkeiten führen, welche man um
so mehr vermeiden müsse, als überhaupt diese exceptio=
nelle Art von Wechseln keine Begünstigung verdiene.

Von anderer Seite wurde ein vermittelnder Vor= 251
schlag dahin gemacht, daß der erste Nehmer, beziehungs=
weise dessen Rechtsnachfolger, alsdann verbunden sein
sollen, den domicilirten Wechsel zur Präsentation dem
Bezogenen vorzulegen, wenn der Aussteller dies ausdrück=
lich in dem Wechsel vorgeschrieben habe.

Bei der Abstimmung ward die Prinzipalfrage: 252

Soll der Nehmer eines Domicilwechsels gehalten sein,
den Wechsel zum Behufe der Angabe einer Zahlungs=
adresse dem Bezogenen zu präsentiren?

mit 12 gegen 7 Stimmen verneint.

M. S. 27 Sp. 2   Sodann wurde in Bezug auf den oben erwähnten 253 vermittelnden Vorschlag die Frage gestellt:

> Soll gesetzlich bestimmt werden, daß es dem Aussteller erlaubt sei, über die Präsentationspflicht und Präsentationsfrist auf dem Wechsel Bestimmungen zu treffen, welche für den unmittelbaren Nehmer und dessen Nachfolger bindend sind?

Diese Frage ward mit 10 gegen 9 Stimmen be= 254 jaht. Aber schon vor und mehr noch nach dieser letzteren Abstimmung kam zur Sprache, ob es einer solchen Bestimmung bedürfe, oder ob nicht vielmehr dem Aussteller eines Wechsels die Möglichkeit, eine derartige Präsentationspflicht und Frist zu schaffen, schon dadurch gegeben sei, daß die Partheien überhaupt berechtigt erschienen, bei Ausstellung des Wechsels demselben besondere, die allgemeinen Bestimmungen des Gesetzes abändernde Clauseln einzuverleiben. Für die letztere Ansicht sprachen sich namentlich der Oesterreichische und Badensche Herr Abgeordnete aus, während alle anderen entgegengesetzter, nämlich 255 der Ansicht waren, daß Clauseln dieser Art als nicht

L. S. 58.   geschrieben | betrachtet werden müßten, wenn nicht eine große Unbestimmtheit in den ganzen Wechselverkehr gebracht werden solle. Hiervon sei man bisher ausgegangen und in Gemäßheit dieses Grundsatzes sei auch über den vermittelnden Antrag des Königlich Bayerschen Herrn Abgeordneten bezüglich des Augsburgischen Uso abgestimmt worden, was zwecklos gewesen sein würde, wenn man der Meinung gewesen wäre, daß den Vorschriften des Gesetzes durch Privatwillkühr derogirt werden dürfe. Man kam überein, an diesem Satze auch 256 fernerhin festzuhalten, so lange nicht, was selbstredend jedem Abgeordneten freistehe, dieser Gegenstand wiederum in Frage gestellt und in einem entgegengesetzten Sinne entschieden werde, in welchem Falle freilich manche bisher erledigte Puncte einer Revision würden unterworfen werden müssen. Zurückkehrend zu dem speciellen Gegenstand 257 erkannte die Conferenz an, daß nunmehr eine abermalige Abstimmung über die zweite Frage vorzunehmen sei, und es ward nunmehr dieselbe mit 10 gegen 9 Stimmen verneint. Auf besonderes Verlangen ward zu Protocoll 258 verzeichnet, daß diese Verschiedenheit der beiden Scrutionen dadurch sich ergeben, daß bei der ersten Abstimmung die Herren Abgeordneten von Oesterreich und Baden mit Ja, bei der zweiten mit Nein, und ferner der Kurhessische Herr Abgeordnete zuerst mit Nein und bei der wiederholten Abstimmung mit Ja votirt hatten.

Der Oesterreichische Herr Abgeordnete hatte vor der 259 zweiten Abstimmung die Erklärung abgegeben, daß er dem Aussteller eines domicilirten Wechsels, in welchem der Domiciliat nicht benannt ist, das Recht, eine Präsentationsfrist festzustellen, nicht ausnahmsweise im Gesetze eingeräumt wissen wolle, weil er dafür halte, daß solches dem Aussteller eines jeden Wechsels zustehe, da es in dem Gesetze nicht ausdrücklich verboten sei, und daß der Remittent und jeder spätere Indossatar sich darüber nicht beschweren können, weil sie den Wechsel, obgleich diese Bedingung aus demselben ersichtlich war, dennoch an sich gebracht haben. Wenn man diesen Grundsatz nicht allgemein anerkenne, so könne er sich auch nicht für eine Ausnahme bei domicilirten Wechseln erklären, weil ihm hierin eine Inconsequenz zu liegen scheine, und weil auch die gestellte Frage keine Angabe des Präjudizes enthalte, welches den Aussteller eines domicilirten Wechsels, falls er von dem ihm eingeräumten Rechte, eine Präsentationsfrist zu bestimmen, keinen Gebrauch machen würde, treffen solle. Ueberhaupt erscheine ihm das nach der gestellten Frage

M. S. 28 Sp. 1. dem Aussteller | eines domicilirten Wechsels einzuräumende Recht nur ein unvollkommenes Auskunftsmittel, um der gefühlten Nothwendigkeit der vorläufigen Präsentation eines solchen Wechsels zu begegnen. Daher stimme er für die Verneinung der gestellten Frage.

Es kam nun noch die Frage zur Sprache, ob etwa 260 im §. 25 die Worte: „bei der Acceptation" wegzulassen seien, oder ob man statt „Acceptanten" setzen möchte „Bezogenen"; — man überließ dies jedoch der Redaction.

Man wandte sich hierauf zu den nun folgenden Be= 261 stimmungen des Entwurfs unter No. VI. über den Regreß auf Sicherstellung wegen nicht erhaltener Annahme.

§. 26.   Hinsichtlich der Streitfrage, ob wegen Mangels

L. S. 59. Annahme der Regreß auf Zahlung | oder nur auf Sicher= stellung zu gestatten sei, bemerkte der Herr Referent: Ob= gleich das Preußische Landrecht in diesem Falle den An= spruch auf sofortige Zahlung zulasse, so habe doch der Entwurf im §. 26 sich für die andere Ansicht entschieden, welcher die meisten übrigen Gesetzgebungen, namentlich auch die Französische folgen, weil der Regreß auf Sicher= stellung ebensowohl aus practischen Gründen von den Sachverständigen vorgezogen werde, wie derselbe den Grundsätzen des Rechts mehr zu entsprechen scheine, da ein Anspruch auf Zahlung nicht wohl vor deren Fällig= keit anerkannt werden könne. Dabei verstehe es sich 262 aber wohl von selbst, daß der Aussteller oder Indossant, welcher auf Sicherstellung in Anspruch genommen sei, von dieser durch Einlösung des Wechsels sich werde befreien können.

Von einer Seite wurde dagegen mit Bezugnahme 263 auf den Sächsischen Entwurf vorgeschlagen, dem Inha= ber die Wahl zwischen dem Anspruch auf Sicherstellung oder auf Einlösung eines Mangels Annahme protestirten Wechsels zu gestatten, die Verpflichtung zur Sicherstellung 264 jedoch auf den Aussteller zu beschränken, weil bei einer Ausdehnung dieser Verpflichtung auf die Indossanten je= der derselben seinem Nachmanne zur Sicherstellung gehal= ten sein müßte und die deshalb erforderlichen Fonds gleich= zeitig bis zum Verfall des Wechsels dem Verkehre entzogen würden. Jene Wahl könne nicht füglich dem Aussteller 265 zustehen, welchem die nicht erfolgte Annahme des Wech= sels als Vertragsverletzung zuzurechnen sei und welcher den daraus entstehenden Schaden zu vertreten habe. Dem Inhaber des Wechsels, welcher vorzugsweise zu berücksich=

tigen sei, werde aber nicht immer daran liegen, in dem Augenblicke, in welchem er Sicherheit fordere, die Zahlung des verschriebenen Wechselvertrages zu erlangen, und er leide dann, wenn durch die bewirkte Einlösung das Wechselgeschäft vor Verfall aufgehoben werde.

Der Wechsel habe nämlich den höheren Zweck, selbst als Zahlungsmittel zu dienen, und die Sicherheit, daß er zur rechten Zeit gezahlt werde, welche die Acceptation gewähre, mache ihn hierzu geeignet. Dafür habe der Aussteller und jeder Nachfolger zu garantiren.

Hieran knüpfte sich von Seiten eines anderen Herrn Abgeordneten die Bemerkung, daß wohl auch die Vorschrift der Bremer Wechselordnung Beachtung verdiene, wonach der Geber eines Wechsels, welcher nicht acceptirt worden, dem Nehmer desselben, wenn dieser es verlange, einen anderen Wechsel über die gleiche Summe, auf denselben Ort und mit der nämlichen Verfallzeit geben müsse. 266

Von anderen Seiten trug man jedoch Bedenken, 267 diesen Vorschlägen beizustimmen, indem man davon ausging, daß der Inhaber mehr mit Grund nicht verlangen könne, als daß ihm die Sicherheit, welche er durch die Acceptation zu erwarten gehabt hätte, durch andere ge-

M. S. 28 Sp. 2. nügende Sicherheit ersetzt | werde, wobei man zugleich Gewicht auf die Schwierigkeiten legte, welche der Anspruch auf Einlösung oder auf einen neuen Wechsel herbeiführen würde. In letzterem Falle sei nämlich wieder Streit darüber zu besorgen, ob der neue Wechsel, welcher an die Stelle des wegen nicht erhaltener Annahme protestir-

L. S. 60. ten treten solle, in jeder Hinsicht geeignet | sei, diesen zu ersetzen; bei dem Regresse auf Einlösung hingegen werde nicht nur der Abzug des Disconts in Frage kommen, sondern auch eine Frist bestimmt werden müssen, da, wenn dieser Regreß erst kurz vor Verfall des protestirten Wechsels erhoben werde, der letztere, welcher mit dem Proteste zurückgehe, nicht zur Zahlung vorkommen könne. Ueberdies gerathe, wenn man dem Inhaber den Regreß auf Zahlung zugestehe, der weitere Regredient dem ausländischen Giranten gegenüber in Nachtheil, wenn dessen Gesetzgebung einen solchen weiter gehenden Anspruch nicht anerkenne.

Die Frage: 268
    Soll der Inhaber für berechtigt erachtet werden, die sofortige Einlösung eines Mangels Annahme protestirten Wechsels zu verlangen?
kam hierauf zur Abstimmung und ward mit 18 Stimmen gegen 1 verneint.

Darüber, ob der Regreßpflichtige in solchem Falle 269 sich durch sofortige Zahlung von der Sicherheitsleistung befreien könne, eine Bestimmung in den Entwurf aufzunehmen, wurde nicht für erforderlich erachtet.

Hiernächst wurde mit 11 gegen 8 Stimmen beschlossen, die Worte: „durch Pfand oder Bürgen" im Entwurfe zu streichen, und die Modalität der Sicherstellung dem richterlichen Ermessen zu überlassen. 270

Der Redaction endlich blieb vorbehalten, am Schlusse 271
des §. 26 eine allgemeinere Fassung zu wählen, durch
welche da, wo die Gerichte zur Annahme von Depositen
nicht befugt sind, die zur Niederlegung bestimmte Stelle
bezeichnet werde; ingleichen, mit Rücksicht auf die zum §.
24 gefaßten Beschlüsse, im Eingange des §. 26 auszudrücken, daß in dem Falle einer auf eine geringere
Summe erfolgten Annahme nur wegen des nicht angenommenen Betrages Sicherstellung verlangt werden könne.

§. 27.   Man ging nunmehr zur Erörterung des §. 27 272
über, und hier ward die Frage aufgeworfen, ob auch
ein Indossant, der von seinem Nachmanne noch gar nicht
in Anspruch genommen worden sei, von seinem Vormanne
Sicherheitsbestellung fordern könne? Es ergab sich hierbei
eine Verschiedenheit der Meinungen, so daß die Frage:

> Soll das im §. 27 aufgestellte Princip angenommen
> werden?

zur Abstimmung gebracht wurde. Sie ward mit 14
Stimmen gegen 5 bejahend beantwortet, indem die Mehrheit der Ansicht war, daß jeder Wechselverbundene ein
gegründetes Interesse habe, die Zahlung des protestirten
Wechsels sichergestellt zu sehen, wenn auch ihm selbst,
vielleicht wegen besonderen persönlichen Vertrauens, eine
Sicherheitsbestellung nicht angesonnen sein sollte.

Dabei ward indessen anerkannt, daß die von einem 273
Wechselverbundenen einmal bestellte hinreichende Sicherheit allen Nachmännern dessen, der sie geleistet, über-
wiesen werden könne, und deren Regreßansprüche erledige,
und daß einem jeden der letzteren nur dann zustehen
könne, andere oder weitere Sicherheit zu verlangen, wenn
er gegen die Art oder die Größe der bestellten Caution
Einwendungen zu begründen vermöge.

L. S. 61.   Der Redaction wurde vorbehalten, hierauf bei der 274
künftigen Fassung des §. 27 Rücksicht zu nehmen, ingleichen anstatt des Satzes: „Er ist hierbei an die Folge- 275
M. S. 29 Sp. 1. ordnung der Indossamente | nicht gebunden" auf die Vor-
schriften über den Regreß Mangels Zahlung zu verweisen.

§. 28.   Eben so gab man zum §. 28 der Redaction eine 276
veränderte Fassung des §. anheim, bei welcher zugleich des
Falles Erwähnung geschehe, „wenn Zahlung des Wechsels
erfolgt, oder die Wechselkraft erloschen sei," indem auch hierdurch die bestellte Sicherheit sich erledige.

Auf die von einer Seite aufgeworfene Frage, ob 277
die vollständige Acceptation, deren der §. gedenkt,
auch die Kosten, welche durch den Protest Mangels An-
M. S. 29 Sp. 2. nahme | und durch den Antrag auf Sicherstellung veran-
laßt worden sind, in sich begreife, ward bemerkt, daß die
vollständige Acceptation (im Gegensatze der im §. 24
erwähnten Annahme auf eine geringere Summe) die
Annahme des Wechsels auf die volle in demselben verschriebene Summe bezeichne, und daß es der Beurtheilung nach allgemeinen Rechtsgrundsätzen überlassen bleiben
müsse, inwiefern der Regreßpflichtige die Kosten des Regresses zu tragen habe.

Die Bestimmung der in dem §. 28 erwähnten Frist 278 zur Klageerhebung blieb schlüßlich bis zur Berathung über die Wechselverjährung ausgesetzt.

***

XIII.
Leipzig, den 5. November 1847.

—

M. S. 29 Sp. 1. Nachdem die heutige Sitzung unter dem Vorsitze 279 des Herrn Geheimen Legationsraths von Patow, in Abwesenheit des durch Unwohlsein verhinderten Kurfürstl. Hessischen Abgeordneten Herrn Ober-Gerichts-Rath Fuchs, mit Vorlesung des Protokolles über die gestrige Sitzung eröffnet worden war, ward der §. 29 des Entwurfs berathen.

§. 29. Von Seiten des Herrn Referenten wurde zuvörderst 280 das System des Entwurfs näher entwickelt und namentlich auch gegen die in der Zeitschrift für Rechtspflege und Verwaltung (N. F. B. V. p. 97 u. f.) von dem Herrn Vicepräsident D. Einert gegen den Securitäts-Protest im Allgemeinen erhobenen Bedenken in Schutz genommen, worauf der Letztere erklärte: 281

Er halte den Securitäts-Protest auch in der vom Entwurfe angenommenen Weise für unvereinbar mit den Grundsätzen des Rechts und der Gesetzgebungs-Politik.

Der Acceptant erscheine als Bürge des Ausstellers, es könne daher nicht verlangt werden, daß der Letztere als Besteller der Bürgschaft auch noch für die Solvenz des Bürgen hafte, vielmehr habe es sich der Nehmer des **L. S. 62.** Wechsels | selbst zuzuschreiben, wenn er der Person des Bürgen unbedachtsam sein Vertrauen schenke. Dazu komme, daß der Sicherheitsprotest dem Bedürfnisse des Verkehrs keineswegs entspreche; das Geschäft kleinerer Häuser sei oft wesentlich auf den stehenden Credit gegründet, den ihnen ein befreundeter Banquier eröffnet habe; das Accept von Seiten des Letzteren vertrete gewissermaaßen die Stelle eines Vorschusses, welchen der Zieher nach seinem Bedürfnisse bis zum Verfalltage bezahlen könne; würden die betreffenden Geschäftsleute nun genöthigt, bei eingetretenem Zahlungsunvermögen des Bezogenen sofort für den ganzen Betrag ihres Credits Sicherheit zu leisten, so müßten sie dem gewissen Untergange entgegengehen, während sie die Krise glücklich überstehen könnten, wenn ihnen bis zur Verfallzeit Frist gelassen würde.

Dagegen wurde jedoch eingewendet: 282

Die Voraussetzung, daß der Acceptant Bürge des Ausstellers sei, könne schon darum nicht entscheiden, weil der Aussteller neben der Pflicht der Bürgschaftsleistung noch die weitere übernommen habe, dieselbe zu manu-
M. S. 29 Sp. 2. teniren, | d. h. für die Solvenz des Bürgen einzustehen. Uebrigens könne man den Acceptanten nicht unter dem

Gesichtspunkte eines Bürgen für den Aussteller auffassen. Er übernehme eine solidarische Verpflichtung, genieße also nicht der Schutzreden gewöhnlicher Bürgen; er trete selbstständig und so zu sagen unabhängig von der Verpflichtung des Ausstellers dem Rechtsgeschäfte bei, wie z. B. daraus erhelle, daß auch der Acceptant eines falschen Wechsels verhaftet bleibe, endlich werde das Accept nicht selten durch Hinzufügung einer Bürgschaft avalirt. Es sprächen überwiegende Gründe für die 283 Gestattung des Sicherheitsprotestes. Zwischen der Verweigerung der Annahme und dem einbrechenden Zahlungsvermögen des Acceptanten bestehe eine vollkommene Analogie. Der Remittent nehme den Wechsel im Vertrauen auf sichere Zahlung; dieses Vertrauen werde in gleicher Weise durch die Nichtannahme, wie durch die eintretende Zahlungs=Unfähigkeit des Bezogenen erschüttert, es müsse daher für beide Fälle das gleiche Sicherungsmittel gegeben werden, ja für den letzteren Fall bedürfe es noch dringender der gesetzlichen Hülfe, weil der Bezogene, welcher die Annahme verweigere, möglicherweise zur Verfallzeit gleichwohl zahlen werde, während ein Fallite gar nicht mehr zahlen könne.

Das Argument, welches aus dem Umstande gezogen werde, daß eine derartige Sicherheitsbestellung den Ruin kleinerer Häuser herbeiführe, beweise nichts, weil es umgekehrt auch für den Gegenbeweis benutzt werden könne, indem unbemittelte Häuser auch darum in Verlegenheit gerathen oder zu Grunde gehen könnten, wenn ihnen die Gewähr für die richtige Zahlung des Wechsels durch die Insolvenz des Acceptanten entzogen werde, auch überhaupt der Gesetzgeber denjenigen, welcher durch den Concurs in Gefahr komme, die gegebene Valuta zu verlieren, eher schützen müsse, als denjenigen, bei welchem es sich nur um einen eröffneten Credit handle.

Nachdem Herr Vicepräsident Dr. Einert erklärt 284 hatte, daß er nicht darauf bestehe, seine Ansichten in der Versammlung weiter geltend zu machen, wurde zur | Abstimmung geschritten und das dem §. 29 des Entwurfs zum Grunde liegende Princip mit 17 Stimmen gegen 1 angenommen.

L. S. 63.

Hierauf ging man zur Berathung der einzelnen Fälle 285 über, | in welchen der Securitätsprotest zu gestatten ist, wobei übrigens auf Hamburgischen Antrag anerkannt wurde, daß auf diesen Gegenstand bei Berathung des §. 55 (über die Pflicht zur Aufsuchung der Nothadresse) zurückgekommen werden könne.

M. S. 30 Sp. 1.

Zunächst erklärte der Oesterreichische Herr Abge= 286 ordnete:

Es scheine ihm hinreichend, wenn statt der unter Ziffer 1—3 aufgeführten Fälle erklärt werde, daß Sicherheit nur dann gefordert werden könne, wenn über das Vermögen des Acceptanten der Concurs eröffnet worden, oder derselbe nach den Gesetzen seines Wohnortes für zahlungsunfähig zu halten ist. Nur die Concurseröffnung oder die gerichtlich erklärte Zahlungsunfähigkeit des Ac=

ceptanten gebe einen sicheren Zeitpunct an die Hand, von welchem an der Acceptant für wirklich zahlungsunfähig gehalten werden könne. Nach Oesterreichischen Gesetzen müsse über das Vermögen desjenigen, der seine Zahlungs= unfähigkeit gerichtlich erkläre, der Concurs eröffnet wer= den, und in den Fällen, welche in den Absätzen No. 2 und 3 des §. 29 angeführt würden, könne jeder Gläubiger des Acceptanten die Concurseröffnung verlangen. Man dürfe daher annehmen, daß dieselbe in diesen Fällen nicht lange ausbleiben werde. Die in No. 2 und 3 angege= benen Umstände könne ein Notar ohne Nachforschungen bei der Polizei und Gerichtsbehörde nicht bestätigen und man werde in dem Proteste keine genügende Beruhigung darüber finden, ob diese Nachforschungen mit der nöthigen Umsicht und über alle wesentlichen Umstände angestellt worden seien. Eine außergerichtliche schriftliche Erklärung der Zahlungsunfähigkeit könne auch als Mittel gebraucht werden, um die Gläubiger zu einem Nachlasse zu bewe= gen. Eben so werde die factische Zahlungsunfähigkeit nur auf die unzuverlässigen Nachforschungen des Notars sich stützen. In dem Falle der Concurseröffnung bedürfe es aber keines Protestes und es müsse wenigstens noch außer demselben auch eine gerichtliche Bestätigung oder das Concurs=Eröffuungs=Edict als genügendes Beweismittel angesehen werden. In diesem Falle sei es auch eine un= nütze Formalität, wenn man vorschreibe, daß der Wech= selinhaber vorläufig von dem Falliten Sicherheit verlan= gen müsse; denn es ergebe sich schon aus der Concurs= eröffnung, daß er diese nicht leisten könne.

Dagegen wurde von anderer Seite geltend gemacht, 287 die förmliche Eröffnung des Concurses könne nicht unbe= dingt gefordert werden, weil der Augenblick, wo die Sicherheit geleistet werden müsse, schon dann vorhanden sei, wenn der Bezogene seine Zahlungen factisch einge= stellt habe. Diese Thatsache sei jederzeit notorisch, sie könne daher leicht constatirt und beurkundet werden. Wolle man die Eröffnung des Concurses von Seiten des Gerichts abwarten, so würde der günstige Zeitpunct meist um so gewisser versäumt, als demselben oft langdauernde Ver= gleichsverhandlungen vorhergingen.

Den Ausdruck „notorische" Zahlungseinstellung, 288 welcher hierbei vorgeschlagen wurde, erachtete man indessen
L. S. 64. nicht angemessen, weil der Begriff der Notorität | an sich schwankend sei und zu Mißverständnissen führe, auch den Verhältnissen mehr genügt werde, wenn das Gesetz sich allgemein auf 'die Thatsache der Zahlungseinstellung beziehe.

Endlich wurde noch vorgeschlagen, die Beurkundung 289 der Insolvenz durch ein amtliches Attest (wie im §. 43 des Braunschweigischen Entwurfs geschehe) einer solchen durch Protest gleichzustellen: man erwog jedoch dagegen, daß eine factische Zahlungseinstellung, der Natur der Sache nach, nicht durch gerichtliches Zeugniß, sondern nur durch Protest constatirt werden könne, letzterer auch überdies
M. S. 30 Sp. 2. wegen seiner Publicität, wodurch | Interventionen ermöglicht

würden, um deshalb vorgezogen zu werden verdiene, weil dabei der Acceptant mit seiner Erklärung gehört werden müsse.

Bei der Abstimmung wurde die Frage: 290
> Soll der Securitäts-Protest nur dann erhoben werden dürfen, wenn förmlicher Concurs gegen den Acceptanten nach Maaßgabe der Gesetze seines Landes eröffnet ist?

mit 14 Stimmen gegen 4 verneint; die zweite Frage: 291
> Soll der Securitäts-Protest schon dann aufgenommen werden dürfen, wenn der Acceptant factisch seine Zahlungen eingestellt hat?

mit 16 Stimmen gegen 2 bejaht; endlich die dritte 292 Frage:
> Soll der in Ziffer 1 des §. 29 hervorgehobene Fall des schriftlichen Bekenntnisses der Zahlungsunfähigkeit beibehalten werden?

mit 10 Stimmen gegen 8 verneinend beantwortet.

Da · die Flucht des Acceptanten regelmäßig · seine 293 Zahlungseinstellung erweisen wird, so wurde ferner im Hinblick auf die zu Ziffer 1 gefaßten Beschlüsse, die Ziffer 2 des Entwurfs mit 11 Stimmen gegen 7 abgelehnt.

Dagegen wurde die Ziffer 3, deren Beibehaltung man 294 namentlich deshalb für wünschenswerth erachtete, weil bei Nicht-Handelsleuten von einer Zahlungs-Einstellung im technischen Sinne des Wortes nicht geredet werden könne, und bei ihnen die fruchtlose Auspfändung den factischen Zustand der Insolvenz charakterisire, mit 13 gegen 5 Stimmen angenommen, jedoch für nöthig erachtet, statt 295 der Worte: „Personalarrest verhängt" einen anderen Ausdruck zu wählen, um deutlich zu machen, daß die Sicherheit nur dann verlangt werden könne, wenn die Vollstreckung des Personalarrestes verfügt sei.

Der zweite und dritte Absatz des §. wurde sofort 296 angenommen, namentlich die Frage:
> Ob der Acceptant zur Sicherheitsbestellung aufzu- 297 fordern, und wegen Nichtleistung derselben Protest gegen ihn zu erheben sei?

mit 16 Stimmen gegen 2 bejaht. Es wurde bemerkt, 298 daß im zweiten Absatze „Indossatar" statt „Indossant" zu setzen sei, und der Redactions-Commission anheimgegeben 299 zum dritten Absatze in Erwägung zu ziehen, inwiefern derselbe nach den früheren Beschlüssen einer anderen Fassung bedürfe.

L. S. 65. Vor dem Schlusse der Berathung über das den 300 Regreß auf Sicherstellung umfassende Capitel VI. erklärte der Braunschweigische Herr Abgeordnete: Er müsse nochmals auf einen Punkt zurückkommen, der ihm von der größten Wichtigkeit zu sein scheine. Es sei nämlich beim §. 29 stillschweigend, und beim §. 27 ausdrücklich das Prinzip angenommen, daß der Regreß auf Sicherstellung nicht bloß von dem Inhaber und demjenigen, welcher seinerseits dem Cautionsanspruche genügt, sondern von allen Indossataren, selbst den übersprungenen oder von der Regreßnahme gar nicht erreichten, genommen werden könne. Es sei nicht zweifelhaft, daß hieraus practisch die größesten Uebelstände hervorgehen könnten. Der Aussteller oder ein früherer Indossant könne danach gleichzeitig zu soviel Cautionsleistungen gezwungen werden, als er Nachmänner habe. Wenngleich ein solches Verhältniß nicht leicht vorkommen möge, so sei es doch mißlich, dasselbe im Gesetze zu gestatten. Zu dem beruhe, wie die Motive des Entwurfs (S. 63) besagten, das ganze Prinzip auf der Voraussetzung, daß man dabei mit dem Französischen Rechte (Code de commerce art. 120) Hand in Hand gehe. Dies treffe aber nicht zu. Der Code de commerce bestimme:

M.S.31 Sp.1.
　　　Sur la notification du protêt faute d'acceptation, les endosseurs et le tireur sont respectivement tenus de donner caution pour assurer le payement de la lettre de change à son échéance, ou d'en effectuer le remboursement avec les frais de protêt et de rechange.

Das Wort: „respectivement" heiße aber nicht, daß alle Indossanten, auch die vom Regresse nicht berührten, unter einander Caution fordern könnten, sondern nur, daß dieses dem Inhaber, und weiter dem Indossanten, welcher selbst zur Cautions=Bestellung angehalten worden, gestattet sei. Rogron erkläre: respectivement, c'est à dire que si le dernier endosseur est obligé de donner une caution au porteur, il peut à son tour en exiger une de l'endosseur, qui le précéde et ainsi de suite jusqu'au tireur. Dieses müsse auch schon deshalb der Sinn sein, weil der Code die Worte folgen lasse: ou d'en effectuer le remboursement, und die Zahlung doch nothwendig nicht von Allen schlechthin, sondern nur vom Inhaber und weiter von dem, welcher den Inhaber befriedigt habe, gefordert werden könne. Auch der Württembergische Entwurf Art. 613 habe das Französische Recht adoptirt und bestimmt, die Indossanten und der Aussteller sollten dem Inhaber und gegen einander zur Cautionsleistung verbunden sein. In den Motiven S. 544 werde dazu aber ganz richtig bemerkt: „Gegen einander" heißt: es könne derjenige, welcher Sicherheit geleistet hat, dieselbe wieder von seinen Vormännern verlangen. Der Preußische Entwurf schließe sich also keineswegs, wie dabei vorausgesetzt sei, dem Französischen Rechte und den diesen nachgebildeten Legislationen an, sondern stelle ein ganz neues Prinzip auf, welches viel weiter gehe als nothwendig sei, und unter Umständen sehr lästig werden könne. Gerade die jetzt beabsichtigte gemeinsame Gesetzgebung müsse sich so viel als thunlich an dem bereits Bestehenden halten und bedenkliche Neuerungen vermeiden, welche von dieser oder jener Seite leicht beanstandet werden könnten.

L. S. 66.
Es sei also der Vorschlag wohl für gerechtfertigt zu halten, daß aus den §§. 27 und 29 die bemerkte Erweiterung des Regreßrechts auf alle, selbst die vom Regresse ihrerseits noch nicht berührten Wechselinteressenten hinweggelassen, und nur die Bestimmung hinzugefügt werde: daß hinsichtlich der Verpflichtung der Vormänner und der

weiteren Berechtigung derjenigen, welche den Regreßan=
sprüchen genügt, die im VIII. Abschnitt über den Re=
greß Mangels Zahlung gegebenen Vorschriften gelten sollten.

Gegen diesen Vorschlag ward von einer Seite er=303
innert, daß, wie bereits gestern bemerkt worden, das Recht
der Sicherheitsforderung nicht davon abhängig gemacht
werden könne, ob derjenige, der sie verlange, seinerseits
Sicherheit geleistet habe oder nicht. Wenn der letzte In=
dossatar von dem vorletzten keine Sicherstellung in An=
spruch nehme, weil er in dessen anerkannter Solidität ge=
nügende Sicherheit finde, so könne dieser dagegen Vor=
gänger haben, bei denen bringende Veranlassung vorliege,
Sicherstellung von ihnen zu fordern; die Annahme des
gemachten Vorschlages müsse dahin führen, daß ganz
solide Indossanten niemals von ihren Vormännern Sicher=
heit fordern könnten, weil Niemand sie von ihnen begeh=
ren werde. Uebrigens lasse das Französische Handelsge=
setzbuch die Deutung nicht zu, daß ein Inhaber berechtigt
sein könne, für den doppelten oder dreifachen Betrag des
Wechsels Sicherheit zu fordern, noch die, daß der Zieher
oder ein Indossant verpflichtet sein könne, mehr als Einem
M. S. 31 Sp. 2. seiner Nachmänner Sicherheit zu leisten. Allerdings
aber sei denkbar, daß der Inhaber von seinem Indossanten
Sicherstellung fordere, dieser von seinem Vormanne und
so weiter aufwärts bis zum Aussteller, daß also jeder
auf dem Wechsel verpflichtete Caution zu leisten habe.
Zur Vermeidung dieses unverkennbaren Uebelstandes würde
die Annahme des Sächsischen Vorschlages, die Pflicht der
Sicherstellung auf den Aussteller zu beschränken, geführt
haben; nachdem jedoch die Conferenz hierauf nicht einge=
gangen sei, scheine es unzulässig, das Recht der Sicher=
heitsforderung in der beantragten Weise zu beschränken.

Auch die übrigen Herren Abgeordneten theilten die
erhobenen Bedenken nicht, sondern glaubten es bei dem
gestern in dieser Beziehung zum §. 27 gefaßten Beschlusse,
im Hinblick auf die bei diesen Erörterungen über den
wahren Sinn dieses Paragraphen gegebenen Erläuterun=
gen, bewenden lassen zu können.

§. 30.   Bei der Berathung des §. 30 nahm der Abgeordnete 304
für Bremen, Herr Senator Dr. Albers, das Wort
und erklärte:

Er erlaube sich, die Aufmerksamkeit der Versamm=
lung auf einige Modalitäten für die Wechselzahlungen zu
lenken, welche vielleicht zu einem Zusatze zu diesem §.
Veranlassung geben möchten.

Es sei nämlich bekannt, daß die Wechsel nicht im=
mer unmittelbar vom Bezogenen selbst eingelöst werden.
Es würden z. B. die Wechsel durch Abschreibungen
bei einer Bank oder durch Anweisungen auf eine solche
gezahlt, und es seien an einzelnen Plätzen, wo man
keine Banken habe, dafür Surrogate entstanden, welche
mehr oder minder die Stelle einer Bank verträten, z. B.
L. S. 67.   in Bremen, die Anweisungen | auf Mäkler. Aehnliche
Facilitäten gewähre die Scontration der Wechsel, wie
sie z. B. in Augsburg eingeführt sei.

Alle solche Einrichtungen hätten als Gesetz der Noth=
wendigkeit für ihre Dauer zwei Rücksichten zu beobachten:
Erstens, die auf den inneren Verkehr des Platzes,
Zweitens, die auf das Ausland, mit dem der
Platz im Wechselverkehre stehe.

Diese Rücksichten schlössen schlechthin jede Willkühr
aus. Eine Vernachlässigung derselben in irgend einer
Beziehung würde die Strafe in sich selbst tragen, oder
mit anderen Worten die Aufhebung solcher Einrichtungen
und Zahlungs=Modalitäten herbeiführen.

Andererseits brächten solche Institutionen von selbst
die Feststellung einer den Bedürfnissen des Platzes ent=
sprechenden formellen Ordnung mit sich, und diese träte
zunächst durch Einführung bestimmter Zahl= oder Cassir=
tage für Wechselzahlungen in die äußere Erscheinung.

Wo einmal solche Cassir= oder Zahltage eingeführt
seien, hätten sie, ähnlich wie bei den von der Versamm=
lung anerkannten Meßwechseln, einen solchen maaßgebenden
Einfluß auf sämmtliche Handelsverhältnisse gewonnen, daß
es als Unmöglichkeit bezeichnet werden dürfe, sie ohne er=
schütternde Störung im Geschäfte zu beseitigen.

Es solle nun zwar auch nicht entfernt beansprucht
werden, in einer allgemeinen Wechselordnung solchen par=
ticulären Einrichtungen eine specifische Rücksichtsnahme
angedeihen zu lassen. Wohl aber ließe sich aus analo=
gen Gründen wie bei Meßwechseln eine allgemeine An=
deutung und Berücksichtigung solcher bereits eingeführten
oder später an einem Platze einzuführenden Bankinstitute
M. S. 32 Sp. 1. oder sonstiger die Wechselzahlung | vermittelnden Einrich=
tungen, der Scontration u. s. w. in der allgemeinen Wechsel=
ordnung rechtfertigen.

In dieser Beziehung erlaube er sich, vorbehältlich 305
einer präciseren Fassung, als Zusatz zu dem ersten Satze
des §. 30 zu beantragen:

„Wenn aber am Zahlungsplatze bestimmte allge=
meine Zahlungs= oder Cassirtage für Wechselzah=
lungen eingeführt sind, so ist, wenn Verfall= und
Cassirtag nicht auf einen Tag zusammen fallen, der
nächste Zahl= oder Cassirtag nach Verfall des Wech=
sels als Verfalltag anzusehen."

Auf Sicht zahlbare Wechsel seien hier, wo es sich
nur um Wechsel handle, deren Verfalltag im Wechsel
selbst bestimmt sei, natürlich ausgeschlossen.

Sein Antrag basire sich übrigens lediglich auf den
Wunsch, die Particulargesetzgebung, wenn irgend möglich,
zu vermeiden.

Diesen Ausführungen traten die Herren Oberappel=
lationsgerichtsrath Dr. Kleinschrod und Banquier
Assessor Schmid im Hinblick auf die Verhältnisse der
Stadt Augsburg überall bei.

Dagegen wurde jedoch geltend gemacht, daß in einem 306
allgemeinen Wechselgesetze auf einzelne Local=Interessen
keine solche Rücksicht genommen werden könne, daß eine
derartige Vergünstigung für einzelne Plätze bald andere
L. S. 68.   Orte zu ähnlichen | Einrichtungen veranlassen werde, daß

diese Bestimmung für den Zahlungsfordernden lästig und unter Umständen gefährlich sei, namentlich bei auswärtigen, mit derartigen Particular=Einrichtungen nicht vertrauten Gerichten zu unrichtigen Entscheidungen führen könnte. Bei der hierauf erfolgten Abstimmung wurde 307 der Antrag mit 11 gegen 7 Stimmen verworfen und somit der §. 30 angenommen.

§. 31.　　Beim §. 31 war man einverstanden, daß eine nach 308
M.S 32. Sp.2. den Beschlüssen zum §. 19 veränderte Fassung nothwendig, diese jedoch dem Ermessen der Redaction anheim zu geben sei.

§. 32.　　Der §. 32 ward ohne Aenderung angenommen, 309 nachdem man in Beziehung auf einen Zweifel über den 310 Sinn der unter Ziffer 1 angeführten Bestimmungen anerkannt hatte, daß bei einer nach Wochen bestimmten Frist das Ende derselben auf den mit dem Tage der Ausstellung, beziehungsweise der Präsentation zur Annahme, gleichnamigen Wochentag falle. Der Oesterreichische Herr Abge= 311 ordnete bemerkte jedoch, daß er es für zweckmäßiger halte, den Schluß des Satzes No. 1 dahin abzuändern:

> oder an welchem wegen nicht gehöriger Acceptation eines nach Sicht zahlbaren Wechsels Protest erhoben worden ist.

In Uebereinstimmung hiermit wäre dann auch im Satze 312 No. 2 statt „Vorzeigung" das Wort „Protesterhebung" zu setzen.

Mit Bezug auf diesen letzteren Antrag gab die Ver= 313 sammlung der Redaction anheim, statt des (im Hinblick auf den §. 19) allerdings nicht ganz passenden Ausdruckes: „Vorzeigung" einen anderen, angemesseneren zu wählen.

§. 33.　　Bei dem §. 33 äußerten die Hamburger Herren 314 Abgeordneten, daß sie in Betreff desselben einige Bemerkungen zu machen hätten, die aber besser bei'm §. 40 sich erörtern lassen würden. Die Versammlung beschloß deshalb, die Berathung des §. 33 auszusetzen und mit der des §. 40 zu verbinden.

§. 34.　　Bei dem §. 34 wurde ebenfalls der Redaction eine 315 deutlichere Fassung anempfohlen, übrigens gegen den Inhalt des §. nichts erinnert.

§. 35.　　Der §. 35 ward ohne Erinnerung angenommen. 316

XIV.
Leipzig, den 6. November 1847.
—

M. S. 32 Sp.1.　　In der heutigen Sitzung, welche unter der Leitung 317 des Herrn Geheimen Legationsraths von Patow abgehalten wurde, waren der Kurfürstlich Hessische Abgeordnete Herr Obergerichtsrath Fuchs und der Abgeordnete von Frankfurt Herr Syndicus Dr. Harnier, Ersterer durch fortdauerndes Unwohlsein, Letzterer durch eine nothwendige Reise verhindert, nicht gegenwärtig.

L. S. 69.   Nach der Vorlesung des Protocolles der gestrigen 318
Sitzung wurde zu der Berathung über den §. 36 ge=
schritten.

§. 36.   Gegen den ersten Absatz dieses §. wurde zwar in=
sofern, als darin von der Legitimation des Wechselinha=
bers durch die bis auf ihn hinuntergehende Reihe von
Indossamenten die Rede ist, nichts erinnert; von einigen
Herren Abgeordneten aber bemerkt, daß diese Vorschrift
nicht ausreichend sei, indem besondere Umstände eintreten
könnten, unter welchen der Bezogene Bedenken tragen
müsse, selbst dem durch die Reihenfolge der Indossamente
legitimirten Präsentanten des Wechsels das Geld verab=
M. S. 32 Sp. 2. folgen zu lassen.   Dies sei namentlich der | Fall, wenn
der Wechsel Rasuren, Ueberschreibungen oder andere der=
gleichen sichtbare Mängel an sich trage, welche den Ver=
dacht einer Fälschung begründeten.   Nach allgemeinen
Rechtsgrundsätzen könne dem Wechselschuldner nicht zuge=
muthet werden, auf einen solchen Wechsel Zahlung zu
leisten; dieses müsse jedoch im Gesetze ausdrücklich gesagt
werden, weil sonst aus dem Inhalte des §. 36 auf eine
unbedingte Verpflichtung desselben zur Zahlung an den
Inhaber geschlossen werden könnte.   Aus diesem Grunde 319
wurde ein (etwa nach Maaßgabe des §. 78 des Holstei=
nischen Entwurfs abzufassender) Zusatz beantragt, durch
welchen der Wechselschuldner ermächtigt werde, bei dem
Vorhandensein von Rasuren, Ueberschreibungen oder an=
deren sichtlichen Spuren der Fälschung die Wechselsumme
bei Gericht zu hinterlegen.

Gegen diesen Antrag wurde eingewendet: 320

Eine solche Bestimmung könne leicht zur Chicane ge=
mißbraucht werden, auch sei der Bezogene zu keiner Di=
ligenz gegen die Indossanten verpflichtet und habe daher
M. S. 33 Sp. 1. auf eine | denselben drohende Gefahr keine Rücksicht zu
nehmen, sondern die Verfolgung des etwa gespielten Be=
truges demjenigen, welcher dadurch in Schaden versetzt
werde, zu überlassen.   Ueberdies könne man, wenn der
Bezogene die Zahlung ad depositum leiste, die Protest=
erhebung und Regreßnahme doch nicht verbieten.   Handle
es sich um die von dem Bezogenen nach geleistetem
Accepte geforderte Zahlung, so komme es auf die excep=
tio falsi an; vermöge dieser Einrede könne der Acceptant (vor=
ausgesetzt, daß dieselbe nach den §§. 36 und 71 überhaupt
relevant sei) die Abweisung des Klägers verlangen.   Nach
erfolgter Abweisung sei es denkbar, daß der Acceptant,
um sich zu liberiren, die Wechselsumme bei Gericht nie=
derlege; vor dem Unterliegen des Wechselinhabers im
Civilprocesse könne man aber nicht wohl zulassen, daß
der Acceptant sich durch das Erbieten zur Deposition von
dem Anspruche des Wechselinhabers frei mache.   Der
Wechselinhaber würde durch eine solche Befugniß des Wech=
selschuldners benachtheiligt; denn um die Sache nun zu er=
ledigen, werde ihm kaum ein anderes Mittel bleiben,
als Erwirkung eines kostspieligen und langwierigen Edic=
talverfahrens.   Dabei bleibe zwar der Fall nicht ausge=
schlossen, daß die im Wechsel vorhandenen Spuren der

Fälschung eine Criminalprocedur veranlassen und das Criminalgericht bestimmen könnten, die einstweilige Deponirung der Wechselsumme anzuordnen; auch Arrestanträge der durch die Fälschung benachtheiligten Personen blieben denkbar; aber | eine Befugniß des Schuldners, die Wechselsumme zu deponiren, könne nicht als Regel aufgestellt werden.

L. S. 70.

Zur Widerlegung dieser Einwendungen wurde entgegnet: 321

Es handle sich bei dem in Antrag gebrachten Zusatze nicht um eine Verpflichtung des Bezogenen gegen seine Vormänner, sondern um eine ihm selbst einzuräumende Befugniß, welche keineswegs als Regel aufgestellt, sondern nur ausnahmsweise zugestanden werden sollte, und von ihm sowohl in seinem eigenen, als in seiner Vormänner Interesse benutzt werden könne. Werde die Bestimmung so gefaßt, daß der Schuldner auf die an ihn gestellte Anforderung unter allen Umständen sogleich zahlen oder deponiren müsse, und die quaestio falsi erst nach geschehener Deposition Gegenstand einer gerichtlichen Verhandlung werden könne, so sei die Gefahr einer Chicane beseitigt, auch werde der Schuldner schon durch sein eigenes Interesse von einer Chicane abgehalten, indem für ihn daraus die Verpflichtung zum Schadensersatze entspringen würde.

Im Laufe der Discussion kam noch weiter in An- 322 regung, daß sich, ohne in eine Casuistik einzugehen, über die Berechtigung zur gerichtlichen Deposition keine ausreichende Bestimmung treffen lasse, unter diesen Umständen aber die Frage, ob in den einzelnen Fällen der Bezogene von der durch die Fassung des §. nicht ausgeschlossenen Befugniß zur Deposition Gebrauch machen könne, dem richterlichen Ermessen zu überlassen sei.

Bei dieser Verschiedenheit der Ansichten wurde die 323 Frage:

Ob der beantragte Zusatz in den §. aufgenommen werden solle?

zur Abstimmung gebracht und mit 11 Stimmen gegen 6 verneint.

Einer der Herren Abgeordneten beantragte hierauf 324 einen Zusatz, durch welchen dem Bezogenen das Recht eingeräumt werden sollte, von einem ihm unbekannten Präsentanten des Wechsels einen Ausweis über seine Person zu verlangen. Gegen die Aufnahme einer solchen Bestimmung wurden aber dieselben Bedenken, wie gegen M. S. 33 Sp. 2. die Aufnahme des zuerst beantragten | Zusatzes erhoben, worauf der Antrag zurückgezogen wurde.

Hiernach wurde der erste Absatz des §. 36 ohne Abänderung angenommen, und blos hinsichtlich der Redaction des letzten Satzes bemerkt, daß derselbe passender dahin gefaßt werden könne: „Wenn auf ein Blanco-In- „dossament ein weiteres Indossament folgt, so wird der 325 „Aussteller desselben als derjenige angesehen, welcher „den Wechsel durch das Blanco-Indossament erwor- „ben hat.“

Gegen den zweiten Absatz des §. 36 erklärte sich 326
einer der Herren Abgeordneten, weil sich einem Wechsel,
auf welchem sich durchstrichene Indossamente befänden,
keine volle Beweiskraft beilegen lasse, auch in dem Falle,
daß das letzte Indossament ausgefüllt sei, und demselben
Blanco = Indossamente vorhergingen, die Vorschrift des
ersten Absatzes durch das bloße Durchstreichen des letzten
Indossaments umgangen werden könne.

Die übrigen Stimmen erklärten sich aber für die 327
Beibehaltung des zweiten Absatzes, weil der Inhaber nicht
blos durch ein bei dem Niederschreiben des Indossaments
begangenes Versehen, sondern auch durch manche an=
L. S. 71.   dere Ursache zur | Ausstreichung von Indossamenten genö=
thigt werden könne, und hiernach die Vorschrift einem
wahren Bedürfnisse des Handelsstandes entspreche.

Bevor zum §. 37 übergegangen wurde, bemerkte 328
einer der Herren Abgeordneten, in den Motiven zum
§. 36 (Seite 66) sei die Behauptung aufgestellt:

> Es verstehe sich von selbst, daß vor Verfall weder
> der Inhaber die Zahlung anzunehmen brauche, noch
> der Bezogene die Zahlung mit Sicherheit leisten
> könne.

Diese Behauptung könne jedoch nicht unbedingt als
richtig anerkannt werden, und es würde hiernach, wenn
man das Recht des Inhabers und die Pflicht des Be=
zogenen bezüglich einer Zahlung vor Verfall in der be=
zeichneten Art normiren wolle, nothwendig werden, in das
Gesetz eine ausdrückliche Bestimmung aufzunehmen, wie
dies auch in dem Französischen Handelsgesetzbuche (Art.
144 und 146) geschehen sei.

Auf diese Aeußerung wurde erwiedert, eine solche 329
Bestimmung würde nur dann, wenn das Contremandiren
zulässig wäre, von practischem Interesse sein, und könne
ohnedies dadurch umgangen werden, daß der die Zahlung
leistende Bezogene den Wechsel auf sich indossiren lasse.

Dagegen wurde jedoch wieder geltend gemacht, daß 330
noch andere Fälle, für welche jene Bestimmung Werth
habe, denkbar seien, und immer die Pflicht einer An=
nahme der Zahlung durch den gemachten Einwand nicht
berührt werde.

Die Frage: 331

> Ob in den Entwurf ein den Vorschriften der Art.
> 144 und 146 des Französischen Handelsgesetzbuches
> entsprechender Zusatz aufgenommen werden solle?

wurde hierauf zur Abstimmung gebracht, wobei sich eine
Mehrheit von 13 gegen 4 Stimmen für die Bejahung
derselben ergab.

§. 37.   Der §. 37 wurde von mehreren Herren Abgeord= 332
neten für entbehrlich erachtet, dieser Ansicht aber von den
übrigen Herren Abgeordneten blos hinsichtlich des zweiten
Absatzes beigestimmt, für dessen Weglassung aus einem
allgemeinen Wechselgesetze auch der Herr Referent sich er=
klärte.   Die Beibehaltung des ersten Absatzes ward mit 9 333
gegen 8 Stimmen beschlossen, nachdem man in Ansehung
des Inhaltes des ersten Absatzes sich dahin vereinigt hatte,

daß „Rechnungswährung" statt „Rechnungsmünze", und

M. S. 34 Sp. 1. „in der Landesmünze" statt | „in Preußischem Gelde" gesagt werden solle. Zugleich wurde dem Ermessen der Redactions=Commission anheimgegeben, ob nicht der Beisatz „im Inlande zahlbar" zu streichen sei.

Eine Verschiedenheit der Meinungen ergab sich aber 334 darüber, ob die Zahlung in der Münzsorte, auf welche der Wechsel lautet, unbedingt oder in dem in dem ersten Absatze des §. 37 angegebenen Falle nur unter der Voraussetzung geleistet werden müsse, daß der Aussteller durch den Gebrauch des Wortes „effectiv", „in Natura", oder eines ähnlichen Zusatzes die Wechselverpflichtung ausdrücklich auf eine bestimmte Münzsorte erstreckt habe. Eine Stimme sprach sich für das Erstere aus, die übrigen Stimmen aber

L. S. 72. beschlossen, daß eine bestimmte Münzsorte nur in | dem Falle einer darüber im Wechsel enthaltenen ausdrücklichen Vorschrift verlangt werden könne, und dieses in dem §. 37 anzudeuten sei.

§. 38.   Die Bestimmungen des §. 38 wurden von mehreren 335 Herren Abgeordneten angegriffen, indem sie die Ansicht äußerten, daß eine Verpflichtung des Wechselinhabers zur Annahme von Theilzahlungen keinen Interessenten beeinträchtigen, manchem Interessenten aber zum Vortheile gereichen könne. Stelle das Gesetz die Annahme von Theilzahlungen in die Willkühr der Inhaber, so würden diese häufig aus Rücksicht auf die Retourrechnung die Annahme der Theilzahlung verweigern. Auch scheine die Consequenz für die Verpflichtung zu sprechen, da man eine theilweise Acceptation für zulässig erklärt habe. Hierbei bemerkte insbesondere der Württembergische Herr Abgeordnete, daß in Württemberg der Handelsstand von Heilbronn, wo hauptsächlich Waarenhandel getrieben werde, für die Verpflichtung zur Annahme von Theilzahlungen, die Banquiers aber gegen eine solche Verpflichtung seien. Gewöhnlich sei es dem Aussteller, welcher ein Guthaben durch den Wechsel einziehen wolle, erwünscht, wenigstens etwas davon zu erhalten; ebenso würden die regreßpflichtigen Indossanten wenigstens theilweise befreit zu sein wünschen.

M. S. 34. Sp. 2.   Gegen diese Ansicht wurde eingewendet, daß der 336 Inhaber blos für sein Interesse, nicht aber für jenes seiner Vormänner, zu sorgen habe, und die Gesetzgebung eine theilweise Erfüllung von Verpflichtungen nicht begünstigen solle.

Hierauf wurde die Frage: 337
    Ob der Inhaber verpflichtet sein solle, eine theilweise
    Zahlung anzunehmen?
zur Abstimmung gebracht, und mit 11 Stimmen gegen 6 bejahend entschieden.

Hierbei war man darin einverstanden, daß wegen 338 der unvollständig geleisteten Zahlung der weitere Anspruch vorbehalten bleibe. Ein Antrag, die Verpflichtung bei 339 dem Anbieten einer zu geringfügigen Theilzahlung auszuschließen, wurde auf die dagegen erhobenen Bedenken von dem Herrn Antragsteller zurückgezogen.

§. 39.   Zu dem §. 39 wurde beantragt, in dem ersten 340
Absatze deutlich auszudrücken, daß der Wechselschuldner
sich mit der bloßen Ausantwortung des Wechsels begnügen könne. Dieser Antrag wurde jedoch auf die Bemerkung zurückgenommen, daß es nach der Fassung des ersten
Absatzes in das freie Ermessen des Zahlenden gestellt sei,
sich mit dem Zurückempfange des Wechsels zu begnügen,
oder eine Quittung auf dem zurückgegebenen Wechsel zu
verlangen.

        Hierbei kam auch zur Sprache, in wie weit der 341
Wechselschuldner die Aechtheit der Quittung zu prüfen, ob
der unmittelbare Empfänger diese Quittung zu ertheilen,
ob er sich dabei über die Befugniß zu quittiren auszu-
weisen habe u. s. w. Man war jedoch darin einverstanden, daß dieser Punct mit der Legitimation zum
Empfange der Zahlung in Verbindung stehe, und daher
durch die Beschlußnahme zu dem §. 36 seine Erledigung
gefunden habe.

        In Bezug auf den zweiten Absatz dieses §. war man 342
einverstanden, daß das Wort „beglaubigt" hinwegfallen
solle.

L. S. 73.   **XV.**

Leipzig, den 8. November 1847.

M. S. 34 Sp. 1.   Die heutige Sitzung, welcher auch der Kurfürstl. Hes- 343
sische Abgeordnete, Herr Obergerichtsrath Fuchs, wiederum
beiwohnte, ward unter Leitung des Geheimen Legationsraths von Patow mit Vorlesung des Protocolles vom
6. d. M. eröffnet.

        Darauf stellte der Herr Referent, zu den Vorschriften 344
über den Regreß Mangels Zahlung, einleitend, die Vorfrage:

        Ob etwa, bevor zur Verhandlung über die §§.
        40 bis 54 im Einzelnen vorgeschritten werde, über
        das ganze System des Regresses beschlossen wer-
        den solle.

        Er selbst hielt dies für nicht rathsam, weil die Er-
örterung darüber sich passender an den §. 44 und folgende
knüpfen werde, und ging, als keine abweichende Ansicht
§. 40.   ausgesprochen wurde, zum §. 40 über, mit welchem die 345
M. S. 34 Sp. 2. Berathung | des §. 33 verbunden wurde, die in der
Sitzung vom 5. d. M. bis hierher ausgesetzt worden war.

        In Beziehung auf den §. 40 hob der Herr Referent
zunächst die beiden Hauptfragen hervor:
        1. Ob der Protest schon am Zahlungstage,
und:
        2. Ob er noch am Tage nach dem Verfalltage aufge-
            nommen werden dürfe;
und legte sowohl die Abweichungen der Vorschriften des
Entwurfs von den hauptsächlichsten anderen Gesetzgebungen,

insbesondere von dem Preußischen allgemeinen Landrechte und dem Code de commerce, als auch die Gründe dieser Abweichungen kurz dar.

Sodann erklärten die Hamburger Herren Abgeordneten zunächst: Es sei von ihnen früher die Aussetzung der Verhandlung | über den §. 33 beantragt worden, weil derselbe für Hamburg im engsten Zusammenhange mit dem §. 40 stehe. Hamburg könne die Respecttage nicht ganz entbehren, wenn die Fristen für die Protestannahme so festgestellt würden, wie der §. 40 vorschreibe. Deßhalb würden sie, wenn die Bestimmungen beider §§. hier adoptirt werden sollten, in die Nothwendigkeit sich versetzt sehen, zu erklären, daß es für Hamburg außerhalb der Möglichkeit liege, in diesem wichtigen Puncte, bei welchem doch gerade Uebereinstimmung der Gesetzgebung so wünschenswerth sei, die Bestimmungen des Entwurfs anzunehmen. Ob dann, wenn Hamburg durch die hier gefaßten Beschlüsse veranlaßt wäre, in Beziehung auf die §§. 33 und 40 abweichende gesetzliche Vorschriften zu ertheilen, man es dort vorziehen werde, die Respecttage beizubehalten, | oder die Frist zur Protestaufnahme zu erweitern, sei eine Frage, welche hier nicht weiter in Betracht kommen könne.

Um diese Erklärung zu rechtfertigen, könnten sie eine ausführliche Darstellung der in Hamburg bestehenden Einrichtungen, soweit dieselben auf die hier in Frage befangenen Anordnungen Einfluß übten, nicht vermeiden. In Hamburg beständen 12, oder, da man den Verfalltag einrechne, 11 Respecttage. Diese würden indeß von soliden Handlungshäusern nie benutzt. Mache ein größeres Haus davon Gebrauch, so werde dies als Einstellung der Zahlungen betrachtet, welche zum Accord oder Falliment führe. Es sei dort jetzt ziemlich allgemeine Ansicht, daß Respecttage und namentlich in so bedeutender Zahl, nicht mehr zeitgemäß wären, und man möchte daher wohl geneigt sein (ungeachtet die Nichtberücksichtigung der jüdischen Feiertage, welche aus dem §. 84 des Entwurfs folge, einiges Bedenken dagegen errege) die Respecttage aufzugeben, wenn in Ansehung der Frist für Levirung des Protestes Mangels Zahlung annehmbare Bestimmungen getroffen würden. Die Unmöglichkeit für Hamburg, gleichzeitig die Bestimmungen der §§. 33 und 40 anzunehmen, liege theils in den Einrichtungen der dortigen Bank, theils in dem Verhältnisse Hamburgs zu der Nachbarstadt Altona. Die Hamburger Bank sei Girobank, aber Kassirer für alle in Hamburger Banco zu leistenden Zahlungen. Die Kasse der Bank bestehe nicht in gemünztem Gelde, sondern in Silberbarren, zu dem festen Preise von 27³/₄ Mark Banko für die Mark fein Köllnisch. Die Zahlungen der Bank würden daher in der Regel nicht effective, sondern durch Uebertragung des zu zahlenden Betrages von der Rechnung des einen Bank-Interessenten auf die des Anderen geleistet. Um Bank-Interessent zu werden, sei eine gewisse Qualification erforderlich, die mit dem Rechte des Großbürgers zusammenfalle. Keinem der

M. S. 35 Sp. 1.

L. S. 74.

346

347

zahlreichen Interessenten dürfe die Bank irgend einen
Credit gewähren, vielmehr für jeden derselben nur soviel abschreiben, als sein Guthaben in der Bank an dem vorhergehenden Tage betragen habe. Jeden Tag müsse der
Gesammtbetrag des Guthabens sämmtlicher Interessenten
berechnet, sowie mit dem Vermögen der Bank verglichen
und mit diesem in der genauesten Uebereinstimmung erhalten werden. Wer nun, ohne selbst Bank-Interessent
zu sein (in welcher Lage sich viele, namentlich kleine
Geschäftsleute in Hamburg, und sämmtliche Mitglieder
des Handelsstandes zu Altona befänden) Zahlungen
durch die Bank beschaffen lassen wolle, müsse der
Mitwirkung eines Bank-Interessenten sich bedienen. Die
Bankzettel, d. h. die schriftlichen Anweisungen oder Aufträge an die Bank, einen Posten von der Rechnung des
M. S. 35 Sp. 2. Auftraggebers auf die eines anderen | Interessenten zu
übertragen, müßten von dem Aussteller entweder in Person oder durch einen von der Bank anerkannten Bevollmächtigten, und zwar bis 1 Uhr Mittags, bei der Bank
eingereicht werden. Später sei die Einreichung nur gegen
Entrichtung einer kleinen Abgabe, jedoch nie länger als
bis Nachmittags 5 Uhr zulässig. Fällige Wechsel würden
dem, der zahlen solle, bis 12 Uhr zugestellt und (nach
einer ganz allgemeinen Sitte) ihm anvertraut. Von 12
bis 1 Uhr würden dann die Bankzettel zur Bank beför-
L. S. 76. dert. Nach dem Schlusse der Bank werde untersucht, ob
der, welcher zahlen wolle, hinreichendes Guthaben dazu
besitze. Bei der außerordentlich großen Anzahl der täglich
vorkommenden Ab- und Zuschreibungen könne erst in der
Nacht jenes Geschäft vollendet und die Bilanz zwischen
allen Ab- und Zuschreibungen gezogen, mithin auch erst
am folgenden Morgen jedem Betheiligten die amtliche
Nachricht über die auf seinem Conto stattgefundenen
Zuschreibungen gemacht werden. Dadurch erfahre zwar
Jeder, von welchem Interessenten ihm etwas zuge-
schrieben sei; Gewißheit aber, ob ein bestimmter Posten
eingegangen sei, könne man erst durch Nachfrage bei dem
erlangen, durch welchen abgeschrieben worden. Wenn nämlich, wie das häufig vorkomme, der Acceptant eines Wechsels selbst kein Conto in den Büchern der Bank habe, so
müsse er das Geld erst durch die dritte, auch wohl vierte
und fünfte Hand gehen lassen, um einen Interessenten zu
finden, unter dessen Vermittelung er Zahlung durch die
Bank leisten lassen könne. Da nun aber die Nachricht,
welche die Bank ertheile, über das Geschäft, für
welches die Ab- und Zuschreibung geschehen, nichts
enthalte, so könne der Zahlungsberechtigte nur durch
Nachfrage bei dem Interessenten, von dessen Conto abgeschrieben worden, Auskunft darüber erlangen, ob ein
ihm zugeschriebener Posten wirklich als Zahlung für die
Summe dienen solle, welche er zu fordern gehabt habe. Hieraus gehe klar die Unmöglichkeit hervor, an dem Verfalltage
selbst Protest aufnehmen zu lassen, weil man frühestens
erst am folgenden Tage erfahre, ob die schuldige Zahlung
geleistet sei. Oft aber reiche selbst der zweitfolgende

Tag nicht hin, um darüber Gewißheit zu erlangen.
Die Unbequemlichkeiten dieser Einrichtung verkenne man
nicht; es sei deshalb deren Abänderung erwogen und
mancher Vorschlag in dieser Beziehung gemacht wor=
den; allein nach der sorgfältigsten und mit dem Wunsche,
Abhülfe zu schaffen, angestellten Prüfung habe man kei=
nen mit der Sicherheit der Bank vereinbar gefunden. —
Was sodann Hamburgs Verhältniß zu Altona anlange, so 348
seien beide Städte im Handels=, namentlich im Wechsel=
verkehre so eng verbunden, daß sie in in dieser Beziehung
als ein einziger Platz angesehen werden könnten. Sie
hätten, oder befolgten wenigstens dieselben Vorschriften,
benutzten dieselbe Bank und dieselbe Börse. Doch fänden
auch Verschiedenheiten zwischen ihnen Statt. Die gewich=
tigste bestehe darin, daß ein Hamburger Notar nicht in
Altona, und ein Notar für Altona nicht in Hamburg
protestiren dürfe. Die Fälle aber seien häufig, in wel=
chen derselbe Wechsel in Hamburg und Altona protestirt
werden müsse. Dies könne dann begreiflich nur successive
und also mit großem Zeitverluste geschehen.

In Hamburg sei man entschieden der Ansicht, daß 349
man zur Protesterhebung drei Tage (außer dem Verfall=
tage) haben müsse, die nach dem Angeführten jedoch
durchaus keine Respecttage für den Bezogenen seien, son=
dern nur dem Wechselinhaber die Möglichkeit gewähren
sollten, das Nothwendige zu thun. Allenfalls werde man 350
sich vielleicht mit zwei Protesttagen begnügen, um nur
M. S. 36 Sp. 1. keine Particular=Gesetzgebung eintreten | zu lassen, die aber
freilich, wenn nicht einmal zwei Tage gestattet würden,
unvermeidlich sein dürfte. Es erscheine jedoch die Be=
L. S. 76. willigung von zwei Protesttagen auch denen, welche ihr
abgeneigt seien, vielleicht minder bedenklich, wenn man
die Protest= und Notificationsfrist in anderer Weise wie=
der etwas verkürzen könne. Hierzu biete sich eine zwei=
fache Gelegenheit dar. Nach dem §. 40 nämlich solle das
letzte Drittheil des Verfalltages zur Protesterhebung be=
nutzt werden dürfen. Dies weiche von den meisten Ge=
setzgebungen ab, und wenngleich die Gründe jener Vor=
schrift zu ehren seien, so habe doch das Bestehende min=
destens gleiche Gründe für sich. Erstens sei die Bestim=
mung des Entwurfs oft hart; denn der Zahlungspflichtige
erhalte vielleicht noch nach drei Uhr Geld. Sodann er=
scheine auch in einem für ganz Deutschland bestimmten
Gesetze die Bestimmung einer Stunde zwecklos, ja
zweckwidrig. Man möge also die Protesterhebung am
Zahlungstage nicht zulassen. Das zweite Mittel zur Aus= 351
gleichung der gewünschten zwei oder drei Protesttage biete
der §. 44 dar. Im zweiten Absatze desselben seien zur
Versendung des Protestes zwei Tage gestattet. In Ham=
burg halte man dies für nicht nöthig. Man möge diese
Frist also abkürzen.

Nach dieser Darstellung ward zuvörderst von einem 352
Mitgliede der Versammlung die Frage aufgeworfen, ob in
Hamburg, wenn es auch bedenklich sein möge an dem Ge=
schäftsgange der Bank etwas zu ändern, doch nicht vielleicht

6

eine Einrichtung getroffen werden könne, welche die ge=
schilderten Weitläufigkeiten des Verfahrens, um Gewiß=
heit zu erlangen, ob Zahlung geleistet worden, abzukür=
zen geeignet sei. Dies scheine namentlich dadurch gesche=
hen zu können, daß man jedem Empfänger eines zur
Zahlung präsentirten Wechsels die Pflicht auferlege, dem
Präsentanten sofort einen Zettel zuzustellen, welcher er=
sehen lasse, ob die Zahlung bei der Bank durch Abschrei=
bung von seinem eigenen oder von dem Conto eines
Anderen bewirkt werde. Sollte der Letztere aber wiederum
nicht von seinem, sondern von dem Conto eines Dritten
abschreiben lassen wollen (was wohl nicht sehr oft vor=
kommen werde, weil die Kürze der Zeit bis 1 Uhr
hindernd entgegenträte) so würde jener wiederum den
Präsentanten des Wechsels durch einen ähnlichen Zettel
zu benachrichtigen haben, so daß der Präsentant, da die
ganze Sache bis 1 Uhr bei der Bank in Ordnung ge=
bracht sein müsse und bald nachher jene Zettel ausgetra=
gen werden könnten, jedenfalls noch am Zahltage selbst
erführe, und am anderen Morgen nach dem Eingange der
ihm von der Bank ertheilten Notiz durch Vergleichung
mit dieser sofort constatiren könnte, ob der Wechsel hono=
rirt oder Protest Mangels Zahlung zu erheben sei.

Die Herren Abgeordneten für Hamburg antworteten 353
hierauf, daß man unter mehreren Vorschlägen auch diesen
geprüft, aber unanwendbar befunden habe, weil das Ver=
fahren nicht nur zu verwickelt, sondern auch zu unsicher
sein würde. Die Aufträge gingen von Einem zum An=
deren, so entstehe eine weitläufige und verantwortliche
Correspondenz, die sich nicht leicht auf sichere Art be=
fördern lasse. Auch frage sich, wenn eine unrichtige An=
gabe gemacht werde, welches Präjudiz dann eintreten solle?
Ferner werde ewiger Anlaß zu Streitigkeiten darüber sein,
ob der Zettel richtig abgegeben worden. Endlich entstehe
dann die schwierige und kaum zu lösende Frage, wann
und gegen wen Protest erhoben werden solle.

L. S. 77.   Obwohl sich die Ansicht geltend machte, daß diese 354
Bedenken leicht zu beseitigen sein möchten, so wurde doch
zugegeben, daß die weitere Erörterung derselben, als nicht
hierher gehörig, beruhen bleiben müsse.

M. S. 36 Sp. 2.   Die Herren Abgeordneten für Oesterreich und Sach= 355
sen wollten zwar nicht bestreiten, daß die in Ham=
burg bestehenden Bankeinrichtungen und sonstigen Ver=
hältnisse die gewünschte Protestfrist erfordern möchten;
sie waren aber der Meinung, daß es sich zunächst nicht
hierum handle, sondern darum, was Regel sein solle für
ganz Deutschland und was Ausnahme. Es frage sich vor
Allem, ob man Respecttage gestatten wolle (denn auf
solche liefen die von Hamburg beantragten Protesttage in
Wahrheit hinaus) und wenn nicht, was für ein Verfah=
ren dann eintreten solle. Erst müsse man über den §. 33
beschließen, dann darüber, was es in Deutschland (außer
Hamburg) für eine Bewandniß mit Erhebung der Pro=
teste haben und welche Fristen man dafür vorschreiben
solle. Bestimme Hamburg dann für sich etwas Abwei=

chendes, so sei dies besser, als wenn ganz Deutschland
das annehme, was nur für Hamburg als nothwendig
dargestellt würde.

Dawider wurde von anderer Seite entgegnet: Hierbei 356
sei nicht gehörig gewürdigt, ob nicht Hamburgs Gründe
zum Theil allgemeinerer Art seien, und deßhalb zu einer
allgemeinen Bestimmung für ganz Deutschland führen
könnten oder müßten. Die weitere Frage sei namentlich,
ob die Conferenz für rathsam halte, die Fristen der
§§. 40 und 44 zu verschmelzen. Insbesondere wurde
von dem Herrn Abgeordneten für Holstein dem von
Oesterreichischer und Sächsischer Seite vorgeschlagenen Verfahren eindringlich entgegen getreten und erklärt: Er wünsche
lebhaft Vereinigung; kein Vorschlag habe für ihn aus-
schließlichen Werth; was Hamburg annehme, könne auch
Altona sich gefallen lassen; was aber in Hamburg nicht
angehe, könne auch Altona nicht gut heißen. Es komme 357
hier aber nicht allein das Bedürfniß der genannten beiden Städte in Betracht. Im Herzogthum Holstein gebe
es Landstriche von bedeutendem Umfange — die reichsten
des Landes, die Marschen nämlich, — in denen die Natur des Bodens es mit sich bringe, daß derselbe bei an-
haltend nasser Witterung im Herbste und Frühjahre in
einer Weise erweiche, daß auf den bei trockener Jahres-
zeit vortrefflichen Wegen, nur mit der größten Anstrengung
während eines ganzen Tages kaum einige Meilen zurück-
gelegt werden könnten. Es werde eine Ungerechtigkeit
gegen die Bewohner dieser Gegenden — welche meistens
sehr wohlhabende Hofbesitzer in sich schließen, — wenn
man denselben Wechselrecht geben, aber die Fristen so beschränken wolle, daß sie innerhalb derselben die vorgeschriebenen Formen nicht beobachten könnten; — wie
dies entschieden der Fall sei, wenn zur Protesterhebung
nur ein Tag bewilligt werde. Jedenfalls aber möge 358
die Versammlung es wohl erwägen, ehe sie auf den geschehenen Antrag beschließe, daß die Ablehnung desselben
Hamburg und Holstein nöthige, etwas Exceptionelles festzusetzen. Ein solcher Beschluß werde von der Conferenz
ausgehend, jeder anderen Ausnahmebestimmung das Wort
reden und damit die Idee, ein gemeinsames Wechselrecht
zu schaffen, selbst zerstören.

L. S. 78. Hamburgischer Seits wiederholte man auf Anfrage 359
nochmals bestimmt, daß | die Protesttage durchaus nicht
zu Gunsten des Bezogenen gereichen, also keine Respecttage sein sollten.

Einige der Herren Abgeordneten gaben zwar zu, daß 360
dies Absicht sein möge, hielten aber dafür, daß die Protesttage nichtsdestoweniger zu Respecttagen werden würden.
Dazu bemerkte der Herr Referent, die Verschmelzung der
Fristen in den §§. 40 und 44 sei schwer zu begründen.
Der §. 44 beruhe auf der Voraussetzung, daß die Ausfertigung des Protestes nicht sofort geschehen könne. Kürze
man nun die Frist im §. 44 ab, so sei dagegen keine
Hülfe gewährt.

M. S. 37. Sp. 1. Der Abgeordnete von Bremen, Herr Senator Dr. 361

6*

Albers, gab der Versammlung anheim, ob nicht durch die Einführung von drei Respecttagen, nach deren Ablauf die Protestlevirung am nächsten Werktage geboten werde, den Wünschen der Hamburger Herren Abgeordneten einigermaßen entsprochen werden könne.

Ein Hauptvorwurf, welcher den Respecttagen gemacht 362 worden sei — die verschiedene und zuweilen über alles Maaß extendirte Dauer derselben in den einzelnen Wechselordnungen — falle mindestens durch eine solche allgemeine, für ganz Deutschland angeordnete kurze Zeitbestimmung weg, und wenn sich auch sonst noch Manches vom theoretischen Standpuncte aus gegen die Beibehaltung von Respecttagen sagen lasse, so dürfe, mit practischem Auge die Sache betrachtet, eine Bestimmung, wodurch die Interessen einer Handelsstadt wie Hamburg gewahrt, und wodurch Bremen und Augsburg einer sonst unumgänglich nothwendigen Particulargesetzgebung für den dort zur Erleichterung des Incasso's, ähnlich wie bei Meßwechseln (vergl. Einert, das Wechselrecht nach dem Bedürfniß des 19. Jahrhunderts, S. 380) eingeführten Scontro- oder Zahltage vielleicht überhoben würden, gewiß in den Augen eines jeden unbefangenen Beurtheilers in eben so hohem Grade gerechtfertigt erscheinen, als die ganz allgemeine Rücksichtsnahme auf Markt- und Meßwechsel, wie sie von der Versammlung beliebt worden sei, und die sich sogar nach dem, bereits im Wesentlichen angenommenen §. 35 selbst auf den Verkehr eines nur einen Tag dauernden Marktes erstrecke.

Er würde in der Berücksichtigung der Meßwechsel 363 und vielleicht später der nicht acceptablen Zahlungsanweisungen und in der gänzlichen Verwerfung der Respecttage aus mehr theoretischen als practischen Gründen um so mehr eine Inconsequenz erblicken, als die großen Mißbräuche der nur den Fabrikstand eines verhältnißmäßig kleinen Theiles Deutschlands interessirenden Anweisungen und Meßwechsel anerkannt seien und weder aus theoretischen noch practischen Rücksichten auf den Verkehr im Allgemeinen eines besonderen Schutzes zu verdienen schienen.

Die fernere Verhandlung beschäftigte sich im Wesent- 364 lichen mit den von dem Herrn Referenten gleich zu Anfange bezeichneten beiden Hauptfragen und mit der hinzugekommenen dritten, ob der Protest noch am zweiten Tage nach Verfall solle erhoben werden dürfen.

In Bezug auf die Protesterhebung am Verfalltage 365 ward namentlich von den Sächsischen Herren Abgeordneten angeführt, daß sie im Königreiche Sachsen schon von Morgens 8 Uhr an zulässig sei und daß man diese Einrichtung nicht allein | für nicht nachtheilig, sondern vielmehr für sehr zweckmäßig halte und ihrer Aufhebung entschieden abgeneigt sei. Wolle man dem Inhaber das Recht versagen, schon am Verfalltage Protest erheben zu lassen, ihm vielmehr dieses Recht erst für den folgenden Tag zugestehen, so werde damit indirect ein Respecttag für den Zahler und sonach eine Unsicherheit über die Verfallzeit der Wechsel eingeführt und dagegen müsse

L. S. 79.

man sich Sächsischer Seits auf das Entschiedenste erklären.

Im ganz entgegengesetzten Sinne aber sprachen sich 366
viele andere Stimmen aus. Zunächst ward auf den Unterschied hingewiesen zwischen Recht und Pflicht zur Protesterhebung am Verfalltage; jenes sei nicht zu empfehlen,
wenn nicht auch diese vorgeschrieben werde. Gegen jenes
aber spreche das Interesse des kleinen Verkehrs. Sodann
hob man auch hervor, daß der Verfalltag ganz dem
Schuldner gebühre und um so mehr zu Gute kommen
M. S. 37 Sp. 2 müsse, als der Wechsel ein Formalact | sei; daß die Con-
venienz des Handelsstandes die Verhütung unnöthiger
Proteste fordere und endlich, daß man den Bekennern
nicht-christlicher Religionen, wenn man ihre Feiertage
nicht direct berücksichtigen wolle, Gelegenheit geben müsse,
wenn der Verfalltag einer ihrer Feiertage sei, noch am
nächsten Tage zu zahlen. Auch ward angeführt, daß die
Handelskammer von Baden und dem Großherzogthum
Hessen, sowie der Stadt Frankfurt gegen Erhebung des
Protestes am Verfalltage sich erklärt hätten.

Für die Zulässigkeit der Protesterhebung am Tage 367
nach dem Verfalle sprachen sich nicht nur alle diejenigen
aus, welche die Protesterhebung am Verfalltage nicht gestatten wollten, sondern auch solche Stimmen, welche
dieser letzten sich nicht entgegen erklärt hatten.

Hinsichtlich des Protesttages am zweiten Tage nach 368
Verfall äußerten sich einige der Herren Abgeordneten
dahin, daß dessen Bewilligung kein großes Uebel zu sein
scheine, da 24 Stunden zur Protesterhebung auf dem
platten Lande, wo Notare oder sonstige mit der Protestaufnahme beauftragte Beamte nicht immer so schnell re-
quirirt werden könnten, für manche Orte auch zu wenig
seien. Der Badensche Herr Abgeordnete wies insbeson- 369
dere darauf hin, daß die Ansicht derer, welche die Protesterhebung nicht am Verfalltage, sondern erst Tags nachher zulassen wollten, von der Hamburgischen Ansicht nicht
so weit abweiche, daß nicht Vereinigung sich hoffen lasse.
Eine Ausnahme von der Regel zu machen, sei gewöhnlich nicht gut; in diesem Falle aber scheine sie sich doch
zu empfehlen, wenn Hamburg dann beitreten könne. 370
Vielleicht werde es zum Unentbehrlichen schon genügen,
wenn man den Tag nach Verfall zur Protesterhebung,
und den Tag darauf zur Ausfertigung des Protestes bestimme. Zu diesem Zwecke wolle er den Antrag auf folgende Vorschrift stellen:

> Der Protest Mangels Zahlung ist an dem Tage
> nach Verfall zu erheben, jedoch genügt es an
> Plätzen, welche einen eignen Wechselcours haben,
> an diesem Tage den Protest zu notiren und die
> Ausfertigung bis zu dem folgenden Tage zu ver-
> schieben.

Der Württembergische, sowie der Großherzoglich 371
L. S. 80. Hessische Herr Abgeordnete | waren ähnlicher Ansicht, nur
daß der Erstere den Aufschub der Protestaufnahme auf

den dritten Tag überall dann gestattet wissen wollte, wenn örtliche Verhältnisse eine frühere Aufnahme hinderten. Aber auch in diesem Falle müsse die Protesterhebung an dem Tage nach dem Verfalltage bei dem Notare oder der Obrigkeit von Seiten des Berechtigten angemeldet und diese Anmeldung in dem, am folgenden Tage aufzunehmenden Proteste aufgeführt sein. Einer Bewahrheitung oder eines Beweises der örtlichen Verhältnisse bedürfe es nicht. Auf diese Weise werde die Gelegenheit zu Collusionen abgeschnitten und am Ende sei es dasselbe, wie in Frankreich, wo man gewöhnlich den ausgefertigten Protest auch nicht am Tage nach dem Zahltage erhalten könne.

Die Herren Abgeordneten für Holstein und Hamburg erwiederten, daß die Anträge weder des Badenschen, noch des Württembergischen Herrn Abgeordneten den durch den Hamburgischen Antrag bezweckten Erfolg herbeiführen könnten, und daß sie ihnen also beizustimmen sich außer Stande sähen. 372

Hierauf erklärte der Badensche Herr Abgeordnete, daß er seinen Antrag aufgebe, da er ihn nur in der Hoffnung gestellt habe, dadurch eine Einigung mit Hamburg und Altona zu erwirken; der Herr Abgeordnete für Bremen aber erklärte, wie er es für zweckmäßiger erachtet habe, gleich anfänglich drei Respecttage zu gestatten, als durch Erweiterung der Frist zur | Protestaufnahme der Möglichkeit Raum zu geben, daß je nach der Convenienz der verschiedenen Plätze an einigen derselben der Verfalltag, an anderen der letzte Protesttag als Zahltag eingeführt werde; ferner, daß Bremen die daselbst eingeführten Zahltage nicht entbehren könne, und da die Versammlung gegen diese sich erklärt habe, es dahin gestellt bleiben müsse, ob unter diesen Umständen die Respecttage entbehrt werden können. 373 374

M.S.38.Sp.1.

Sodann ward zur Abstimmung geschritten. Die erste Frage war: 375

Soll schon am Verfalltage Protest aufgenommen werden dürfen?

Als diese mit 13 Stimmen gegen 5 verneinend beantwortet und hiermit zugleich entschieden war, daß die Aufnahme des Protestes am ersten Tage nach dem Verfalltage geschehen könne, ward die Frage: 376 377

Soll auch noch an dem zweiten Tage nach dem Verfalltage Protest aufgenommen werden dürfen? mit 14 Stimmen gegen 4 bejaht.

Der Antrag des Württembergischen Herrn Bevollmächtigten hatte hierdurch von selbst seine Erledigung gefunden. 378

In Folge dieser Abstimmung ward der §. 33 des Entwurfs als angenommen betrachtet, der Redaction aber überlassen, bestimmter auszudrücken, daß die beschlossenen zwei Protesttage nur eine Frist zu Gunsten des Präsentanten, nicht des Zahlungspflichtigen sein sollen. 379 380

Der von einer Seite gemachte Vorschlag, ausdrücklich 381 zu sagen, daß, wenn nicht am Verfalltage gezahlt worden, die Zinsen vom Verfalltage an zu rechnen seien, ward durch Hinweisung auf den §. 49 erledigt.

Endlich gab noch der dritte Absatz des §. 40 Anlaß 382

L. S. 81.   zu einer weiteren Erörterung. | Auf die Frage des Herrn Vicepräsidenten Dr. Einert, welche Folge eintrete, wenn der dort erwähnten Clausel gemäß Protest nicht aufgenommen worden sei? bemerkte nämlich der Herr Referent, es habe im Sinne der Verfasser des Entwurfs gelegen, daß jene Clausel, die zu mancherlei Streitigkeiten führe und durchaus der Natur und dem Wesen des Wechsels widerspreche, als nicht geschrieben angesehen werden und daher derjenige, welcher zu protestiren unterlassen habe, des Regresses verlustig sein solle. Durch die einfache Vorschrift des §. habe man eine Casuistik vermieden, die bei einer entgegengesetzten Bestimmung unabweislich gewesen sein würde; auch lasse sich nicht behaupten, daß die Vorschrift zu Unbilligkeiten und Härten Anlaß gebe. Dadurch, daß eine derartige Clausel als nicht geschrieben erachtet werden solle, lege das Gesetz dem Inhaber allerdings die Verpflichtung auf, unter allen Umständen Protest erheben zu lassen; allein es sei dies kein unbilliges Verlangen, da ja die Protestkosten ihm erstattet würden und derselbe mithin ohne eigenen Nachtheil nur die Förmlichkeiten erfüllen solle, welche durch das Interesse des Wechselverkehrs geboten würden.

Hiergegen ward aber von mehreren Seiten eingewandt, 383 daß es einen Dolus begünstigen heiße, wenn man dem

M. S. 38. Sp. 2. Urheber | eines solchen Zusatzes sein eignes Factum anzufechten gestatte, und ihm einen Einwand gegen den Inhaber zugestehe, der gerade das gethan habe, was er in Gemäßheit der beigefügten Clausel habe thun sollen. Allerdings sei die Bestimmung des Entwurfs einfach und schneide Controversen ab; aber für den kleinen Verkehr sei sie lästig. Wichtig werde die Clausel besonders, wenn man keine wechselmäßige Anweisungen zulasse. Auch ward angeführt, daß die Handelskammern des Großherzogthums Hessen sich gegen die Vorschrift des Entwurfs erklärt haben.

Zur Vertheidigung derselben wurde dagegen geltend 384 gemacht: Die Protesterhebung sei eine Formalität, die das Gesetz vorschreibe; nicht jede solche Formalität müsse durch entgegengesetzte Bestimmungen der Betheiligten wieder aufgehoben werden dürfen; sonst entstehe Verwirrung. — Nur der Aussteller könne die Clausel machen; wie solle sonst nachher bewiesen werden, wer sie hinzugefügt habe. In Beseitigung der Vorschrift liege eine große Gefahr für den Aussteller des Wechsels; auch bleibe dann die Ordnung im Wechselverkehre kaum möglich.

Ein anderes Mitglied der Versammlung wies da= 385 rauf hin, daß es nöthig sein werde, wenn man die Clausel „ohne Protest" nicht für ganz wirkungslos erklären wolle, die ihr beizulegenden Folgen dahin zu be=

stimmen, daß darin kein Erlaß der rechtzeitigen Präsentation, sondern nur der Formalität des Protestes liege,
und daß sie eine Pflicht zur Erstattung der Kosten des
Protestes nicht ausschließe, sobald dieser dem Inhaber
nöthig gewesen, seine Rechte gegen andere Wechselverbundene zu sichern.

Bei dieser Lage der Sache ward die Frage: 386

> Soll der dritte Absatz des §. 40 in dem Sinne des
> Entwurfs beibehalten werden?

zur Abstimmung gebracht und mit 12 Stimmen gegen 6
verneint.

L. S. 82.   Nach dieser Beschlußnahme war man darüber ein- 387
verstanden, daß die Bedeutung der statt des dritten Absatzes aufzunehmenden Vorschrift dahin gehen solle, daß
trotz der Clausel Protest erhoben werden dürfe, und zwar
auf Kosten desjenigen, welcher die Clausel beigefügt habe,
daß aber, wenn kein Protest erhoben werde, der Regreß
gegen den Schreiber der Clausel nicht verloren gehe.

§. 41.   Bei dem §. 41 fand sich zu dem ersten Absatze, welcher 388
schon früher berathen und angenommen worden, nichts
mehr zu bemerken; wohl aber gab der zweite zu einer 389
Erörterung darüber Anlaß, ob nicht dem Inhaber des
präjudicirten Domicilwechsels der Wechselregreß gegen den
Acceptanten und Domicilianten zuzubilligen sei, wobei namentlich auf die Englische Gesetzgebung Bezug genommen
wurde. Da indeß die Verhandlung darüber, weil die
Zeit schon zu sehr vorgerückt war, heute nicht zum Ende
geführt werden konnte, so wurde sie bis morgen vertagt
und damit die Sitzung geschlossen.

XVI.

Leipzig, den 9. November 1847.

—

M. S. 39 Sp. 1.   Die heutige Conferenz, deren specielle Leitung der 390
wieder anwesende Herr Staatsminister von Könneritz
dem Herrn Geheimen Legationsrathe von Patow überließ, ward mit Vorlesung des Protocolles über die gestrige
Session begonnen.

Hiernächst äußerte der Oesterreichische Abgeordnete, 391
Herr Hofrath Dr. Heißler, in Beziehung auf die
gestern zum §. 40 erfolgte Abstimmung, daß er die
Frage wegen der Zeit der Aufnahme des Protestes
zwar nochmals erwogen habe, aber bei seiner gestern ab-
gegebenen Erklärung stehen bleiben und bezweifeln müsse,
daß der gestern gefaßte Beschluß die Zustimmung seiner
Regierung finden werde. Er habe zwar über diesen Punct
keine besondere Instruction erhalten; allein in Oesterreich
sei man durch die Erfahrung zu der Ueberzeugung gelangt, daß es zweckmäßig sei, die Respecttage abzuschaf-

sen und den Verfalltag als den Tag der Protesterhebung anzunehmen. Allenfalls werde man sich indeß auch wohl dazu entschließen, die Protestaufnahme an dem auf den Verfalltag folgenden Tage zu gestatten. Er sei übrigens der Ansicht, daß bei der beabsichtigten gemeinsamen Gesetzgebung exceptionelle Bestimmungen, welche in den besonderen Verhältnissen einzelner Städte oder Territorien ihre Rechtfertigung fänden, nicht vermieden werden können. — Dieser Erklärung trat der Sächsische Abgeordnete Herr Vicepräsident **Dr. Einert** für Sachsen ausdrücklich bei und beantragte, dieses zu Protocoll zu bemerken.

Auf die Frage selbst, welche zu dieser Erklärung 392 der Oesterreichischen und Sächsischen Herren Bevollmäch-

L. S. 83.

tigten Anlaß gegeben hatte, erachtete man nicht für | rath- 393 sam, jetzt weiter einzugehen, war indeß von mehreren Seiten der Meinung, daß es nicht nur zulässig, sondern sogar wünschenswerth sei, besonders wichtige und in Folge der Divergenz verschiedenartiger Interessen schwer zu ord- nende Gegenstände nach Vollendung der ganzen Arbeit einer wiederholten Prüfung zu unterwerfen und bei dieser Gelegenheit auch die Frage von den Protesttagen noch- mals zur Erörterung zu bringen. Man hegte dabei die Hoffnung, daß es, sobald das zu entwerfende Gesetz vollendet vorliege, minder schwer fallen werde, eine Ver- einigung besonderer Wünsche mit dem, was allgemeineren Rücksichten entsprechend gefunden sei, herbeizuführen und eine Ausgleichung der sich entgegenstehenden Wünsche und Interessen zu erreichen.

Sodann ward die Debatte über den zweiten Absatz 394 des §. 41 fortgesetzt.

Der Herr Referent bemerkte zur näheren Begründung der im Entwurfe enthaltenen Vorschrift, wonach im Falle der unterlassenen rechtzeitigen Protesterhebung beim Do- miciliaten auch der Verlust des wechselmäßigen Anspruches gegen den Acceptanten eintritt, Folgendes:

Wenngleich es scheine, daß durch die Hinzufügung des Domicils die Lage des Acceptanten dem Wechselin- haber gegenüber nicht verändert werde, indem der Do- miciliat nur als ein Bevollmächtigter des Domicilianten zu erachten und sonach zwischen den beiden letzteren eine Identität der Personen anzunehmen sei, so bestätige doch eine nähere Prüfung des Rechtsverhältnisses solches

M. S. 39 Sp. 2.

nicht; führe vielmehr dahin, | daß der Acceptant durch die Domicilirung zu dem Domiciliaten in eine ähnliche Stellung trete, in welcher der Trassant sich zu dem Bezogenen befinde und daß alsdann consequenterweise auch der Wechselinhaber diese Veränderung achten, oder mit anderen Worten, zur Bewahrung seiner Rechte gegen den Acceptanten, welcher zugleich Domiciliant sei, die- selben Pflichten beobachten müsse, welche ihm zur Erhal- tung seines Wechselanspruches gegen den Aussteller ob- liegen. Die Lage des Acceptanten eines Domicilwechsels ändere sich nämlich dadurch, daß er durch die Domici- lirung genöthigt werde, die zur Einlösung des Wechsels er- forderlichen Zahlungsmittel nicht an seinem Wohnorte und

bei sich bereit zu halten, sondern nach einem anderen
Orte zu einem Dritten hinzuschaffen und demnach bei
diesem letzteren, ähnlich wie der Trassant bei dem Trassaten, für Deckung zu sorgen. Ganz wie der Trassant den
Trassaten im Wechsel benenne, welchem er die Zahlung
der im Wechsel verschriebenen Summe auftrage, ebenso
weise der Domiciliant wieder den Wechselinhaber durch
die Benennung des Domicilianten weiter an, zu der im
Wechsel angegebenen Zeit das Geld nicht bei ihm, dem
Domicilianten, sondern nunmehr bei dem Domiciliaten in Empfang zu nehmen. Wenn aber sonach der Domiciliant factisch zum Trassanten werde, und andererseits
das Gesetz den Wechselinhaber, welcher seinen Wechselanspruch gegen den Trassanten und seine Vormänner sich
erhalten wolle, verpflichte, pünktlich zu der im Wechsel
angegebenen Zeit unter Präsentation des Wechsels die
Einlösung bei dem Bezogenen nachzusuchen, und bei Nichtzahlung zu protestiren, so müsse die letztere Vorschrift
L. S. 84. auch auf den Inhaber eines Domicilwechsels dem Domi-
cilianten gegenüber, dessen Verpflichtung | ja lediglich auf
dem Accepte beruhe, analog zur Anwendung kommen und
demgemäß der Inhaber des Domicilwechsels, wie es der
Entwurf bestimme, für verbunden erachtet werden, seinen
Wechsel zur gehörigen Zeit am Verfalltage dem Domicilianten bei Verlust des Wechselregresses gegen
denselben zu präsentiren und im Falle der Nichtzahlung
protestiren zu lassen. — Es werde zwar hiergegen ange- 395
führt, daß eine solche Bestimmung dem Acceptanten,
welcher seinerseits dem Domiciliaten keine Deckung gemacht, einen ungerechtfertigten Vortheil zuwende; allein,
abgesehen davon, daß eine entgegengesetzte Bestimmung
dahin führe, daß der Domiciliant doppelte Mittel, nämlich bei dem Domiciliaten und bei sich selbst, zur Einlösung des Wechsels bereit halten müsse, so werde auch
dem obigen Einwurfe durch die im §. 75 des Entwurfs
in Antrag gebrachte Vorschrift, nach welcher der Inhaber des präjudicirten Wechsels noch gegen jeden Wechselverpflichteten, soweit als solcher sich mit seinem Schaden
bereichern würde, im gewöhnlichen Proceß verfahren
könne, hinlänglich entgegen getreten. Erwäge man end- 396
lich, daß der Schaden, welcher den Acceptanten durch
eine nicht gehörige Präsentation des Wechsels bei dem
Domiciliaten treffen könne, sich bis zum Verluste der
dem Domiciliaten gemachten Deckung möglicherweise stei-
gere, so werde man in der Bestimmung des §. 41 des
Entwurfs nur eine consequente Durchführung des stets
M. S. 40 Sp. 1. im Deutschen Wechselrechte angenommenen Grundsatzes | er-
blicken, „daß jeder, der durch eine Versäumniß Schaden
leiden könne, von dem wechselrechtlichen Anspruche befreit
werde." — Schließlich nahm der Herr Referent noch
darauf Bezug, daß auch verschiedene Gesetzgebungen, namentlich die Preußische im §. 1113 und 1114 Tit. 8
Th. II. A. L. R., sowie die Holländische in dem §. 118
des Holländischen Handelsgesetzbuches den eben ausgesprochenen Grundsatz deutlich zu erkennen gäben.

Mehrere Mitglieder der Versammlung pflichteten 397 sofort dieser Ansicht bei, andere aber sprachen sich gegen die Beibehaltung der in dem Entwurfe enthaltenen Vorschrift aus, indem sie bemerkten, daß die Beifügung des Do= micils in den rechtlichen Beziehungen des Bezogenen nichts ändere, namentlich aber keine Veranlassung vorliege, das Verhältniß eines Trassanten zum Trassaten zwischen dem Bezogenen und Domiciliaten zu fingiren, und demnächst aus dieser Fiction Schlüsse zu ziehen. Der Domicil= Wechsel unterscheide sich nur dadurch vom gewöhnlichen Wechsel, daß man dem Bezogenen gestatte, seine Functio= nen zu theilen, nämlich selbst zu acceptiren und die Zah= lung an einem anderen Orte durch einen Dritten be= schaffen zu lassen. Der Bezogene trete durch den Auf= trag, diese Zahlung zu leisten, nur in ein Mandats= verhältniß zu dem Domiciliaten und in diesem Ver= hältnisse liege kein Grund, weshalb der Inhaber durch eine Säumniß in der Meldung bei dem mit der Zah= lungsleistung Beauftragten seiner ihm gegen den Auf= traggeber aus dessen Accepte zuständigen Rechte verlustig werden solle; zumal da der aus der Gefährdung der dem Domiciliaten gemachten Deckung hergenommene Grund nicht durchgängig zutreffe, indem keinesweges als Regel vorauszusetzen sei, daß der Domiciliat von dem Bezoge= nen wirklich Deckung erhalten habe. Durch eine Negli= genz des Inhabers könne daher immer nur dessen Re=

L. S. 85. greß gegen den | Trassanten und die Indossanten, keines= wegs aber auch der Anspruch gegen den Acceptanten ver= loren gehen.

Zur Begründung dieser Ansicht wurde insbesondere 398 auch auf die Englische Gesetzgebung Bezug genommen. Nachdem nämlich geraume Zeit zwischen dem Gerichts= hofe of Kings Bench und dem of common Pleas hinsicht= lich des generellen und speciellen Acceptes verschiedene An= sicht obgewaltet und in einem berühmt gewordenen Falle Rowe contra Young, das Oberhaus im Jahre 1820 das Erkenntniß der Kings Bench, welches die vom Acceptan= ten gemachte Zahlungsadresse gegen den Acceptanten als ein generelles Accept annahm, reformirt hatte, sei schon im Juli 1821 eine Parlamentsacte in's Leben gerufen worden, welche ein der Ansicht des Oberhauses entgegen= gesetztes Princip aufstellte und generell anordnete, daß eine Domicilirung, „zahlbar in eines Banquiers Hause oder anderem Platze", ohne weitere Ausdrückung in seiner Acceptation, in aller und jeder Hinsicht für eine gene= relle gehalten werden solle, und nur, wenn so acceptirt worden: „zahlbar allein in eines Banquiers Hause oder anderem Platze und nicht anders oder ander= wärts", eine qualificirte Acceptation anzunehmen sei. Ebenso werde die Sache von den Schriftstellern ange= 399 sehen. Man brauche auch nur auf allgemeine Principien zu sehen. Der Acceptant eines Domicilwechsels sei ein Acceptant wie jeder andere; ihn zu einem neuen Trassan= ten zu machen, der durch seine Adresse, so zu sagen, eine Subtratte auf den Zahlungsort abgebe, sei eine künstliche

Annahme, welche der Wahrheit des Verhältnisses widerspreche. Der Schuldner, der an einem Nichtwechselplatze wohne, würde dadurch besser zu stehen kommen, als der Schuldner an einem Wechselplatze. Dieser wäre zu einem

M. S. 40 Sp. 2.

dauernden, jener nur zu einem limitirten Accepte der auf ihn entnommenen Wechselbeträge verpflichtet. Es sei aber doch natürlicher, daß das Wohnen an einem Nichtwechselplatze Inconvenienzen für den dasigen Kaufmann als Convenienzen mit sich bringe. Eine Inconvenienz sei es freilich für ihn, daß er sein Geld einem Dritten, der Zahlungsadresse, in Händen lassen müsse, bis der Inhaber des Wechsels es abhole, und doch immer dafür verantwortlich bleibe. Dies liege aber eben darin, daß er nicht selbst am Zahlungsorte wohne und daher für den dort zu bezahlenden Wechsel sich fremder Vermittelung bedienen müsse. Ueberdies lasse sich dieser Uebelstand beseitigen, wenn man bei domicilirten Wechseln der Zahlungsadresse die Befugniß gebe, den Betrag des nicht rechtzeitig protestirten Wechsels auf Kosten des Inhabers, also unter Abzug der Depositionsgebühren, gerichtlich zu deponiren. Durch eine Ordre, demgemäß zu verfahren, könne sodann jeder Acceptant eines domicilirten Wechsels die Gefahr, das Geld in den Händen der Zahlungsadresse zu lassen, von sich abwenden; der ihm eingesandte Depositionsschein gewähre ihm die Liberirung von seinem Accepte.

Insoweit bei der Motivirung des gestellten Aenderungsvorschlages auf einen in England vorgekommenen Rechtsfall und die durch diesen Rechtsfall veranlaßte Parlamentsacte I. und II. George IV. cap. 78 Bezug genommen werde, ward erwiedert, daß dadurch, genau genommen, keine zutreffende Analogie dargeboten | würde. In

L. S. 86.

jenem Rechtsfalle habe es sich nämlich um einen vom Aussteller n i ch t domicilirten Wechsel gehandelt, welcher vom Bezogenen acceptirt und bei dessen Banquier zur Zahlung angewiesen worden sei. Es sei also ein Domicilwechsel im Sinne der §§. 25 und 41 des Entwurfs gar nicht vorhanden gewesen. Die Englische Parlamentsacte erkläre ein solches mit Beifügung einer Zahlungsadresse gegebenes Accept für ein g e n e r e l l e s oder unbeschränktes, aus welchem der Bezogene schlechthin hafte, und lasse dem Bezogenen nur nach, sein Accept durch den Beisatz bei der Zahlungsadresse: nicht auch anders wo in der Weise zu beschränken, daß ohne gehörige Präsentation bei der Zahlungsadresse kein Rückgriff auf ihn möglich sei. Der Fall sei also dem hier vorliegenden nicht analog, und könne auch der Gebrauch und Sinn der in der Parlamentsacte angegebenen Formeln der Domicilirung auf den deutschen Wechselverkehr und dessen Formen in keiner Weise übertragen werden.

Von der anderen Seite wurde dies nicht zugegeben, vielmehr bei der Ansicht stehen geblieben, daß das Englische Gesetz sehr füglich zur Motivirung des Abänderungsvorschlages angeführt werden könne, indem es nicht auf die Veranlassung, welche das Gesetz hervorgerufen, sondern auf das Gesetz selbst ankomme.

Von einem Mitgliede der Versammlung ward im 402
Laufe der Verhandlungen noch besonders bemerklich gemacht, daß man sich durch die dafür angeführten Gründe
zwar von der Richtigkeit der hier in Rede stehenden Bestimmung des Entwurfs an sich, überzeugt halten,
gleichwohl aber doch bezweifeln könne, ob diese Bestimmung zu dem von dem Entwurfe rücksichtlich der Domicilwechsel überhaupt befolgten und bei den Erörterungen
über den §. 25 von der Versammlung gebilligten Systeme
passe. Nach dem Systeme des Entwurfs brauche sich
nämlich der Inhaber eines Domicilwechsels beim Bezogenen gar nicht zu melden, sondern könne denselben —
falls nicht ausnahmsweise die Zahlungsadresse bereits
vom Aussteller im Wechsel bemerkt worden — schlechthin
als die zur Zahlungsleistung designirte Person ansehen
M.S.41 Sp.1.   und demgemäß | erst zur Verfallzeit am Zahlorte aufsu-
chen. Hiermit falle die Analogie des Acceptes mit einer
neuen Trassirung, auf welcher die Analogie die jetzt erörterte
Bestimmung beruhe, hinweg, und es lasse sich somit gegen die Folgerichtigkeit dieser Bestimmung allerdings ein
Zweifel erheben. Bleibe es aber bei dem zweiten Ab- 403
satze des §. 41, so müsse dessen Inhalt jedenfalls dahin
eingeschränkt werden, daß die angeordnete Folge
eines Präjudizes wenigstens alsdann nicht
eintrete, wenn der am Zahlungsorte aufzusuchende Zahler eben der Acceptant selbst sei.

Von einer anderen Seite ward diese letztere Bemer- 404
kung unterstützt, und die Versammlung erkannte dieselbe
mit der Bevorwortung als richtig an, daß bei der Fassung weiter Rücksicht darauf zu nehmen sein werde.

Uebrigens wurde im Laufe der bisherigen Verhand- 405
lungen, und insonderheit bei der Erörterung des vorangeführten Englischen Rechtsfalles, von der Versammlung
anerkannt, daß unter Domicilwechseln in den §§. 25
und 41 nur solche zu verstehen seien, auf welchen der
L. S. 87.   Aussteller einen vom Wohnorte des Bezogenen | ver-
schiedenen Zahlort, angegeben habe. Man erklärte 406
demzufolge, daß das Hinzufügen eines Domicils vom
Bezogenen den Wechsel nicht zu einem Domicilwechsel
mache, daß dergleichen Zusätze beim Accepte vielmehr lediglich nach den über limitirte Accepte gegebenen Regeln zu beurtheilen seien, daß man es aber angemessen finde, die Benennung eines Domiciliaten am Zahlorte durch den acceptirenden Bezogenen für eine gültige und erlaubte Limi-
tation des Acceptes zu erklären und Solches
durch einen Zusatz zu dem §.24 auszusprechen.

In Bezug auf die Hauptfrage ward endlich nach 407
dem Schlusse der Discussion darüber abgestimmt:

Ob in Ansehung domicilirter Wechsel die Verab-
säumung der Aufnahme des Protestes an dem
Orte des Domicils den Verlust der Ansprüche an
den Acceptanten nach sich ziehen solle?

Die Versammlung entschied sich mit 13 Stimmen
gegen 5 für die Bejahung dieser Frage, wobei indeß

bevorwortet wurde, daß die Zulässigkeit eines nach dem 408
Civilrechte zu beurtheilenden und nach dem Erlöschen des
Wechselrechts noch übrig bleibenden Anspruches gegen den
Acceptanten auf die Bereicherung nicht verneint, vielmehr
durch die allgemeine Disposition im §. 75 gewahrt sein solle.

§. 42.   Gegen den §. 42 des Entwurfs fand sich nichts zu 409
erinnern.

§. 43.   Bei dem §. 43 kamen nur einige Bemerkungen in 410
Beziehung auf die Vollständigkeit und Entbehrlichkeit
der darin enthaltenen Vorschriften zur Sprache. So
ward von einem Mitgliede der Versammlung darauf aufmerksam gemacht, daß vielleicht noch des Falles zu geden-
ten sein möchte, daß in der Reihe der Indossamente sich
eine Lücke befinde, und in Bezug hierauf die Ansicht
ausgesprochen, daß der Regreß gegen die Aussteller der
bis zu der Lücke hinaufreichende Indossamente wohl keinem Zweifel unterworfen sein werde, daß es aber eine
nähere Erwägung erfordere, ob sich der Regreß gegen die
früheren Indossanten, auf deren Unterschrift die Unterbrechung
folge, schlechthin oder nur bedingungsweise ausschließen lasse.

Von mehreren Seiten ward anerkannt, daß in solchem
Falle der Regreß auf diejenigen, welche nach der Unterbrechung
der Reihenfolge indossirt hätten, zu beschränken, und gegen
die vorhergehenden Indossanten nicht zuzulassen sei. Auch
M. S. 41. Sp. 2. ward geltend gemacht, daß es sich in einem | solchen Falle
nur um einen Mangel in Beziehung auf die Legitima-
tion zur Sache handeln könne, und daher die Grundsätze
über diese als die entscheidenden betrachtet werden müßten.
Ferner ward in Anregung gebracht, daß bei der solida- 411
rischen Haftung der Vormänner das beneficium divisionis
ausdrücklich ausgeschlossen werden müsse, welche Frage die
Versammlung indeß noch bei einer späteren Gelegenheit
zu entscheiden sich vorbehielt, indem — was die Redac- 412
tionscommission näher zu erwägen haben werde — der
ganze §. 43 vielleicht in Rücksicht auf den Inhalt des
§. 74 für entbehrlich gehalten werden könne.

§. 44—48.   Es wurde hierauf zu den §§. 44—48 des Entwurfs 413
übergegangen. Der Herr Referent hielt folgenden einleitenden Vortrag:

L. S. 88.   So unbedenklich das im Entwurfe angenommene
Princip des freien Regresses sei, so schwierig erscheine
andererseits die Frage, welche Verpflichtungen der Wechselinhaber nach Protesterhebung Mangels Zahlung, zur
Erhaltung des Wechselregresses gegen seine Vormänner
erfüllen müsse. Die verschiedenen Wechselordnungen und
Entwürfe wichen in diesem Punkte wesentlich von einander ab; selbst der Code de commerce habe in den
Gesetzbüchern, denen er zum Grunde liege, in dieser Hinsicht keine unbedingte Nachahmung gefunden und die
mannichfachsten Abänderungen erfahren. Der hauptsäch- 414
liche Grund für diese Schwierigkeit, eine allgemein an-
sprechende und befriedigende Anordnung zu treffen, liege
unverkennbar in dem Umstande, daß die Gesetzgebung hier
zwei entgegengesetzte Interessen vermitteln und wahrneh-
men solle, das Interesse des Inhabers und das Interesse

der regreßpflichtigen Vormänner. Man habe diese Auf- 415
gabe vorzugsweise auf zweierlei Art zu lösen versucht,
durch Notification, als Bedingung des Regresses, und durch
verhältnißmäßig kurze Verjährungsfristen der Regreßklage.
Es sei bekannt, daß die eine, wie die andere Methode ihre
Bedenken habe. Die erstere veranlasse nicht selten mannig=
fache Kosten und unnütze Belästigungen, die letztere führe
zu verschiedenen Anfangspuncten der Verjährung, deren
Ablaufszeit die erst später in Anspruch genommenen Vor=
männer im Voraus zu übersehen nicht im Stande seien.
Die Erfahrung ergebe demnach zur Genüge, daß etwas 416
Vollkommenes in dieser Materie schwer zu erreichen sei. Ge= 417
rade hier werde es also der Beruf einer neuen Gesetz=
gebung sein, sich auf möglichst wenige und einfache Be=
stimmungen zu beschränken und sich der Aufstellung von
Formalien zu enthalten, welche den Regredienten der
Gefahr aussetzen, in Folge eines unbedeutenden Versehens,
durch welches den Regreßpflichtigen in der Wirklichkeit gar
kein Schaden entstanden sei, sein materielles Recht zu
verlieren. Werfe man einen Blick auf den Gang der Gesetzge= 418
bung, so ergebe sich die beachtenswerthe Erscheinung, daß
man sich in neuerer Zeit mehr und mehr zu milderen Be=
stimmungen, zur Vereinfachung der Bedingungen des
Regresses hinneige, eine Auffassung, welche mehr als
anderswo in dem Sächsischen und Braunschweigischen Ent=
wurfe ihren Ausdruck finde, wo von derartigen Bedingun=
gen am meisten abstrahirt und die Notification ganz aus
der Reihe der wechselmäßigen Solennitäten gestrichen sei.
Sähe man nun einstweilen ab von den Bestimmungen 419
des Preußischen Landrechts, sowie des Code de commerce,
welche nach den Ausführungen in den Motiven des Ent=
wurfs zu mannichfachen Bedenken Anlaß gäben, und
abstrahire man vorläufig von der Auffassungsweise des
Sächsischen und Braunschweigischen Entwurfs, so ließen
sich in den anderen Gesetzgebungen zwei Hauptkategorien

M. S. 42 Sp. 1. unterscheiden. | Die eine Kategorie schreibe die Notifica= 420
tion als Bedingung des Regresses dergestalt vor, daß die
Nichtbeobachtung derselben den Verlust des Wechselregresses
nach sich ziehe; die andere verpflichte den Säumigen nur 421
zum Ersatze des Schadens, welcher durch die unterlassene
Benachrichtigung entstanden sei. Zu der letzteren Kate=
gorie gehöre vornämlich das Holländische Handelsgesetzbuch,
sowie andere Gesetzgebungen und Entwürfe, welche auf
der Grundlage des Code de commerce beruhen; zu der 422

L. S. 89. ersteren aber der größere Theil der Deutschen Wechsel=
ordnungen, selbst der neueren, wie z. B. die Bremer Wech=
selordnung. Bei der Abfassung des Preußischen Entwurfs 423
habe man bei den Bestimmungen über den Regreß mehrfach
geschwankt; man habe sich zuletzt für das System der
Notification bei Verlust des Regresses entschieden, ohne
die Bedenken zu verkennen, welche sich gegen dieses System
aufstellen lassen; man habe sich für dasselbe vorzugsweise
deshalb entschieden, weil es in einem großen Theile
Deutschlands Rechtens sei und weil die Uebelstände, zu
welchen dasselbe vielleicht Anlaß gebe, in der practischen

Ausübung anscheinend eine weniger bedeutungsvolle Gel=
tung gefunden hätten. — Neben der Notification sei noch 424
die Präsentation des Wechsels Behufs der Einlösung, als
Bedingung des Regresses, aufgestellt worden.   Man habe
dadurch die Abwickeluug des Geschäftes befördern, einer
unnützen Beunruhigung der Regreßpflichtigen, welche die
Notification ohne Mitvorlegung des Wechsels veranlassen
müsse, vorbeugen und im Interesse der Wechselgaranten
den Regreßnehmer zwingen wollen, in ununterbrochener
Thätigkeit sein Recht auszuüben oder sofort aufzugeben.
Die Vortheile dieser Maaßregel seien nicht zu verkennen;
andererseits könne allerdings nicht geläugnet werden, daß
gerade hier die Schwierigkeit eines complicirten Beweises,
sowie der Uebelstand sich geltend mache, daß der Inhaber,
wenn er sich den Regreß gegen die Vormänner durch
Präsentation des Wechsels sichern wolle, der Klage gegen
den Acceptanten einstweilen entsagen müsse, obgleich letztere
doch in der Regel durch sein und seiner Vormänner Inte=
resse geboten sei.   Der Herr Referent schloß seinen Vor= 425
trag mit dem Bemerken, daß es seines Erachtens zunächst
auf die Erörterung und Entscheidung der nachstehenden
drei Präjudizialfragen ankomme:

1) Ob die Notification der Nichtzahlung überhaupt
vorgeschrieben werden solle?

2) Ob dies bei Verlust des Regresses oder nur unter 426
Androhung des Schadensersatzes geschehen solle; und

3) Ob außer der Notification der Nichtzahlung auch 427
noch die Präsentation des Wechsels unter
Androhung des Verlustes des Wechselregresses au=
geordnet werden solle.

Gegen das vom Entwurfe befolgte System der Notifi= 428
cation wurden von verschiedenen Seiten Einwendungen er=
hoben, und insonderheit unternahmen es die Herren Abge=
ordneten von Sachsen und Braunschweig, die Gründe näher
darzulegen, aus welchen in den vorangeführten Wechselgesetz=
entwürfen die Notification nicht als wechselrechtliche Solen=
nität und Bedingung des Regresses beibehalten sei.

Die in dieser Hinsicht angegebenen Gründe waren im 429
Wesentlichen folgende:

1) Die Notification entspreche freilich dem Interesse
der für die Zahlung einstehenden Wechselverbundenen, könne
indeß, ohne dem Inhaber eine unverhältnißmäßige Be=
schwerde aufzulegen, nicht als Bedingung des Regresses vor=
geschrieben werden.   Die älteren Wechselgesetze gingen von
der Ansicht aus, daß der Inhaber, Mandatar seiner Vor=

M. S. 42 Sp. 2.
L. S. 90.

männer sei, und | an diese — auch in mancher anderen | Bezie=
hung folgenreich gewordene — Ansicht knüpfe sich ganz con=
sequent eine Verpflichtung des Inhabers zur Vornahme der
Notification.   Der Entwurf habe nun im völligen Einklange
mit den Fortschritten der Theorie jene ältere Ansicht von
einem Mandatsverhältnisse zwischen dem Inhaber und den
Vormännern aufgegeben, und die daraus abgeleiteten Con=
sequenzen, z. B. die Pflicht, zum Accepte zu versenden und
zu präsentiren, von sich fern gehalten.   Es sei also nicht fol=
gerichtig, wenn die Notification, gerade eine der wichtigsten

und bedenklichsten Folgerungen aus jener älteren Ansicht, dennoch beibehalten werde.

2) Es könne sich nicht füglich darum handeln, den Ge- 430 brauch der Notificationen a b z u s c h a f f e n , sondern nur darum, nicht ferner die Regreßnahme von der Notification und deren Beweis abhängig zu machen. Entspreche die Notification dem Interesse des Verkehrs, so werde man sich nach wie vor freiwillig die nöthigen Nachrichten zugehen lassen. An die Unterlassung dieser Benachrichtigung aber den Verlust der Regreßrechte zu knüpfen, sei eine unnöthige und unverhältnißmäßige Strenge.

3) Die Notification hänge wesentlich mit dem soge- 431 nannten Ordnungsregresse zusammen. Mit dem springenden Regresse, welchen der Entwurf zulasse, sei sie schlechthin unvereinbar, und man werde vergebens nach einer Combination suchen, durch welche neben dem springenden Regresse und vollends dem Regresse mit Variationsrecht auch der Zweck der Notification — eine zeitige Benachrichtigung sämmtlicher Wechselgaranten — nur mit einiger Sicherheit erreicht werde. Die Dispositionen des Entwurfs hätten 432 diese Aufgabe auf keine Weise gelöset. Es sei unzweifelhaft, daß bei genauer Befolgung dieser Dispositionen die früheren Wechselverpflichteten sehr lange ohne alle Auskunft von der Protestirung des Wechsels bleiben könnten. Der Entwurf sei geradezu zu der Fiction genöthigt worden, daß der benachrichtigte Indossant auch seinerseits seinen Vormännern Nachricht ertheilen werde. Man müsse also am Ende doch zu der Ueberzeugung kommen, daß eine sachgemäße und ausreichende Regulirung des ganzen Verhältnisses, wenn man die Notification beibehalte, eine unlösbare Aufgabe sei.

4) Practisch führe die vorgeschlagene strenge Vor- 433 schrift der Notification zu erheblichen Uebelständen. Sie passe zu dem in Deutschland üblichen Wechselprocesse auf keine Weise, und dürfe man sich daher auf den Gebrauch in England und Frankreich, wo ein eigenthümlicher, durch Liquidität der Beweise bedingter Wechselproceß nicht bestehe, zu Gunsten der Notification nicht berufen. Der 434 Entwurf erkenne diesen Uebelstand dadurch an, daß er den Beweis der Notification erleichtere und schon ein Postamtszeugniß — welches genau genommen nichts beweise — als genügendes Beweismittel gelten lasse. Die 435 Erfahrung zeige überhaupt, daß das Berufen auf das Fehlen der Notification nur als eine, dem Wechselinhaber sehr gefährliche und meist chicanöse Einwendung vorkomme, und diese Ansicht von der Sache finde eine Bestätigung in der Praxis derjenigen Gerichte, welche nicht darauf hielten, daß der Beweis der Notification gleich mit der Klage beigebracht | würde, sondern immer erst eine hierauf gerichtete Einwendung des Beklagten abwarteten.

L. S. 91.

Es sei sonach räthlich, die Notification als einen 436 nützlichen Gebrauch bestehen zu lassen, sie aber nicht als Bedingung des Regresses vorzuschreiben. Wenn dagegen das Interesse des Wechselgaranten angeführt werde, so sei es in der That richtiger, zu sagen, daß der Wechsel-

M. S. 43 Sp. 1. inhaber Rechte, der Vormann aber Pflichten und
nebenbei freilich auch Interessen habe, und daß man
das Recht des Inhabers nicht um dieser Interessen wil=
len beeinträchtigen und — was der Sache nach in den
Bestimmungen des Entwurfs liege — auf eine zweitä=
gige Verjährungsfrist beschränken dürfe.

Diese Gründe fanden bei einem Theile der Ver= 437
sammlung Eingang und Zustimmung, von anderen Sei=
ten ward ihnen dagegen widersprochen. Namentlich ward 438
in Bezug auf die zuletzt erwähnte Argumentation aus
den Rechten und Interessen der betheiligten Personen be=
merklich gemacht, daß der bei dieser Argumentation an=
genommene Gegensatz zwischen dem rechtlichen Standpuncte
des Inhabers und des früheren Indossanten auf keine
Weise als richtig zugegeben werden könne. Beide Theile,
Inhaber und Indossant, befänden sich in der Lage, we=
gen eines nicht erfüllten Zahlungsversprechens auf ihren
Vormann oder auf ihre Vormänner zurückgehen zu müssen.
Nach der Natur der Sache stehe also Beiden dasselbe
Recht zu, und es sei erst durch das Gesetz zu bestimmen,
in welcher Art es von ihnen zu realisiren sei.

Hinsichtlich der Notification selbst ward dann dar= 439
auf Bezug genommen, daß dieselbe in den Dentschen
Wechselgesetzen begründet sei und daß man ohne Noth=
wendigkeit ein einmal bestehendes Institut nicht beseiti=
gen dürfe.

Eine solche Nothwendigkeit liege aber nicht vor. 440
Die geschilderten Schwierigkeiten und Inconvenienzen lie=
ßen sich freilich theoretisch leicht deduciren: practisch ver=
halte sich die Sache aber nicht so schlimm und im wirk=
lichen Leben trete bei weitem nicht jede Fährlichkeit ein,
welche man vom theoretischen Standpuncte aus besorgen
zu müssen glaube. So würden die Notificationen täg=
lich vorgenommen, ohne daß sich der Handelsstand da=
durch belästigt fühle; und processualische Weiterungen oder
gar Verletzungen des materiellen Rechts durch chicanöse
Geltendmachung fehlender Notification gehörten in der
Praxis zu den größten Seltenheiten. Glaube man, die 441
Notification werde, wenn das Gesetz sie nicht vorschreibe,
dennoch im Gebrauche bleiben, so könne man leicht irren.
Man werde im Verkehre dasjenige, was nicht vorgeschrie=
ben sei, als nicht nöthig betrachten und ganz unterlassen,
und so sei mit Grund zu besorgen, daß die gewünschte
Streichung der Notification aus der Reihe der Wechsel=
solennitäten einem nicht nur heilsamen, sondern für den
Wechselverkehr sogar unentbehrlichen Gebrauche ein Ende
machen, mindestens aber dahin führen werde, daß Nie=
mand mehr mit Sicherheit auf diesen Gebrauch zählen
könne. Der Wechselverkehr werde hiervon ohne Zweifel
die schwersten Nachtheile zu empfinden haben.

L. S. 92. Nach diesen Discussionen erachtete es das Präsidium 442
für nöthig, die Ansicht der Herren Abgeordneten aus
dem Kaufmannsstande zu vernehmen. Von diesen erklär=
ten sieben, daß es nach ihrer Ansicht im Interesse des
Handels und des Wechselverkehrs nicht nothwendig sei,

die Notification zur Bedingung des Regresses zu machen, wobei von einer Seite noch besonders darauf hingewiesen wurde, daß jedenfalls durch zweckmäßige Vorschriften über die Verjährung nachgeholfen werden könne.

Drei der gedachten Herren Abgeordneten sprachen sich 443 dagegen für die Beibehaltung der Notification im Sinne des vorliegenden Entwurfs aus.

Es ward demnach die Frage zur Abstimmung ge= 444 bracht:

> Soll dem Inhaber die Notification der nicht er=
> folgten Einlösung als Pflicht vorgeschrieben werden?

und mit 14 Stimmen gegen 4 verneinend beantwortet, 445 nachdem vor der Abstimmung von mehreren Seiten aus= drücklich, und ohne daß dagegen Widerspruch erhoben wäre, M. S. 43 Sp. 2. bevorwortet | war, daß die Abstimmung, im Falle dieselbe für das System des Entwurfs ausfiele, noch nicht als eine definitive zu betrachten sein werde, indem man sich für den Fall, daß die Erörterung der aus jenem Systeme abgeleiteten Detailbestimmungen eine Unmöglichkeit, die Einzelheiten sachgemäß und der Absicht entsprechend zu ordnen, ergeben sollte, ein Zurückkommen auf den gefaß= ten Beschluß und das Annehmen eines anderen Prin= cipes offen halten müsse.

Nach erfolgter Abstimmung ward von mehreren 446 Seiten anerkannt, daß durch den gefaßten Beschluß in dem Systeme des Entwurfs eine Lücke entstehe, welche durch anderweite Bestimmungen desselben nicht genügend ergänzt werde. Man erwog, daß, wenn eine strenge Notifica= tionspflicht nicht statuirt werde, es nicht consequent sei, den Inhaber zur rechtzeitigen Präsentation und Protesti= rung verbindlich zu machen und ihm daneben zu gestatten, bis zum Ablaufe der Verjährungszeit unthätig zu sein, und die Wechselverbundenen über das Schicksal des Wech= sels und die ihnen drohende Verantwortlichkeit in Un= wissenheit zu lassen. Man müsse jedenfalls — so ward 447 von einer Seite geäußert — ein Mittel finden, um den Wechselinhaber zur Thätigkeit, zum Beginn seiner Rechts= verfolgung zu nöthigen, indem es nicht nur dem Geiste des Wechselrechts durchaus widerspreche, wenn der Rück= lauf des Wechsels stocke, sondern auch in vielen Fällen ein wesentliches Interesse der Wechselgaranten vorhanden sei, durch die Unthätigkeit des Inhabers nicht auch ihrer= seits zur Unthätigkeit gezwungen zu sein und vielleicht Compensationen oder andere Erleichterungen gegen Nach= männer, oder Vortheile, die bei zeitiger Rechtsverfolgung gegen Vormänner erreichbar gewesen wären, einzubüßen. Das zunächst liegende Mittel der Aushülfe scheine sich in 448 einer zweckmäßigen Anordnung von Verjährungsfristen zu finden; es könne indeß nicht verkannt werden, daß die in dieser Beziehung zu treffenden Maaßregeln nicht ohne Schwierigkeit seien und daß sie eine umständliche, für die Debatte nicht geeignete Prüfung von Detailbestimmungen L. S. 93. und Einzelheiten, z. B. Beginn und Unterbrechung | der Verjährung, Regulirung derselben in Bezug auf die wei=

7*

teren Regreßansprüche der Indossanten u. s. w. nothwendig voraussetzten.

Die Versammlung trat dieser Ansicht bei, und beschloß, diesen Gegenstand für jetzt fallen zu lassen, ihn übrigens für die weitere Discussion genügend vorzubereiten und in der folgenden Sitzung auf's Neue zur Berathung zu ziehen. 449

Demgemäß hatte man sich — nachdem vorerst die SS. 44—48 des Entwurfs ausgefallen waren — mit der 450

§. 49. Erörterung des §. 49 zu beschäftigen und vereinigte sich zunächst darüber, daß unter den Ansätzen der Retourrechnung Zinsen zu 6 Procent gestattet sein sollten. Der Redaction ward überlassen, zu No. 2 eine erweiterte Fassung, in welcher auch Porto, Stempel und Courtage begriffen würden, vorzuschlagen. Auch war man darüber einverstanden, daß in dieser Beziehung nur wirklich bestrittene Auslagen in Ansatz kommen könnten. In Ansehung der Provision ließ man es bei ¹/₂ % bewenden, obschon von mehr als einer Seite ¹/₃ % als angemessen in Vorschlag gebracht ward. Ebenso ward der Redaction anheimgegeben, einen Zusatz zu machen, welcher dem §. 114 des Sächsischen Entwurfs entspreche, und durch welchen die Zulässigkeit höherer Ansätze der Retourrechnung bei Regressen in das Ausland und namentlich nach überseeischen Plätzen — in welchen Fällen wegen der Entfernung, Gefahr und wegen des Zeitverlustes oft nicht unbedeutende Zuschläge zum Capital üblich seien — vorbehalten würde. 451 452 453 454

§. 50. Dieselben Bemerkungen wurden auch zum §. 50 gemacht und anerkannt, daß das für die Retourrechnung des Inhabers Beschlossene auch für die Retourrechnung des Indossanten, welcher Rembours geleistet habe, gelten müsse. 455
M. S. 44 Sp. 1.

Man war übrigens darüber einverstanden, daß Alles dasjenige, | was nach diesen Bestimmungen der Indossant oder Aussteller einem Nachmanne zu gewähren habe, auch von dem Acceptanten, wenn dieser in Anspruch genommen werde, gefordert werden dürfe. 456
M. S. 44 Sp. 2.

XVII.

Leipzig, den 11. November 1847.

M. S. 44 Sp. 1.   In der heutigen, unter dem Vorsitze des Herrn Staatsministers von Könneritz eröffneten Sitzung, an welcher auch der Frankfurter Abgeordnete, Herr Syndicus Dr. Harnier, wieder Theil nahm, ward nach Vorlesung des Protocolles vom 9. dieses Monats die an dem letztgedachten Tage ausgesetzte Berathung über die SS. 44 bis 48 des Entwurfs fortgesetzt. Der Herr Referent nahm Bezug auf drei verschiedene inzwischen den Mitgliedern der 457 458

Conferenz mitgetheilte Vorschläge, welche folgendermaaßen
lauten: ·   459

L. S. 94.

Vorschlag I.

Der Eigenthümer des Wechsels muß demjenigen seiner Vormänner, von welchem er zuerst seine Befriedigung fordern will, wenn dieser an demselben
Orte wohnt, spätestens am zweiten Tage nach Ablauf des Tages, an welchem der Protest erhoben
worden, den Wechsel und die Protesturkunde zur
Einlösung vorlegen.

Wohnt der in Anspruch zu nehmende Vormann
an einem anderen Orte, so muß der Wechsel nebst
der Protesturkunde spätestens am zweiten Tage nach
Ablauf des Tages, an welchem der Protest erhoben worden, zur Post gegeben und demnächst spätestens am zweiten Tage nach Ankunft der Post
dem Vormann zur Einlösung vorgelegt werden.

Dieselbe Verpflichtung hat der Indossant, welcher den Wechsel eingelöst oder als Rimesse erhalten hat. Für ihn beginnt die Frist mit dem Ablaufe des Tages, an welchem er den Wechsel eingelöst oder als Rimesse erhalten hat.

Die Beobachtung dieser Vorschriften erhält innerhalb der Verjährungsfrist (§. 73) das Wechselrecht gegen den in Anspruch genommenen Vormann und dessen Vormänner.

Vorschlag II.   460
§. a.

Der Inhaber des Wechsels ist verpflichtet, dem
Vormann, an welchen er Regreß nehmen will, sofort von der Nichtzahlung des Wechsels schriftliche
Nachricht zu geben. Wohnt der Vormann in derselben Gemeinde, in welcher der Wechsel zahlbar
war, so muß die Benachrichtigung spätestens am
nächsten Werktage nach Aufnahme des Protestes erfolgen. Wohnt er anderwärts, dann muß der Bericht entweder am nächsten Werktage nach Aufnahme
des Protestes zur Post gegeben oder binnen acht
Tagen nach erhobenem Proteste dem zu Benach-
M. S. 44 Sp. 2. richtigenden | auf einem beliebigen Wege unmittelbar
zugestellt werden.

Jeder benachrichtigte Vormann muß binnen
derselben, vom Tage des empfangenen Berichts zu
berechnenden Fristen seinen nächsten Vormann, und
so weiter aufwärts, in gleicher Weise benachrichtigen.

Der Regreß ist von der Beobachtung dieser
Vorschrift nicht abhängig; der Säumige ist aber
zum Ersatz alles Schadens verpflichtet, welcher
durch die unterlassene oder verspätete Benachrichtigung entsteht.

§. b.   461

Der Inhaber kann den Regreß gegen den Aussteller, die Indossanten und die Wechselbürgen und
zwar an alle Verpflichtete zusammen, an Mehrere

ober an einen Einzelnen nehmen; durch die Klage gegen den Aussteller oder dessen Bürgen werden aber alle Indossanten und deren Bürgen, und durch die Klage gegen einen Indossanten oder dessen Bürgen) werden alle nicht mitverklagten Nach=männer oder Indossanten befreit.

L. S. 95.

§. c.   462

Die Regreßansprüche verjähren:

in drei Monaten, wenn der Wechsel in Deutsch=land,

in sechs Monaten, wenn derselbe in Europa außerhalb Deutschland,

in einem Jahre, wenn derselbe außerhalb Europa,

in zwei Jahren, wenn derselbe jenseits des Vorgebirges der guten Hoffnung oder des Cap Horn zahlbar ist.

Die Verjährung läuft gegen den Inhaber vom Tage des erhobenen Protestes, und gegen jeden Indossanten von dem Tage, an welchem er frei=willig gezahlt oder die Ladung auf die Klage eines Regredienten erhalten hat.

Vorschlag III.   463

§. a.

Der Eigenthümer des Wechsels muß diejenigen, seiner Vormänner, von welchen er seine Befrie=bigung fordern will, innerhalb der nachfolgenden Fristen gerichtlich in Anspruch nehmen:

1) innerhalb 14 Tagen, wenn der Eigenthümer des Wechsels und der Regreßpflichtige in dem=selben Orte des Inlandes wohnen;

2) innerhalb 4 Wochen, wenn sie in verschiede=nen Orten des Inlandes wohnen;

3) innerhalb 3 Monaten, wenn der Eigen=thümer des Wechsels im Auslande, jedoch in Europa wohnt;

4) innerhalb eines Jahres, wenn der Eigenthümer des Wechsels außerhalb Europa wohnt;

M. S. 45 Sp. 1.

5) innerhalb zweier Jahre, wenn der Eigen=thümer des Wechsels jenseits des Vorgebirges der guten Hoffnung oder des Cap Horn wohnhaft ist.

Diese Fristen beginnen mit dem Tage des er=hobenen Protestes.

§. b.   464

Der Indossant, welcher von seinem Regreß=rechte Gebrauch machen will, muß bei Verlust sei=nes Wechselrechts binnen derselben Fristen, wie sie im §. a. für den Eigenthümer des Wechsels vorge=schrieben sind, gegen alle, welche er in Anspruch nehmen will, die Klage auf Zahlung anstellen.

Gegen den Indossanten läuft die Frist, wenn er, ehe eine Wechselklage gegen ihn angestellt worden, gezahlt hat, vom Tage der Zahlung, in allen übrigen Fällen aber vom Tage der ihm geschehenen Behändigung der Klage oder der Ladung.

Zur Erläuterung dieser Vorschläge, bemerkte der Herr 465 Referent, daß der Vorschlag I. sich vom Vorschlag II. nicht

L. S. 96. bloß durch den angedrohten Rechtsnachtheil, | sondern wesentlich auch dadurch unterscheide, daß jener die Notification durch Uebersendung des Wechsels nebst Protesturkunde erfordere, dieser aber eine einfache Benachrichtigung von der Nichtzahlung für genügend erachte, beide Vorschläge aber von dem §. 44 des Entwurfs darin abwichen, daß letzterer Benachrichtigung und Uebermachung des Wechsels nebst Protesturkunde verlange. Der Vor- 466 schlag II. (dessen §. c. eventualiter in den Abschnitt von der Verjährung aufzunehmen sein würde) entspreche dem Niederländischen Gesetzbuche und stehe dem Systeme des Sächsischen Entwurfs am nächsten, insofern nicht vom Verluste des Regresses die Rede sei. Gerade davon sei aber die Folge die, daß dem Inhaber kein hinlänglicher Impuls zum Handeln gegeben werde, mithin die Wechselverbundenen um so länger in Obligo blieben. Freilich 467 könne man die Vorschläge II. und III. combiniren und somit eine kurze Verjährungsfrist schaffen, hiergegen aber, sowie auch gegen Vorschlag III. an sich, also gegen das System des Code de commerce, sei zu erinnern, daß Competenzbestimmungen, namentlich die Möglichkeit, gegen alle Wechselverbundenen, gleichviel ob sie einem und demselben Deutschen Staate oder verschiedenen angehören, bei demselben Gerichte klagen zu können, unerläßliche Bedingung dieses Systemes seien. Werde die Conferenz, wie 468 zu vermuthen stehe, auf diese, in das Gebiet der staatlichen Jurisdictionsverträge einschlagende Bestimmung eingehen, Anstand nehmen, so möchte wohl nur der Vorschlag I. als der einfache und den Inhaber wirksam zum Handeln antreibende Ausweg sich darstellen.

Der Herr Staatsminister von Könneritz bemerkte, 469 daß gegenwärtig nicht ein Vorschlag, sondern eine Mehrheit von Vorschlägen zur Berathung vorgelegt würden, von denen der letzte in unverkennbarem Zusammenhange mit der Verjährung stehe, die zur Zeit noch gar nicht einen Gegenstand der Berathung abgegeben habe. Es werde daher angemessen sein, diesen ganzen Gegenstand jetzt auszusetzen und ihn mit der Berathung des von der Verjährung handelnden §. 73 zu verbinden, und zwar um so mehr als die Frage, was man im Allgemeinen über die Verjährung und deren Fristen bestimme, mehr oder minder auch auf die beiden anderen Vorschläge von Einfluß sei.

Herr Vicepräsident Dr. Einert war hiermit ein- 470 verstanden und bemerkte weiter: Es sei nicht von Abschaffung der Notification die Rede; dieselbe solle nur nicht als Bedingung des Regresses, d. h. nicht als eine

M. S. 45 Sp. 2. wechselrechtliche Formalität | weiter gelten. Wohl aber möge dieselbe als Mittel, die wechselrechtlichen Ansprüche

zu conserviren, benutzt werden, nämlich um den Verlust solcher Rechte durch Verjährung zu hindern und zwar
vermittelst der Unterbrechung der letzteren.   In diesem
Sinne stehe daher allerdings die Notification in einigem
Zusammenhange mit der Verjährung.

Hiergegen wurde jedoch erinnert, daß gegenwärtig 471
in Frage stehe, ob die unterlassene Notification, ganz abgesehen von der Verjährung, den Verlust des Regresses
oder welchen sonstigen Rechtsnachtheil nach sich ziehen solle;
diese Frage müsse hier entschieden werden.   Einer der 472
Herren Abgeordneten erklärte hierbei: | Er müsse sich um
so mehr gegen die Aussetzung der Berathung über den
Regreß Mangels Zahlung bis zu dem §. 73 aussprechen,
als er die in der letzten Sitzung zum §. 44 aufgeworfene Frage, ob der Wechselinhaber dem in Anspruch zu
nehmenden Vormanne eine Bekanntmachung bezüglich der
Zahlungsverweigerung zufertigen müsse, lediglich auf diejenige Bekanntmachung bezogen habe, welche der §. 44.
als erste Solennität vorschreibe, nicht aber zugleich auf
die in demselben §. angeordnete zweite Solennität einer
Zusendung des Wechsels nebst Protest zur Einlösung. Die
erste Solennität habe ihm entbehrlich geschienen und deshalb habe er jene Frage verneint; keineswegs aber sei seine
Absicht gewesen, hiermit alle und jede Notification als
überflüssig zu erklären und sich unbedingt dafür auszusprechen, daß das Deutsche System abgeschafft und an
dessen Stelle das Französische gesetzt werden solle.   Diese
Frage schwebe noch und sei nun zu entscheiden, nicht aber
bis zur Berathung über die Verjährung zu verschieben.
Bei dieser Verschiedenheit der Ansichten wurde die Prä- 473
judicialfrage gestellt:

Soll über die mitgetheilten drei Vorschläge jetzt
berathen werden?
und mit 13 gegen 6 Stimmen bejaht.

Herr Camphausen äußerte sich nunmehr, wie folgt: 474
Nachdem die Versammlung beschlossen habe, auf die
Berathung der drei Vorschläge einzugehen, möge es ihm
gestattet sein, in kurzen Zügen anzudeuten, welche Anforderungen an die Gesetzgebung über den Regreß von seinem, dem kaufmännischen, Standpunkte aus zu machen
seien.   Es lasse sich nicht verkennen, daß im Wechselverkehre der Fall der gerichtlichen Regreßnahme verhältnißmäßig selten eintrete.   Die größere Zahl der Wechselgeschäfte finde ihr Ende in der Zahlung; von den protestirten
Wechseln gehe wieder die größere Zahl im Wege der
Correspondenz an den Vormann zurück; auf dem Platze
eingekaufte Wechsel würden mit Protest und Kosten einfach von dem Verkäufer eingezogen und in vielen Fällen
helfe die Nothadresse aus, wenngleich dieses Hülfsmittel
selbst reichen Handlungshäusern, wegen fehlender Verbin-
dungen an den Zahlorten, nicht immer zu Gebote stehe.
Nichtsdestoweniger seien die Bestimmungen über den Regreß von ungemeiner Wichtigkeit; einmal, weil die Gesetzgebung diejenigen Fälle zu reguliren habe, in welchen der
außergerichtliche Regreß nicht zum Ziele führe; sodann

L. S. 97.

aber und hauptsächlich, weil sich die gegenwärtige Ordnung im Wechselverkehre nur dadurch aufrecht erhalte, daß
die Nichtberücksichtigung der bestehenden gesetzlichen Vorschriften von schwerem Nachtheile getroffen werde. Niemand vermöge zu übersehen, welche Unordnung und Unsicherheit hereinbrechen werde, wenn das Gesetz den zögern-
den Regreßberechtigten ferner mit gar keinem oder nur
mit einem geringen Nachtheile bedrohe. Er glaube, daß
die Versammlung diesen Gesichtspunkt vorzüglich berücksichtigen müsse.

M. S. 46 Sp. 1.   Aus der Natur des Wechsels gehe zunächst ein Er- 475
forderniß hervor. Der Wechsel halte die Mitte zwischen
dem Schuldbekenntnisse und dem Gelde. Er sei nicht ein
Schuldbekenntniß für empfangenes Geld oder empfangene
Waaren; denn der Regel nach habe der Indossant das
L. S. 98.   dafür zu empfangende Geld auch bereits | dafür ausgegeben,
so als ob er 1000 Thaler Goldmünze gegen 1000 Thaler
in Silbermünzen austausche. Der Wechsel stehe nicht dem
Gelde gleich, weil der Indossant nur verspreche, eine Geldsumme auszahlen zu lassen. Wenn nun der Aussteller
eines Schuldscheines sehr lange Zeit, der Ueberlieferer von
Geld oder Geldzeichen, wie z. B. Banknoten, dagegen gar
nicht oder höchstens auf 24 Stunden verhaftet bleibe, so
ergebe sich daraus (indem der Wechsel näher dem zweiten
als dem ersten Falle verwandt sei) für denjenigen, der
für Geld einen Wechsel erworben und statt des Geldes
ausgegeben habe, der Anspruch, daß seine Verhaftung
möglichst kurz und nicht länger dauere, als die Sicherheit der Nehmer unumgänglich erfordere. Was insbesondere den letzten Inhaber betreffe, so bedürfe es Berücksichtigung, daß demselben aus der Natur des Verhältnisses in der Regel kein größerer Anspruch zustehe, als
den Indossanten. Der Inhaber habe nicht mehr geleistet,
als jeder frühere Indossant; Jeder habe einen Werth gegeben und ein Zahlungsversprechen empfangen; der Inhaber habe nicht mehr und nicht weniger Recht, als seine
Vorgänger, nämlich das Recht, den gegebenen Werth
zurück zu erhalten. Das unerreichbare Ideal des Regresses sei, daß allen Indossataren in derselben Stunde
Zahlung geleistet werde. Diesem Ideale nähere man sich
durch die Schnelligkeit des Rücklaufs. Da aber
die Schnelligkeit des Rücklaufs oder die Beschränkung der
Zahlungszeit durch das Gesetz nicht in dem Maaße, wie
es das Interesse der Indossanten erheische, vorgeschrieben
werden könne, oder vielmehr, wenn sie nicht in diesem
Maaße vorgeschrieben werden könne, so ergebe sich zum
Ersatze derselben für die aus dem Wechsel Verpflichteten
ein doppelter Anspruch. Der erste Anspruch sei der, daß 476
das Schicksal des Wechsels baldigst zu ihrer Kenntniß
gelange. Dies sei erforderlich für den Indossanten, damit er
den Umfang seiner Verbindlichkeit erfahre, damit er gegen
seine Vormänner den Regreß einleiten oder nehmen könne,
damit er über den Umfang des dem Indossanten gewährten
oder zu gewährenden Credits, sowie über die Verhältnisse
des Ausstellers oder des Bezogenen nicht in Ungewißheit

bleibe. Es sei aus gleichen Gründen erforderlich für den
Aussteller, namentlich in Beziehung auf sein Verhältniß
zum Bezogenen oder wenn er für fremde Rechnung traf-
firt habe. Aber nicht nur auf die schnelle Kenntniß von 477
dem Schicksale des Wechsels, sondern zweitens auch darauf
habe der Indossant einen Anspruch, daß ihm die Möglichkeit gegeben werde, sobald er das Schicksal des Wechsels kenne und bevor der Regreß an ihn gelange, von
seinen Vormännern Sicherheit zu fordern. In dem
Augenblicke, wo der Wechsel protestirt sei, werde jeder
Indossant dem Indossatare den Betrag desselben schuldig,
und der solide Indossant, für den die Zahlungspflicht der
geleisteten Zahlung gleichstehe, habe den Anspruch, sich
von seinem Vorgänger den Betrag des Wechsels zu sichern.
Die Bremer Wechselordnung gebe jedem Regreßpflichtigen
das Recht, den Wechsel einzulösen und bei ermangelnder
Auslieferung den Betrag zu hinterlegen, er glaube, daß
weiterhin das Recht eingeräumt werden müsse, auf Grund
des Hinterlegungsscheines Sicherheit von den Vormännern
zu fordern.

L. S. 99.
M. S. 46 Sp. 2.

    Zur Veranschaulichung der Uebelstände, welche da- 478
raus hervorgehen | könnten, wenn der Inhaber den Regreß
und die Benachrichtigung verschieben dürfe, wolle er
einige Fälle anführen. Nach dem gestrigen Beschlusse 479
genieße der Inhaber eines protestirten Wechsels 6 Procent Verzugszinsen; stehe der Zinsfuß, wie gewöhnlich,
niedriger und trage der Wechsel ein solides Indossament,
so entstehe für den Inhaber der Antrieb, das Ende der
ihm eingeräumten Frist abzuwarten. Auch ohne Zinsen- 480
gewinn erzeuge die ermangelnde Verpflichtung diejenigen
Verzögerungen, welche aus der vorzugsweisen Erledigung
bringender Geschäfte gegen nicht bringende, aus Gleich-
gültigkeit, Versäumniß, Vernachlässigung u. s. w. entstehen. Der Inhaber könne aus Gefälligkeit für den 481
Acceptanten oder auch aus Gefälligkeit für den Bezogenen,
der nicht acceptirt habe, den Wechsel bis zum Ablaufe der
Frist zurückhalten. Der Inhaber könne wünschen, daß 482
ein solider Indossant nicht auf einen früheren Indossanten
oder auf den Aussteller zurückgehe, bevor er sich für eine
etwaige Forderung an jenen früheren Indossanten oder
an den Aussteller Deckung verschafft habe. Da dem In- 483
haber eines protestirten Wechsels, der an einem Börsen-
platze, z. B. Paris oder Hamburg von einer soliden
Firma indossirt worden sei, das Recht zustehe, auf diesen
Indossanten einen Rückwechsel zu trassiren, so könne derselbe es vortheilhaft finden, einen späteren Zeitpunkt zur
Begebung oder Verwendung des Rückwechsels abzuwarten.
Dieselben Fälle könnten bei jedem Indossanten, gegen den 484
Regreß genommen worden, zutreffen, und es sei die Ver- 485
anlassung zur Zurückhaltung des Regresses selbst dann
nicht auszeschlossen, wenn dem Inhaber die sofortige Präsentation zur Zahlung bei seinem unmittelbaren Vorgänger und dem letzteren die gleiche Pflicht auferlegt,
nach Erfüllung dieser Formalität aber das Klagrecht ein
Jahr lang vorbehalten werde. Es könne alsdann der

in Anspruch Genommene den Regreß verschieben, weil er
wisse, daß er auf eine liquide Gegenforderung stoße und
weil er den Inhaber zu bewegen hoffe, auf den früheren
Indossanten unmittelbar zurückzugehen.　Der in Anspruch 486
Genommene könne sich mit dem Inhaber förmlich dahin
vereinbaren, daß derselbe später auf einen der Vormänner
zurückgehe und besonders in den zahlreichen Fällen, wo
man einen zweifelhaften Wechsel durch ein gutes Giro
zu verbessern suche, sei dadurch Gelegenheit zu groben
Täuschungen geboten.　Wenn ferner der in Anspruch Ge= 487
nommene hoffe, mit einer liquiden Gegenforderung im .
Wechselprocesse durchzukommen, so liege es in seinem Interesse, nicht einzulösen und den Regreß bis nach gespro-
chenem Urtheile zu verschieben.

Die Schlußfolgerung, welche er aus den vorgetra= 488
genen Bemerkungen ableite, sei folgende:　Soweit eine
den Anforderungen der Indossanten entsprechende Zeitbe-
schränkung der Einlösungspflicht eines protestirten Wechsels nicht zulässig erscheine, habe die Gesetzgebung dafür
zu sorgen: 1) daß jeder Indossant, so wie der Aussteller
von dem Schicksale des Wechsels schnell benachrichtigt und
2) daß es jedem Indossanten möglich gemacht werde,
vor der Regreßklage gegen ihn selbst Sicherheit von den
Vormännern zu begehren.

Lege er diesen Maaßstab an die Vorschläge des 489
L. S. 100.　Herrn Referenten, so halte | er zu jedem derselben den
Zusatz wünschenswerth, daß jeder Indossant die Auslieferung des Wechsels und Protestes gegen Zahlung fordern, bei verweigerter Auslieferung den Betrag deponiren
und auf Grund des Depositionsscheines von seinen Vor= · ·
männern Sicherheit fordern könne.

Der Erörterung der Vorschläge im Einzelnen wolle 490
er nicht vorgreifen; seinerseits glaube er, daß die An-
M. S. 47 Sp. 1. nahme des erwähnten | Zusatzes unterstellt, jeder von ihnen
mit einigen Modificationen, den Bedürfnissen des Ver-
kehres angepaßt werden könne.　Die wesentlichste dieser
Modificationen beziehe sich auf den ersten Vorschlag und
bestehe darin, daß der Inhaber sich den Regreß auf die
Vormänner des in Anspruch genommenen Indossanten
nur dadurch offen halten könne, daß er sie von dieser
Absicht binnen 14 Tagen nach erhobenem Proteste oder
nach bewirkter Einlösung benachrichtige.　Im Uebrigen 491
dürften nur einige Abänderungen der Zeitfristen und der
Redaction von II. §. c. wünschenswerth sein, worauf
näher zurückzukommen vorbehalten bliebe, nachdem die
Versammlung sich im Wesentlichen für den einen oder
den anderen der Vorschläge entschieden haben werde.

Dieser Ansicht trat einer der Herren Abgeordneten 492
theilweise entgegen, indem er äußerte:

Es sei gewiß nicht anzunehmen, daß bei der Abstimmung in der vorigen Sitzung das formelle Recht
über das materielle einen Sieg davon getragen habe
und daß es zu einer Beschlußnahme gekommen, welche
im Grunde doch nicht in den Intentionen der Majorität
gelegen.　Die Majorität sei vielmehr durch die Gründe,

welche gegen das Notificationsſyſtem geltend gemacht wor=
ben, überzeugt geweſen und habe, im vollen Bewußtſein von
der Bedeutung dieſes Beſchluſſes, ſich für die Hinweg=
ſchaffung der Notificationspflicht entſchieden.   Nach dieſer
Entſcheidung habe man freilich die Lücke wohl bemerkt,
welche dadurch im Syſteme des Entwurfs entſtanden und
auch die Schwierigkeit wahrgenommen, dieſe Lücke auf
angemeſſene Weiſe zu ergänzen.   Nach Entfernung der
Notification bedürfe man nämlich — damit der Gang
des proteſtirten Wechſels nicht in einen mit dem Geiſte
des Wechſelrechts nicht verträglichen Stillſtand gerathe —
eines Incitaments, um dieſen Gang zu beſchleunigen,
oder eines Compelle, für den in der Rechtsverfolgung
etwa ſäumigen Inhaber.   Hierzu könne ſowohl die No=
tificationspflicht dienen, als auch eine kurze, den Inhaber
und die in Anſpruch genommenen Indoſſanten zu ſchleu=
nigerem Thätigwerden nöthigende Verjährung.   Die drei
Vorſchläge enthielten eine nähere Regulirung dieſer bei=
den Mittel.

Der erſte Vorſchlag enthalte nur das Syſtem des 493
Entwurfs.   Die Benachrichtigung ſei freilich nicht
vorgeſchrieben, wohl aber Zuſendung des Wechſels und
Proteſtes, es ſei alſo blos das im Entwurfe bei
dieſer Zuſendung noch erforderte Begleitſchreiben erlaſſen.
Gegen dieſen Vorſchlag ſpräche daher Alles, was in der
vorigen Sitzung bereits gegen das Notificationsſyſtem
angeführt ſei.

Man wolle dieſe Gründe nicht wiederholen, ſondern 494
nur auf den ganz entſcheidenden Umſtand aufmerkſam
machen, daß auch bei dieſem Vorſchlage der Zweck der
Notification nicht ſicherer erreicht würde, als wenn man
L. S. 101. ſie gar nicht vorſchreibe | und ihre Vornahme lediglich dem
guten Willen der Betheiligten überlaſſe.   Wenn von acht
Indoſſanten dem letzten vom Inhaber notificirt werde,
ſo haſte die ganze Reihe innerhalb der Verjährungsfriſt,
auch wenn der achte Indoſſant ſeine Vormänner durch=
aus unbenachrichtigt laſſe.   Das könne ſich bei dem wei=
teren Regreſſe des achten Indoſſanten auf den ſiebenten
u. ſ. w. wiederholen und die früheren Indoſſanten könnten
bis zum Ablaufe der Verjährungsfriſt in Ungewißheit
bleiben.   Die gegebene Vorſchrift wirke alſo nicht, was
ſie ſolle, und man müſſe dabei doch immer das Meiſte
vom guten Willen und Ordnungsſinn der Betheiligten
erwarten.   Müſſe man das aber, ſo paſſe die Strenge,
mit welcher man den Inhaber behandle, nicht.   Dieſe 495
Strenge enthalte auch eine nicht unerhebliche Inconſe=
M. S. 47 Sp. 2. quenz. | Dem Inhaber mache man die Notification bei
Verluſt ſeines Rechts zur Pflicht, und hätte alſo, da
ihm die Vormänner der Benachrichtigten haften ſollten,
auch eine weitere Benachrichtigung dieſer Vormänner vor=
ſchreiben müſſen.   Dieſe ſei aber dem Benachrichtigten
nicht nur nicht vorgeſchrieben, ſondern, da ſie fingirt
werde, geradezu erlaſſen; dem Inhaber lege man alſo
eine Pflicht unter einem ſtrengen Präjudize auf, während
man den Vormännern — obgleich hier derſelbe Grund

vorhanden sei — gar keine Pflicht auferlege und gar kein
Präjudiz androhe.

Der zweite Vorschlag enthalte dem Holländischen 496
Rechte und der dritte dem Französischen Rechte nachgebil=
dete Dispositionen.   Beide Vorschläge wären annehmbar,
mehr indeß noch der dritte als der zweite, indem bei dem
dritten Vorschlage der Zweck durch die kürzeren und stren=
geren Fristen besser erreicht werde.   Beide bedürften aber
noch eines Zusatzes.

Es entstehe nämlich bei beiden hinsichtlich des An= 497
fangs der Verjährung gegen die Indossanten, welche den
Inhaber oder einen andern Nachmann befriedigt hätten,
eine Schwierigkeit.   Eigentlich könne die Verjährung erst
mit dem Augenblicke der geleisteten Zahlung beginnen,
weil erst in diesem Augenblicke actio nata sei.   Damit
entstände aber wieder eine Lücke in dem Laufe des Re=
gresses: mit der Klaganstellung wäre die Verjährung
gegen den Inhaber unterbrochen, ohne daß sie gegen den
Indossanten begonnen hätte, und während des Prozesses
bis zur Zahlung liefe daher gar keine Verjährung.   Um 498
dieses zu vermeiden, sei in dem zweiten und dritten Vor=
schlage, ähnlich wie im Holländischen und Französischen
Rechte, bestimmt, daß die Verjährung gegen die Indos=
santen schon vom Tage der instituirten Klage beginnen
solle.   Das sei aber namentlich bei den kurzen Verjäh=
rungsfristen des dritten Vorschlages bedenklich, indem der
belangte Indossant damit in den Fall gebracht werde,
sein weiteres Regreßrecht bereits durch Verjährung ver=
loren zu haben, ehe noch der Prozeß mit seinem Nach=
manne beendigt und eine weitere Verfolgung der An=
sprüche gegen seine Vormänner möglich sei.   Hierin liege
eine Härte, indem nicht jedesmal eine Schuld oder Ne=
gligenz darin zu erblicken sei, wenn ein Verpflichteter es
auf rechtliche Entscheidung ankommen lasse, und diese
Härte könne nicht nur eintreten, wenn der Indossant den
Prozeß mit dem Inhaber verliere, sondern sogar auch
dann, wenn er ihn gewinne.   Obtinire er nämlich auf
Grund einer Einrede der Solution oder Compensation,
L. S. 102.   sodaß nach der Entscheidung gerade ihm, weil er bereits
bezahlt, der weitere Regreß zustehen würde, so werde die=
ser weitere Regreß nun meistentheils verjährt sein.

Eine zweite, bereits von anderen Seiten angedeutete 499
Inconvenienz liege bei den Vorschlägen II. und III. da=
rin, daß der Inhaber, um während des Angriffs auf
einen Vormann sein Recht gegen die übrigen nicht durch
Verjährung zu verlieren, genöthigt sei, sie alle zugleich
in Anspruch zu nehmen, was in der Deutschen Gerichts=
organisation Schwierigkeiten finde und besondere Juris=
dictionsverträge voraussetze, durch welche der, dem Fran=
zösischen Prinzipe entsprechende §. 90. des Entwurfs seine
Ausführung fände.

Beide Inconvenienzen wären zunächst gehoben, wenn 500
man das Haftungsverhältniß aller Wechselgaranten als
eine Correalpflicht ansehe, deren Verjährung durch Klag=
anstellung gegen einen Verpflichteten in Ansehung aller

übrigen, selbst in Ansehung der Indossanten, welche erst nach geleisteter Zahlung zu weiteren Regressen berechtigt wären, unterbrochen werde. Dieser Ausweg sei freilich theoretisch consequent, erreiche | aber den hier zu wahren=den practischen Zweck einer raschen Erledigung des Re=gressganges nicht. Es scheine sich daher die folgende Be=stimmung zu empfehlen: 501

M. S. 48 Sp. 1.

> „Durch Anstellung der Regreßklage gegen einen der Wechselverbundenen wird die Verjährung des Re=greßrechts des Klägers gegen diejenigen der übrigen Wechselverbundenen für die Dauer des Prozesses sistirt, welchen der Kläger gleichzeitig mit der Anstellung der Klage durch Vermittelung des Gerichts von der Pro=testirung des Wechsels Nachricht ertheilt. Ebenso kann die Verjährung des dem Beklagten im Falle der Zah=lung zustehenden weiteren Regresses für die Dauer des Processes dadurch sistirt werden, daß derselbe seinen Vormännern gleichzeitig mit der Antwort auf die Klage eine gleiche Nachricht zukommen läßt.

Diese Bestimmung combinire die Notification mit der Verjährung und statuire die Notification, zwar nicht als eine den Regreß bedingende Wechselsolennität, wohl aber als ein Mittel, die kurze und schnelle Verjährung in ihrem Laufe zu unterbrechen. Es scheine als ob mit diesem Vorschlage der doppelte Zweck, Beschleunigung des Regressganges und schnelle Benachrichtigung der Wechsel=garanten, sich wohl erreichen lasse.

Der Oesterreichische Herr Abgeordnete erklärte sich 502 entschieden gegen die vorläufige Notification des Pro=testes, als Bedingung der Regreßnahme. Nach der Oester=reichischen Wechselordnung vom Jahr 1763 (Art. 24) müsse der Inhaber des Wechsels, wenn Mangels Zah=lung Protest erhoben worden, den Wechsel sammt Pro=test dem letzten Indossanten vorweisen und wenn er von demselben keine Zahlung erhält, gegen ihn Protest (den sogenannten Contraprotest) erheben lassen; und er müsse dann der Ordnung nach mit Beobachtung desselben Ver=fahrens auf die früheren Indossanten zurückgehen. Man habe jedoch bei Berathung der neuen Entwürfe einer Wechselordnung im Jahre 1833 und 1843 jedesmal an=erkannt, daß dieses Verfahren mit ungemeiner Weitläuf=tigkeiten und mit vielen Kosten verbunden sei, auch in der Praxis nicht genau beobachtet werde. Wenn man

L. S. 103.

die | jedesmalige Protesterhebung ersparen und die bloße Notification an deren Stelle setzen wolle; so sei es sehr schwer, den gehörigen Beweis darüber festzustellen; man müsse sich entweder mit bloßen Postscheinen begnügen oder zu Eidesdelationen seine Zuflucht nehmen und man gebe nur unredlichen Indossanten und Ausstellern Anlaß, sich wegen eines kleinen Versäumnisses des Inhabers und wegen des ihm mangelnden Beweises über die Beobach=tung der vorgeschriebenen Formalitäten ihrer Pflicht zu entschlagen. Dieses System der Notification sei mit dem freien, springenden Regresse, den man allgemein anneh=men wolle, nicht vereinbar, und ein früherer Indossant

würde die etwanige Präjudicirung des Wechsels von Sei=
ten eines Nachmannes sehr schwer erfahren und erweisen
können.

In Oesterreich habe man daher bei beiden Berathungen 503
nach dem Vorbilde des **Code de commerce** die Festsetzung
kürzerer Fristen für die Regreßklagen, je nach der Ent=
fernung des Wohnortes des Regreßnehmenden von jenem
des belangten Regreßpflichtigen angenommen. Gewiß ver=
diene auch der **Code de commerce**, so oft es ohne Ver=
letzung der Consequenz geschehen könne, besondere Beach=
tung, theils, weil seine Wirksamkeit sich über mehr als
70 Millionen erstrecke und eine Gleichförmigkeit der ver=
schiedenen Wechselrechte überhaupt wünschenswerth sei, theils
weil derselbe in einem großen Theile der Oesterreichischen,
Preußischen und anderer Deutscher Staaten seit langer Zeit
Gesetzeskraft habe.

M. S. 48 Sp. 2.   Indem sodann der Herr Abgeordnete der Versamm= 504
lung die in den §§. 235 bis 240 des neuen Oesterreichi=
schen Entwurfs einer Wechselordnung über die Regreß=
nahme enthaltenen Bestimmungen mittheilte, bemerkte er
ferner:

Man habe in diese Bestimmungen die in dem Art.
165 des **Code de commerce** vorgeschriebene Notification
des Protestes an den unmittelbaren Vormann des Wech=
selinhabers nicht aufgenommen, theils weil diese Notifica=
tion den gleichfalls regreßpflichtigen und der Klage aus=
gesetzten Vormännern nichts nütze, theils weil sie mit kei=
nem Präjudize verbunden sei und auch ohne besondere
Vorschrift nach dem natürlichen Gange erfolgen müsse.
Gegen dieses System werde gewöhnlich eingewendet:

     a) daß die Regreßpflichtigen nicht schnell Nachricht
         von dem Schicksale des Wechsels erhalten, und
     b) daß es unnöthige Klagen verursachen werde.

Beide Einwürfe seien jedoch ungegründet. Der Han=
delsstand lege im Allgemeinen ein großes Gewicht auf die
schnelle Notification; allein er gehe dabei nur von dem
Interesse der regreßpflichtigen Indossanten aus, ohne jene
des Wechselinhabers zu beachten und ohne alle juristischen
Consequenzen der zur Pflicht gemachten Notification zu
übersehen.

Die Fristen zur Anstellung der Regreßklage seien
möglichst kurz bestimmt und der Inhaber eines protestir=
ten Wechsels könne daher nicht in Unthätigkeit bleiben.
Es liege in der Natur der Sache, daß dieser, bevor er
die Klage gegen einen Regreßpflichtigen überreiche, den=
selben zuvor außergerichtlich, unter Vorweisung des Wech=
sels und des Protestes zur Zahlung auffordern werde,

L. S. 104.   denn sonst würde er | sich nur unnütze Kosten verursachen,
die er jedenfalls im Voraus bestreiten müßte und deren Ein=
bringung ungewiß wäre. Man denke sich nur den Fall,
daß ein Wechselinhaber einen der Indossanten wegen Zah=
lung des Wechsels ohne vorläufige außergerichtliche Auf=
forderung gerichtlich belangen und daß der Belangte bei
der angeordneten Verhandlung erklären würde, er sei
bereit, den Wechsel einzulösen, und würde dies auch ohne

Klage gethan haben, wenn er außergerichtlich darum angegangen worden wäre.   In diesem Falle würde wohl
kein Oesterreichisches Gericht den Belangten in die Klage-
kosten verurtheilen, und der Kläger müßte sie selbst tragen.   Man dürfe mit Sicherheit annehmen, daß kein
Wechselinhaber eine Klage gegen einen Vormann anstellen
werde, von dem er erwarten könne, daß er seine Pflicht
auch auf außergerichtliche Aufforderung erfüllen werde.
Die Regreßfristen seien aber in der Art bestimmt, daß
der Inhaber die nöthige Zeit zur vorläufigen außergericht-
lichen Einmahnung habe.

Das eigene Interesse des Inhabers werde ihn von
der Anbringung unnützer Klagen abhalten, und er werde
nur diejenigen Vormänner belangen, auf deren Unterschrift
er bei der Uebernahme des Wechsels gebaut habe und von welchen er die Einbringung der Wechselsumme erwarten könne.
Es werde hierbei nothwendig sein, daß man dem Wechselinhaber die Cumulirung der Klagen wenigstens gegen
alle in derselben Provinz wohnhaften Regreßpflichtigen
gestatte.   Zur Klage gegen die entfernter Wohnenden sei
ihm ohnehin eine längere Frist gegeben und er könne
daher, bevor er diese belange, den Erfolg der gegen die
näher Wohnenden angestellten Klage abwarten.

Gegen die in den oberwähnten §§. enthaltenen Be- 505
stimmungen lasse sich höchstens einwenden, daß der verklagte Indossant, wenn ihm schon nach der ihm zugestell-
ten Klage und bevor er selbst den Wechsel eingelöst habe,
M. S. 49 Sp. 1. die | Regreßfrist gegen seine Vormänner laufe, noch kein
Klagerecht auf Zahlung habe und daß bei einer großen Reihe
von Regreßklagen, während der Durchführung derselben,
die Verjährungszeit gegen den Acceptanten oder gegen
den Aussteller eines eigenen Wechsels ablaufen könnte.
Allein der verklagte Indossant habe immerhin ein Klagerecht auf Anerkennung seines Regreßrechts und man
könne ihm, wenn dieses bestritten werde, auch das Recht
auf Sicherstellung einräumen.   Gegen den Acceptanten
und den Aussteller eines eigenen Wechsels aber könne man
eine Unterbrechung der Verjährung mittelst der Streitverkündigung einführen.   In beiden Beziehungen müsse
vorbehalten bleiben, die bestimmteren Anträge zu stellen,
wenn einmal über das anzunehmende System entschieden
sein werde.

Hiegegen wurde erinnert: Für die Ansicht, daß es 506
eben so zulässig wie zweckmäßig sei, über die Nothwendigkeit der Notification gar keine Vorschrift in die Wechselordnung aufzunehmen, werde die Französische Gesetzgebung
als eine wichtige Autorität angeführt.   Man könne indeß
durchaus nicht sagen, daß der Code de commerce das
Notificationssystem gar nicht kenne, vielmehr gehe er gerade davon aus, nur habe er dasselbe mangelhaft aufgestellt und durchgeführt.   Ausdrücklich sei vorgeschrieben,
daß dem in Anspruch zu nehmenden Wechselverbundenen
L. S. 105. eine Ausfertigung des Protestes zugestellt werden müsse
und wer, ohne diese Förmlichkeit zu beobachten, eine Klage
anstelle, werde mit derselben abgewiesen.   Freilich könne

man, da der **Code de commerce** für jene Zustellung keine besondere Frist bestimmt habe, noch mit der Klage die Zustellung bewirken. Allein darin gerade liege das Mangelhafte. Wenn man daher diese Lücke ausfülle, so entferne man sich nicht vom Systeme des **Code de commerce**, wogegen man, wenn von aller und jeder Notification abstrahirt und lediglich die Verjährungsfrist des **Code** angenommen werde, wie der Vorschlag III. bezwecke, gewiß nicht sagen könne, daß das System des **Code** angenommen worden sei.

Von anderer Seite wurde angeführt: Es liege im 507 entschiedenen Interesse des Verkehrs, daß in Fällen der Zahlungsverweigerung die Regreßpflichtigen von dem Schicksale des Wechsels baldigst Kenntniß erhielten und zwar in anderer Weise, als nach den Bestimmungen des Französischen Rechts, durch eine gerichtliche Klage. Denn es sei etwas Ungewöhnliches und dem Rechtsgefühle Widersprechendes, eine Klaganstellung zu erlauben, ja zu gebieten, während der Beanspruchte von der Forderung keine Kenntniß gehabt habe, was gerade hier sich oft zutragen könne. Außerdem müsse es sich nach jenem Systeme oft ereignen, daß der Regreßpflichtige erst nach langer Zeit von der Zahlungsverweigerung Kenntniß erhalte; denn der längere Termin zur Klaganstellung könne bei einem und demselben Wechsel mehrmal zur Anwendung kommen, und Jahre könnten verlaufen, bis der erste Nehmer erfahre, wie es dem Wechsel ergangen sei. Der Zwang zur Klage erzeuge unnöthige Processe und Kosten, und bringe gerade diejenigen in Gefahr, die im Vertrauen auf die Legalität ihrer Vormänner Anstand nähmen, dieselben alsbald mit einer Klage zu verfolgen. Die Notification 508 sei im Deutschen Handelsstande üblich, und obgleich seit dem Erscheinen des Französischen Handelsgesetzbuches mehrere neue Wechselordnungen in Deutschen Ländern eingeführt worden, so habe doch keines der letzteren das Französische System adoptirt, so wenig dies, wie schon bemerkt, in Holland geschehen sei. Was die Schwierigkeiten des Beweises der geschehenen Notification betreffe, so möge man M. S. 49 Sp. 2. doch auf das wirkliche Leben hin | und von den theoretischen Befürchtungen absehen. Da, wo jenes Gebot bestehe, sei es befolgt worden und es habe auch an Beweismitteln nicht gefehlt. Der Inhaber könne, wenn er Weiterungen befürchte, die Notification durch einen Notar vornehmen lassen, der diesen Act in seinen Protocollen verzeichne und alsdann ein vollbeweisendes Attest auszustellen im Stande sei. Außerdem könne man zur Eideszuschiebung greifen, die, wenn auch nicht sonst im Wechselprocesse, doch in vorliegendem Falle wohl als Beweismittel zu gestatten sein möchte.

Der Herr Staatsminister von **Könneritz** bemerkte in 509 Beziehung auf den Vorschlag I., daß dieser noch strengere Bestimmungen enthalte, als der Entwurf, da zu Folge des letzten Satzes die hier erwähnten Vorschriften nur **innerhalb der Verjährungsfrist** wirksam seien, also nicht einmal Unterbrechung der Verjährung bewirten sollten, wie dies der Entwurf vorgeschlagen habe. Der Vorschlag II. sei nur in sofern ausführbar und zweckmäßig, als eine genauere Bestimmung über den zu verlangenden Schadenersatz | hinzugefügt werde, etwa Verlust der Zinsen und Kosten. Dem Vorschlag III. stehe der Aufwand von Zeit und Kosten entgegen, der hierbei erfordert werde, und es erscheine daher räthlicher, eine kurze Verjährungsfrist unter Einräumung von Maaßregeln zum Behufe der Unterbrechung der Verjährung eintreten zu lassen.

Herr Vicepräsident Dr. Einert war derselben An= 510 sicht. Er meinte, daß die zu II. erwähnten Schäden lediglich in entbehrten Zinsen bestehen könnten und durch fortlaufende Verzinsung sich ausgleichen müßten. Was den Vorschlag III. anlange, so müsse vor allen Dingen abgewartet werden, was über die Verjährung bestimmt werde. Setze man sich damit nicht in Einklang, so könne es sich leicht ereignen, daß, während man noch über den Regreß streite, der Anspruch gegen den Acceptanten verjähre, was doch offenbar zu Inconvenienzen führe.

Ein anderer der Herren Abgeordneten erklärte, daß 511 er im Allgemeinen dem Notificationssysteme den Vorzug gebe; keiner der gemachten Vorschläge scheine ihm jedoch vollkommen befriedigend, am wenigsten der unter III., der verschiedene Fristen für verschiedene Gegenden enthalte, eine Anordnung, gegen welche sich die Versammlung schon bei Berathung des §. 19 erklärt habe. Man werde der Befriedigung des Bedürfnisses näher kommen, wenn man von folgenden Sätzen ausgehe: 1) Innerhalb einer gewissen Frist müsse jeder Verbundene frei werden. 2) Die Beschleunigung der Notification sei vorzuschreiben und die Saumseligkeit mit einem Präjudize zu bedrohen. 3) Dieses Präjudiz solle in Schadenersatz bestehen, und 4) Saumseligkeit sei alsdann anzunehmen, wenn der Inhaber den Protest 14 Tage an sich behalte, ohne einen Schritt zu thun.

Einer der Herren Abgeordneten erklärte sich im All= 512 gemeinen für den Vorschlag I., vorbehältlich jedoch angemessener Minderung der dem Inhaber aufzuerlegenden Schritte. Es werde z. B. genügen, wenn der Inhaber einem seiner Vormänner die Notification zugehen lasse, ohne daß gerade der Protest mitzutheilen sei. Was die entgegengesetzte Schwierigkeit des Beweises betreffe, so müsse er das bereits gegen dieses Argument Vorgebrachte bestätigen.

Von anderer Seite wurde noch bemerkt, daß ein stren= 513 ger Beweis nicht erforderlich, vielmehr im Gesetze auszusprechen sein dürfte, daß auch eine Bescheinigung genüge.

Der Frankfurtische Herr Abgeordnete erklärte sich 514 gleichfalls | dafür, daß dem Inhaber des Wechsels die Pflicht der Benachrichtigung der Nichtzahlung des Wechsels bei Verlust des Wechselregresses aufzulegen sei. Ohne die einem solchen Notificationssysteme in theoretischer Beziehung und hinsichtlich der Beweisführung entgegenstehenden Bedenken und Unzuträglichkeiten zu verkennen scheine es ihm um deßwillen den Vorzug zu verdienen,

L. S. 106.

M. S. 50 Sp. 1.

weil es dem von den meisten Deutschen Wechselgesetzge=
bungen vorgeschriebenen und in Ermangelung besonderer
Vorschriften nach dem Handelsgebrauch in Deutschland
geltenden Deutschen Wechselrechte entspreche. Davon ohne
dringenden Grund abzugehen und an dessen Stelle aus
dem fremden Rechte andere Bestimmungen in das Deutsche
Wechselrecht herüber zu nehmen, erscheine um so bedenk=
licher, als bekanntlich die einschlagenden Bestimmungen

L. S. 107. des | Französischen Rechts mangelhaft seien und in der
Praxis zu großen Unzuträglichkeiten geführt haben, das
neue Holländische Recht aber, welches bie in dem Fran=
zösischen Rechte ohne Präjudiz vorgeschriebene und darum
zur leeren Form gewordene Notification bei Vermeidung
von Schadens=Ersatz angeordnet und dadurch ein allzu
unbestimmtes und ungenügendes Präjudiz eingeführt habe,
noch nicht durch die Erfahrung erprobt sei, überhaupt
aber, dieser Modification ungeachtet, immer noch auf der
Grundlage des Französischen Rechts stehe. Die mit dem 515
seitherigen Deutschen Notificationssysteme verbundenen Un=
zuträglichkeiten dagegen seien in der Praxis, wie schon
richtig herausgehoben worden, keinesswegs von überwie=
gender Erheblichkeit, und es habe sich daher auch die
Frankfurter Handelskammer entschieden zu Gunsten des
Notificationssystemes, wie es namentlich in der Frank=
furter Wechsel=Ordnung von 1739 auf eine einfache, den
Inhaber so wenig als möglich belästigende Weise enthalten
sei, ausgesprochen.

Als der Gegenstand zur Abstimmung gelangt war 516
und der Herr Staatsminister von Könneritz die erste
Frage dahin vorgeschlagen hatte:

> Soll die Notification bei Verlust des Regresses vor=
> geschrieben werden?

wurde abermals der Zweifel erhoben, ob man nach dem 517
iu der gestrigen Sitzung gefaßten Beschlusse überhaupt
noch in der Lage sei, über diese Frage abzustimmen.

Der Herr Staats=Minister bemerkte aber: Materiell
liege allerdings in dem ersten Vorschlage ein Abgehen

M. S. 50 Sp. 2. von dem | gestern gefaßten Beschlusse. Er finde aber
formell dagegen kein Bedenken, da die Conferenz berufen
sei, das, was sie den betreffenden Regierungen als das
Vollkommenste vorschlagen könne, aufzusuchen, und wenn
sie finde, daß sie sich hierin geirrt, auch den Beruf ha=
ben werde, dies abzuändern. Dem wurde auch von
anderer Seite mit der Bemerkung beigestimmt: daß es
zwar im Allgemeinen nicht wünschenswerth erscheine, be=
schlossene Bestimmungen wieder in Frage zu stellen;
gleichwohl man aber im Anfange der Conferenz sich vor=
genommen habe, nach beenbigter Discussion des ganzen
Entwurfs eine oder die andere Materie wieder aufzuneh=
men, so könne dasselbe auch im Laufe der Berathung
und besonders alsbann Statt finden, wenn ein Gegen=
stand nur mit schwacher Majorität erledigt oder sonst ein
bedeutender Zweifel bemerkbar geworden sei. Hierauf 518
wurde die Stellung der Frage mit 13 gegen 6 Stim=
men genehmigt und sodann die Frage selbst in materieller

Beziehung mit 10 gegen 9 Stimmen mit Ja beantwortet. Von mehreren Herren Abgeordneten wurde noch hinzu- 519 gefügt, daß auch nach der gegenwärtigen abermaligen Abstimmung und nach dem schon gestern gemachten Vorbehalte die specielle Berathung der nunmehr erforderlichen anderweiten Bestimmungen vielleicht zu einer Revision oder Modification des gefaßten Beschlusses führen werde.

Der Herr Referent bemerkte, daß die Nothwendigkeit einer solchen Modification allerdings eintreten könne, darüber aber erst dann mit Sicherheit zu urtheilen sein werde, wenn sowohl die nach dem Beschlusse der Majorität, als die nach den Ansichten der Minorität an die Stelle der §§. 44 bis 48 zu setzenden Bestimmungen, vollständig ausgearbeitet und den einzelnen Mitgliedern zur näheren Prüfung mitgetheilt | sein würden. — Dieser Ansicht beitretend, beschloß die Versammlung, die weitere Erörterung der Bestimmungen über den Regreß Mangels Zahlung (§§. 44 bis 48) einstweilen auszusetzen und in der nächsten Sitzung, da die §§. 49 und 50 bereits be- 520 rathen worden, zum §. 51 überzugehen.

L. S. 108.

Zu bemerken bleibt noch daß in der heutigen Sitzung 521 von dem Herrn Hofrath Dr. Heisler jedem Mitgliede der Versammlung ein Exemplar „des Entwurfs einer Wechselordnung für die Deutschen und Italienischen Länder des Oesterreichischen Kaiserstaates vom Jahre 1843" mitgetheilt worden war.

XVIII.

Leipzig, den 12. November 1847.

M. S. 50. Sp. 1.
Unter dem Vorsitze Sr. Excellenz des Herrn Staats- 522 ministers von Könneritz ward die heutige Sitzung eröffnet und nach Vorlesung des Protokolles von gestern sogleich zu §. 51. dem §. 51 übergegangen.

Hierbei kam die wechselrechtliche Controverse zur Er- 523 örterung:

Ob nicht dem Inhaber eines Mangels Zahlung protestirten Wechsels die Wahl zuzugestehen sei, entweder die in den §§. 49 und 50 bestimmten Beträge

M. S. 50 Sp. 2.
nach Cours | oder die Erstattung der von ihm gegebenen Valuta nebst Zinsen zu fordern?

Mehrere der Herren Abgeordneten beantragten die An- 524 erkennung eines solchen Wahlrechts, wie es nicht nur im §. 40 der Hamburger Wechsel-Ordnung sowie im §. 59 des Entwurfs einer Wechsel-Ordnung für Holstein und Lauenburg vorgeschrieben, sondern auch an vielen Orten, wo eine solche Option nicht ausdrücklich im Gesetze ausgesprochen worden,

M. S. 51 Sp. 1.
allgemein üblich ist. Zur Unterstützung dieses Antrages ward angeführt: Der Geber des Wechsels garantire dem Nehmer desselben dafür, daß der Wechsel honorirt werde: geschehe dieses nun nicht und gehe daher nicht in Erfüllung, was der Geber versprochen, so sei es gewiß den Grundsätzen des

Rechts gemäß, daß er dem Käufer des Wechsels mindestens zurückgeben müsse, was er von letzterem in Folge des nicht erfüllten Vertrages empfangen habe. Nach der Bestimmung des Preußischen Entwurfs werde er aber weniger zu gewähren haben, im Falle der Wechselcours inzwischen gewichen sein sollte, und es werde also der Regreßpflichtige in diesem Falle einen Gewinn machen, welcher ihm nicht gebühre, ja ihn verleiten könnte, den begebenen Wechsel zu contremandiren. Auch seien viele Fälle denkbar, in welchen der Nehmer eines Wechsels, der am Zahlungsorte nicht bezahlt wird, dadurch, daß es ihm nicht zustehen soll, statt der nach der Modalität des §. 51 angefertigten Retourrechnung, sein beim Einkaufe des Wechsels dafür bezahltes Geld mit Zinsen und Kosten zurückzufordern, | unverschuldeter Weise in reellen Verlust komme, was zu verhindern doch gewiß wünschenswerth sein müsse.

L. S. 109.

Von anderen Seiten wurde dieser Ansicht widersprochen und die Bestimmung des Preußischen Entwurfs vertheidigt. Der Betrag, welchen der Regreßpflichtige zu leisten habe, könne nur einer sein und dem Regreßnehmer zwischen zwei verschiedenen Forderungen die Wahl zu lassen, dazu liege in dem Rechtsverhältnisse kein Grund vor. Der Remboursspflichtige könne nämlich, vermöge der von ihm übernommenen Garantie, zu einem Mehreren nicht für verbunden erachtet werden, als dem Inhaber alles dasjenige zu gewähren, was der Inhaber bei einem regelmäßigen Verlaufe des Wechsels erlangt haben würde. Dieses werde dem Inhaber vollständig zu Theil, wenn derselbe den Betrag der Wechselsumme nebst Zinsen und Kosten nach dem Tagescourse von dem Regreßpflichtigen erhalte, da er ein Mehreres als jenen Betrag auch im Falle der Zahlung des Wechsels nicht zu erwarten gehabt hätte. Sache des Regreßpflichtigen sei es, diesen Betrag an dem Orte, wo die Zahlung zu leisten sei, anzuschaffen: ob dieses, in Folge des gestiegenen oder gefallenen Wechselcourses, mit größeren oder geringeren Kosten für ihn verbunden sei, könne auf den Anspruch des Wechselinhabers nicht von Einfluß sein. So wenig der letztere den Nachtheil des etwa gestiegenen Courses zu tragen habe, so dürfe er auch aus dem zufälligen Umstande, daß der Rückwechsel zu einem niedrigeren Course zu erlangen sei, keinen Gewinn ziehen. Abgesehen hiervon erscheine es aber auch deßhalb nicht angemessen, den Regreßanspruch des Inhabers nach der gewährten Valuta zu bemessen, weil diese nicht aus dem Wechsel hervorgehe und man auf solche Weise das für die Wechselordnung bestimmte Gebiet überschreiten würde, indem man auf das dem Wechsel zu Grunde liegende Geschäft zwischen Geber und Nehmer — auf den Wechselvertrag — eingehen müßte. In dieser Beziehung wurde von einem der Herren Abgeordneten noch folgende Erklärung hinzugefügt:

Es sei nicht für zulässig zu halten, daß das Wechselgesetz sich auch auf die Frage einlasse, ob der Inhaber bei nicht erfolgter Zahlung befugt sein müsse, statt der Ansätze der Retourrechnung, die für den Wechsel gezahlte Summe sammt Zinsen zurückzufordern. Durch eine solche Bestim-

mung werde das Wechselrecht mit dem Civilrechte ver-
mengt und zu neuen Verwirrungen Anlaß gegeben werden.
Zunächst müsse man dabei voraussetzen, daß jeder Wechsel gekauft sei, diese Voraussetzung sei aber ebensowenig
zutreffend, als wenn man voraussetze, daß der Tradition

M. S. 51. Sp. 2. irgend einer anderen Sache nothwendig | ein Kauf zu Grunde
liege. Wechsel würden — wie andere Sachen — gekauft,
geschenkt, in solutum gegeben u. s. w. Es passe daher
schon an sich nicht, für alle Wechsel und allgemein eine
Vorschrift zu erlassen, welche sich nur auf gekaufte Wechsel
beziehe. Dann aber sei es dringend nöthig, alle jene Ge- 528
schäfte des Civilrechts, auf denen das Geben von Wechseln
beruhen könne und an welche sich das Wechselgeschäft an-
knüpfe, von der Wechselordnung streng getrennt zu halten
und in diese keine aus jenen abgeleiteten Bestimmungen auf-

L. S. 110. zunehmen. Die in Anregung gebrachte Frage | von der Be- 529
fugniß des Wechselinhabers zur Rückforderung der Kaufsumme gehöre recht eigentlich in das Civilrecht und sei von
den Grundsätzen abhängig, die man hier über die Berechtigung des Käufers, wegen mangelhafter Erfüllung des Kaufs
oder Untauglichkeit der gekauften Sache Rescission des Kaufs
oder Rückgabe der Kaufsumme zu fordern, aufstelle. Man
könne die Frage daher hier weder bejahend noch verneinend
entscheiden, da man in das Wechselrecht das Civilrecht nicht
einzumischen habe und — wenn man der Zweckmäßigkeit
wegen gerade in diesem Puncte eine solche Einmischung zulässig finde — zu einer solchen Entscheidung doch nicht
competent sei.

Die Frage kam hierauf in nachstehender Weise: 530
Soll dem Inhaber des Wechsels gestattet werden,
nach seiner Wahl entweder den Betrag nach dem bestehenden Course oder die für den Wechsel gezahlte
Summe nebst $1/2$% Zinsen pro Monat von dem
Verfalltage an zu fordern?
zur Abstimmung und ward mit 13 Stimmen gegen 6 verneint.

Ferner gaben die Worte: von dem **Wohnorte** des 531
Regreßnehmers auf den **Wohnort** des Regreßpflichtigen Veranlassung zu einer weiteren Erörterung.

Es ward erinnert, daß nicht immer der Wohnort 532
des Regreßnehmers hier in Betracht komme, daß vielmehr
in dem Falle, wo der Präsentant den Regreß nimmt, der
Ort, an welchem der Wechsel zu zahlen gewesen wäre, entscheiden müsse. Auch werde es für den Fall, daß der Re- 533
greß auf einen Ort zu nehmen sei, auf welchen kein Cours
notirt werde, einer zusätzlichen Bestimmung bedürfen, indem
in solchem Falle der vom Wohnorte des Regreßpflichtigen
nächste Wechselplatz werde an die Stelle treten müssen.

In ersterer Hinsicht wurde aber entgegnet, daß bei der 534
ersten Regreßnahme der Cours vom Zahlungsorte nach dem
Wohnorte des Regreßpflichtigen Anwendung finde, weil eben
der Zahlungsort, auch der Wohnort des ersten Regreßnehmers sei, daß aber allen späteren Regreßnehmern die von
ihnen berichtigten Beträge, auch an ihrem Wohnorte zu
vergüten seien, also dafür nicht mehr der Cours vom
Zahlungsorte des Wechsels, sondern derjenige vom Wohn-

orte jedes fpäteren Regreßnehmers auf den Wohnort des von ihm in Anfpruch genommenen Regreßpflichtigen zur Anwendung komme.

Ju Bezug auf den zweiten Antrag wurde zwar das 535 Bedenken geäußert, daß es nicht immer leicht fein werde, zu beftimmen, welches der nächfte Wechfelplatz fei; indeffen ver= einigte man fich doch in der Anficht, daß der Cours des nächften Wechfelplatzes maaßgebend fein müffe, im Falle zwi= fchen den betreffenden Orten unmittelbar kein Wechfelcours beftehe, und daß eine Beftimmung hierüber in den Entwurf aufzunehmen fei.

Auf die weitere Bemerkung, daß öfters die Regreß= 536 fumme nicht anders, als durch Baarfendung erlangt werden könne, und daß in diefem Falle die Koften der Ueberfen= dung von dem Regreßpflichtigen zu vergüten feien, war man
M. S. 52. Sp. 1.
L. S. 111.
der Meinung, | daß, weil es fich von felbft verftehe, der Entwurf fich hierüber nicht auszufprechen haben werde; doch gab man die Berückfichtigung diefes Umftandes der Redaction anheim.

Hinfichtlich des zweiten Satzes des §. 51 vereinigte 537 man fich darüber, daß die Befcheinigung des Courfes durch einen unter öffentlicher Autorität ausgeftellten Courszettel oder durch das Atteft eines vereideten Mäklers und aushülfsweife — wo weder ein offiziel= ler Courszettel, noch ein vereideter Mäkler vorhanden ift — durch Zeugniß zweier Kaufleute herzuftellen, der Entwurf alfo demgemäß zu ergänzen fei.

Endlich wurde als Aufgabe der Redaction anerkannt, 538 eine Faffung zu fuchen, durch welche beftimmt ausgefpro= chen werde, daß der Regreßanfpruch aus einem Mangels Zahlung proteftirten Wechfels auf die in den §§. 49, 50 und 51 aufgeführten Forderungen fich befchränke, und daß dem Regreßnehmer daher ein Anfpruch auf Rückzahlung der Valuta weder im Wege des Wechfel = Proceffes noch des Civil=Proceffes zuftehe.

§. 52.　　Man ging hierauf zum §. 52 über und bemerkte, daß 539 der mittlere Satz diefes §. wegfallen könne, wenn unter den nach der Befchlußnahme zu den §§. 49 und 50 auf= zunehmenden Anfätzen auch die Courtage mitbegriffen würde. Es wurde jedoch zur Erwägung bei der Redaction anheim= gegeben, ob nicht vielmehr vorzuziehen fei, es in diefer Hin= ficht bei der gegenwärtigen Faffung des Entwurfs zu laffen, alfo der Courtage nicht in den §§. 49 und 50, fondern nur im §. 52 zu erwähnen, in welchem Falle hier auch der etwaigen Stempelgebühren zu gedenken wäre.

Eine ausführlichere Debatte fand in Bezug des dritten 540 Abfatzes Statt. Es kam in Antrag, die Worte: „unmit= telbar" („a drittura") zu ftreichen, und ftatt der 541 Worte: „auf Sicht zahlbar" die Worte: „auf kurze Sicht zahlbar" zu fetzen, wodurch Dato=Wechfel mit kurzer Zahlungsfrift bezeichnet würden, indem, wie fchon bei Berathung des §. 51 fich ergeben, der Rückwechfel oft auf einen Ort zu ziehen fein werde, auf welchen kein Cours notirt wird, weshalb die Möglichkeit gegeben werden müffe, denfelben an dem Orte zahlbar zu traffiren, der nach dem in der vorigen Sitzung gefaßten Befchluffe zur Beftimmung des Courses des Rückwechsels dienen soll, und da dann, wenn die Ziehung nicht a drittura stattfindet, sondern der Rückwechsel an einem dritten Platze zu domiciliren ist, nicht a vista gezogen werden könne. Es knüpfte sich hieran die 542 Frage, ob es gesetzlicher Bestimmungen über Rückwechsel überhaupt wohl bedürfe?

Dies gab Veranlassung, auf die eigentliche Bedeutung 543 des sogenannten Rückwechsels einzugehen. Es wurde darauf aufmerksam gemacht, daß die rechtliche Eigenthümlichkeit, also die practische Bedeutung eines Rückwechsels nur darin bestehe, daß, wenn der Regreßnehmer von der gesetzlichen Befugniß, über den Betrag seiner Forderung einen Rück=

L. S. 112.

wechsel auf den Regreßpflichtigen zu ziehen, Gebrauch mache, der Bezogene gehalten sei, den Rückwechsel zu honoriren, folglich, wenn dieses nicht geschehe, für die dadurch entste= henden neuen Spesen ebenso zu haften, | wie er für den Be= trag der ersten Retourrechnung hafte. Aus diesem Grunde komme es darauf an, in dem Gesetze zu bestimmen, in wel= cher Weise ein Rückwechsel mit solcher Wirkung gezogen werden dürfe.

Daneben unterliege es aber keinem Zweifel, daß der 544 Regreßnehmer sich eines solchen Rückwechsels zur Erlangung

M. S. 52. Sp. 2.

des | Rembourses zwar bedienen könne, aber nicht bedienen müsse, ihm vielmehr anheimgestellt bliebe, seine Retourrech= nung auf beliebige Weise von dem Regreßpflichtigen einzu= ziehen, also auch wegen des schuldigen Betrages einen Wechsel auf denselben abzugeben, welcher die gesetzlichen Eigenschaften eines Rückwechsels nicht habe, deßhalb aber auch der eigen= thümlichen wechselrechtlichen Wirkung des letzteren entbehre.

Das Wort „muß" in dem Schlußsatze des §. 52 545 bezeichne daher keine absolute, sondern nur eine hypothetische Nothwendigkeit. Der Inhaber müsse nicht des Rückwech= sels zu Erlangung des Rembourses sich bedienen; wenn er aber desselben sich bedienen wolle, so müsse er denselben auf Sicht und a drittura ziehen.

Hinsichtlich dieser Bedingungen eines eigentlichen Rück= 546 wechsels im Sinne des Gesetzes fand man es von mehreren Seiten bedenklich, die beantragten Aenderungen des Entwurfs eintreten zu lassen, weil zu besorgen sei, daß durch Zu= lassung anderer als auf Sicht und unmittelbar gezogener Rückwechsel Verwickelungen herbeigeführt werden würden, in= dem namentlich Collusionen mit der für die Regreßnahme festzusetzenden Frist eintreten könnten, auch besondere Be= stimmungen über die Acceptation eines solchen Wechsels und über deren Wirkung nöthig werden würden.

In Folge dessen wurden die Fragen zur Abstimmung 547 gebracht:

1) Soll der Rückwechsel auch auf kurze Sicht ausge= stellt werden können?

2) Soll derselbe unmittelbar (a drittura) gezogen 548 werden?
und

3) Sollen die Bestimmungen des §. 52 überhaupt 549 beibehalten werden?

Von diesen Fragen wurde die erste mit 16 gegen 550
3 Stimmen verneint, die zweite mit 17 Stimmen gegen 551
zwei bejaht, und die dritte mit 16 Stimmen gegen 3 gleich= 552
falls mit Ja beantwortet.

Dabei war man darüber einverstanden, daß der Re= 553
greßpflichtige zur Einlösung eines Rückwechsels nach dem
§. 53 des Entwurfs nur gegen Auslieferung des protestir=
ten Wechsels, des Protestes und der quittirten Retourrech=
nung verbunden sei, und daß es daher dem Aussteller eines
solchen Wechsels obliege, demselben entweder den protestirten
Wechsel nebst Protest und Retourrechnung beizufügen, oder
auf andere Weise dafür Sorge zu tragen, daß diese Papiere
zur rechten Zeit zur Stelle seien, um dem Regreßpflichtigen
bei Präsentation des Rückwechsels ausgeliefert zu werden.

§. 53.   Zum §. 53 ward erinnert, daß die Worte: „so wie 554
der Beläge über die außer der Wechselsumme
L. S. 113.   in der Retourrechnung aufgeführten | Posten,"
wegbleiben könnten, und zwar um so mehr, als für manche
der in der Retourrechnung vorkommenden Posten, quittirte
Beläge gar nicht ausgestellt zu werden pflegten. Es könne
vielmehr abgewartet werden, ob der Regreßpflichtige gegen ein=
zelne Posten Einwendungen mache, über welche der Richter
zu entscheiden und nach Befinden Bescheinigung zu erfordern
haben werde.

Es ward bei Annahme des §. 53 der Redaction die 555
Berücksichtigung dieser Erinnerung anheimgegeben.

§. 54.   Der §. 54 ward ohne Bemerkung angenommen.   556

XIX.

Leipzig, den 13. November 1847.

M. S. 53 Sp. 1.   An der heutigen Sitzung unter dem Vorsitze Sr. 557
Excellenz des Herrn Staatsministers von Könneritz
nahmen sämmtliche Mitglieder der Conferenz Theil, mit
Ausnahme des Herrn Handelskammer=Präsidenten Camp=
hausen, welcher durch dringende Geschäfte nach Cöln
zurückzukehren genöthigt worden war.

§. 55.   Bevor zur Berathung des §. 55 übergegangen wurde, 558
hob der Herr Staatsminister von Könneritz die Puncte
hervor, welche bei der Intervention überhaupt und bei
der Ehren=Acceptation insbesondere in Betracht zu ziehen
sein würden und gleichwohl nicht durchgehends in dem
Entwurfe die erforderliche Berücksichtigung gefunden zu
haben scheinen. Es komme, bemerkte derselbe, hierbei 559
auf folgende Puncte an:

1) Wann soll Intervention per honor Statt finden?
Diese Frage möchte im Allgemeinen dahin zu be=
antworten sein: dann, wenn der Wechsel, wie man in der
Sprache des Verkehrs sich ausdrückt, Noth leidet und
deshalb Protest aufgenommen worden ist.

2) Von wem kann intervenirt werden?   560

Die Antwort hierauf sei: Von jedem bei dem Wech=
selgeschäfte Betheiligten oder Nichtbetheiligten, in Folge
einer Adresse oder auch ohne diese, selbst von dem Be=
zogenen, wenn dieser nicht schon acceptirt habe, wie
dies der §. 197 des Sächsischen Entwurfs annehme.

3) Für wen kann intervenirt werden?   561

Die Intervention müsse für alle bei dem Wechsel
Betheiligten, mit Einfluß des Bezogenen zulässig
sein — für den Letzteren namentlich im Falle seiner Ab=
wesenheit am Verfalltage, um Abwesenheits=Proteste zu
vermeiden.

4) Welche Rechte erlangt der Ehrenzahler?   562

Diese Frage sei im §. 59 des Entwurfs beantwor=
tet, wobei aber noch auszudrücken sein dürfte, daß bei
einer Intervention für den Bezogenen Regreßrechte nicht
erworben werden.

L. S. 114.   5) Welche Wirkung hat die Ehrenzahlung in Beziehung 563
auf die zur Vertretung des Wechsels Verpflichteten?

Unstreitig würden die Nachmänner des Honoraten
durch die Ehrenzahlung ihrer Verpflichtung ledig, was
indeß im §. 59 des Entwurfs nur indirect ausgesprochen sei.

6) Ist der Inhaber bei dem Dasein einer Nothadresse 564
die Ehrenzahlung oder Acceptation zu suchen ge=
halten?

7) Muß derselbe die ihm angebotene Intervention an= 565
nehmen?

8) Welches Präjudiz tritt ein, wenn die Fragen unter 566
No. 6 und No. 7 bejaht werden sollten, und der
Inhaber dennoch der ihm danach auferlegten Ver=
pflichtung entgegen handelt?

9) Welche Rangordnung findet unter mehreren Inter= 567
venienten statt?

M. S. 53 Sp. 2.   Bei der Beantwortung dieser letzten Frage werde
man theils den Umstand, ob die Intervention auf die
ganze verschriebene Summe, oder nur auf einen
Theil derselben laute, theils die Person, für welche in=
tervenirt werde, theils die Veranlassung zur Intervention,
ob dieselbe nämlich in Folge einer Adresse geschehe oder
nicht, zu berücksichtigen haben.

10) Welchem Präjudize setzen bei einer Concurrenz von 568
mehreren Intervenienten diejenigen sich aus, welche
der festgestellten Ordnung sich nicht fügen?

11) Wie kann ein übergangener Intervenient die Rechte 569
dessen salviren, für welchen er zu interveniren be=
absichtigte?

Aehnliche Fragen träten zum Theil bei der Ehren= 570
acceptation ein.

In Bezug auf diese würde zu bestimmen sein: 571

12) daß dieselbe nur nach aufgenommenem Proteste
Mangels Annahme Statt finde, aber auch

13) von dem Bezogenen selbst, der nicht schon pure 572
acceptirt hat, geschehen könne,

was jetzt wegen der angenommenen Bestimmung im §.
23 des Entwurfs von Wichtigkeit sei;

14) daß man auch zu Ehren des Bezogenen acceptiren 573
können,

was aus dem unter No. 3 angegebenen Motive sich recht=
fertigen dürfte, durch den zweiten Absatz des §. 55 des
Entwurfs aber ausgeschlossen zu werden scheine;

15) daß der Inhaber eine Ehrenacceptation auch ohne 574
eine darauf lautende Adresse beachten müsse.

Alle diese Puncte und Fragen würden in den §§. 575
196 bis 222 des Sächsischen Entwurfs sowie in meh=
reren anderen Entwürfen ausdrücklich entschieden, in dem
vorliegenden Entwurfe aber theils gar nicht berührt, theils
nicht ausdrücklich entschieden. Sie würden sich jedoch zum 576
Theil bei Berathung der materiellen Bestimmungen des
Entwurfs modificiren, und vielleicht von selbst erledigen,
theils bei der Fassung Beachtung finden. Es solle da=
her zur Zeit eine Berathung darüber nicht veranlaßt,
sondern bloß vorbehalten werden, bei einzelnen Bestim=

L. S. 115. mungen | auf die zur Sprache gebrachten Puncte aufmerk=
sam zu machen, und die nicht erledigten zur Berücksich=
tigung bei der Redaction zu empfehlen.

Der Herr Referent entwickelte hierauf, unter Anführung 577
der Bestimmungen, welche in bestehenden Wechselordnun=
gen und neuen Gesetzentwürfen, namentlich in dem Code
de commerce und der Bremer Wechselordnung, sowie in
den Entwürfen für Württemberg, Braunschweig, Sachsen
2c., über die Pflicht des Inhabers, eine freiwillig ange=
botene Ehrenannahme zuzulassen, oder eine solche bei einer
Nothadresse zu suchen, sowie über die Wirkungen einer
erfolgten Ehrenannahme enthalten seien, die Gründe, auf
welchen die Bestimmungen des §. 55 beruhen. Derselbe

M. S. 54 Sp. 1. führte aus, daß die | Vorschrift des Entwurfs, wonach
der Inhaber weder bei einer Nothadresse die Annahme
suchen, noch die von einer Nothadresse oder einem Dritten
angebotene Ehrenannahme zulassen müsse, aber jede er=
folgte Ehrenannahme den Regreß auf Sicherstellung aus=
schließe, den Vorzug der Consequenz mit einer gebührenden
Berücksichtigung der Interessen des Inhabers vereinige.
Dem Letzteren dürfe, wenn derselbe den Umständen nach
Sicherstellung vor dem Verfall für nöthig halte, die Be=
schleunigung dieser Maaßregel nicht erschwert, und der
Regreß nicht von Bedingungen abhängig gemacht werden,
welche zu Contestationen und Verzögerungen Veranlassung
geben könnten. —

In der Versammlung fanden jedoch die Bestimmun= 578
gen des Entwurfs mehrfachen Widerspruch. — Man
glaubte zunächst unterscheiden zu müssen zwischen dem
Falle, wo sich ein durch eine Nothadresse nicht bezeichneter
dritter Intervenient zur Ehrenannahme erbietet, und dem=
jenigen, wo eine Nothadresse auf dem Wechsel angegeben ist.

In Ansehung des ersten Falles war man allgemein 579
darüber einverstanden, daß der Inhaber des Wechsels
einen solchen Intervenienten, welcher sich auch durch einen
nachträglichen Auftrag eines Wechselbetheiligten nicht legi=
timirt, zurückweisen könne, ohne darum den Regreß auf
Sicherstellung einzubüßen, daß es sich mithin nur darum

handle, ob er diesen Regreß dann verliere, wenn er die
Ehrenannahme geschehen lasse.

In Ansehung des zweiten Falles dagegen waren die 580
Ansichten nicht darüber getheilt, ob der Regreß auf
Sicherstellung durch die Ehrenannahme Seitens einer
Nothadresse verloren gehe oder nicht, sondern auch dar= 581
über, ob der Inhaber diese Ehrenannahme ablehnen könne,
und nicht vielmehr bei Verlust des Regresses verpflichtet
sei, die Nothadresse zu derselben aufzufordern.

Von mehreren Seiten ward bemerkt, daß es nach 582
dem Systeme der älteren Wechselgesetze, welche dem In=
haber die Präsentation zum Accepte vorschreiben, aller=
dings consequent sei, demselben auch die Präsentation bei
den Nothadressen zur Pflicht zu machen und ihm, im
Falle er solches unterlassen, zur Strafe, im Falle der
Ehrenannahme aber, wegen des Ueberganges der Regreß=
rechte auf den Intervenienten, den Regreß Mangels An=
nahme zu versagen. Befolge man hinsichtlich der Prä= 583
sentation der Annahme aber das entgegengesetzte System,
so sei die Bestimmung des Entwurfs augenscheinlich con=
L. S. 116. sequenter und einfacher, als die Vorschrift | des Franzö=
schen Rechts, nach welchem die Nothadressen befragt
werden müssen, der Regreß auf Sicherstellung aber durch
erfolgte Ehrenannahme nicht verloren gehe. Die Ehrenaccep=
tation brauche um so weniger begünstigt zu werden, als durch
dieselbe der eigentliche Zweck der Intervention — Vermei=
dung einer mit Umständen und Kosten verknüpften Regreß=
nahme — nicht erreicht, vielmehr zu Weitläufigkeiten bei
eintretender Verfallzeit Anlaß gegeben werde. Jedenfalls
würde es sich nicht rechtfertigen lassen, wenn man den
Inhaber, nachdem er von der Pflicht der Präsentation
zur Annahme im Allgemeinen befreit sei, dennoch zur
Beachtung von Nothadressen, deren Dasein er bei dem
Kaufe von Wechseln nicht einmal eher, als nach der Ueber=
lieferung erfahre, nöthigen wolle.

Hiergegen wurde geltend gemacht, daß die Noth= 584
adressen dem Wechsel ausdrücklich zu dem Zwecke beigefügt
würden, um den Inhaber zur Präsentation bei denselben
zu verpflichten, daß man also diese Präsentation gewiß
M S. 54. Sp. 2. nicht in das Belieben | des Inhabers stellen dürfe, sondern
von derselben den Regreß auf Sicherstellung abhängig
machen müsse. Diese Ansicht sei bisher in dem Wechsel=
verkehre als Regel befolgt worden, und sie müsse in dem
Interesse des Wechselverkehrs auch ferner befolgt werden.
Der Preußische Entwurf, welcher das Gegentheil annehme, 585
berücksichtige nicht sowohl das Interesse des Verkehrs, als
das des einzelnen Inhabers, welches jenem nachstehen
müsse, zumal da auch dem Inhaber durch die Bestim=
mungen des Entwurfs ein sonderlicher Nutzen nicht zu
Theil werde. Der Adressat werde durch die Adresse dem
ursprünglich Bezogenen substituirt, sei also der even=
tuelle, subsidiäre Bezogene und der Nehmer eines mit
einer Nothadresse versehenen Wechsels könne nicht will=
kührlich diese Substitution vernachlässigen, wenn er den=
selben, obgleich solcher mit Nothadressen versehen gewesen,

erkauft oder als Rimeſſe erhalten hat. Die auf dem
Wechſel befindliche Nothadreſſe ſei als eine **lex contractus**
anzuſehen. Die Befugniß, Regreß wegen Sicherſtellung
zu nehmen, bleibe übrigens dem Inhaber, wenn die Ehrenacceptation abgelehnt werde. Auch könne nicht ent- 586
gegengeſetzt werden, daß der Inhaber überhaupt nicht
verpflichtet ſei, Acceptation zu ſuchen. Denn wenn derſelbe Regreß zur Sicherſtellung in Anſpruch nehmen
wolle, ſo ſetze dieſes voraus, daß er Annahme verlange,
und er müſſe dieſe dann auch in der Art verlangen, wie
es auf dem Wechſel vorgeſchrieben ſei.

Die Verſicherung, daß die Beſtimmung des Ent- 587
wurfs, wenn ſie auch, wie in den Motiven nachgewie-
ſen ſei, vom theoretiſchen Standpuncte aus ſehr viel für
ſich habe, doch völlig gegen die ſeitherige kaufmänniſche
Usance ſtreite, wurde namentlich auch von einem der
Herren Abgeordneten aus dem Handelsſtande bekräftigt
und dabei Folgendes bemerkt. Der Käufer oder Nehmer 588
eines Wechſels erwerbe ſolchen in der Regel zunächſt im
Vertrauen auf ſeinen Vormann, (möge dieſer Ausſteller
oder Indoſſant ſein) ohne zu wiſſen, wer der Bezogene ſei
und ob ſich außerdem Nothadreſſen auf dem Wechſel befänden; beim Weitergiriren übernehme er alſo auch ſtillſchwei-
gend die im Wechſel begründeten Bedingungen. In kei-
L. S. 117. ner Wechſelordnung ſeien nun aber bis jetzt Nothadreſſen
verboten, und unſtreitig verlören | ſolche einen weſentlichen
Theil ihrer Bedeutung, wenn es ganz in die Willkühr
des Präſentanten geſtellt würde, bei mangelnder Annahme
des Bezogenen, die Nothadreſſen zur Intervention aufzufordern oder nicht. In der Regel lauteten die Nothadreſſen nur auf gute Häuſer und die Fälle, wo der Nothadreſſat
wenig oder gar keine Garantie darbiete, könnten ſchwer-
lich ſo viel Gewicht in die Waagſchaale legen, daß man darum
— was der Chicane oder gar dem Eigennutze (indem
der Präſentant ſelbſt intervenire) Thür und Thor öffne
— eine jede Nothadreſſe bei mangelnder Annahme des
Bezogenen für wirkungslos erklären und erſt nach dem
Proteſte Mangels Zahlung in Kraft treten laſſen dürfe.
Thue man dies, ſo könne es oft vorkommen, daß ein
Wechſelpflichtiger am Zahlorte für die Zahlung durch ſeine
Nothadreſſe bei Verfall Sorge tragen, und dann, wenn
er dies gethan, doch noch an ſeinem Wohnorte Sicherheit ſtellen müſſe. Eine Beſtimmung, die dies herbeiführen könne, ſei gewiß nicht wünſchenswerth.

An dieſe Erörterungen knüpfte ſich die andere oben- 589
erwähnte Frage, ob nämlich der Inhaber des Wechſels
durch die Ehrenannahme Seitens einer Nothadreſſe den
Regreß auf Sicherſtellung verliere oder nicht?

Indem einer der Herren Abgeordneten dieſe Frage 590
M.S.55 Sp.1. bejahte, | bemerkte er zur näheren Begründung ſeiner An-
ſicht: Man müſſe die Sache nehmen, wie ſie im Leben
ſei, nicht, wie ſie ſich aus der nach ſeiner Meinung irrigen Anſicht, den Acceptanten als Bürgen zu betrachten, ergebe. Es werden eine Menge Wechſel auf weniger
vermögliche, oft auf ſehr zweifelhafte Perſonen gezogen,

der Nehmer kenne gewöhnlich die Verhältnisse des Bezo=
genen gar nicht, er sehe zunächst auf seinen Geber oder
auf einen oder mehrere seiner Vormänner. Der Geber
sichere bloß zu, daß der Bezogene den Auftrag anneh=
men und ausführen werde, nicht aber, daß der Bezogene
ein Mann sei, der die nöthige Sicherheit für die Aus=
führung des Auftrages darbiete. Wenn nun der Bezo=
gene annehme, so könne der Inhaber nicht einwenden,
der Annehmer biete nicht die gehörige Sicherheit dar,
sei also ein unzureichender Bürge, sondern müsse sich un=
bedingt beruhigen. Wenn er nicht annehme, so könne
der Inhaber allerdings Sicherheit von seinen Vormännern
fordern, aber nicht deswegen, weil der versprochene
Bürge nicht gestellt worden sei, sondern deswegen, weil
der vorgezeichnete Zahlungsweg nun ungewiß geworden
sei und der Inhaber daher verlangen könne, daß ihm
Sicherheit dafür gestellt werde, daß die Zahlung nichts=
destoweniger erfolge. Ganz aus demselben Grunde könne,
wenn der Acceptant in den Gant komme, Sicherheit ge=
fordert werden, weil der bezeichnete Zahlungsweg nun=
mehr wegfalle, nicht aber, weil die geleistete Bürgschaft
aufhöre. Denn nach anerkannten Rechtsprinzipien sei in
einem solchen Falle der Schuldner nicht zur Stellung
eines neuen Bürgen verpflichtet. Wenn nun der Aus= 591
steller oder ein Indossant eine Nothadresse beifüge, so
heiße dies blos soviel: auf den Fall, daß der erste Zah=
lungsweg nicht zum Ziele führe, nenne er hiermit einen
zweiten, subsidiären Bezogenen, den er dem ersten sub=
stituire: der Inhaber solle, wenn der erste Zahlungsweg
nicht zum Ziele führe, den zweiten einschlagen, um dem=
jenigen, der die Nothadresse hinzugefügt habe, Schäden
L. S. 118.   und | Kosten zu ersparen. Daraus gehe klar hervor, daß
der Inhaber nach der Intention des Gebers und Neh=
mers schuldig sei, diesen subsidiären Weg zu betreten, daß
er also dem Nothadressaten den Wechsel im Nothfalle
zur Annahme vorlegen müsse und daß er, wenn dieser
annehme, ebenso wenig ein Recht habe, Sicherheit zu
verlangen, als wenn der erste Bezogene angenommen
hätte, möge er in der Person des Adressaten die nöthige
Bürgschaft für die Ausführung des Acceptes finden oder
nicht. Nur das könne man sagen, daß dann, wenn ein 592
Indossant eine Nothadresse beigefügt habe, dem Inha=
ber das Recht, Sicherheit von den Vormännern des
Adressanten zu verlangen, im Falle der Annahme des
Adressaten, nicht entzogen werde. Die Praxis halte es
jedoch anders. Dem annehmenden Adressaten werde der
Protest eingehändigt und auf den Grund dieses Protestes
stehe dem Adressanten, aber auch nur diesem, nicht dem
Inhaber, der Regreß auf Sicherheitsleistung gegen seine
Vormänner zu. Dieß habe seinen guten Grund; denn
der zweite Zahlungsweg gehe nun in Ordnung, und dieß
sei Alles, was der Inhaber zunächst verlangen könne;
der Adressant aber habe diesen Zahlungsweg aus seinen
Mitteln und auf seine Gefahr bezeichnet, deßwegen müsse
er auch für den ihm daraus erwachsenden Aufwand

Sicherheit verlangen können. Würde man den Adressaten als substituirten oder subsidiären Bürgen betrachten,
so käme man gerade zum entgegengesetzten Resultate.
Demnach müsse der Inhaber sich an den Adressaten wenden, falls er überhaupt Protest wegen mangelnder An-
M. S. 55 Sp. 2. nahme erhebe, | und wenn der Adressat annehme, habe
der Inhaber keinen Regreß mehr auf Sicherheitsleistung.

Von dem Herrn Vicepräsidenten **Dr. Einert** wurde 593
dieser Ansicht entgegengetreten und die Bestimmung des
Code de commerce in Schutz genommen. Denn in der
Befolgung einer Nothadresse liege noch nicht ein Verzicht
auf die anderweite Sicherstellung, welche das Wechselrecht
gewähre. Der Inhaber müsse die durch die Adresse ausgesprochene Präsentation zur Annahme, wenn auch nicht
in seinem Interesse, doch in dem Interesse seiner Vormänner bewirken, könne aber nicht für verpflichtet erachtet
werden, deshalb eine in seinem Interesse liegende Befugniß, das Recht des Regresses auf Sicherstellung, aufzugeben. Wollte man dies annehmen, so würden die Ehren-
acceptationen nicht begünstigt, sondern erschwert werden.

Auch von einem anderen Herrn Abgeordneten wurde 594
bemerkt, daß dann, wenn man sich dafür entscheide, dem
Inhaber die Befragung der Nothadresse zur Pflicht zu
machen, hinsichtlich der ferneren Frage, ob durch eine
Ehrenannahme der Regreß des Inhabers auf Sicherstellung verloren gehe, gewiß das Französische Recht (Code
de commerce **art.** 128) den Vorzug verdiene. Wenn
man hiervon abweiche und die Ehrenannahme mit der
Ehrenzahlung in Parallele stelle, so gelange man zu
Schwierigkeiten. Man müsse alsdann einen Uebergang
des Regreßrechts auf Caution an den Ehrenacceptanten
und den Honoraten annehmen, und sich weiter entscheiden,
ob der Inhaber diesen Regreß überhaupt, oder nur bis
zum Honoraten aufwärts verlieren solle. Nehme man
L. S. 119. ersteres an, so sei der Inhaber | in einer schlimmen Lage,
da er sich mit dem Accepte einer vielleicht ganz unsicheren
Nothadresse begnügen müsse; nehme man letzteres an, so
häuften sich bei den Vormännern des Honoraten die
Regreßansprüche, indem der Inhaber, der Honorat und
nach dem §. 27 auch jeder hier vorkommende Indossant auf
Caution regrediren könne. Auch bedürfe man alsdann
noch Bestimmungen über die Rangordnung der Ehrenacceptanten. Alle diese Schwierigkeiten fielen bei dem
Französischen Systeme hinweg, nach welchem die Regreßansprüche lediglich beim Inhaber blieben.

Nachdem man sich zuvörderst noch darüber verstän- 595
digt hatte, daß der Inhaber des Wechsels, wenn er
Mangels Annahme überall nicht Regreß auf Sicherstellung zu nehmen beabsichtige, auch nicht gehalten
sei, der Nothadresse den Wechsel zum Accepte zu präsentiren, sowie darüber, daß diese unterlassene Präsentation 596
zur Annahme bei der Nothadresse den Wechselinhaber
nicht hindre, wenn demnächst auch die Zahlung vom
Bezogenen nicht geleistet worden, diese Zahlung von der
Nothadresse zu verlangen und bei Verweigerung der-

selben Mangels Zahlung Regreß zu nehmen, ward die 597
Frage:

> Soll bei Verlust des Regresses auf Sicherstellung
> die Acceptation bei der Nothadresse gesucht werden,
> wenn dieselbe bei dem Bezogenen nicht zu erlangen
> gewesen ist?

zur Abstimmung gebracht und mit 15 Stimmen gegen 4
bejaht.

Eine zweite zur Abstimmung gebrachte Frage: 598

> Soll der Regreß auf Sicherstellung verloren gehen,
> wenn eine Ehrenacceptation stattgefunden hat?

ward ebenfalls mit 13 Stimmen gegen 6 bejaht.

Nach diesen Beschlüssen war man darüber einverstan= 599
den,

M. S. 56 Sp. 2.
> daß der Regreß auf Sicherstellung für den Fall
> verloren | gehe, wenn der Inhaber die Ehrenaccepta=
> tion Seitens eines Dritten, nicht durch eine Adresse
> berufenen Intervenienten, angenommen habe.

Gleichzeitig erkannte man an, daß es nöthig sein 600
werde, der weiteren Berathung eine nach Maaßgabe jener
M. S. 56 Sp. 2. Beschlüsse | abgeänderte Fassung der §§. 55—57 des Ent=
wurfs zum Grunde zu legen. Der Herr Referent über=
nahm es, eine solche Fassung zu entwerfen und vor der
nächsten Sitzung den Mitgliedern der Versammlung mit=
zutheilen.

XX.

Leipzig, den 17. November 1847.

M. S. 56 Sp. 1.   Nachdem die heutige Sitzung mit Vorlesung des über 601
die letzte Sitzung aufgenommenen Protocolles eröffnet wor=
den, berichtete der Herr Referent über die von der Redac=
tions=Commission in Gemeinschaft mit mehreren anderen Mit=
L. S. 120.   gliedern | der Versammlung hinsichtlich der Fassung der §§.
44—48 getroffenen Beschlüsse und über den dermaligen
Stand der Sache, nach welchem es scheine, als sei man
geneigt, eine Vermittelung in dem Maaße eintreten zu lassen,
daß an die erlassene Notification blos die Verbindlichkeit
zum Schadenersatze und Verlust der Zinsen und Retourspe=
sen, geknüpft werde.

Man hielt es für angemessen, die Berathung über die= 602
sen Punct noch zur Zeit auszusetzen, stellte aber in Folge
dieser Eröffnung zugleich an die Mitglieder der Versamm=
lung, welche in Beziehung auf den in Frage kommenden
Punct Vorschläge zu machen hätten, die Aufforderung, dieselben
der Redactionscommission Behufs eines weiteren Vortrags
an die Versammlung zukommen zu lassen.

Herr Vice=Präsident Dr. Einert bat hierauf, sein in 603
der letzten Sitzung zum §. 56 abgegebenes Votum noch
näher motiviren zu dürfen und äußerte sich, wie folgt:

Das Princip des Entwurfs im ersten Satze des §. 55 solle aufgegeben und dagegen bestimmt werden,

> daß die Annahme der Nothadresse gefordert werden müsse.

Diese Bestimmung werde härter durch die besondere Vorschrift, welche dem Inhaber für den Fall mehrerer Adressen ertheilt sei und durch die Vorschrift einer zu beobachtenden Ordnung.

Sie werde sogar unter einem sehr schweren Präjudize gegeben, denn der Regreß auf Sicherstellung solle von ihrer Befolgung abhängen.

Mit dem Eifer, dafür zu sorgen, daß keine Nothadresse übergangen werde, sei zugleich eine andere beschwerliche Aufgabe verbunden, daß nämlich der Inhaber die Ehrenannahme eines Dritten nicht annehmen (geschehen lassen) dürfe, bevor die Annahme von sämmtlichen Adressaten abgelehnt sei.

Dadurch komme eine Unnatur in das Geschäft, die sich nicht rechtfertigen lasse. Man habe zu erwägen, daß ein krankes Geschäft vorliege und die erste Person, die dabei periclitire, der Inhaber sei. Für diesen, der unter allen Umständen im Wechselgeschäfte als der Berechtigte, den Uebrigen als Verpflichteten gegenüber erscheine, und der sich in Gefahr befinde, weil ihm das Accept verweigert worden sei,

M. S. 56 Sp. 2. müsse | zunächst gesorgt werden. In dem Entwurfe und allen Wechselordnungen werde dies anerkannt und dem Inhaber daher ein Regreß — wenigstens auf Cautionsleistung gegeben.

Demnächst habe die Usanz nun zwar auch eine Verwendung für das Geschäft eingeführt, welche von den Vertretern des Wechsels ausgehe und in der Aufrufung von Ehrenannehmern bestehe. Diese erfolge oft außer dem Wechsel, durch Correspondenz mit Freunden, die man brieflich auffordere, aber auch auf dem Wechsel selbst durch Nothadressen.

Endlich liege darin eine Verwendung für das Schicksal des Papieres am Verfalltage, implicite allerdings auch für den Inhaber, aber doch nicht allein und nicht unbedingt für diesen, jedenfalls unter Befolgung eines eigenen Interesse. Der Auter der Nothadresse suche nämlich abzuwenden:

L. S. 121.

> a) den Regreß Mangels Annahme;
> b) den Regreß Mangels Zahlung, so weit er vom Inhaber genommen werden könnte; er suche aber auch zu gewinnen:
> c) Abkürzung der Regreßnahme;
> d) Spesenverminderung im Falle der Regreßnahme; und vor allen Dingen:
> e) momentan Ruhe und Sicherheit vor dem, was der Inhaber auf den Protest Mangels Annahme sofort aussprechen dürfe, nämlich vor der Klage auf Cautionsleistung.

Es lasse sich aber auch noch als möglich denken, daß

> f) ein Betrüger die Nothadresse auf den Wechsel setze, um Zeit zu gewinnen, seine Casse in Ordnung zu bringen und nun mit aller Bequemlichkeit durchzugehen, indem er den Inhaber dadurch abhalte, auf Cautionsleistung zu dringen.

Dies Alles müsse die Gesetzgebung in's Auge fassen.

Der Aussteller einer Nothadresse treffe Anstalten, die wenigstens der äußeren Erscheinung nach darauf berechnet seien, dem kranken Geschäfte zu Hülfe zu kommen und damit das Interesse des Nehmers und Inhabers zu befördern. In der Regel liege diese Absicht auch wirklich vor, und man könne zugeben, daß dies Anerkennung und Berücksichtigung bei der Gesetzgebung erheische. Aber vor allen Dingen müsse für den Inhaber gesorgt werden, und nur secundär für den Autor der Nothadresse, für ersteren zunächst dadurch, daß es in seine Willkühr gestellt sein müsse, ob er auf die Ehrenannahme die Verfolgung seiner Regreßrechte einstellen wolle. Schon das unter e. und f. Bemerkte recht-

M.S.57 Sp.1. fertige diesen Satz. | Das Factum, daß irgend Jemand zu Ehren irgend Jemandes acceptirt habe, könne ihm das Recht, Caution zu fordern, nicht entziehen.

Es könne dem Inhaber nichts als Caution aufgedrungen werden, was er nicht als genügend anerkenne. Daher entstehe der Zweifel, ob man es nicht überhaupt ganz in die Willkühr des Inhabers stellen müsse, ob er die Intervention durch Annahme bei den ihm angebotenen Ehrenannehmern suchen wolle, und ob der Inhaber durch das Gesetz angehalten werden solle, bei den Nothadressaten zur Annahme zu präsentiren.

Der §. 55 negire dieß. Er theile diese Ansicht, gebe aber in diesem Puncte am liebsten nach. Das Gesetz könne sich verpflichtet achten, auch für das Interesse der durch den Adressaten Vertretenen zu sorgen, dürfe dies jedoch nur insoweit thun, als das Interesse des Inhabers damit nicht in Collision gerathe. Es möge dem Inhaber aufgegeben werden, sich bei den Nothadressaten zu melden, und deren Accept geschehen zu lassen. Man könne sogar noch weiter gehen. Nicht blos die Adressaten, sonder Alle, die sich zur Ehrenannahme melden und vielleicht einen Brief des Ausstellers oder eines Anderen vorlegen, möge man zur Acceptation gelangen lassen. Man könne ihm diese Verwendung aufbürden, als ein profuturum illis, sed ipsi non nociturum, quia superflua non nocent. Ja, es lasse sich sogar zugeben, daß man dem Inhaber die Annahme des Adres-

L. S. 122. saten oder dritten | Intervenienten unter dem Präjudize auferlegen dürfe, daß er außerdem keinerlei Regreß haben solle. Was sich aber nie zugeben lasse, sei, daß man dem Inhaber den Regreß auf Sicherstellung abschneiden könne, wenn ein Intervenient eingetreten sei. Dies dürfe man nicht thun, selbst wenn alle Nothadressaten acceptirt hätten und deren Zahl noch so groß sei, aus dem einfachen Grunde, weil man dem Inhaber nun und nimmermehr auferlegen könne, in dem eine Sicherstellung zu finden, was er für keine halte, weil man es überall nicht verkennen dürfe, daß es sich um genügende Sicherheit handle, die das Gesetz dem Inhaber zusprechen müsse und bereits zugesprochen habe, und weil Niemand diese im ersten besten Anbietenden zu finden habe.

Wenn es im Interesse des Ausstellers oder der Indossanten liege, daß eine Ehrenannahme eintrete, so dürfe man nicht vergessen, daß es doch noch wichtiger sei, dem Inhaber g e n ü g e n d e Sicherheit, d. h. eine von ihm selbst als solche anerkannte, oder doch eine nach richterlicher Beurtheilung zu bestimmende Caution zu geben.

Er stimme daher für den §. 55 mit Weglassung des 604 Satzes: „so begiebt er sich ꝛc." — allenfalls aber auch und wenn nur wenigstens dieser Satz aufgegeben werde, für Einführung einer Verbindlichkeit, die Ehrenannahme zu suchen, und geschehen zu lassen, — dann aber auch unter Befolgung der Consequenz, welche in dieser Zulassung kein Maaß einführen lasse, und nicht statt der genügenden Sicherheit e i n e F o r m , d. i. eine Caution auf dem Papiere ohne inneren Gehalt und Realität einschwärzen wolle. —

Nach der am Schlusse der vorigen Sitzung getroffenen 605 Verabredung hatte der Herr Referent die seiner Ansicht nach in Folge der gefaßten Beschlüsse an die Stelle der §§. 55 bis 57 des Entwurfs zu setzenden Bestimmungen entworfen. Dieselben waren den Mitgliedern der Versammlung gedruckt mitgetheilt worden und lauten wie folgt:

§. a. 606

M. S. 57 Sp. 2.

Ein wegen Mangels Annahme protestirter Wechsel kann von einer nicht auf dem Wechsel benannten Person | nur mit Einwilligung des Inhabers zu Ehren angenommen werden.

§. b. 607

Befindet sich auf dem Wechsel eine auf den Zahlungsort lautende Nothadresse, und will der Bezogene auch nicht zu Ehren acceptiren, so muß die Annahme von der Nothadresse gefordert werden.

Wenn mehrere Nothadressen benannt sind, so ist 608 diejenige aufzufordern, welche, wenn sie zu Ehren des Adressanten eintritt, durch ihre demnächstige Zahlung die meisten Indossanten befreit. Verweigert diese das Accept, so ist der Wechsel nach der durch die eben erwähnte Rücksicht bestimmten Reihenfolge den übrigen Adressen vorzulegen, bis eine annimmt oder von allen die Annahme nicht zu erhalten ist.

L. S. 123.

Der Inhaber, welcher die vorstehenden über die 609 Befragung der Nothadressen gegebenen Vorschriften verabsäumt, oder die Ehrenannahme eines auf dem Wechsel nicht bezeichneten Dritten zuläßt, bevor die Annahme von Seiten der sämmtlichen Nothadressen verweigert ist, verliert den Regreß auf Sicherstellung.

§. c. 610

Der Ehrenacceptant muß sich den Protest Mangels Annahme gegen Erstattung der Kosten aushändigen und in einem Anhange zu demselben die Ehrenannahme vermerken lassen.

Er muß den Honoraten unter Uebersendung des 611 Protestes von der geschehenen Intervention benachrichtigen und diese Benachrichtigung mit dem Proteste am zweiten Tage nach Aufnahme desselben zur Post geben

Unterläßt er dies, so haftet er für den durch die 612
Unterlassung entstehenden Schaden.

§. d.   613

Der Ehrenacceptant muß in seinem Accepte ver=
merken, zu wessen Ehren sie geschieht. Fehlt dieser
Vermerk, so wird der Trassant als Honorat angesehen.

§. e.   614

Der Ehrenacceptant wird den sämmtlichen Nach=
männern des Honoraten durch die Annahme wechsel=
mäßig verpflichtet. Diese Verpflichtung erlischt, wenn
dem Ehrenacceptanten der Wechsel nicht spätestens am
nächsten Werktage nach dem Zahlungstage zur Zahlung
vorgelegt wird.

§. f.   615

Wenn der Wechsel von einem Intervenienten oder
dem Bezogenen oder einer Nothadresse zu Ehren ange=
nommen wird, so haben der Inhaber und die Nach=
männer des Honoraten keinen Regreß auf Sicherstellung.

Derselbe kann aber von dem Honoraten und dessen 616
Vormännern geltend gemacht werden.

Bei der über diese Vorschläge eröffneten Berathung 617
wurde zuvörderst für angemessen erachtet, den §. a. hinter
§. b. zu stellen.

Zu dem ersten Absatze des §. b. wurde bemerkt: 618
Der Entwurf gebe der Ehrenannahme des Bezogenen
unbedingt den Vorzug vor der Nothadresse und den dritten In=
tervenienten. Dieses Princip sei aber bedenklich, weil es
den Umständen keineswegs entspreche, vielmehr der Satz fest=
gehalten werden müsse, daß der Bezogene, welcher zu Ehren
annehmen wolle, wie ein gewöhnlicher Intervenient zu be=
handeln sei.

Wenn man z. B. an den Fall denke, daß der Aus= 519
steller eines Wechsels die Tratte nebst einem Connossement

L. S. 124. mit dem Auftrage übersende, erstere zur Annahme | zu prä=
sentiren, und dem Bezogenen nach geleistetem Accepte das
Connossement auszuliefern, so könne es dem Aussteller nicht
gleichgültig sein, wenn der Bezogene das Connossement zu=

M. S. 58 Sp. 1. rückweise und | das unbedingte Accept verweigere, wohl aber
zu Ehren desselben annehme; vielmehr müsse hier im Interesse
des Ausstellers der Präsentant die Ehrenannahme des Be=
zogenen mit gleichem Erfolge zurückweisen können, wie die
Ehrenannahme eines dritten Intervenienten. Aehnliche In=
convenienzen zeige ein anderer nicht selten vorkommender
Fall, wenn nämlich der Bezogene, welchem die zum Accepte
eingesendete Prima vorgelegt werde, sich weigere, solche für
den Aussteller anzunehmen, wohl aber bereit sei, zu Ehren
des Remittenten, dem damit gar nicht gedient sei, zu inter=
veniren.

Eine derartige Vorschrift sei auch mit dem angenom= 620
menen Grundsatze, daß derjenige Acceptant, welcher durch
seine Annahme die meisten Wechselverpflichteten befreie, vor

den Anderen den Vorzug haben müsse, nicht vereinbar, indem der Bezogene, welcher zu Ehren eines späteren Giranten annehmen wolle, nach dem Systeme des §. b. den Vorzug vor einem Intervenienten erhalte, welcher für einen früheren Verpflichteten einzutreten bereit sei.

Wenn man das Recht des Ausstellers anerkenne, eine 621 Nothadresse, d. h. einen Acceptanten für den Fall zu bestellen, wenn der Bezogene die Annahme verweigere, so verletze man das Recht desselben, sobald man ihm zumuthe, auch dann, wenn der Bezogene nicht unbedingt annehmen wolle, somit der Fall vorliege, für welchen die Nothadresse gegeben werde, sich die Ehrenannahme des Bezogenen mit Ausschluß der Nothadresse gefallen zu lassen, obwohl jene vielleicht nur im Hinblick auf den Gewinn des Ricambio sich zum Accepte gedrängt habe.

Endlich passe das im §. b. statuirte vorzügliche Recht 622 des Bezogenen auf Zulassung zur Ehrenannahme nicht zu dem im übrigen adoptirten Systeme, und stehe wesentlich mit dem — von der Versammlung verworfenen — Französischen Systeme in Verbindung. Nach diesem Systeme bleiben nämlich die Regreßrechte auf Caution, ungeachtet einer erfolgten Ehrenannahme, in der Hand des Wechselinhabers, und es habe daher seinen guten Grund, wenn man unter dieser Voraussetzung den Bezogenen für den vorzüglichsten Ehrenacceptanten erkläre. Der Inhaber erlange durch dessen Ehrenaccept Alles, worauf er sich habe Rechnung machen dürfen, und werde daher nach erfolgtem Ehrenaccepte des Bezogenen gar nicht auf Caution regrediren können. Nach dem von der Versammlung adoptirten Systeme verliere dagegen der Inhaber seinen Regreß auf Caution, und dieser Regreß gehe auf den Intervenienten über. Eine Ehrenannahme des Bezogenen kürze daher hier den Regreß gar nicht ab, es komme vielmehr beim Bezogenen, wie bei jedem dritten Intervenienten in dieser Beziehung allein darauf an, zu wessen Ehren acceptirt werde, und mithin existire auch kein Grund, den Bezogenen — der ohnehin, so lange er nicht acceptirt, eine dem Geschäfte völlig fremde Person sei, — anders zu behandeln, als jeden Dritten.

Dagegen wurde geltend gemacht:

623

L. S. 125.

Es könne nicht darauf ankommen, ob nach den Beziehungen des Ausstellers | zu dem Bezogenen dem Ersteren mit dem Ehrenaccepte des Letzteren nicht gedient sei, weil diese Beziehungen außerhalb des Wechselgeschäfts lägen, und daher in der Wechselordnung keine Berücksichtigung verdienten. Hier handle es sich zunächst um das Verhältniß des Inhabers zu dem Bezogenen, und dem Ersteren sei es gleichgültig, ob der Bezogene unbedingt oder zu Ehren annehme, indem ihm beiderlei Accepte die gleiche Sicherheit gewährten.

M. S. 58 Sp. 2.

Wenn man früher anerkannt habe, daß die Nothadresse dem Bezogenen gegenüber als Nebenbezogener erscheine, so könne man folgerichtig dem Hauptbezogenen doch nicht weniger Rechte einräumen, als dem Nebenbezogenen, und man werde am allerwenigsten aussprechen wollen, daß der Bezogene selbst dann der Nothadresse nachstehen müsse, wenn

durch seine Ehrennahme mehr Verpflichtete befreit wür=
den, als durch die Intervention der Letzteren.

Zu dieser Ansicht bekannte sich namentlich auch der 624
Herr Hofrath Dr. Heisler, indem er erklärte, daß er sich
in Uebereinstimmung mit dem §. 133 des Oesterreichischen
Entwurfs hinsichtlich der Ehrenacceptation besonders deshalb
für den unbedingten Vorzug des Bezogenen, wenn dieser
zur Ehre des Ausstellers acceptire, ausspreche, weil derselbe
zunächst zur Acceptation berufen sei, auch durch eine von
Seiten desselben geleistete Ehrenacceptation dem Inhaber kein
Eintrag geschehe; weil ferner die Verhältnisse des Ausstellers
zu dem Bezogenen vor der Acceptation nicht wechselrechtli=
cher Natur seien und man dem Bezogenen um so mehr ge=
statten müsse, zu Ehren des Ausstellers zu acceptiren, da
man diesem gegen den Acceptanten Wechselrecht eingeräumt
habe.

Eine dritte Ansicht ging dahin, daß dem Bezogenen 625
die Befugniß zu Ehren des Ausstellers zu acceptiren gänz=
lich abgesprochen werden müsse, mit alleiniger Ausnahme
des Falles, wenn der Wechsel für Rechnung eines Dritten
gezogen worden sei.

Es ward hierauf die Frage zur Abstimmung gebracht: 626
  'Soll der Bezogene in Bezug auf Ehrenaccep=
   tation einem dritten Intervenienten gleichstehen?
und mit 14 Stimmen gegen 5 bejaht.

Demnach war man einverstanden, daß in dem §. a. 627
die Worte: „von einer nicht auf dem Wechsel be=
nannten Person" abgeändert werden, ingleichen aus dem 628
ersten Absatze des §. b. die Worte: „und will der
Bezogene auch nicht zu Ehren acceptiren" weg=
fallen müßten. Zugleich ward für angemessen erachtet, dem 629
Schlusse des ersten Absatzes des §. b. hinzuzufügen: „ehe
er Regreß auf Sicherstellung nehmen kann."

Ein weiterer Vorschlag, den Regreß auf Sicherstellung 630
auch dann auszuschließen, wenn der unaufgefordert eintre=
tende Intervenient zugleich Caution wegen der künftigen
Zahlung leiste, fand keine Unterstützung.

Für den Fall, wenn Mehrere sich zur Ehrenacceptation 631
erbieten, kam bei Betrachtung des 2ten Absatzes vom
§. b in Frage, ob nicht auch dem, welcher die Acceptation
rücksichtlich des ganzen Wechselbetrages anbiete, ein Vorzug

L. S. 126.

vor dem für zuzugestehen sei, der nur für einen Theil desselben
acceptiren wolle? Man war indessen der Meinung, daß
eine Ehrenacceptation der letzteren Art gar nicht statthaft
sei, vielmehr die Ehrenannahme auf einen Theil der Summe
nur dann Berücksichtigung erwarten könne, wenn sie sich auf
den ganzen vom Bezogenen nicht acceptirten Rest erstrecke.
Zugleich wurde die Frage aufgeworfen, ob in dem Falle, 632
wenn die Ehrenannahme nicht von Seiten des Interve=
nienten geschehe, durch dessen Annahme die meisten Ver=
pflichteten befreit würden, den Inhaber des Wechsels, der
diese Annahme zulasse, oder den Intervenienten, der sich un=
befugt eindränge, ein Präjudiz treffen solle.

Man bemerkte einerseits, daß der Inhaber des Wech= 633
sels zunächst die Pflicht habe, denjenigen Intervenienten,

durch deſſen Accept die meiſten Verpflichteten befreit würden, auszuſuchen, ſonſt könne der Zweck des Geſetzes [daß
M. S. 59 Sp. 1. durch die | Ehrenannahme möglichſt viele Garanten befreit
würden] nicht erreicht werden, es müſſe daher bei einem
vorfallenden Fehler der Nachtheil den Inhaber treffen.

Dieſe Anſicht fand jedoch keine Unterſtützung, indem 634
dagegen bemerkt wurde, daß die gleichen Grundſätze, welche
im §. 60 für die Ehrenzahlung aufgeſtellt ſeien, der
Natur der Sache nach auch von der Ehrenannahme gelten müßten. Es ſei nicht Sache des Inhabers, zu unter-
ſuchen, ob der Intervenient der Nächſtberechtigte ſei, er könne
das angebotene Accept ohne Nachtheil annehmen, dagegen
habe ſich der Intervenient die nachtheiligen Folgen ſelbſt bei-
zumeſſen, wenn er unter Verdrängung Näherberechtigter ſein
Ehrenaccept gebe.

Dem Inhaber gegenüber ſei auch die Realiſirung 635
eines Präjudizes nicht denkbar. Geſtatte er eine Ehrenannahme, ſo erlöſche eben damit ſein Recht auf Sicherſtellung
und es komme nun nicht weiter darauf an, ob der Nächſtberechtigte oder ein anderer Intervenient angenommen habe.

Hiernächſt erwog man, ob dem Intervenienten, der 636
ſich, ohne der Nächſtberechtigte zu ſein, zur Ehrenannahme
hergedrängt habe, im Geſetze ein Präjudiz anzudrohen ſei?
Man bemerkte jedoch, daß ein ſolches füglich entbehrt werden könne, indem ſich die Folgen ſeiner Voreiligkeit auch
ohne die Androhung eines Präjudizes bei Gelegenheit der
von ihm geleiſteten Zahlung geltend machen würden. Er
verliere nämlich in Gemäßheit des §. 60 den Regreß gegen
diejenigen Indoſſanten, welche durch Leiſtung der von einem
Anderen angebotenen Zahlung befreit wären.

Bei der hierauf erfolgenden Abſtimmung wurde die Frage: 637
Soll in dem Geſetze ein Präjudiz für den Fall
ausgeſprochen werden, wenn ein Intervenient gegen
die beſtimmte Reihenfolge Ehrenacceptation leiſtet?
mit 12 Stimmen gegen 7 verneint. In Folge dieſer Abſtimmung ward der dritte Abſatz des §. b für überflüſſig 638
erachtet.

Zum 2ten Abſatze des §. c war man darüber einver- 639
L. S. 127. ſtanden, daß nach den Worten: mit dem Proteſt ſtatt der
Worte: „am zweiten Tage“ die | Worte: ſpäteſtens am
zweiten Tage oder innerhalb zweier Tage zu
ſetzen ſeien.

In Anſehung des 3ten Abſatzes deſſelben §. ward bemerkt:

Bei dem Schlußſatze des §. c und dem Schlußſatze des 640
§. f ſei der Ehrenannehmer ſchlechthin als Mandatar ſeines
Honoraten behandelt, ſo daß er dieſem Entſchädigungspflich-
tig werde, im Falle er die ſofortige Benachrichtigung unter-
laſſe, der Regreß auf Caution aber nicht ihm, ſondern geradezu dem Honoraten zuſtehe. Hierin liege eine Abweichung von der Regel, daß durch Intervention der Intervenient die Regreßrechte gegen den Honoraten und deſſen Vormänner erwerbe. Bei der Ehrenannahme ſei, wenn man
einmal das Syſtem des Code de comm. art. 128 ver-
laſſe, kein Grund vorhanden, ein Anderes anzunehmen.

Wenn der Intervenient Mandatar des Honoraten sei und also im Grunde für diesen Rechte erwerbe, so liege dieses Verhältniß doch außerhalb des Wechselrechts: für letzteres gelte nur der Intervenient als Erwerber der Regreßrechte und man müsse es — möge er Mandatar oder **negotiorum gestor** sein — mit Bezug auf diese dem Wechsel selbst fremde Geschäfte, ihm und dem Honoraten überlassen, die Sache unter sich auszumachen, wie es eben ihrem besonderen Verhältnisse zu einander entspreche. Dieses richtige Princip habe man rücksichtlich des durch volles Indossament legiti= mirten Präsentanten, der oft auch nur Mandatar sei, be=

S. 59 Sp. 2. folgt und lediglich ihn als legitimirten | Wechselinhaber be= handelt. Die hier besprochenen Bestimmungen erschienen daher nicht ganz folgerichtig; es sei vielmehr vorzuschlagen: 641 zum §. e auch das Präjudiz des Regreßverlustes hinzuzufü= gen und zum §. f. den Intervenienten für den Regreßberech= 642 tigten zu erklären.

Die Richtigkeit dieser Bemerkung wurde jedoch nicht 643 anerkannt. Vielmehr war man der Ansicht, daß der Ehren= acceptant als Mandatar oder **negotiorum gestor** des Hono= raten gerade zu dem Zweck auftrete, um jenen von der Pflicht der Sicherheitsleistung zu befreien, und demgemäß zwar der Honorat gegen seine Vormänner, nicht aber der Ehrenan= nehmer gegen den Honoraten auf Sicherheitsleistung klagen könne.

Für den §. d (§. 56 des Entwurfs) ward von einem 644 Mitgliede folgender Vorschlag gemacht:

> Im Falle der Ehrenannahme sei in dem Accepte zu bemerken, zu wessen Ehren sie geschehe. Fehle dieser Vermerk und sei aus dem Wechsel klar ersicht= lich, wer die Nothadresse beigefügt habe, so werde dieser, außerdem der Trassant als Honorat ange= sehen

und dabei bemerkt: Eine Präsumtion auf die Absicht sei nur zu statuiren, wo letztere wirklich zweifelhaft. Dieser Fall trete aber nicht ein, wenn der Nothadressant deutlich er= kennbar sei, indem man alsdann nothwendig annehmen müsse, daß nur mit Rücksicht auf die Aufforderung des Adressan= ten von dem Adressaten acceptirt würde. Man würde auch sonst dem Verhältnisse Beider Zwang anthun, indem regel= mäßig ein zwischen beiden bestehender Geschäfts= oder Obli= gationsnexus die Adresse veranlasse.

L. S. 128. Auch der Oesterreichische Abgeordnete, Herr Hofrath Dr. 645 Heißler, schlug vor, den §. d in der Art abzuändern:

> Ist weder aus dem Accepte, noch aus dem Proteste zu ersehen, für wen die Ehren=Acceptation Statt ge= funden habe, so wird der Trassant als Honorat an= gesehen.

Er bemerkte hierbei: Der Protest Mangels Annahme werde ja von dem Präsentanten und vorzüglich zu seinem Gebrauche erhoben; derselbe müsse ihm ebenso, wie dem Ho= noranten verabfolgt werden, und wenn er den Wechsel weiter begebe, so müsse er dem Indossatar nebst dem Wechsel auch den Protest übergeben, woraus folge, daß es genüge, wenn aus dem Proteste erhelle, zu wessen Ehre die Acceptation erfolgt sei.

Man erwog jedoch dagegen, daß dieser Fall schon sei= 646 ner großen Seltenheit wegen keiner besonderen Rücksichts= nahme bedürfe, übrigens eine Vermerkung im Proteste darum nicht genügen könne, weil man sonst aus dem Wechsel die wahre Bedeutung des Accepts nicht ersehen könne.

Die hierauf zur Abstimmung gebrachte Frage: 647
Soll auch ein Vermerk in dem Proteste hinrei= chen, um die Person des Honoraten zu bestimmen? ward mit 26 Stimmen gegen 3 verneint.

Zum §. e (§. 57 des Entwurfs) ward mit Rücksicht 648 auf den zum §. 40 gefaßten Beschluß über die Präsenta= tionsfrist beantragt, statt der Worte: „am nächsten Werk= tage" zu setzen: „am zweiten Werktage nach dem Verfalltage." Herr Hofrath Dr. Heisler war zwar der Meinung, es bei der Fassung des Entwurfs bewenden zu lassen, erklärte aber, auf eine Abstimmung darüber nicht zu bestehen. Der Antrag ward demnach ohne weiteren Wi= derspruch angenommen.

Endlich war man beim §. f einverstanden, daß die 649 Worte: „oder dem Bezogenen" im Hinblick auf die früher gefaßten Beschlüsse wegfallen müßten.

§. 58. Die Discussion ging hiernächst auf den §. 58 des Ent= 650 wurfs über und hier wurde zu Ziffer 2 bemerkt:

M. S. 60 Sp. 1. Der Ehrenzahler sei als ein substituirter Trassat zu betrach= ten, und derjenige, zu dessen Ehren er zahle, als ein zweiter Trassant. Hieraus folge, daß eine Versäumniß hinsichtlich der Annahme einer Ehrenzahlung oder hinsichtlich der Präsentation bei einer Ehrenacceptation oder einer Nothadresse nur auf diesen Trassanten und dessen Nachmänner wirke. Die Bremer Wechselordnung art. 101 drücke dieses mit den Worten aus: die Versäumniß äußere nur auf das Rechts= verhältniß des Adressanten und seiner Nachmänner ihren Einfluß. In der That könne auch zunächst die Versäum= niß des Inhabers nur auf diejenigen wirken, die dabei be= theiligt seien. Dies seien zunächst die Nachmänner des Ho= 651 noraten, welche durch die Ehrenzahlung, die durch Schuld des Inhabers vereitelt worden, ganz liberirt worden wären. Es sei also natürlich, daß gegen diese kein Regreß statthaft sei. Der Honorat selbst würde freilich durch die Ehrenzah= 652 L. S. 129. lung nicht | schlechthin regreßfrei; er würde es aber doch in Bezug auf den Inhaber geworden sein und nur mit dem Honoranten zu thun gehabt haben, wenn der Inhaber die Ehrenzahlung angenommen hätte. Aus seiner Stellung als zweiter Trassant folge, daß er regreßfrei werden müsse, wenn der von ihm vorgezeichnete, oder im Falle einer von ihm nicht veranlaßten Intervention für ihn angegebene zweite Weg zur Zahlung nicht gehörig inne gehalten sei. Die Vormänner des Honoraten wären dagegen bei der ganzen M. S. 60 Sp. 2. Intervention durchaus | nicht betheiligt, dieselbe sei für sie schlechthin res inter alios acta, und der Entwurf gehe da= her zu weit, wenn er aus einer ihnen fremden Angelegen= heit eine Befreiung dieser Vormänner folgen lasse. Diese Befreiung würde augenscheinlich für sie ein reines lucrum

sein, da sie selbst im Falle der Diligenz des Inhabers keineswegs außer obligo gekommen wären, sondern dem Intervenienten und Honoraten gehaftet hätten. Auf dieser Rücksicht beruhe die Bestimmung des Württemb. Entwurfs art.
698 und des Sächsischen Entw. §. 200 und 220. Neu
und anomal sei eine solche Bestimmung nicht. Auch in
Frankreich gehe nach Fréméry's Zeugniß (études etc.
p. 154) die Ansicht sachkundiger Geschäftsleute dahin, daß
durch eine Versäumniß des Inhabers hinsichtlich der Nothadressen nur der Regreß auf den Honoraten und dessen
Nachmänner verloren gehe. Auch sei der Beweis keineswegs
unmöglich: er werde sich meist aus dem Wechsel selbst ergeben.

Diese Ansicht fand vielfache Unterstützung. Bei der 654
Abstimmung wurde die Frage:

> Soll, vorbehältlich der Fassung, es bei der Be-
> stimmung des §. 58 rücksichtlich des Verlustes des
> Regresses bewenden?

mit 14 Stimmen gegen 5 verneinend beantwortet und demgemäß anerkannt, daß eine dem §. 220 des Sächsischen Ent- 655
wurfs entsprechende Fassung an die Stelle der Ziffer 2 des
§. 58 zu treten habe.

XXI.
Leipzig, den 16. November 1847.

—

M. S. 60 Sp. 1.　　Nachdem die Sitzung mit der Vorlesung des über 656
die zwanzigste Sitzung geführten Protocolles eröffnet worden war, wurde von einem der Herren Abgeordneten
zum ersten Absatze des §. 59 die Frage aufgeworfen, ob
§. 59.　nicht im Hinblick auf den zum §. 57 gefaßten Beschluß
eine Frist zu bestimmen sei, binnen welcher dem Intervenienten der Protest Mangels Zahlung eingehändigt werden müsse? Die Versammlung fand jedoch eine solche 657
Bestimmung unnöthig, weil die Verabfolgung des Protestes und die Zahlung immer Zug um Zug geschehen,
und daher vor der Aushändigung des Protestes die Zah-
L. S. 130　lung nicht von dem Intervenienten | gefordert werden
könne; man überließ jedoch der Redactionscommission 658
durch eine veränderte Fassung, wie z. B. der Ehrenzahler ist zur Zahlung nur gegen Ausantwortung des
Wechsels und des Protestes verpflichtet, etwaigen Zweifeln vorzubeugen.

Zu dem ersten Absatze des §. 60 wurde bemerkt, 659
§. 60.　daß statt „Mehreren Ehrenzahlern" zu setzen sei,
„Mehreren, welche sich zur Ehrenzahlung erbieten."

Ueber den zweiten Absatz dieses Paragraphen wurde 660
von einem der Herren Abgeordneten geäußert, daß die
darin enthaltene Vorschrift unzureichend, und der Zweck
derselben ohne eine vollständige Casuistik nicht zu erreichen
sei. Ueberdies lasse sich der Umstand, daß Jemand zu

der Ehrenzahlung bereit gewesen sei, nicht aus dem Wechsel ersehen, und der §. 60 stehe mit dem §. 56 insofern nicht im Einklange, als nach diesem blos der Inhalt des Wechsels, nämlich das auf demselben stehende Ehrenac-

M.S.60 Sp.2. cept, nach jenem aber der | Inhalt des Wechsels oder des Protestes entscheiden solle. Es scheine daher räthlich, den zweiten Absatz des §. 60 zu streichen, oder wenigstens die Worte: „oder dem Proteste" hinwegzulassen.

Dieser Vorschlag fand indessen keinen Eingang, viel- 661 mehr wurde bemerkt: Auf die Bestimmungen des Paragraphen sei bereits bei früheren Verhandlungen Bezug genommen worden, und die Androhung eines Präjudizes könne um so weniger unterbleiben, als jeder der Intervenienten, ohne vorher eine richterliche Anordnung abwarten zu können, auf eigene Gefahr handeln müsse; auch seien die Worte „oder dem Proteste" zur Vollständigkeit der Vorschrift unentbehrlich.

Zugleich wurde dem Ermessen der Redactionscom- 626 mission anheimgegeben, ob statt der Worte: „oder dem Proteste" zu setzen sei: „oder einem Proteste".

Bei der Berathung über den §. 60 kam ferner in 663 Frage, inwiefern etwa auf eine genauere Unterscheidung der verschiedenen Fälle der Concurrenz mehrerer Intervenienten — nach Maaßgabe der §§. 201 und 202 des Sächsischen Entwurfs — einzugehen sei? Als ein besonderer Fall dieser Art wurde angeführt, wenn mehrere Intervenienten für den nämlichen Honoraten eintreten wollten, für welchen Fall man jedoch einverstanden war, daß die Wahl lediglich dem Inhaber zu überlassen

M.S.61 Sp.1. sei. Ebenso war man einstimmig der Ansicht, | daß der 664 Inhaber nicht befugt sei, die von Seiten eines unaufgeforderten Intervenienten angebotene Ehrenzahlung zurückzuweisen, wenn von den Aufgeforderten Niemand zahlen wolle. Bei der Besprechung des letzteren Falles er- 665 gab sich eine Verschiedenheit der Ansichten über den Umfang des aus der Nichtbeachtung einer solchen Intervention entspringenden Rechtsnachtheiles. Von der einen 666 Seite wurde angenommen, daß der Inhaber, welcher die Intervention eines nicht zur Intervention Aufgeforderten unbeachtet lasse, dennoch den Regreß gegen denjenigen behalte, zu dessen Gunsten die Ehrenzahlung angeboten worden sei. Denn bei einer Nothadresse lasse sich voraussetzen, daß der Adressat bereits Deckung in Händen habe, oder doch mit demjenigen, zu dessen Ehren er zahlen wolle, in specieller Geschäftsverbindung

L. S. 131. stehe | und daher keinen wechselmäßigen Regreß gegen denselben nehmen werde; bei einer freiwilligen Intervention könne dies aber nicht vorausgesetzt, und daher auch nicht angenommen werden, daß derjenige, für welchen ein freiwilliger Intervenient zahlen wolle, bei der Zulassung dieser Intervention in eine günstigere Lage versetzt werde. Es sei daher auch kein Grund vorhanden, dem eine solche Intervention zurückweisenden Wechselinhaber den Regreß gegen denjenigen zu entziehen, für welchen die Ehrenzahlung angeboten worden sei. Es liege gar keine Conse-

quenz darin, anzunehmen daß der, für welchen die Zahlung angeboten worden, nicht dem, welcher durch die Zurückweisung derselben sie eigentlich sich selbst für den Honoraten geleistet habe, wechselmäßig verpflichtet sein solle.
Es sei gar nicht einzusehen, warum dieser negotiorum
gestor schlimmer daran sein solle, als der andere negotiorum
gestor. Wechselordnungen, welche dem Inhaber bei Zurückweisung einer freiwilligen Intervention den Regreß
auch gegen den, für welchen die Zahlung angeboten, abgeschnitten, hätten mit Recht starken Tadel erfahren.
Ja es sei selbst kein Grund vorhanden, dem Inhaber die
Provision abzusprechen, da er im Verhältniß zu einem
bloßen negotiorum gestor, von dem doch anzunehmen,
daß dieser auch die übliche Vergütung in Anspruch nehmen
werde, nicht schlechter gestellt werden dürfe.

Gegen diese Ansicht wurde jedoch eingewendet, daß 667
auch der unaufgefordert auftretende Intervenient Deckung
in Händen haben könne, und vielleicht von dem Honoraten
ausdrücklich — wenn auch nicht in dem Wechsel selbst —
zu der Intervention aufgefordert worden sei. Die Di-
stinction zwischen dem Nothadressaten und dem fremden
Intervenienten entbehre daher einer inneren Begründung
und würde überdieß auch ohne practische Bedeutung sein,
weil der Umstand, daß eine auf den Wechsel nicht ge-
nannte Person zur Ehrenzahlung bereit gewesen sei, sich
in den meisten Fällen nicht würde beweisen lassen.

Bei dieser Verschiedenheit der Ansichten wurde zur 668
Abstimmung geschritten, und mit 11 gegen 8 Stimmen
entschieden, daß der Inhaber durch Zurückweisung der
von einem freiwilligen Intervenienten angebotenen
Zahlung den Regreß gegen denjenigen, zu dessen Ehren
die Zahlung angeboten wurde, nicht verlieren solle.

Daß der Inhaber gegen die Nachmänner des Hono- 669
raten, welche durch die Annahme der Ehrenzahlung befreit worden wären, auch durch deren Zurückweisung, des
Regresses verlustig gehe, wurde allseitig anerkannt.

Zu dem ersten Absatze des §. 61 war man einver- 670
standen, den Ansatz von ⅓ Procent Provision als Norm
für den Regreß in dem Inlande anzunehmen. Inwiefern
auf die Bestimmungen der §§. 49 und 50 und in Be- 671
M. S. 61 Sp. 2. treff der Befugniß | des Ehrenzahlers zur Anfertigung
einer Retourrechnung auch auf die im §. 51 bestimmten
Ansätze zurückzuverweisen sei, wurde der Redactions-Commission überlassen.

Der Antrag eines der Herren Abgeordneten, unter 672
den zu erstattenden Spesen auch die Kosten des Protestes
Mangels Annahme zu erwähnen, wurde auf die Bemerkung, daß sich dies von selbst verstehe, zurückgenommen.

L. S. 132. In Beziehung auf den zweiten Absatz des §. wurde 673
von einer Seite erinnert: Wenn es auch billig sei, dem
nicht zur Zahlung gelangenden Ehrenacceptanten eine Provision zuzusprechen, so scheine doch jedenfalls die Bestimmung, daß er diese Provision ausschließend von dem Zahlenden zu fordern habe, nicht angemessen, weil die Ehren-

annahme nicht immer zu Gunsten des nachher Zahlenden ge=
schehe, auch es dem Ehrenacceptanten oft unmöglich sein
werde, zu erfahren, wer den Wechsel gezahlt habe. Nur der=
jenige, zu dessen Ehren acceptirt worden sei, habe die Pflicht,
diese Handlung zu remuneriren; dem Zahlenden dürfe
diese Pflicht nicht auferlegt werden, weshalb die letzten
Worte des §. dahin zu ändern sein dürften: „die Pro=
vision von demjenigen, zu dessen Ehren er intervenirte, zu
fordern." Von der anderen Seite stimmte man aber 674
unter der Bemerkung, daß der Ersatz der Provision und
aller übrigen aus der Zahlungsverweigerung entsprunge=
nen Kosten am Ende doch auf eine und dieselbe Person
zurückfalle, für Beibehaltung des Entwurfs und die hier=
nach zur Abstimmung gebrachte Frage: 675

> Ob die im zweiten Absatze enthaltene Bestimmung
> unverändert beibehalten werden solle?

wurde mit 26 gegen 3 Stimmen bejahend beantwortet.

Am Schlusse der Berathung über diesen §. wurde 676
von einem der Herren Abgeordneten ein Zusatz dahin
beantragt:

> Daß der Inhaber eines verfallenen und nicht ein=
> gelösten Wechsels jede vor Erhebung des Regresses
> angebotene Ehrenzahlung selbst dann, wenn nur
> theilweise Zahlung angeboten werde, annehmen müsse
> und wegen des Restes, sowie wegen der Kosten
> Protest zu erheben habe.

Zu Begründung des Antrages wurde angeführt: Da 677
dem Inhaber die Pflicht auferlegt worden sei, Theilzah=
lungen anzunehmen, so führe die Consequenz dahin, daß
er sich auch eine theilweise Ehrenzahlung gefallen lassen
müsse.

Dagegen wurde jedoch eingewendet: Wenn man die 678
theilweise Ehrenacceptation nicht zulasse, so könne man sich
auch nicht für die Zulassung einer theilweisen Ehrenzah=
lung aussprechen. Letztere würde überdies in vielen Fällen
und insbesondere dann, wenn von mehreren Seiten Theil=
zahlungen angeboten würden, zu großen Verwickelungen
führen, weil jedem einzelnen Intervenienten bezüglich des
von ihm gezahlten Betrages der Regreß verstattet werden
müßte.

Bei der hierauf erfolgten Abstimmung wurde der 679
Antrag mit 17 Stimmen gegen 2 abgelehnt.

In Ansehung der Redaction des zweiten Absatzes 680
des §. wurde der Wunsch geäußert, es möge dieselbe
andeuten, daß neben der dem Ehrenzahler gebührenden
Provision nicht auch noch eine Provision von Seiten des
Wechselinhabers angesprochen werden könne.

Bei dem ersten und dritten Absatze des §. 62 ver= 681
einigte man sich dahin, daß die Worte: „gegen Erstattung
der Kosten" zu streichen seien, weil der Aussteller auf
Verlangen, namentlich bei Wechseln auf fremde Plätze,
mehrere Exemplare zu geben pflege, ohne dafür eine Zah=

M. S. 62 Sp. 1.
L. S. 133.

lung in Anspruch | zu nehmen. Zum | zweiten Absatze wurde 682
von einem der Herren Abgeordneten vorgeschlagen, in
Uebereinstimmung mit dem Art. 147 des Französischen

Handelsgesetzbuches vorzuschreiben, daß auf jedem einzelnen
Wechselexemplare angegeben werden müsse, wie viele Exem=
plare ausgefertigt seien. Nur dadurch könne der Wechsel=
nehmer darüber, daß nicht mehr Exemplare existirten,
beruhigt werden. Es sei zwar nicht zu verkennen, daß 683
der sogenannten cassatorischen Clausel („Secunda, Ter=
tia rc. unbezahlt") zweierlei Bedenken entgegenständen.
Von dem theoretischen Standpunkte aus könne eingewendet 684
werden, daß diese Clausel nach ihrem Wortlaute nur auf
den Fall passe, daß die Vervielfältigung des Wechsels der
Sicherheit wegen geschehe, nicht aber dann, wenn das
eine Exemplar nur zum Accepte versendet werde. Aber
dieses theoretische Bedenken sei einem practischen Bedürf=
nisse gegenüber nicht erheblich und könne dadurch beseitigt
werden, daß die Zahl der Exemplare nicht mittelst der
üblichen cassatorischen Clausel, sondern in anderer Weise
z. B. durch die Worte: „gegen diesen vierfach ausgestell=
ten Wechsel", angedeutet werde. Von dem practischen 685
Standpunkte aus könne man ferner einwenden, daß, wenn
ein Secundawechsel für die verlorene Prima nach=
träglich verlangt werde, der Aussteller nicht in der Lage
sei, auf dem verlorenen Exemplare die cassatorische Clausel
nachzutragen. Allein einerseits treffe dieses Bedenken auch
den vorliegenden Entwurf, weil auf einen verlorenen
Solawechsel gleichfalls nicht nachgetragen werden könne,
daß er nur als Prima zu betrachten sei, andererseits
könne für diesen besonderen Fall dadurch geholfen werden,
daß das für die verlorene Prima nachträglich ausgefer=
tigte Exemplar nicht „Secunda", sondern „Duplicat der
verlorenen Prima" genannt werde. Diese Einrichtung
habe sich in dem Französischen Rechte bewährt, und sei
deshalb von den neueren auf jenes Recht gegründeten
Wechselordnungen beibehalten worden.

Gegen diesen Antrag wurde eingewendet, daß für 686
die vorgeschlagene Einrichtung kein practisches Bedürfniß
bestehe, und der Trassant in dem Momente der Ausstel=
lung des Wechsels nicht wissen könne, ob und wie viele
Exemplare später nachgefordert werden würden. Die
Nothwendigkeit einer Vervielfältigung des Wechsels trete —
wie dies auch in dem Entwurfe anerkannt werde — oft
erst später und successive hervor, und entwickle sich zu=
weilen aus Zeitverhältnissen, wie z. B. in Kriegszeiten
die Ausfertigung einer Quarta, Quinta rc. nothwendig
werden könne. Wer einen Wechsel nehme, müsse seinem
Vormanne vertrauen, und gegen Betrug könne die Wech=
selordnung nicht erschöpfenden Schutz gewähren.

Als hierauf die Frage: 687
    Soll ein dem Antrage entsprechender Zusatz zum
        zweiten Absatze des §. 62 gemacht werden?
zur Abstimmung kam, wurde dieselbe mit 18 Stimmen
gegen 1 verneint.

Ob ausdrücklich zu sagen sei, daß die Bezeichnung 688
des Wechsels, als: Prima, Secunda rc. in dem Conterte
des Wechsels enthalten sein müsse, wurde dem Ermessen
der Redactionscommission anheimgestellt.

§. 63.   Zum §. 63 wurde von einem Mitgliede der Ver- 689
sammlung erklärt:

L. S. 134.   Rücksichtlich der Wechselduplicate gehe der Entwurf
von dem ganz richtigen Principe aus, daß ungeachtet der
Mehrheit der Exemplare doch objectiv und materiell nur
ein Wechsel und eine Wechselverpflichtung vorhanden sei,
daß, da sich der Inhalt dieser Verpflichtung nicht nach
der Zahl der Exemplare zerstückeln lasse, jedes einzelne
M. S. 62. Ex. 2. Exemplar auch den ganzen | Wechsel repräsentire, und daß
sonach auch durch das, was mit dem einen Exemplare
vorgehe, der ganze Wechsel oder jedes Exemplar desselben
afficirt werde.   Von diesem im §. 63 hinsichtlich der
Bezahlung ausgesprochenen Principe würden nun aber
zwei Ausnahmen gemacht, 1) rücksichtlich des Falles, daß
die verschiedenen Exemplare von demselben Wechsel an
verschiedene Personen indossirt, und 2) rücksichtlich des
Falles, daß mehrere Exemplare desselben Wechsels acceptirt seien, indem in diesen Fällen der Indossant und der
Acceptant nicht einfach, sondern mehrfach haften sollten.
Nach den Motiven solle in beiden Fällen ein gleicher
Grund vorhanden sein.   Dem sei aber doch nicht so; denn
in dem ersten Falle wären die Indossamente an verschiedene Personen, verschiedene Handlungen, von welchen nothwendig jede besondere Folgen haben müsse und
welche sich nicht als ein und dasselbe Geschäft denken ließen.
Das Accept mehrerer Exemplare sei aber doch nach dem
oben angegebenen, für diese Materie leitenden Gesichts-
puncte nur immer ein Accept eines und desselben
Wechsels, wobei es nichts verschlage, ob es mehrmals auf
das eine Exemplar, oder auf die mehreren Exemplare
gesetzt werde, in welchem der eine Wechsel existire.

Die ganze Vorschrift unter No. 2 solle im Grunde 690
wohl nur herbeiführen, daß der Bezogene gerade sein Accept einlösen müsse, und zu dem Ende sei, da er ja sonst
nur — um gültig zu zahlen — ein nicht acceptirtes
Exemplar zu acceptiren brauche, angeordnet, daß er aus
jedem Accepte besonders hafte.   Dieses sei indeß eine nicht
zu verkennende Abweichung von dem über Wechselduplicate
angenommenen allgemeinen Grundsatze, indem dabei —
ohne daß ein gleicher Grund vorläge, wie bei der Indossirung verschiedener Exemplare an verschiedene Personen — eine objective Mehrheit von Wechseln als Consequenz einer Handlung angenommen werde, die sich doch
nur auf einen und denselben Wechsel beziehe, und eine
Mehrheit von Wechseln so wenig begründe, als die Ausgabe mehrerer Exemplare durch den Trassanten.

Auch scheine diese Abweichung nicht recht zu den 691
von dem Entwurfe hinsichtlich der Acceptation überhaupt
angenommenen Prinzipien zu passen.   Die Acceptation
sei darnach zur Erledigung des Wechselgeschäftes gar nicht
nothwendig, der Inhaber brauche die Acceptation gar
nicht zu suchen, und der Bezogene könne am Verfalltage
sehr wohl zahlen ohne acceptirt zu haben.   Die Acceptation sei also im Grunde nichts Wesentliches, und die
rücksichtlich der Duplicate gemachte Ausnahme führe nicht

nur zu der bereits bemerkten Anomalie, daß die mehreren Wechselexemplare durch einen Vorgang, welcher eigentlich nur einen Wechsel berühre, in mehrere selbstständige
Wechsel verwandelt würden, sondern auch zu der zweiten,
daß die Präsentation zur Zahlung das acceptirte Exemplar voraussetze. Könne der Bezogene cum effectu libe-

L. § 135. rationis nur auf dieses Exemplar zahlen, so sei es | schlecht-
hin nöthig, daß ihm nur dieses präsentirt, und nur,
wenn dieses nicht eingelöset werde, Protest und Regreß
zugelassen werde. Eine solche Bestimmung lasse sich aber
nicht wohl treffen, weil sie Beweise oder Präsumtionen
über das Vorhandensein eines acceptirten Exemplares voraussetze, welche sich nicht füglich anordnen ließen. Auch
sei im §. 65 ganz consequent die Präsentation, Protestirung und Regreßnahme mit einem nicht acceptirten
Duplicate gestattet, was sich mit dem §. 63 nicht wohl vereinigen lasse. Eine fernere Rücksicht scheine endlich darin zu liegen, daß die Beibehaltung des allgemeinen für
Duplicate geltenden Grundsatzes die Verhältnisse beim

M. S. 63 Sp. 1. etwanigen Verluste des Wechsels erleichtere. | Könne der
Bezogene mit Sicherheit auch ein nicht acceptirtes Exem-
plar einlösen, so werde dadurch in manchen Fällen das
Amortisationsverfahren überflüssig gemacht werden.

Es sei übrigens wohl zu beachten, daß dem Bezo- 692
genen auf keine Weise zugemuthet werden solle, ein
nicht acceptirtes Exemplar einzulösen. Die Einlösung des
Acceptes sei allerdings das Natürliche und Regelmäßige.
Die Consequenz erfordere nur soviel, daß man für eine
Abweichung hiervon nicht das Präjudiz mehrfacher Zahlung androhe, sondern dem Bezogenen gestatte, auch durch
das eingelöste nicht acceptirte Exemplar den Beweis der Libe-
ration zu führen. Es empfehle sich daher, die allgemeine
Regel auszusprechen, daß in den mehreren Exemplaren
nur ein Wechsel existire, der durch alles, was mit
einem Exemplare vorgehe, afficirt werde, und nur noch als
nähere Bestimmung das im §. 63 unter Nr. 1 Vorgeschriebene hinzuzufügen, die Nr. 2 aber hinwegzulassen.

Dieser Antrag fand indessen keine Zustimmung in 693
der Versammlung, vielmehr war man der Ansicht, daß
die Vorschriften unter Nr. 1 und 2 des §. 63 nicht
nur dem allgemeinen Herkommen, sondern auch dem
wahren Bedürfnisse des Wechselverkehrs entsprächen, und
eine Abweichung von denselben höchst bedenkliche Verwickelungen im Wechselverkehre besorgen lasse. Wolle man
dem Trassaten, welcher sein Accept auf mehrere Exemplare desselben Wechsels gesetzt habe, das Recht einräumen, sich durch die Einlösung eines dieser Exemplare
von seiner in Bezug auf die anderen Exemplare übernommenen Verpflichtung zu befreien, so würde jeder Inhaber eines acceptirten Wechsels der Gefahr ausgesetzt sein,
daß ihm der Inhaber eines anderen gleichfalls acceptirten
Wechselexemplars am Verfalltage in der Erhebung des
Geldes zuvorkomme. Auf eine solche Weise würde aber
die Sicherheit des Wechselgeschäftes gänzlich untergraben
werden. Zur Anwendung des im §. 63 unter Nr. 2.

aufgestellten Satzes bedürfe man keiner Präsumtionen, vielmehr habe der Inhaber eines acceptirten Exemplars die Beruhigung, daß der Acceptant ihm haftbar sei, derselbe möge nun sein Accept auf eines oder auf mehrere Wechselexemplare gesetzt haben. Während sowohl Trassanten als Indossanten in den Fall kommen könnten, mehrere Wechselexemplare unterzeichnen zu müssen, trete diese Nothwendigkeit für den Trassaten niemals ein. Thue er es unnöthiger Weise, so verdiene er keine Begünstigung, es sei

L. S. 136.   denn vielmehr ganz in der Ordnung, daß | der daraus entstehende Nachtheil ihn selbst und nicht die in gutem Glauben befindlichen Besitzer der verschiedenen acceptirten Exemplare treffe.

§. 64.   Zum §. 64 wurde bemerkt, daß von den im ersten **694** Absatze vorkommenden Worten „wo und bei wem" das erste oder die letzten überflüssig seien.

Einer der Herren Abgeordneten war der Meinung, **695** daß auch der Satz „das Unterlassen ꝛc." als überflüssig gestrichen werden könne. Hierauf wurde aber entgegnet, daß dieser Satz nicht zu entbehren sei, weil sonst aus dem ersten Satze gefolgert werden könne, daß ein ohne den fraglichen Vermerk ausgefertigtes Exemplar ungültig sei; einer solchen Annahme müsse aber durch eine ausdrückliche Vorschrift vorgebeugt werden.

Von anderer Seite wurde in Frage gestellt, ob nicht **696** der ganze erste Absatz, welcher eine Vorschrift, aber keine rechtliche Folge für die Nichtbeobachtung derselben enthalte, wegfallen oder doch mit dem ersten Satze des §. 65 in Verbindung gebracht werden könne, welcher das eigent-

M. S. 63 Sp. 2.   lich Dispositive | enthalte. Es wurde dieses weiterer Erwägung bei der Redaction vorbehalten.

Bei dem zweiten Absatze ergab sich eine Verschieden- **697** heit der Ansichten in Ansehung der Worte: „der sich als Indossatar oder auf andere unverdächtige Weise zur Empfangnahme legitimirt". Einige Mitglieder der Versammlung wollten statt derselben die Worte: „der sich als rechtmäßiger Inhaber legitimirt" setzen, während An- **698** dere für die Beibehaltung des Entwurfs unter Hinweglassung des Wortes: „unverdächtige" sich erklärten.

Für die letztere Ansicht wurde auf gestellte Umfrage **699** mit 15 Stimmen gegen 4 entschieden.

Eine weitere Streitfrage betraf die Verpflichtung des **700** Depositars zur Herausgabe des zum Accepte versandten Exemplars. Einer der Herren Abgeordneten war nämlich der Ansicht, man solle den Verwahrer des zum Accepte versandten Exemplars in dem Falle, daß dasselbe noch nicht acceptirt sei, nicht zur Herausgabe desselben verpflichten, da die nicht acceptirte Prima dem Besitzer der Secunda nichts nütze, durch die Rückbehaltung derselben aber die Möglichkeit gegeben sei, daß das Geschäft später noch in Ordnung gebracht werde. Dagegen wurde **701** aber bemerkt, daß der Inhaber der Secunda als Eigenthümer der Prima anzusehen und der Depositar daher der letzteren daher nicht berechtigt sei, dieselbe dem Inhaber der Secunda vorzuenthalten. Wenn man das Gegentheil sta-

tuiren wolle, so würde der Depositar jederzeit die Herausgabe unter dem falschen Vorwande, daß die Acceptation nicht zu erlangen gewesen sei, verweigern können,
und vielfältige Gelegenheit zu Collusionen zwischen dem
Deponenten und dem Depositar gegeben sein.

Hierauf wurde darüber: 702

> Ob der §. 64 im Sinne des gestellten Antrages
> abgeändert werden solle?

abgestimmt und die Frage mit 18 Stimmen gegen 1
verneint.

§. 65.   In Beziehung auf den §. 65 war der Königlich Säch- 703
L. S. 137.   sische Abgeordnete, Herr Vicepräsident Dr. Einert der
Ansicht, daß die Bestimmung unter No. 1 genüge | und
daher No. 2 zu streichen sei, indem man dem Inhaber
nicht zumuthen solle, so viele Schritte im Interesse der
Vormänner zu thun. Zur Unterstützung dieser Ansicht
wurde von einem anderen Herrn Abgeordneten geäußert:

Man dürfe wenigstens die Anomalie nicht verkennen, welche in dem Regreßgange liege, der durch die
Bestimmung unter No. 2 des §. 65 angeordnet sei. Es
sei hier vorgeschrieben, daß ein Duplicat, und zwar ein
nicht acceptirtes, beim Bezogenen zur Zahlung präsentirt
und protestirt und erst, wenn dieses geschehen, der Regreß Mangels Zahlung genommen werden solle. Nun
könne nach dem §. 63 der Bezogene auf ein solches nicht
acceptirtes Exemplar, wenn ein acceptirtes existire, nicht mit
der Wirkung der Befreiung zahlen. Die Existenz eines acceptirten sei aber in dem vorliegenden Falle vorauszusetzen,
da es sich eben um den Regreß bei verweigerter Auslieferung des zum Accepte versandten Exemplars handle.
Es liege also der Fall vor, daß der Inhaber vom Bezogenen etwas fordern müsse, was dieser nicht mit voller
Rechtswirkung leisten könne, also eine Abweichung von
der den Regeln über Präsentation zur Zahlung und über
Regreß überhaupt zum Grunde liegenden Rechtsansicht. Der
Bezogene, der das nicht acceptirte Exemplar einlöse, setze
sich einer doppelten Zahlungspflicht aus. Es sei wider-
sprechend, den Inhaber zu verpflichten, daß er den Be-
M.S.64 Sp.1. zogenen um die Zahlung eines | indebiti ersuche und über
dessen Weigerung, eine Liberalität zu üben, protestiren
lasse, und ihm erst unter dieser Voraussetzung den Regreß wegen Nichtauslieferung des Acceptes zu gestatten.
Es scheine sonach allerdings angemessener, den letzten
Satz des §. 65 hinwegzulassen.

Dieser Antrag wurde indessen nicht weiter verfolgt, 704
da die Mehrheit der Versammlung sich für den Entwurf
erklärte, welcher nicht nur mit der allgemeinen Praxis
übereinstimme, sondern auch durch den Umstand gerechtfertigt werde, daß die Secunda mit Nothadressen versehen sein könne, welche sich nicht auf der Prima befänden. Eine Abweichung von der den Vorschriften über Präsentation zur Zahlung und über Regreß unterstellten Rechtsansicht könne in der Vorschrift des §. 65 nicht gefunden
werden, weil kein Grund zu der Vermuthung gegeben
sei, daß der Verwahrer des zum Accepte versandten

Exemplars die Acceptation desselben bewirkt habe; es sei ebensowohl gedenkbar, daß er das ihm zugeschickte Exemplar dem Bezogenen nicht präsentirt, oder daß dieser die Acceptation verweigert habe. Zudem komme in Betracht, daß der Entwurf bei verweigerter Auslieferung der Prima den Regreß nicht bloß (wie der Sächsische Entwurf im §. 190 und der Braunschweigische Entwurf im §. 19) bis auf den Versender der Prima, sondern gegen die

M. S. 64 Sp. 2. Wechselverpflichteten allgemein statuire. Die | Präsentation und Protestation beim Bezogenen selbst sei nach dieser Voraussetzung nicht füglich zu erlassen.

§. 66.   Zum §. 66 wurde bezüglich der Redaction dessel- 705 ben nothwendig gefunden, daß auf der Copie bemerkt werden müsse, wo das Original anzutreffen sei.

§. 67.   Beim §. 67 wurde die Bemerkung gemacht, daß 706 die Bestimmung dieses Paragraphen (im Gegensatze zu der Vorschrift des §. 62) sowohl die von dem Aussteller als die von einem späteren Inhaber veranstalteten Abschriften betreffe.

L. S. 138.   Man theilte diese Ansicht, hielt indessen eine Andeutung darüber in dem Gesetze nicht für nothwendig.

§. 68.   Zum ersten Absatze des §. 68 schien einem der Herren 707 Abgeordneten eine strengere Vorschrift über die Legitimation des Besitzers einer Copie, als über die Legitimation des Besitzers eines Duplicates erforderlich. Da indessen ein genügender Grund zu einer solchen Unterscheidung zwischen dem Besitzer einer Copie und dem Besitzer eines Duplicates von der Versammlung nicht anerkannt wurde, so ward der deßhalb gemachte Vorschlag zurückgezogen.

In Ansehung des Wortes „unverdächtig" nahm man 708 auf den Beschluß zum §. 64 Bezug, nach welchem dasselbe auch hier zu streichen sei.

XXII.

Leipzig, den 17. November 1847.

—

M. S. 64 Sp. 1.   Nach Vorlesung des Protocolles über die gestrige 709 Conferenz wurde von einem der Herren Abgeordneten nachträglich zum Abschnitte X., die Vervielfältigung eines Wechsels betreffend, zur Erwägung gestellt, ob nicht zweckmäßig noch ein den §§. 179 und 190 des Sächsischen Entwurfs entsprechender Zusatz zu machen sein werde, betreffend den Fall, wenn ein Bezogener die Annahme oder respective die Zahlung eines Wechsels unter dem Vorgeben verweigere, daß er bereits ein anderes Exemplar acceptirt oder eingelöst habe, auch dieses Exemplar nicht herbeigeschafft werden könne. Obwohl von noch einer Seite empfohlen, ward dennoch von mehreren anderen Seiten eine solche Vorschrift für unnöthig erachtet, da die im Abschnitte X. und XVI. gegebenen Bestim-

mungen hinreichen würden, um so mehr, als namentlich
der im §. 179 des Sächsischen Entwurfs behandelte Fall
sehr selten vorkommen werde, indem er voraussetze, daß
mehrere Exemplare desselben Wechsels an verschiedene Personen indossirt seien.

Unter diesen Umständen erklärte der Herr Abgeordnete, von welchem der Gegenstand angeregt war, daß er
von Verfolgung desselben absehe.

§. 69. 70. Die §§. 69 und 70 wurden bei der Berathung 710
zusammengefaßt. Nach kurzer Begründung derselben von
Seiten des Herrn Referenten, wobei dieser übrigens selbst
schon auf die Räthlichkeit einer Verlängerung der im
§. 70 bestimmten Frist hinwies, äußerte der Frankfurter
Abgeordnete, Herr Syndicus Dr. Harnier, seine Ansicht dahin, daß der Forderungsberechtigte aus einem ver-

M. S. 64. Sp. 2. lorenen Wechsel dem Acceptanten, | seines Acceptes wegen,
mindestens auf die Zeitdauer der Wechselverjährung Si-
cherheit zu leisten habe, und daß es angemessener sei, das
Amortisationsverfahren erst nach Ablauf der Verjährungsfrist zuzulassen. Er machte dabei auf das Bedenkliche

L. S. 139. jedes Amortisationsverfahrens, insbesondere aber auf | das
Bedenkliche der Amortisation von Wechselurkunden aufmerksam, zumal da das Indossament in blanco mit
allgemein gültiger Wirkung zugelassen sei. Auch bezog
er sich zur näheren Begründung seiner Ansicht auf
das in Frankfurt nach Art. 45 der Wechselordnung
von 1739 und Art. 95 der Proceßordnung von 1819
zur Anwendung kommende Verfahren, welches sich
seit einer langen Reihe von Jahren als sachgemäß bewährt habe. Hiernach sei die Klage auf Einlösung des
verlorenen Wechsels von dem Amortisationsverfahren getrennt, der Acceptant des verlorenen Wechsels nur gegen
richterliches Erkenntniß und nach Leistung genügender
Sicherheit zur Zahlung verpflichtet, die geleistete Sicherheit aber erst nach Ablauf der Verjährungsfrist und nach
alsdann erfolgter Amortisation des verjährten Wechsels
zurückzustellen. In Uebereinstimmung hiermit schlage er
vor, dem §. 69 folgende Fassung zu geben:

> Der Forderungsberechtigte aus einem verlorenen
> Wechsel kann von dem Acceptanten nur Zahlung
> verlangen, wenn er demselben genügende Sicherheit
> gegen die Ansprüche Dritter leistet und ein gericht-
> liches Erkenntniß über die Zahlungspflicht erwirkt.
> Diese Sicherheit kann erst nach Ablauf der Ver-

M. S. 65 Sp. 1. > jährungsfrist und hierauf erfolgter Amortisation | des
> verlorenen Wechsels aufgehoben werden. Die Ko-
> sten trägt der Empfänger der Zahlung.

Die hierauf folgende ausführliche Erörterung betraf 711
vornämlich theils die Zulässigkeit der Mortification und
die Bedingungen derselben, theils das Mortificationsverfahren und die Frage, ob darüber Bestimmungen in das
Gesetz aufzunehmen seien.

Gegen die Zulässigkeit der Mortification wurde im 712
Laufe der Verhandlung zwar geltend gemacht, daß die
Mortification einer Schuldurkunde, welche auf der Fiction

beruhe, daß die öffentliche Aufforderung wirklich zur Kennt=
niß der Betheiligten gekommen sei, in rechtlicher wie in
prozeſſualiſcher Beziehung große Bedenken gegen sich habe,
daß vielmehr das Mortificationserkenntniß seinem wahren
Wesen nach nichts sein könne und dürfe, als die gerichtliche
Beurkundung des Eintritts einer Thatsache, an welche
das Geſetz die Erlöschung des Rechts knüpfe.   Dagegen 713
wurde die Mortification vertheidigt, als ein poſitives In=
ſtitut, was sich freilich nicht aus allgemeinen Rechts=
grundſätzen herleiten oder darauf stützen laſſe, indeß durch
das Bedürfniß geboten sei, und faſt überall schon, nicht
nur bei Wechſeln, ſondern ſelbſt bei Papieren auf den
Inhaber, sich Bahn gebrochen habe.

Wenn man Mortification vom Verfalltage an zu= 714
laſſe, so sei sie nur Abkürzung der Verjährungsfriſt und
wenig bedenklich, da man verfallene Wechſel nicht im
Portefeuille zu behalten pflege.

Auf diese letzte Bemerkung wurde zwar entgegnet, 715
daß der Fall sehr häufig sei, daß Wechſel lange nach
Verfall präſentirt würden; indeß wurde hierauf nur die
Anſicht gegründet, daß man bei den Beſtimmungen über
Mortification entweder auf die Verjährungszeit Rückſicht
nehmen oder die Meldungsfriſt ausdehnen müſſe.

L. S. 140.   Unter Vorausſetzung der Zuläſſigkeit der Mortifica= 716
tion überhaupt, einigte man sich bald dahin, daß sie
in keinem Falle vor Eintritt des Verfalltages zugelaſſen
werden dürfe, was jedoch, nach einer gegebenen ausdrück=
lichen Erläuterung, den Richter nicht an Einleitung des
Mortificationsverfahrens schon vor dem Verfalltage hin=
dern, ſondern nur die Bedeutung haben solle, daß erſt
nach dem Verfalltage die Meldungsfriſt zu laufen an=
fangen und alſo die Mortification auch erſt nach Verfall
erfolgen dürfe.

In Bezug auf die Frage, ob Mortification schon 717
vor oder erſt nach Ablauf der Verjährungsfriſt zuge=
laſſen werden solle, ward zunächſt hervorgehoben, daß der
Unterſchied des von dem Frankfurter Herrn Abgeordneten
vorgeſchlagenen Verfahrens von dem, welches der Entwurf
vorſchreibe, hauptſächlich eben darin liege, daß jenem zu=
folge die Mortification erſt nach Ablauf der Verjährungs=
zeit geschehen dürfe. Denn darauf, daß nach dem Antrage
des Frankfurter Herrn Abgeordneten auch eine Klage auf
Sicherheitsleiſtung angeſtellt werden müſſe, bevor das
Mortificationsverfahren eingeleitet werden könne, sei wenig
Gewicht zu legen, indem dies eine bloße Form sei, welche
nicht zur wirklichen Erledigung der Sache führe.   Die
Vorſchriften des Entwurfs seien einfacher und zugleich
dem Verlierenden günſtig.

Dawider machte man aber geltend, daß die Zuläſ= 718
ſigkeit der Mortification erſt nach Ablauf der Verjäh=
rungszeit nicht nur in manchen Particulargeſetzen, z. B.
in den Sächſiſchen, vorgeſchrieben, ſondern daß auch gu=
ter Grund dazu vorhanden sei.   Nicht der Verlierende,
ſondern der unbekannte Beſitzer müſſe berückſichtigt werden.

M. S. 65 Sp. 2. Dieſer ſolle von seinem Rechte, | den Wechſel beim Bezoge=

nen geltend zu machen, zurücktreten, und dazu genüge
es nicht, ihm, wie der Entwurf wolle, nur ein für
alle Mal eine zweimonatliche Frist zu setzen.

Erwiedert wurde, man habe nicht nur für den 719
Fall Bestimmung zu treffen, daß ein unbekannter In=
haber des Wechsels existire, sondern müsse auch auf den
Fall Rücksicht nehmen, daß der Wechsel vernichtet oder
wenigstens in Niemandes Hände wieder gekommen sei.
Vielleicht lasse sich zweckmäßiger Weise bestimmen, daß
die Caution zurückgegeben werden solle, wenn die Ver=
jährungszeit abgelaufen sei, daß also die Verjährungszeit
der Mortification gleich stehen solle.

Als nun die Frage zur Abstimmung gebracht wurde: 720
　　Soll die Mortification erst nach Ablauf der Ver=
　　jährungsfrist erfolgen können?
ward sie von 10 Stimmen gegen 9 verneint.

Hiernächst kamen die einzelnen Vorschriften über das 721
Verfahren zur Besprechung. Während man einstimmig
der Ansicht war, daß die im §. 70 gesetzte Frist der
Einforderung des Wechsels erweitert werden müsse, waren 722
dagegen die Meinungen über die näheren Bestimmungen
sehr getheilt. Von einigen Seiten wurde die Festsetzung
des geringsten Maaßes der Frist, von anderen zugleich
die Bestimmung der zulässigen längsten Fristdauer für
angemessen gehalten; von noch anderen auch eine Vor=
schrift darüber gewünscht, wie oft und in welchen Blät=
L. S. 141. tern die Edictalien zu erlassen seien. Je weniger aber
hierüber eine Vereinigung zu erwarten war, desto größeren 723
Anklang fand bei Vielen die Ansicht, daß es am Besten
sei, im Gesetze nur das Princip (etwa den ersten Satz
des §. 70 in veränderter Fassung) auszusprechen, aber
keine Einzelnheiten zu geben, sondern diese der Landes=
gesetzgebung und der richterlichen Bestimmung zu über=
lassen. Ungeachtet hierwieder der Einwand erhoben wurde,
daß man auf diesem Wege zu sehr großen Verschieden=
heiten kommen werde, wurde doch die Frage:
　　Sollen außer dem ersten Satze des §. 70 über=
　　haupt Vorschriften über das Mortificationsverfah=
　　ren gegeben werden?
von 11 Stimmen gegen 8 verneinend entschieden.

Noch kam im Hinblick auf den §. 69 zur Frage, wie 724
der Eigenthümer eines verlorenen Wechsels sich als sol=
cher ausweisen und den Verlust darthun solle. Man
ging jedoch hierüber hinweg, da einerseits zwar die Schwie=
rigkeiten der Legitimation und des Beweises anerkannt
wurden, andererseits aber auch, daß Bestimmungen dar=
über in die allgemeine Wechselordnung nicht gehörten.

Als Fassungssache endlich wurde bezeichnet, daß im 725
§. 69, Zeile 3 die Worte: „durch Pfand oder Bürgen",
in Folge des zum §. 26 gefaßten Beschlusses zu streichen,
in der vierten Zeile statt des Satzes: „daß die Amortisa= 726
tion erfolgen werde", ein allgemeinerer Ausdruck, z. B.
bis zu erfolgter Mortification, oder: bis zur Beendigung
des Mortificationsverfahrens, zu wählen sein möchte; so=
wie, daß der Schluß des ersten Absatzes im §. 69 zu 727

ändern und der erste Saß des §. 70 dahin zu erweitern 728
sein werde, daß er die Statthaftigkeit der Mortification
bestimmt ausspreche.

§. 71 u. 72.　　Hierauf ging man zu den §§. 71 und 72 über. Herr 729
Vicepräsident Dr. Einert war der Meinung, daß die
Bestimmungen dieser §.§. auch auf fingirte (sogenannte
Kellerwechsel) auszudehnen seien. Dagegen erhoben
sich jedoch viele Stimmen, welche theils eine ganz allge-
M. S. 66 Sp.1. meine Anwendung | der §§. 71 und 72 auf derartige
Wechsel für nicht unbedenklich, theils Vorschriften über
selbige für unnöthig hielten. Die Frage:

> Soll in dem Entwurfe auch der fingirten Wechsel
> Erwähnung geschehen?

ward hierauf zur Abstimmung gebracht und mit 15 Stimmen gegen 4 verneinend entschieden.

Sodann machte Einer der Herren Abgeordneten dar- 730
auf aufmerksam, ob nicht die Vorschriften des §. 71,
verglichen mit denen des §. 4, weiter gehen möchten, als
man gehen wollte — ob nämlich der Aussteller eines
Wechsels, wenn er den Namen eines Anderen oder einen
fingirten Namen unterschreibe, dann nicht aus seiner Unterschrift, sofern er sie anerkenne, auch wechselmäßig haften
müsse? — Auf die Gegenbemerkung jedoch, daß nach dem
Civilrechte eine solche Haftung vielleicht eintrete, eine Bestimmung darüber aber hierher nicht zu gehören scheine,
ging man auf den Gegenstand nicht weiter ein.

Ferner hielt der Meklenburgische Abgeordnete, Herr 731
Professor Thöl, eine Ausnahme von den Bestimmun-
L. S. 142. gen der §§. 71 und 72 für nöthig, indem nach | seiner
Ansicht der Acceptant dem ersten Nehmer eines falschen
oder verfälschten Wechsels nicht verhaftet sein dürfe, sondern nur den weiteren Indossataren. Denn der Nehmer
eines Wechsels sei schuldig und im Stande, sich über den
Geber zu vergewissern.

Das Letztere ward indeß nicht als stets zutreffend 732
anerkannt, da in vielen Fällen der Nehmer den Wechsel
aus den Händen eines Maklers empfange, und in gar
kein unmittelbares Verhältniß zu dem Aussteller trete,
also die vorgeschlagene Bestimmung nicht als durchgreifende
Regel aufgestellt werden könne. Zur Abstimmung kam
es jedoch nicht, weil Herr Professor Thöl auf seinen
Vorschlag nicht bestehen zu wollen erklärte.

Hieran knüpfte sich die Erörterung einer anderen 733
Frage. Der Oesterreichische Herr Abgeordnete beantragte
nämlich einen Zusaß zum §. 71, dem zu Folge der Inhaber eines verfälschten Wechsels nur dann geschützt werden
solle, wenn er sich, was allerdings zu präsumiren sei, in
bona fide befinde.

Ihm stimmte Herr Vicepräsident Dr. Einert we-
nigstens insofern, als von eigentlicher Verfälschung die
Rede sei, mit Beziehung auf den §. 254 des Sächsischen
Entwurfs bei.

Auch von anderen Seiten äußerte man sich zu Gunsten des vorgeschlagenen Zusaßes, weil man unmöglich
den bösen Glauben in Schuß nehmen könne.

Dawider ward angeführt: es handle sich hier nur 734
darum, ob eine Vorschrift in das Gesetz aufgenommen,
also ob der Beweis der mala fides im Wechselprozesse
zugelassen werden solle.   Während nun in Bezug hierauf
Einige der Ansicht waren, daß die Sache auch ohne eine
besondere Bestimmung sich von selbst mache, weil, wenn
die mala fides sofort klar gemacht werden könne, kein
Richter den Beklagten verurtheilen werde, sonst aber
die Einrede im Wechselprozesse wegfalle: glaubten Andere ·
die Entscheidung schon in den Vorschriften des §. 93
zu finden.   Denn verstehe man die zweite Bestimmung
des §. 93 (wie es richtig scheine) dahin, daß darunter
die exceptio doli begriffen sei, so bedürfe man des vor=
geschlagenen Zusatzes nicht.

Dieser Auslegung wurde entgegengesetzt, daß zwar 735
wohl die exceptio doli unter die Bestimmung des §. 93
falle, nicht aber die exceptio falsi, welche vielmehr, wenn sie
zulässig sein solle, beim §. 71 berücksichtigt werden müsse.

M. S. 66 Sp. 2.
Indeß fand doch nicht nur diese Ansicht Widerspruch,
sondern man wendete auch gegen den fraglichen Zusatz
noch ein, daß die bona fides ein schwankender Begriff sei,
der, wenn eine Vorschrift darüber getroffen werden solle,
nothwendig näher bestimmt werden müsse, was zu einer
bedenklichen Definition führe.

Bei der dann folgenden Abstimmung wurde die 736
Frage:

> Soll im §. 71 Zeile 3 der beantragte Zusatz: „dem
> Inhaber im guten Glauben gegenüber," eingeschaltet
> werden?

mit 15 Stimmen gegen 4 verneinend beantwortet.

Endlich kam bei diesen §§. noch in Anregung, ob 737
der bonae fidei possessor eines gestohlenen oder verlorenen
L. S. 143.
Wechsels dem wahren Eigenthümer vorgehen oder | nach=
stehen solle? Die Hamburgischen Herren Deputirten von denen
diese Frage aufgeworfen ward, glaubten, daß dieselbe in Be=
ziehung auf Wechsel unabhängig von den allgemeinen Be=
stimmungen des Civilrechts, eine besondere Entscheidung
verdiene, und zwar dahin, daß die Vindication gegen
den Besitzer, welcher den Wechsel mit richtigem Titel und
in gutem Glauben erworben habe, unstatthaft sei. Dies for=
dere die Sicherheit des Wechselverkehrs; aber die Gerichte
seien nicht durchgängig dieser Meinung; wenigstens habe
vor Kurzem das Oberappellationsgericht zu Lübeck in ent=
gegengesetzter Weise entschieden, welche Entscheidung großes
Aufsehen erregt habe und zeige, wie nothwendig es sei,
in dieser Hinsicht ein den Bedürfnissen des Wechselverkehrs
entsprechendes Prinzip aufzustellen. Auch Herr Vicepräsident
Dr. Einert war der Ansicht, daß dieser Punct in der
Wechselordnung berührt werden müsse, wiewohl er in der
Sache selbst unterscheiden zu müssen glaubte, ob der Vin=
dicant durch ein vollständiges Giro sich zu legitimiren ver=
möge oder nicht, indem nur im ersten Falle eine Vindi=
cationsbefugniß angenommen werden könne.

In gleichem Sinne mit den Herren Antragstellern
sprachen sich mehrere Stimmen aus, welche den Vor=

schlag insbesondere auch als Consequenz des Grundsatzes unterstützten, daß der Forderungsberechtigte, Eigenthümer, des Papiers sei.

Andere hielten dafür, daß die Entscheidung der an= 738 geregten Frage aus dem §. 36 entnommen werden könne, daß man indeß auch keinen Anstand zu nehmen brauche, eine ausdrücklichere Bestimmung zu treffen, indem es dabei nicht auf die Regeln des Civilrechts, über welche hier nichts vorzuschreiben sei, sondern allerdings auf das Wechselrecht ankomme. Es handle sich nämlich bei der Vindication eines Wechsels in der Hauptsache nicht um das Eigenthum an dem Papiere, sondern um die Be= fugniß zur Geltendmachung der mit dem Wechsel verbun= denen Rechte, und eigentlich könne man in den hierher gehörigen Streitfällen keine reine Eigenthumsstreitigkeiten, sondern nur Conflicte über persönliche Rechte und deren Zu= ständigkeit erblicken. Zum Besitze des Papierstückes sei nicht derjenige befugt, der nach den Regeln von domi= nium und rei vindicatio Eigenthümer sei, sondern nur der, dem jene persönlichen Rechte wirklich zuständen. Hierüber entscheide aber nicht das Civil= sondern das Wechselrecht, und man sei für die angeregten Verhält= nisse daher recht eigentlich auf das Wechselrecht verwiesen.

Gerade wegen der Bestimmungen im §. 36 sahen 739 noch Andere eine Vorschrift über diesen Gegenstand als nothwendig an, und bezogen sich außerdem darauf, daß die Ansicht sich immer mehr Bahn breche, der Wechsel sei eine Art von Papiergeld und nicht blos Beweis= mittel.

M. S. 67 Sp. 1. Mehrere der Herren Abgeordneten erklärten sich 740 aber gegen den Vorschlag und führten an: Die Be= stimmung gehöre in das Civilrecht, und wenn sie hier in Bezug auf Wechsel auch in einiger Rücksicht wün= schenswerth sein möge, so erscheine ihre Aufnahme in die Wechselordnung doch bedenklich, weil in den einzelnen Ländern das System der Gesetzgebung in Betreff der Vindication äußerst verschieden, und schon deshalb eine darin eingreifende einzelne Bestimmung in der Wechsel=

L. S. 144. ordnung | sehr mißlich sei; weil ferner (wie schon vorhin bei anderer Gelegenheit vorgekommen) ohne Bestimmung dessen, was bona fides sei, die Vorschrift nicht getroffen, und ohne Aenderung des §. 36 der Antrag consequenter Weise nicht angenommen werden könne.

Nach geschlossener Berathung ward die Frage allge= 741 mein dahin gestellt:

> Soll über die Vindication gestohlener oder verlo= rener Wechsel etwas bestimmt werden?

und mit 10 Stimmen gegen 9 verneint, zu welchen letz= teren namentlich das Votum des Oesterreichischen Herrn Abgeordneten und der Herren Abgeordneten von Lübeck, Frankfurt und Hamburg, gehörte.

Die §§. 73 und 75 wurden bis zu der noch bevor= 742 stehenden weiteren Berathung über die §§. 44 bis 48 ausgesetzt.

Bei dem §. 74 kam in Frage, ob nicht auch der 743

Solidarität in Beziehung auf die Wechselgläubiger Erwähnung geschehen müsse. Man hielt dies jedoch nicht
für nöthig, da zufolge der vom Herrn Referenten gegebenen Erläuterung, wogegen sich kein Widerspruch erhob,
nach Absicht des Entwurfs active Solidarität nicht Statt
finden solle.

Dagegen beschloß man, durch die Fassung zweifel- 744
los stellen zu lassen, daß weder das beneficium divisionis noch das beneficium excussionis zulässig sei.

Auch war man über die Unstatthaftigkeit einer in 745
integrum restitutio gegen Wechselerklärungen einverstanden; jedoch verschiedener Meinung, ob darüber eine Vorschrift aufzunehmen sei. Bei der Abstimmung entschieden
sich 10 Stimmen dafür und 9 dagegen.

§. 76. 77.   Zu den §§. 76 und 77 schlug der Oesterreichische 746
Abgeordnete, Herr Hofrath Dr. Heisler, eine verän-
derte Fassung vor. Es solle vorausgeschickt werden:

Die wesentlichen Erfordernisse eines im Auslande
ausgestellten Wechsels, sowie jeder anderen im Auslande ausgestellten Wechselerklärung, und die im
Auslande zur Ausübung oder Erhaltung des Wechselrechts vorgenommenen Handlungen werden nach
den Gesetzen des Orts beurtheilt, an welchem die
Erklärung erfolgt oder die Handlung vorgenommen
worden ist.

Dann solle der zweite Absatz des §. 76 sich an-
schließen; der dritte Absatz aber, sowie der §. 77 würden,
da sie schon in der beantragten Fassung enthalten seien,
wegfallen.

Der Sächsische Abgeordnete, Herr Georgi, aber 747
brachte in Vorschlag, die Bestimmung aufzunehmen:

Daß ein Ausländer, welcher im Inlande eine
wechselmäßige Verpflichtung übernommen habe, daraus hafte, wenn er auch nur nach den Gesetzen des
Inlandes wechselfähig sei.

Derselbe berief sich zur Begründung dieses Vorschlages auf den jetzigen Stand der Verkehrsverhältnisse, welcher sehr oft Einkäufer aus dem fernen Auslande nach
Deutschland, namentlich nach den Meßplätzen führe. Diese
M. S. 67 Sp. 2. Ausländer gingen | daselbst Wechselverbindlichkeiten ein, und
L. S. 145. deßhalb sei es erforderlich, daß rücksichtlich solcher Ver-
bindlichkeiten die persönliche Wechselfähigkeit der Ausländer, im Interesse der Inländer, nach dem diesseitigen Gesetze beurtheilt werde, besonders wenn in dem letzteren die
Wechselfähigkeit so, wie beschlossen worden, ausgedehnt werde.

Dieser Vorschlag ward von mehreren Seiten mit
Berufung auf das, was in England und Frankreich als
Recht gelte, hauptsächlich aber mit Rücksicht auf das practische Bedürfniß unterstützt. Auch Herr Vicepräsident Dr.
Einert erklärte sich für denselben, weil im Wechsel-
und überhaupt im Handelsgeschäfte die Regel des Civilrechts: quisquis debet gnarus esse conditionis ejus cum
quo contraxit, ohne Störung des Verkehres nicht anzuwenden sei, überdies der Ausländer, der im Inlande contrahire,
als subditus temporarius den Gesetzen des Inlandes sich

unterwerfe, und jeden Falls, wenn er, obwohl nicht wech=
felfähig, doch Wechselerklärungen abgebe, sich als wechsel=
fähig gerire, mithin sich nicht beklagen könne, wenn er
auch so angesehen werde.

Weiter ward für den Vorschlag angeführt: Die Wech=
selfähigkeit sei nach dem Entwurfe Regel, nicht mehr, wie
ehemals gewöhnlich, Ausnahme und Privilegium. Sei
nun im Auslande der umgekehrte Fall, so habe man
diesseits wenigstens keine Verpflichtung, die Privilegien Frem=
der in Bezug auf Handlungen, welche dieselben im Inlande
vornehmen, anzuerkennen. Allein von mehreren Seiten war 748
man entschieden anderer Meinung, indem man auf den
(wie angeführt wurde) allgemein anerkannten Satz des
internationalen Rechts sich bezog, daß die persönliche
Rechtsfähigkeit nach den Gesetzen des Wohnortes zu beur=
theilen sei. Insbesondere gab der Oesterreichische Herr
Abgeordnete nachstehende Erklärung ab:

Wenn es sich darum handle, nach welchen Gesetzen die
Wechselfähigkeit der Personen, welche Wechselverbindlich=
keiten übernehmen, zu beurtheilen sei, so müsse nach
seiner Ansicht diese Fähigkeit als eine persönliche Eigen=
schaft, nothwendig nach den Gesetzen des Staates, welchem
der Wechselverpflichtete angehöre, beurtheilt werden. Auf
diese Art sei diese Frage in den §§. 10 und 11 des
Oesterreichischen Entwurfs einer Wechselordnung in Ueber=
einstimmung mit den §§. 4 und 34 des Oesterreichi=
schen bürgerlichen Gesetzbuches gelöst worden.

Der in dem zweiten Satze des §. 1 des Sächsischen 749
Entwurfs aufgenommene Grundsatz hingegen, wogegen ein
nicht wechselfähiger Ausländer, wenn er im Inlande eine
Handlung vornimmt, welche Wechselverbindlichkeit erzeugt,
in Betreff der Wechselfähigkeit nach den Gesetzen des In=
landes beurtheilt wird, greife in das internationale Recht
ein. Dieser Satz ziele dahin, den Ausländer temporär
in einen Inländer umzugestalten, und werde zu diplomati=
schen Reclamationen, zur Unvollstreckbarkeit der gefällten
Urtheile in jedem Deutschen oder anderen Staate, welchem
der Wechselverpflichtete angehöre, und zu unangenehmen
Reciprocitätsmaaßregeln führen, und auf diese Art, wenn
nicht in allen Deutschen Staaten durchaus gleiche Grundsätze
über die Wechselfähigkeit angenommen würden, anstatt die
Eintracht zu befördern, zur Uneinigkeit Anlaß geben.

L. S. 146.   Ein solcher Satz lasse sich wohl als eine durch eine
fremde Regierung abgedrungene Reciprocitätsmaaßregel,
dieser Regierung gegenüber, aber nicht als allgemeiner
Rechtsgrundsatz vertheidigen. Man bedürfe ferner dieser 750
Ausnahme von der allgemeinen Regel zum Schutze der
Inländer auch nicht; denn wenn sich ein minderjähriger
Ausländer bei einem Geschäfte fälschlich für großjährig
M. S. 68 Sp. 1. ausgebe, so müsse er mit Recht | für allen hierdurch ent=
standenen Schaden haften (§. 248 des Oesterreichischen
bürgerlichen Gesetzbuches) und was die Frauen betreffe,
so wisse wohl Jeder, der Wechselgeschäfte mache, daß
dieselben in Betreff der Wechselfähigkeit in vielen Staa=
ten Beschränkungen unterworfen sind. Wer überhaupt

mit Ausländern Wechselgeschäfte eingehe, der dürfe ein=
mal nicht in der bequemen Unwissenheit der fremden Ge=
setzgebungen verharren, wenn er sich vor Schaden bewah=
ren wolle. Er könne daher nur für die Verwerfung
einer solchen Ausnahme hinsichtlich der Beurtheilung der
Wechselfähigkeit stimmen.

Hierauf ward entgegnet: Es handle sich von einem 751
für ganz Deutschland zu bildenden Wechselrecht, und man
dürfe daher, was die einzelnen Deutschen Staaten betreffe,
Verschiedenheiten nicht voraussetzen. Hiervon aber auch
abgesehen, sei es keineswegs eine Verletzung des mate=
riellen Rechts, wenn ein Staat seinen Angehörigen nicht
zumuthen wolle, die Dispositionsfähigkeit einer im In=
lande sich obligirenden Person nach Maaßgabe des aus=
ländischen Rechts zu prüfen, bevor sie sich mit derselben
in Verträge einließen. Sofern es überhaupt der Fall 752
sei, daß der inländische Richter angegangen werden könne,
werde Letzterer nach seinen Gesetzen Recht zu sprechen ha=
ben und sein Urtheil durch Eingriff in das im Inlande
befindliche Vermögen des Ausländers vollstrecken. Vor=
züglich im Gebiete des Handelsrechts müsse man von die=
sen Grundsätzen ausgehen, wenn Deutschland nicht offen=
M S. 68. Sp. 2. bar | gegen andere Nationen, gegen Frankreich, England,
Amerika ꝛc. sich zurücksetzen wolle, wo man ohne Zweifel
einen nach dortigen Gesetzen großjährigen Ausländer, der
daselbst Wechsel ausgestellt habe und mit seiner Person
oder seinem Vermögen sich dort betreten lasse, verurthei=
len und zur Haft bringen werde, obschon er nach den
Gesetzen seines Vaterlandes noch minderjährig sei, oder
als Militair entweder dem Personalarreste nicht unter=
liege oder überhaupt nicht wechselfähig sei.

Die Frage:

> Soll ein Ausländer, der im Inlande sich wechsel= 753
> mäßig verpflichtet hat, als wechselfähig behandelt
> werden, wenn er auch nur nach den Gesetzen des
> Inlandes wechselfähig ist?

kam hierauf zur Abstimmung und ward mit 10 Stimmen
gegen 9 bejaht. Unter den Verneinenden befanden sich
die Herren Abgeordneten für Oesterreich, Kurhessen,
Lübeck und Bremen.

Bei dem §. 77 war man einverstanden, daß der= 755
selbe blos auf die Form sich beziehe. Uebrigens entstand 754
die Frage, wie es mit Usowechseln, welche im Auslande
ausgestellt worden, hier zu halten sei. Nach längerer
L. S. 147. Erörterung vereinigte | man sich aber zu der Ansicht, daß
die Entscheidung über diesen Punkt schon in dem ersten
Absatze des §. 76 gegeben sei.

Hiermit ward die Verhandlung geschlossen.

XXIII.

Leipzig, den 18. November 1847.

—

M. S. 68 Sp. 1.   In der heutigen Sitzung schritt die Versammlung 756 nach der Vorlesung des Protocolles der gestrigen Sitzung zur Berathung des §. 78 des Entwurfs.

§. 78.   Zu demselben ward zunächst von dem Herrn Vicepräsident Dr. Einert bemerkt, daß es wünschenswerth sein dürfte, bei diesem ganzen vom Proteste handelnden Abschnitte auch in der Fassung des Gesetzes die beiden in Betracht kommenden Handlungen des mit der Levirung des Protestes Beauftragten zu sondern — nämlich die Handlung des Protestirens selbst und das Niederschreiben des beim Protestiren Vorgefallenen. Mit Rücksicht hierauf würde es sich empfehlen, den Inhalt der §§. 78 und 80 voranzustellen, und darauf erst die Bestimmungen in den §§. 79 und 81 folgen zu lassen. Die Zweckmäßigkeit dieses Antrages fand Anerkennung und ward die Beachtung desselben der Redactionscommission empfohlen.

Bei der darauf vorgenommenen Prüfung des In- 757 haltes des verlesenen Paragraphen war man zuvörderst darüber einverstanden, daß die Worte: „Im Bezirk des Appellationsgerichtshofes zu Cöln sind die Gerichtsvollzieher zur Aufnahme der Proteste befugt" für die allgemeine Wechselordnung nicht passend seien, und daher wegfallen müßten.

In Betreff des ersten Satzes dieses Paragraphen 758 ward hervorgehoben, daß es nicht genügend sei, wie im Entwurfe geschehen, zu bestimmen, daß ein Protest „gerichtlich" aufgenommen werden könne; es werde vielmehr M. S. 68. Sp. 2. erforderlich sein, | daß diejenigen Beamten und Behörden bezeichnet würden, welche neben den Notaren zur Aufnahme von Protesten autorisirt seien. Einverstanden war man darüber, daß in der Regel die Notare zur Protesterhebung zu adhibiren seien, daß diese daher auch im Entwurfe vorangestellt werden müßten; — ebenso unzweifelhaft erschien es indeß, daß man, namentlich mit Rücksicht auf das Bedürfniß der Landdistricte und kleineren Orte, sich nicht auf die Notare allein beschränken könne, daß aber bei der großen Verschiedenartigkeit der Einrichtungen der in Betracht kommenden einzelnen Länder die allgemeine Wechselordnung hierüber keine genauen Vorschriften enthalten könne, sondern daß es einer jeden Regierung, welche die allgemeine Wechselordnung publicire, zu überlassen sein werde — falls nicht schon genügende Vorschriften in dieser Beziehung existiren sollten — die mit Protesterhebungen zu beauftragenden Beamten L. S. 148.   zu bezeichnen. Es ward demnach beschlossen, | den ersten Satz dieses Paragraphen etwa dahin zu fassen: „Proteste müssen durch einen Notar oder eine dazu bestellte Gerichtsperson aufgenommen werden.

Eine Bemerkung, ob es nicht zweckmäßig erscheine, 759 die Regierungen dadurch weniger in der Wahl dieser Officialen zu binden, daß statt „Gerichtsperson" das Wort „Beamten" gewählt werde, ward durch die Entgegnung beseitigt, daß es im Allgemeinen nicht wünschenswerth erscheine, dieses Geschäft anderen Beamten, als denen M.S.69 Sp.1. der streitigen oder freiwilligen | Gerichtsbarkeit zu übertragen, daß übrigens, wo die Umstände dies erheischen oder es zulässig erscheinen ließen, ein solcher Beamter, durch seine Bestellung zur Vornahme von Acten freiwilliger Gerichtsbarkeit, eine Gerichtsperson werde.

Es ward ferner mit Beziehung auf den §. 41 des 760 Holsteinischen Entwurfs zur Erwägung gestellt, ob nicht bei zu großer Entfernung der Notare und Gerichtspersonen, die Aufnahme eines Protestes durch zwei rechtsgültige Zeugen für zulässig erklärt werden müsse. In dieser Rücksicht ward bemerkt, daß ein auch von den untadelhaftesten Zeugen aufgenommener Act nie ein ganz liquides Document sei, wie es hier erfordert werde. Uebrigens war die Versammlung der Ansicht, daß die stattgehabte Bewilligung von zwei Protesttagen auch dem entfernter Wohnenden die Möglichkeit gewähren werde, einen Notar oder eine Gerichtsperson rechtzeitig herbeizuschaffen.

Ueber die Beibehaltung des Schlußsatzes dieses Pa= 761 ragraphen war die Versammlung einverstanden.

§. 79.   Zum §. 79 ward, nachdem derselbe vorgelesen, zu= 762 nächst für die Redaction zu No. 1 bemerkt, daß möglicherweise auch eine Wechselcopie präsentirt sein könne, in welchem Falle von dieser Copie eine Abschrift in den Protest aufzunehmen sei, und zu No. 2, daß statt des 763 Wortes: „Verpflichteten" ein anderer Ausdruck zu wählen sein werde, da häufig der Fall vorkomme, daß die Aufforderung an einen „Nichtverpflichteten" gerichtet werde. Die Richtigkeit dieser Bemerkung ward anerkannt, führte aber zu der ferneren Erwägung, daß 764 die Bezeichnung des Geschäfts, als eine Aufforderung zu einer zu leistenden Handlung, nicht ganz erschöpfend sei, indem ein Protest unter Umständen auch etwas Anderes, namentlich eine Rechtsverwahrung gegen eine bereits vorgenommene Handlung enthalten könne. Die Berücksichtigung auch dieser Bemerkung ward der Redactionscommission empfohlen, und in Betreff der Fassung dieses Paragraphen auf den Code de commerce Art. 174, den Oesterreichischen Entwurf §. 211 und den Holsteinischen Entwurf §. 41 verwiesen.

Von einer anderen Seite ward auf die bereits ge= 765 nehmigten Bestimmungen des §. 40 des Preußischen Entwurfs aufmerksam gemacht, demzufolge durch den Protest dargethan werden solle, daß die Präsentation des Wechsels rechtzeitig geschehen sei; die Versammlung war darüber einverstanden, daß dies auch in der Vorschrift über die Form der Proteste zu erwähnen sei, wor= 766 aus zugleich folge, daß, wie auch schon jetzt gebräuchlich, der Notar selbst den Wechsel nochmals präsentiren müsse. Ferner kam zur Frage, ob man nicht nach dem Vorbilde des | Code de commerce die Unterschrift dessen erfordern solle, gegen welchen der Protest erhoben werde. Die Versammlung entschied sich indeß dahin, daß dies nicht wünschenswerth sei, weil es eine leere Formalität zur Pflicht machen würde, da die Unterschrift des Notars oder des Beamten jeden Zweifel über die Richtigkeit des Vorganges ausschließen müsse, überdies auch die Erfahrung in Frankreich lehre, daß die Unterschrift regelmäßig verweigert werde.

L. S. 149.

767

Zu No. 4 dieses §. ward bemerkt, daß, falls es die Absicht sein sollte, dadurch anzudeuten, daß der Notar nach der Ursache der Verweigerung zu fragen habe — dies nicht zu billigen, dagegen aber dem Notar aufzugeben sein dürfte, anzuführen, gegen welche Person er sich seines Auftrages entledigt habe. Gegen die erste dieser Bemerkungen ward indeß hervorgehoben, daß, wenn der Notar auch nur unter ganz besonderen Umständen und im Falle eines ihm dazu ertheilten, besonderen Auftrages, nach der Ursache der Verweigerung zu fragen habe, es doch erforderlich sei, daß er | jedesmal die ihm ohne besondere Erkundigung nach der Ursache gegebene Erklärung in den Protest aufzunehmen habe, indem diese Erklärung, wenn sie auch nicht immer ganz wahr sein möge, auf das Verhalten anderer bei dem Wechsel Betheiligten von Einfluß sei, wie z. B. die Nothadresse eine Secunda nicht acceptiren werde, wenn der Trassat die Annahme mit der Erklärung verweigere, daß die Prima von ihm bereits acceptirt sei.

768

769

M.S. 69 Sp. 2.

Man verständigte sich noch allerseits dahin, daß der Notar, ohne nach dem Beweggrunde der Entschließung des Befragten sich zu erkundigen, die von diesem ertheilte Antwort, oder den Umstand, daß eine solche nicht zu erlangen gewesen, als einen wesentlichen Bestandtheil des ganzen Vorganges, worüber der Act aufzunehmen sei, im Proteste anzuführen habe, wie dies auch im §. 211 des Oesterreichischen Entwurfs vorgeschrieben sei.

770

Was dagegen die Person betreffe, gegen welche der Notar, falls er eine solche überall vorgefunden, sich seines Auftrages entledigt habe, so könne es nicht Absicht sein, daß der Notar jedesmal den Namen derselben anführe, da er diesen nicht immer wissen und erfahren könne, dagegen aber sei es erforderlich, daß der Protest eine allgemeinere Bezeichnung dieser Person enthalte, daß namentlich bemerkt werde, ob der Protestat selbst anwesend gewesen, oder ob ein Theilnehmer des Geschäftes, oder ein Commis, Diener oder wer sonst auf seinen Antrag geantwortet habe.

771

Die Versammlung erklärte sich auf einen ferneren Antrag auch damit einverstanden, daß, falls es sich um eine Ehrenacceptation oder Ehrenzahlung handle, vorgeschrieben werde, daß der Protest darüber Auskunft geben müsse, wie, von wem und für wen dieselbe angeboten oder geleistet worden; desgleichen, daß es vorgeschrieben

772

werde, was übrigens in einem der früheren Paragraphen 773
bereits angedeutet sei, daß, falls ein Wechsel in demselben
Stadium mehrere solcher Handlungen erforderlich mache,
diese verschiedenen Proteste in einen Act zusammenzufassen
seien.

Es ward hierauf noch in Anregung gebracht, ob dem 774
L. S. 150. Notare nicht vorzuschreiben sei, | in dem Proteste auch die
Tageszeit, namentlich die Stunde, anzugeben, zu welcher
er die Handlung vorgenommen habe.   Diesem Antrage
ward indeß von mehreren Seiten widersprochen, wobei
insbesondere hervorgehoben ward, daß eine solche Vorschrift wegen der Ungleichmäßigkeit der Uhren mit Gefahr
verknüpft sei.   Die Versammlung theilte diese Bedenken;
dem Antrage konnte demnach keine Folge gegeben werden.

Schlüßlich ward noch von dem Herrn Vicepräsiden- 775
ten Dr. Einert darauf aufmerksam gemacht, daß ältere
Notariatsordnungen den Notaren zur Pflicht machten,
das Jahr und den Tag auf mehrfache Weise zu bezeichnen, als nach der Regierung des Kaisers, Römer-Zins-
zahl u. s. w.   Dies sei nicht nur unnöthig, sondern könne
leicht zu unrichtigen und unter sich widersprechenden Angaben führen.   Es sei daher zweckmäßig, in dem zu
erlassenden Gesetze vorzuschreiben, daß nur das Kalender-
jahr und der Kalendertag in den Protest aufzunehmen
sei.   Von Seiten des Herrn Referenten ward bemerkt,
daß dies auch die Absicht des Entwurfs gewesen, und es
ward, da die Versammlung über den Antrag völlig einverstanden war, der Redactionscommission überlassen, diese
Bemerkung, sowie die übrigen bei diesem §. vorgekomme-
nen Erwägungen und Beschlüsse bei der Fassung des §.
zu berücksichtigen.

§. 80.   Zum §. 80 ward beantragt, daß in dem ersten 776
M.S.52.Sp.2. Satze die | angeführte Zeitbestimmung, sowie im zweiten
Satze die Worte: „innerhalb der vorgenannten Geschäftsstunden" wegfallen möchten und zur Begründung
dieses Antrages bemerkt, daß diese Bestimmung lediglich
auf Localrücksichten und Einrichtungen beruhen werde,
aber eben deshalb dem Bedürfnisse vieler Orte nicht
entsprechen könne.   Dagegen ward aber hervorgehoben, wie
sehr es das Geschäft erleichtere, wenn der Kaufmann eine
feste Stunde habe, wo er mit Ruhe sein Comptoir schließen könne.   Um beides zu berücksichtigen, ward von einer
Seite vorgeschlagen, in das Gesetz, als Zeitbestimmung,
auf die üblichen Geschäftsstunden jedes Ortes Bezug zu
nehmen, wobei indeß zu bedenken gegeben ward, daß eine
solche Bestimmung wohl für die Kaufleute in einer größeren Stadt eine Bedeutung haben werde, dagegen für
alle andere dem Wechselgesetze Unterworfenen nichts Festes
enthalte.   Mit Rücksicht hierauf und um doch einen end-
lichen Zeitpunct zu gewinnen, nach dessen Ablauf man
vor Protesten sicher sein könne, ward von einem anderen
Mitgliede vorgeschlagen, jedenfalls eine späteste Stunde
vorzuschreiben; indeß auch hiergegen ward bemerkt, daß,
wenn dies gleich davor sichern könne, daß nicht um Mit-
ternacht ein Protest erhoben werden könne, doch auch

eine solche späteste Stunde nothwendig für manche Orte
die Geschäftszeit auf eine lästige Weise verlängern werde,
während sie andererseits nicht genüge. Im Allgemeinen
aber ward hervorgehoben, daß solche Zeitbestimmungen
im Grunde ihren Platz in einer Notariatsordnung finden
würden, und wenn auch ihre Aufnahme in ein Wechsel=
gesetz schon um deswillen statthaft erscheinen müsse, weil
fast alle locale Wechselordnungen Bestimmungen dieser Art

L. S. 151.   enthielten, so habe doch die Verhandlung | hinreichend die
Unmöglichkeit ergeben, eine Allen zusagende Bestimmung
für ein allgemeines Wechselrecht zu finden.

In Erwägung dieser Umstände vereinigte sich die 777
Versammlung dahin, daß die Zeitbestimmung und die
Bezugnahme auf dieselbe in der Voraussetzung aus dem
§. wegfallen solle, daß jede Regierung, welche es erforder=
lich finde, die für die localen Verhältnisse angemessenen
Geschäftsstunden, falls dies nicht schon geschehen sei, ge=
setzlich zu firiren, hierüber die nöthigen gesetzlichen Be=
stimmungen erlassen werde.

Es kam ferner bei diesem §. zur Sprache, ob es 778
genügend sei, die Sonntage und die „gesetzlich anerkannten
christlichen Feiertage" als diejenigen zu bezeichnen, an
denen Proteste nicht aufgenommen werden könnten. Es
ward in dieser Beziehung einerseits auf das Bedürfniß
der mosaischen Glaubensgenossen hingewiesen, andererseits
aber hervorgehoben, daß diese selbst in mehreren Ländern
darauf angetragen hätten, daß rücksichtlich ihrer eine Aus=
nahme von der Regel nicht gemacht werde, in anderen
Staaten aber, wo solche Ausnahmen früher bestanden, die
Aufhebung derselben durchaus keine Unzuträglichkeiten zur
Folge gehabt habe. Die Versammlung vereinigte sich ohne
Abstimmung dahin, daß in dieser Beziehung keine Ver=
anlassung gegeben sei, für Bekenner einer nicht=christlichen
Confession besondere Ausnahmen in der allgemeinen Wech=
selordnung vorzuschreiben, auch nicht in der Beschränkung,
wie dieses in dem Holsteinischen Entwurfe geschehen, dem
zu Folge auf israelitische Feiertage wohl bei der Präsen=
tation zum Accepte, nicht aber bei der Präsentation zur
Zahlung Rücksicht genommen worden. Dagegen aber fand 779
eine andere Bemerkung Beachtung, welche es hervorhob,
daß der Ausdruck: „gesetzlich anerkannte christliche
Feiertage" aus mehrfachen Gründen zu Anständen Ver=
anlassung geben könnte, mithin das Wort „gesetzlich"

M. S. 70 Sp. 1. wegzulassen | sei. Zugleich ward von mehreren Seiten 780
bemerkt, daß außer den christlichen Feiertagen in eini=
gen Staaten auch noch andere Feiertage eristirten, an
welchen die Geschäfte ruhten, wie z. B. Constitutions=
feste, oder der achtzehnte October, und daß auch diese
berücksichtigt werden müßten. In Erwägung dieser Be= 781
merkungen war die Versammlung der Ansicht, daß der
Ausdruck: „von Staatswegen anerkannter allgemeiner
Feiertage" das Erforderliche genügend bezeichnen und
demnach nicht erforderlich sein werde, wie von einer
Seite beantragt worden, ausdrücklich im Gesetze auszuspre=

chen, daß an jüdischen Feiertagen Proteste gegen Bekenner des mosaischen Glaubens erhoben werden könnten.

Eine Verschiedenheit der Meinungen darüber, ob es 782 entsprechender sei, das Wort „Festtag" oder „Feiertag" zu wählen, erledigte sich ohne Abstimmung dahin, daß dem Worte „Feiertag" der Vorzug gegeben wurde.

§. 81.   Zum §. 81 ward von mehreren Seiten und na= 783 mentlich von dem Herrn Abgeordneten von Lübeck bemerkt, daß die hier in Vorschlag gebrachten Bestimmungen mehr in eine Notariatsordnung als in die Wechselordnung gehör= ten, indem die Gültigkeit eines erhobenen Protestes von deren Befolgung nie abhängig sein könne.   Die Mehr=

L. S. 152.   heit der Versammlung sprach sich indeß für die Beibehal= tung | des Paragraphen aus; auch war man darüber ein= 784 verstanden, daß im Eingange in Betreff der zur Auf= nahme von Protesten befugten Personen die zum §. 78 beliebte Fassung zu wählen sei.   Von dem Herrn Mi= 785 nisterialrath B r a u e r ward noch bemerkt, daß die Han= delskammern des Großherzogthums Baden die Aufnahme eines Zusatzes zu diesem Paragraphen wünschten, wodurch ausgesprochen werde, daß die Einsicht der zu führen= den Protestregister jedem Betheiligten freistehe.   Die Ver= sammlung war jedoch nicht der Ansicht, daß eine solche Vorschrift in die Wechselordnung gehöre.   Außerdem kam 786 noch in Erwägung, ob die Bestimmung des Paragra= phen, wonach die Proteste in ein b e s o n d e r e s Re= gister einzutragen seien, nicht entbehrt werden könne. Die Versammlung vereinigte sich indeß dahin, daß nicht nur eine Eintragung der Proteste überhaupt erfor= derlich sei, sondern daß auch eine Eintragung in beson= dere Register vor der in die allgemeinen Notariatsregister den Vorzug verdiene, wobei sowohl auf die Bestimmungen des Art. 176 des Code de commerce, als darauf auf= merksam gemacht ward, daß es bei Freigebung der Ein= sehung der Proteste von nachtheiligen Folgen sein könne, wenn dadurch auch andere Notariatshandlungen, die in dasselbe Register eingetragen wären, eingesehen werden könnten.   Der Entwurf ward demnach auch in Ansehung dieser Bestimmung angenommen.

Schlüßlich wurde noch anheimgegeben, ob es noth= 787 wendig sei, gesetzlich auszusprechen, daß der Notar ꝛc. verpflichtet sei, auf Verlangen Abschriften von den Pro= testen zu geben; man war indeß der Meinung, daß es genügend sein werde, im Protocolle auszusprechen, wie die Versammlung eine solche Verpflichtung als sich von selbst verstehend betrachtet habe.

§. 82.   Rücksichtlich des §. 82 vereinigte sich die Versamm= 788 lung darüber, daß es wünschenswerth sein werde, denselben ganz wegzulassen, und die in demselben enthaltenen Be= stimmungen bei anderen geeigneten Stellen des Entwurfs, als welche namentlich die §§. 25 und 41 bezeichnet wurden, insoweit dies erforderlich, einzuschalten und daß in dieser Beziehung zu Beachtende der Redactionscom= mission zu überlassen, wobei dieselbe zugleich ersucht ward, 789 eine solche Fassung zu wählen, daß die bekannte Contro=

M. S. 71 Sp. 2. verse über die Präsentation der Domicilwechsel | in Uebereinstimmung mit der Ansicht der Versammlung dahin entschieden werde, daß es bei diesen Wechseln, wenn der Domiciliat am Zahlungsorte nicht getroffen werde, genügend sei, den Protest Mangels Zahlung am Zahlungsorte erheben zu lassen.

§. 83.   Zum §. 83 ward von einem Mitgliede der Versammlung beantragt, daß auch die Börse in denjenigen Städten, wo eine solche existire, als ein Ort bezeichnet werde, wo die Präsentation und die anderen in diesem Paragraphen erwähnten Geschäfte und Handlungen vorgenommen werden könnten, da dies durch das Bedürfniß des Geschäftsverkehrs schon längst in allen größeren Städten eingeführt sei. 790

Dieser Antrag ward indeß zurückgenommen, als die Versammlung ihre Ansicht dahin aussprach, daß die Präsentation und die sonstigen erwähnten Geschäfte an jedem anderen Orte, namentlich auch an der Börse, vorgenommen werden könnten, sobald die Betheiligten darüber einverstanden seien, daß jedoch, wenn dies nicht der Fall, der Protestat das Recht habe, zu verlangen, daß er in seinem Geschäftslocale, oder in Ermangelung eines solchen in seiner Wohnung aufgesucht werde. Es ward der Redactionscommission überlassen, dies durch die zu wählende Fassung anzudeuten und derselben zugleich in Gemäßheit eines diesfallsigen Antrags anheimgegeben, ob ein Ausdruck gefunden werden könne, woraus sich ergebe, daß im Falle eines eingetretenen Concurs- oder Gantverfahrens, die Präsentation ꝛc. nicht bei dem Tribar, sondern bei dem Curator der Masse zu bewirken sei. 791 792

L. S. 153.

§. 84.   Beim §. 84 ward abermals zur Erwägung gestellt, ob nicht hier wenigstens, wo es sich nicht blos von Protesten, sondern von Aufforderung zur Zahlung ꝛc. handle, gewisse Geschäftsstunden anzuordnen seien. Es ward indeß auf die Gründe verwiesen, welche bereits zum §. 80 gegen eine solche Bestimmung angeführt worden, und namentlich hervorgehoben, daß, falls die Particulargesetzgebung solche Stunden anzuordnen für angemessen halte, dadurch dem Bedürfniß genügt werde, daß aber, wenn auch solche Stunden nur in einer Notariatsordnung vorgeschrieben werden sollten, kein Nachtheil für die Geschäftsmänner entstehen könne, weil die Anforderungen zur Zahlung ꝛc. dann jedenfalls so zeitig vorgenommen werden müßten, daß noch ein Protest im Falle der Verweigerung aufgenommen werden könne. Demgemäß ward beschlossen, daß die Worte „und innerhalb der Geschäftsstunden" (§. 80) wegfallen und die Worte „gesetzlich anerkannter christlicher Feiertag" ebenso wie dies im §. 80 geschehen werde, verändert werden sollten. 793 794

Von den Hamburger Herren Abgeordneten ward bei diesem Paragraphen noch bemerkt, daß man in Hamburg für diejenigen Zahlungen, welche durch die Bank vermittelt werden, noch zwei Tage im Jahre zu bezeichnen habe, an denen keine Zahlung gefordert werden könnte. 795

Die Bank werde nämlich im Anfange jedes Jahres auf zwei Tage geschlossen, um eine Revision derselben vorzunehmen, dies sei indeß für die allgemeine Wechselordnung ohne allen Einfluß und solle hier nur angekündigt werden, berühre übrigens auch alle anderen Wechselzahlungen, mit alleiniger Ausnahme der in Hamburger Banco zu leistenden, nicht.

§. 85.   Zum §. 85 ward von dem Herrn Referenten bemerkt, wie er von mehreren Seiten darauf aufmerksam gemacht worden sei, daß häufig Wechsel und Wechselerklärungen, namentlich von Auswanderern vorkommen, die, weil die Aussteller nicht schreiben könnten, nur mit Kreuzen unterzeichnet seien; er gebe deshalb anheim, ob M. S. 11 Sp. 2. nicht der erste Satz dieses Paragraphen | dahin abzuändern sei, daß Wechsel und Wechselerklärungen, die mit Kreuzen oder anderen Zeichen vollzogen seien, nur in dem Falle Wechselkraft haben sollten, wenn sie gerichtlich oder notariell ausgestellt worden. Dieser Antrag fand allseitig Zustimmung und ward nur noch bei diesem Satze von einem Mitgliede der Versammlung darauf aufmerksam gemacht, daß es statt der Worte „andere Erklärungen", „Bürgschaft oder Aval", heißen könne, indem außer den genannten keine anderen Wechselerklärungen als der Aval übrig blieben. Diese Bemerkung ward der Redactionscommission zur Berücksichtigung anheimgegeben.

L. S. 154.   In Betreff des zweiten Absatzes dieses §. ward bemerkt, daß es bedenklich | erscheine, den Inhalt desselben in die Wechselordnung aufzunehmen, indem es unter Umständen von Wichtigkeit, namentlich zum Behufe der Legitimation durch eine fortlaufende Reihe von Indossamenten, sein könne, daß der Indossatar, welcher im Indossamente mit seinem Vornamen genannt sei, auch das folgende Indossament mit demselben Vornamen unterzeichne. Nun könne aber das Recht, einen Wechsel zurückzuweisen, der solche Mängel in den Unterschriften habe, dadurch beschränkt erscheinen, wenn das Gesetz die Beifügung des Vornamens für nicht erforderlich erkläre. Von anderen Seiten ward vorgeschlagen, den Satz umzukehren und zu sagen, daß die Weglassung des Vornamens keine Ungültigkeit zur Folge habe. Diese Bemerkung fand indeß durch eine folgende ihre Erledigung, welche hervorhob, daß der ganze Satz nur deshalb in den Entwurf gekommen zu sein scheine, um eine entgegengesetzte Bestimmung des Preußischen Landrechts ausdrücklich außer Kraft zu setzen, eine Bemerkung, welche von dem Herrn Referenten bestätigt ward. Mit Rücksicht hierauf ward beantragt, daß der ganze Satz wegfalle, weil es sonst zu unrichtigen Interpretationen führen könne, wenn anderen abgeänderten Bestimmungen früherer Gesetze nicht dieselbe Rücksicht widerfahren sei. Durch den Wegfall des Satzes würden auch alle übrigen gegen denselben erhobenen Bedenklichkeiten beseitigt werden. Bei der darauf vorgenommenen Abstimmungen erklärte sich die Versammlung einstimmig für den Wegfall des zweiten Satzes, indem sie sich in der Ansicht vereinigte, daß nach den Bestimmungen im

§. 4 des Entwurfs die Angabe der Vornamen bei der Unterschrift des Ausstellers so wenig, als bei der Bezeichnung des Remittenten und des Bezogenen ein wesentliches Erforderniß des Wechsels sei.

Mit Rücksicht auf einen in der Sitzung vom 23. October 800 gestellten Antrag, ob nicht der §. 86 dem §. 3 des Entwurfs unmittelbar anzuschließen sei, kam diese Frage wiederum zur Erörterung. Es ward beschlossen, die Erwägung, ob der §. 86 passender an einer anderen Stelle stehen werde, der Redactionscommission zu überlassen. Dabei ward 801 derselben zugleich anheimgegeben, zu versuchen, ob nicht das ganze Capitel XVIII. wegfallen könne, indem der §. 85 etwa beim §. 4 eingeschaltet werde.

Diese Erörterungen über den §. 86 gaben indeß 802 noch zu einer Discussion über die Bedeutung desselben Veranlassung und es kam zur Frage, ob dadurch das Verhältniß des Mandatars zum Mandanten, sowie das Verhältniß des letzteren zum Wechselgläubiger berührt werde. Die Versammlung war indeß einverstanden darüber, daß hier nur eine Vorschrift für den Fall gegeben sein solle, wenn etwa die Befugniß des Mandatars, die Wechselverbindlichkeit für den Mandanten einzugehen, geleugnet oder in Zweifel gezogen werde, und der §. 86 nur die Ver-

M. S. 72 Sp. 1. fügung enthalte, daß in diesem Falle der | Mandatar dem Wechselgläubiger so lange hafte, bis er nachgewiesen, daß er durch seine Vollmacht zur Eingehung der Wechselverbindlichkeit für seinen Auftraggeber befugt gewesen sei, wie dies auch der Art. 559 des Württembergischen und der §. 4 des Holsteinischen Entwurfs ausspreche.

L. S. 155. Es ward der Redactions=Commission die Erwägung anheimgegeben, | ob es nothwendig sei, diese Absicht des §. 86 deutlicher auszudrücken. Im Uebrigen ward gegen 803 den Inhalt des §. nichts eingewendet.

Die Versammlung ging hierauf zur Berathung des 804 dritten Abschnittes des Entwurfs: „Von eigenen Wechseln" über. Ehe dieselbe sich aber zu dessen einzelnen Paragraphen wendete, ward von dem Herrn Vicepräsidenten Dr. Einert Nachstehendes vorgetragen:

Mit dem Namen „eigene oder trockene Wechsel" pflege man außer denjenigen Papieren, welche der Entwurf darunter verstehe, auch eine gewisse Gattung von Urkunden zu bezeichnen, welche die Angabe eines anderen zwischen dem Geber und Nehmer verhandelten Rechtsgeschäfts in sich aufnehme, welches auf Geldzahlung gerichtet sei, und womit der Aussteller als der zur Zahlung verpflichtete Theil, die Erfüllung des Contracts, d. i. die Leistung der verglichenen Geldzahlung auf einen gewissen Tag zusage. Man begreife dergleichen Urkunden unter dem Namen: „Wechsel", nicht nur wenn sie in dem Contexte als solche bezeichnet seien, sondern in der Regel auch dann noch, wenn sie nur die sogenannte Wechselclausel, d. i. die Zusage, nach Wechselrecht zu zahlen, oder den Zusatz: „und soll diese Urkunde als Wechsel gelten" oder „ein Wechsel sein" enthalten. Zu einer solchen Erweiterung und Ausdehnung

des Begriffs „Wechsel" gebe auch die vorhandene, noch
bestehende Wechselrechtslehre — die gemeine Schule des
Wechselrechts, nach welcher bis zu Anfange des 19. Jahr=
hunderts alle Deutschen Wechselgesetze errichtet seien, nicht
nur Anlaß, sondern sogar die dringendste Aufforderung.
Denn wenn die Definition vom Wechsel, welche von
Brüchtings Zeiten an in allen Lehrbüchern vorkomme,

> daß der trockene Wechsel eine Schrift sei, in der
> das Wort Wechsel vorkomme, und worin sich der
> Aussteller zur Zahlung verpflichte,

die richtige sei, so fielen schon damit die eben bezeichneten
Schriften unter diesen Begriff, und daß es denn nun
auch die Rechtslehrer insgesammt ernstlich so meinten,
das erkenne man aus der besonderen Auskunft, welche die=
selben ohne Ausnahme über das innere Wesen und die
Bestimmung des eigenen (trockenen) Wechsels — des so=
genannten cambium informe — ertheilten. Gerade über
dieses Gebilde von Geschäft habe die alte Schule die ge=
ordnetste und klarste Auskunft gegeben. Wenn die Tratte
eine Mischung von allerhand Geschäften (ein ex variis
negotiorum figuris conflatum) ist, was an Mandat, Ces=
sion oder an einen Innominatcontract: do ut des, oder
facio ut des erinnere, so sei man sich über den Charac=
ter des trockenen Wechsels völlig klar. Dieser sei eine
Art Schmarotzerpflanze, die sich an andere bürgerliche
Geschäfte anranke, mit diesen eng verbunden sei und mit
ihnen stehe und falle. Der trockene Wechsel sei eine ad=
jectitia qualitas, wie sie Heineccius im Einverständnisse
mit seinen Vorgängern und Nachfolgern nenne, und habe
keinen anderen Zweck, als die Unterwerfung des Aus=
stellers unter den rigor cambialis für den Fall, daß er zur
Zahlung verurtheilt werden würde. Daß man bei der Auf=

L. S. 156.

gabe einer Gesetzgebung für den | wahren Wechsel, (über
dessen Beruf, als papierene Valuta namentlich in den

M. S. 72 Sp. 2.

merkantilischen Verkehr einzutreten, man hoffentlich | einig
sei,) den trockenen Wechsel — wenn er das sei, was die
Schule aus ihm mache, nämlich ein Wesen accessorischer
Natur, welches mit und neben einem anderen Hauptge=
schäfte bestehe und sich mit und neben diesem fort=
pflanze, nicht selbstständig seinen Lauf beginne, vielmehr
um seines accessorischen Interesse halber in allen Beziehun=
gen seiner Wirksamkeit sich als von jenem Hauptgeschäfte
abhängig ausweise — als wahren Wechsel nicht aner=
kennen dürfe, sei gewiß. Aber eben darum dürfte es
gegenwärtig erforderlich sein, die Begriffsbestimmung zu
berichtigen, mit wenig Worten anzuzeigen, was zur
Diagnose des trockenen Wechsels gehöre, den man dem
wahren Wechsel ebenbürtig erkennen solle, und Mißver=
ständnissen vorzubeugen, in die man an der Hand einer
Schule gelange, die man wenigstens als die gegenwär=
tig in Deutschland allgemeine, allbekannte und auch in
Praxi befolgte, achten müsse. Die Diagnose sei von ho=
hem practischen Werthe. Wo das Hauptgeschäft neben
dem Wechsel bestehe, da sei der Anspruch aus dem Pa=
piere im Hauptwerke ein Anspruch aus Kauf, Darlehn,

Miethe u. f. w., dem die Ausflüchte entgegen ständen, die dem Hauptgeschäfte entsprächen. Diese gingen auch wider den Nehmer; die Fortpflanzung der Ansprüche und Klagen aus dem Papiere könne nur durch Cession geschehen. Höchstens könne ein ausgedehntes Indossament als Cessionskunde gelten. Auch die Eigenschaft desselben als Gutsage pro bonitate oder den Regreß aus selbigem möchte bedenklich erscheinen, damit gehe das Wesen des Wechsels verloren, und man habe sich allenthalben dabei nur auf das zu berufen, was der Sächsische Entwurf im §. 249 ausspricht. Es handle sich um eine Diagnose, 805 die man mit der Bestimmung geben könne, daß der hier behandelte Wechsel in einem unter Anwendung des Wortes Wechsel ertheilten, unbedingten Zahlungsversprechen bestehe, welches ohne alle Beziehung auf ein anderes neben ihm fortdauerndes Geschäftsverhältniß in's Leben trete, und durch diese isolirte Stellung die exceptiones ex persona indossantis beseitige. Es scheine unerläßlich, jedenfalls in hohem Grade wünschenswerth, eine solche negative Bestimmung, salva redactione, in das Gesetz aufzunehmen.

Gegen diesen Antrag wurde bemerkt, daß jede De= 806 finition bedenklich sei, daß sich bei dem Abschnitte „von gezogenen Wechseln" kein Bedürfniß gezeigt habe, eine solche Definition voranzustellen, und daß dies auch bei eigenen Wechseln nicht nöthig sein werde, da im Entwurfe die Erfordernisse eines Wechsels hinreichend deutlich angeführt seien, um darnach in jedem einzelnen Falle zu bemessen, ob die übernommene Verbindlichkeit als Wechsel und nach Wechselrecht zu behandeln sei oder nicht. Sei die Verbindlichkeit in der Form übernommen, die den Erfordernissen eines Wechsels entspreche und genüge, so werde dieselbe unter das Wechselgesetz fallen und jeder auf das zum Grunde liegende contractliche Verhältniß sich beziehende Zusatz werde als nicht geschrieben betrachtet, während im entgegengesetzten Falle, wenn die Form eines Wechsels nicht beobachtet sei, der Zusatz, daß die Verbindlichkeit nach Wechselrecht übernommen sei, wir= L. S. 175. kungslos bleiben | müsse, und nicht geeignet erscheinen könne, einen dem Wechselrechte völlig fremden Contract der Beurtheilung nach wechselrechtlichen Grundsätzen zu unterziehen.

Nach diesen Erörterungen, denen die überwiegende 807 Majorität der Versammlung beipflichtete, ward der An= trag zurückgenommen.

§. 88.   Die Versammlung wendete sich darauf zur Prüfung 808 des §. 87 und vereinigte sich zunächst dahin, daß es M S.73 Sp.1. nicht zweckmäßig | scheine, die Bestimmung des Ortes, wo die Zahlung geschehen solle, zu einem Essentiale des eigenen Wechsels zu machen, welches schon um deswillen zu widerrathen sei, weil gewöhnlich dieser Ort nicht genannt werde. Dagegen wurde es für zweckmäßig er= 809 achtet, in einem besonderen Paragraphen auszusprechen, daß, Falls die Zahlung an einem anderen Orte, als

dem der Ausstelluug geschehen solle, dieser ausdrücklich ge=
nannt werden müsse.

Es kam ferner zur Frage, ob nicht auch die unter 810
No. 4 aufgeführte Bestimmung der Zeit, zu welcher ge=
zahlt werden solle, wegfallen könne. Es ward hierbei
darauf aufmerksam gemacht, daß die im folgenden §.
enthaltene Bestimmung, daß der Wechsel auf Kündigung
gestellt werden könne, mit einer als nothwendig bezeich=
neten, schon bei der Ausstellung des Wechsels auszuspre=
chenden Zeitbestimmung über die Fälligkeit in Widerspruch
zu treten scheine. Auch ward darauf aufmerksam gemacht,
M.S.73 Sp.2. daß bei der Bestimmung der wesentlichen | Erfordernisse
des gezogenen Wechsels im §. 4 die Zeitbestimmung
der Zahlung, als ein Essentiale, habe mehr hervorgehoben
werden müssen, weil man dadurch die Usowechsel habe
ausschließen wollen. Die Versammlung entschied sich in= 811
deß dahin, daß die Vorschrift unter No. 4 dieses §. bei=
zubehalten sei. Dabei kam zur Frage, ob eigene Wechsel 812
auch auf Sicht gestellt werden könnten; man war darüber
einverstanden, daß, wenn diese Form auch nicht häufig
vorkommen werde, doch kein Grund vorliege, dieselbe aus=
zuschließen, wie denn solche Wechsel auch jetzt „auf Sicht
(Vorzeigung)" oder vielmehr „auf Wiedersicht" und auf
einige Zeit nach Wiedersicht zahlbar vorkämen.

Es ward nur noch bemerkt, daß es demnach erfor=
derlich sein werde, die Vorschrift, welche in Betreff der
gezogenen a vista Wechsel angenommen, auch auf die
trockenen a vista Wechsel zur Anwendung zu bringen und
darnach den §. 89 zu vervollständigen.

XXIV.

Leipzig, den 22. November 1847.

—

M.S.73 Sp.2.   In der heutigen Sitzung theilte der Herr Geheime 813
Legationsrath von Patow der Versammlung mit, daß
L.S. 158.   der Herr Banquier Hostmann aus Celle durch | unab=
weisliche Geschäfte genöthigt worden sei, die Conferenz
zu verlassen und nach seiner Heimath zurückzukehren.

Nachdem hierauf das Protocoll vom 18. d. M. vorge= 814
lesen worden, bemerkte der Herr Referent, daß man nach der
zum §. 5 des Entwurfs gefaßten Beschlußnahme jetzt auf
die dort erwähnten sogenannten traffirt=eigenen Wechsel
zurückkommen müsse. Man habe sich damals vorbehal=
ten, die rechtliche Natur dieser Wechsel, sowie die in An=
sehung ihrer zu treffenden gesetzlichen Bestimmungen bei
der Berathung über die eigenen Wechsel noch in nähere
Erwägung zu ziehen und müsse sich daher jetzt über die
dem traffirt=eigenen Wechsel beizulegende Bedeutung ver=
ständigen. Es werde darauf ankommen, ob man ihn zu 815
den traffirten oder zu den eigenen Wechseln rechnen, und

dabei stehen bleiben wolle, die Worte: „sofern die Zah= 816 lung an einem anderen Orte, als dem der Ausstellung geschehen soll" aus dem §. 5 in Wegfall zu bringen. Das Passendste scheine zu sein, diese Worte beizubehalten, und das erste Alinea des §. 5 an seiner Stelle zu lassen. Es erscheine nämlich als ein leeres Spiel mit Formen, wenn Jemand an demselben Orte auf sich selbst trassire, und der Zweck könne in solchem Falle weit einfacher durch einen eigenen Wechsel erreicht werden. Man habe also keinen Grund, den trassirt=eigenen Wechsel ohne Ver= schiedenheit des Ausstellungs= und des Zahlortes zuzu= lassen; setze man aber eine solche Verschiedenheit voraus, 817 so werde man auch den trassirt=eigenen Wechsel nach Analogie einer Tratte behandeln und demgemäß dem er= sten Alinea des §. 5 im zweiten Abschnitte des Entwurfs seine Stelle anweisen können.

Diese Ansicht fand indeß von verschiedenen Seiten 818 Widerspruch. Man habe — so ward geäußert — die M. S. 73 Sp. 1. remise de | place en place einmal aus der Reihe der Re= quisite des Wechsels entfernt, und man dürfe dieselbe da= her auch nicht bei dem trassirt=eigenen Wechsel zur Vor= aussetzung machen. Man erreiche damit nichts, als daß für einen Wechsel, der im Grunde doch nur ein eigener Wechsel sei, der Schein eines trassirten erlangt und die Anwendung der über Tratten geltenden Grundsätze mög= lich gemacht werde. Diese Grundsätze paßten auf den trassirt=eigenen Wechsel indeß nicht. Man könne, da der Aussteller mit dem Bezogenen eine und dieselbe Person sei und schlechthin so angesehen werden müsse, als habe er den Wechsel bereits acceptirt, nicht füglich an eine Acceptation denken und eben so wenig an eine Verpflich= tung des Inhabers, am Verfalltage gehörig zu präsen= tiren und Protest erheben zu lassen. Der trassirt=eigene 819 Wechsel könne — selbst wenn er dem Requisite der Verschie= denheit des Zahlungsortes vom Ausstellungsorte genüge — doch immer nur nach ähnlichen Grundsätzen wie ein domicilirter eigener Wechsel beurtheilt werden. Bei die= sem komme keine Acceptation vor und durch eine Säum= niß in der Präsentation zur Zahlung verwirke der In= haber keineswegs seine Regreßrechte gegen den Aussteller. Dasselbe müsse für den trassirt=eigenen Wechsel gelten, 820 und man werde über diesen Punct Zweifel und Irrthü= mer veranlassen, wenn man das erste Alinea des §. 5 in den von trassirten Wechseln handelnden Abschnitt und nicht in den Abschnitt über die eigenen Wechsel stelle.

L. S 159. Insonderheit ward von dem Oesterreichischen Herrn Abgeordneten zur näheren Begründung dieser Ansicht be= merkt, daß er gegen den materiellen Inhalt des ersten Absatzes des Paragraphen nichts einzuwenden habe. Tras= sirt=eigene Wechsel seien namentlich für diejenigen Fälle ein Bedürfniß des Handelsstandes, in welchen ein Han= delshaus an verschiedenen Orten Commanditen habe. Er glaube aber eine wesentliche Eigenschaft des eigenen Wech= M. S. 74 Sp. 1. sels darin finden zu müssen, daß | der Aussteller selbst zugleich der Zahler sei, wobei es keinen Unterschied mache, ob berfelbe fich verpflichte, am Orte der Ausstellung felbst oder an einem anderen Orte zu zahlen. Deßwegen glaube er, daß der erste Abfaß des §. 5 in den von den eige= nen Wechseln handelnden Abschnitt zu feßen fei, damit nicht das Wefen der Sache der Form aufgefordert werde, und nicht die Ansicht entstehe, daß bei einem folchen Wechsel zur Erhaltung des Wechselrechts gegen den Aus= steller die Präsentation zur Zahlung und die Protester= hebung nothwendig fei.

Für die entgegengefeßte, dem Vorschlage des Herrn 822 Referenten entsprechende Ansicht, ward dagegen im We= fentlichen Folgendes geltend gemacht:

Man dürfe — um die angemessene Stellung für den traffirt=eigenen Wechsel zu finden — allerdings nicht auf das Wefen und die materielle Bedeutung diefes Wech= fels, sondern eben nur auf die Form fehen. Laffe man 823 fich auf eine Berücksichtigung des Wefens ein, fo werde man den bedenklichsten Schwierigkeiten nicht entgehen. Einerfeits stehe materiell die Tratte häufig einem eigenen Wechsel gleich, z. B. in dem Falle, wenn man in Frankreich, wo das billet à ordre eines non-commerçant nicht zur Wechselstrenge führe, von einem non-commerçant nicht ein folches billet ausstellen, sondern statt deffelben eine Tratte acceptiren laffe. Andererfeits würden aber auch unter Umständen durch einen eigenen Wechsel die Erfolge einer Tratte erreicht. Für die richtige Anordnung fei 824 daher nicht das von der anderen Seite urgirte Wefen der Sache, sondern die Form entfcheidend. Befolge man diefen Gefichtspunct, fo fei es nicht zweifelhaft, daß man den traffirt=eigenen Wechsel als Tratte behandeln müffe. Aus der Gleichheit des Namens des Ausstellers und des 825 Bezogenen folge überdies noch nicht die Identität der Perfonen, fo daß es in manchen Fällen bei Annahme der gegentheiligen Ansicht zweifelhaft werden müffe, ob ein eigener oder ein traffirter Wechsel vorliege. Eine Ano= 826 malie liege in der Behandlung traffirt=eigener Wechsel als traffirter auf keine Weife: namentlich habe fich in dem wichtigsten Falle ihres Vorkommens die Praxis bereits ganz bestimmt für diefe Behandlung entschieden. Es stehe nämlich (was die Herren Sachverständigen bestätigten) völlig fest, daß, wenn Jemand an verschiedenen Orten verschiedene Etabliffements, deren gefchäftliche Verhältniffe völlig gefondert wären, befiße, und von dem Orte des einen Etabliffements auf das die gleiche Firma führende am an= deren Orte einen Wechsel traffire, diefer Wechsel immer als Tratte behandelt werde. Es werde auf keinen Fall thun= lich fein, für diefen Fall eine Ausnahmsbestimmung zu treffen, vielmehr müffe man in allen Fällen aus dem Gebrauche der Trattenform auch die Folgen des traffirten Wechsels zulaffen, und dürfe eben nur folche traffirt=eigene Wechsel, welche | auf den Ausstellungsort felbst gezogen feien, aus der oben bemerkten Rücksicht von diefer Regel ausnehmen. Es fei alfo am Angemessensten, den §. 5 an feiner ursprünglichen Stelle und in feiner ursprüng= lichen Faffung beizubehalten.

L. S. 160.

Eine andere, auf Fälle der vorliegenden Art anzu= 827
wendende, in den §§. 12—14 des Sächsischen Entwurfs
ausgesprochene Norm der Entscheidung ward von dem
Herrn Vicepräsidenten Dr. Einert vertheidigt. Nach
seiner Ansicht sollte jeder in der Form der Tratte von
dem Aussteller auf sich selbst gezogene Wechsel, wenn die
Identität der Person des Ausgebers mit der des Bezogenen mit Evidenz sich ergebe, als eigener Wechsel, anderen
Falls aber als Tratte behandelt werden, und zugleich
gegen den Ausgeber als eigener Wechsel geltend zu machen

M. S. 74 Sp. 2. sein. Nach einer anderen Ansicht sollte darauf gesehen 828
werden, ob ein Wechsel der angegebenen Art eine vom
Aussteller auf sich selbst gerichtete Adresse (an mich selbst)
enthalte. In diesem Falle sei der Wechsel als eigener
Wechsel anzusehen. Außerdem gelte derselbe entweder als
trassirter Wechsel, oder, wenn die Bemerkung beigefügt
worden sei „zahlbar ꝛc.", als eigener domicilirter Wechsel.

Ungeachtet dieser Verschiedenheiten der Ansichten über 829
die Anwendbarkeit der für trassirte Wechsel geltenden
Grundsätze auf trassirt=eigene Wechsel war man indeß darüber allgemein einverstanden, daß die rechtzeitige Präsentation und Protestation bei Wechseln der letztgedachten
Art, auf welchen sich Indossamente befänden, zur Erhaltung des Regresses gegen die Indossanten erforderlich sei.

Zum Behufe der Abstimmung wurden hiernächst die 830
Fragen gestellt:

1) Sollen in dem Entwurf Bestimmungen über trassirt=
   eigene Wechsel aufgenommen werden,

und

2) Sollen dergleichen Wechsel, vorbehältlich einzelner 831
   Modificationen, als Tratten behandelt werden?

von welchen die erste mit 14 Stimmen gegen 5, die zweite 832
mit 11 Stimmen gegen 8 bejaht wurde.

Die fernerweit gestellte Frage: 833

3) Soll als Erforderniß des trassirt=eigenen Wechsels angesehen werden, daß derselbe auf einen von
   dem Ausstellungsorte verschiedenen Ort gezogen sei?

ward mit 10 Stimmen gegen 9, und die letzte Frage: 834

4) Soll es für die trassirt=eigenen Wechsel zum Behufe des Regresses gegen den Aussteller der Präsentation und Protestaufnahme bedürfen?

ebenfalls mit 10 Stimmen gegen 9 bejaht und somit
angenommen, daß es bei der ursprünglichen Fassung des
§. 5 des Entwurfs sein Verbleiben haben solle.

S. 88.　Zum §. 88 ward von einem Mitgliede der Versamm= 835
lung bemerkt, daß es räthlich erscheine, die hier gegebenen
Bestimmungen über die Zulässigkeit von Kündigungsfristen
und Zinsversprechen ganz hinwegzulassen. Ein Wechsel,
der auf Kündigung stehe und ein Zinsversprechen enthalte,
sei nichts mehr als eine Schuldverschreibung, und da man

L. S. 161. die eingetretene Kündigung nicht aus dem | Wechsel veri-
ficiren könne, nicht einmal geeignet, ein wechselrechtliches
Verfahren zu begründen.

Diese Ansicht fand Unterstützung von verschiedenen
Seiten. Man war der Meinung, daß Papiere der an-

gegebenen Art sich zu weit von dem Wesen des Wechsel=
geschäfts entfernten, und daß diesem eine Fortdauer der
Verpflichtung auf unbestimmte lange Zeit durchaus wider=
spreche. Der Beweis der geschehenen Kündigung setze
immer besondere Documente über die Vornahme dersel=
ben voraus. Werde der Wechsel indossirt, so mehrten sich
die Schwierigkeiten, indem theils spätere Inhaber an die
einem früheren geschehene, nicht aus dem Wechsel ersicht=
liche Kündigung nicht gebunden seien, theils der Aus=
steller nicht wissen könne, wo der Wechsel zu finden sei,
und an wen er die Kündigung zu richten habe. Weit mehr 836
scheine sich hier die Prolongation eigener Wechsel zu
empfehlen: sie sei, da sie auf dem Wechsel selbst geschehen
müsse, immer liquid, und beseitige auch — indem sie
regelmäßig die Zinsenquittung enthalte — den Uebelstand,
daß ein Indossatar, welchem Einreden ex persona in=
dossantis nicht entgegenständen, bereits an den früheren
Inhaber bezahlte Zinsen noch einmal fordern könne. Der
Gebrauch der eigenen Wechsel sei an manchen Orten, wo

M.S.75 Sp. 1. sie als ein sehr bequemes | Mittel dienten, dem Handels=
und Gewerbsstand Credit und Geld zu verschaffen, gar
nicht zu entbehren. Für diesen Zweck passe es am Besten,
eine einfache Bestimmung über Prolongationen zu geben,
und Zinsversprechungen, wo nicht ausdrücklich zu gestatten,
doch nicht auszuschließen.

Mehrere Mitglieder, namentlich der Herr Referent, 837
erklärten sich für Beibehaltung der im Entwurfe gegebenen
Vorschriften, und bemerkten, daß die Stellung der Wechsel
auf Kündigung an vielen Orten in Gebrauch sei und die
besorgten Inconvenienzen nicht herbeigeführt habe. Man
könne — so ward. vorgeschlagen — zur Vermeidung der
durch Indossirung eines auf Kündigung gestellten Wechsels
entstehenden Mißverhältnisse, die Indossirung solcher Wechsel
durch eine ausdrückliche Bestimmung untersagen.

Bei der hierauf erfolgenden Abstimmung wurde mit 838
15 Stimmen gegen 4 die Hinweglassung des ersten Ab=
satzes die Kündigung betreffend, und sodann mit 13 839
Stimmen gegen 6 auch die Hinweglassung des zweiten
Absatzes des §. 88 über die Zulässigkeit des Zinsverspre=

M.S.75. Sp.2. chens in eigenen Wechseln beschlossen.

§. 89. Bei der Erörterung über den Inhalt des §. 89 840
gelangte zunächst die Frage zur Abstimmung, ob es ge=
stattet sein solle, eigene Wechsel auf oder nach Sicht aus=
zustellen. Diese Frage wurde mit 18 Stimmen gegen 1
bejaht und demgemäß beschlossen, daß die Anwendbarkeit 841
der §. 4 unter No. 4 und der §§. 9 und 20, sowie
31 und 32 auf eigene Wechsel ausgesprochen werden
solle.

Schlüßlich war man darüber einverstanden, daß 842
1) der Regreß auf Sicherstellung gegen die Indossan=
ten wegen Unsicherheit oder Insolvenz,
2) die Grundsätze über die Ehrenzahlung, mindestens 843
über die Zahlung zu Ehren eines Giro,
L. S. 162. 3) der Gebrauch von Wechselcopien 844
und

4) Die Vorschriften über die Domicilirung 845
auch bei eigenen Wechseln anwendbar sein müßten, und
daher im §. 89 auf die §§. 29, 58—61, 66, 25 und 846
41 Bezug zu nehmen sei.

XXV.
Leipzig, den 23. November 1847.

M. S. 75 Sp. 1.   Nachdem in der heutigen Sitzung, welcher Sr. Ex- 847
cellenz der Herr Staatsminister von Könneritz wie-
derum beiwohnte, die Vorlesung des Protocolles über die
gestrige Sitzung erfolgt war, ging man zu dem vierten
Abschnitte des Entwurfs über, zu welchem der Herr Referent in seinem einleitenden Vortrage erklärte, daß bei
der wesentlichen Verschiedenheit des in den einzelnen
Deutschen Staaten geltenden Proceßrechts es nicht die
Absicht sein könne, neben dem materiellen Wechselrechte
hier auch noch die Wechselproceßordnung in ihrem ganzen
Umfange zur Berathung zu bringen und die einzelnen
Bestimmungen definitiv festzustellen. Da jedoch in mehreren Deutschen Staaten ein unverkennbares Bedürfniß
zum Erlaß einer neuen Wechselproceßordnung vorhanden
sei, so werde schon eine Einigung über einzelne wesentliche Grundsätze des Proceßrechts, als ein wahrer Gewinn zu erachten sein.

Hierzu bemerkte einer der Herren Abgeordneten: 848
Der Wechselproceß stehe mit dem in jedem Staate üblichen Proceßverfahren in enger Verbindung und müsse sich
daher in den verschiedenen Staaten verschieden gestalten;
die Versammlung werde Bestimmungen über Angelegenheiten und Verhältnisse, wie die des Proceßverfahrens,
schwerlich innerhalb ihrer Competenz liegend erachten, und
es werde daher, wenn auch die Berathung über die einzelnen Paragraphen dieses Abschnittes stattfinde, dennoch
nicht von Bestimmungen, welche in den Entwurf aufgenommen werden sollten, sondern nur von Wünschen und
Ansichten, welche in dem Protocolle niederzulegen seien,
die Rede sein können.

M S. 75. Sp. 2.   Der Oesterreichische Herr Abgeordnete sprach sich da- 849
hin aus, daß er von einer Berathung der Conferenz über
den Wechselproceß wenig oder gar keinen Nutzen erwarte.
Der Entwurf enthalte keine vollständigen Vorschriften
über den Wechselproceß, sondern nur einige allgemeine
Grundsätze, die, insofern sie schon in der Natur der
Wechsel lägen und allgemein anerkannt seien, keiner weiteren Erörterung bedürften, insofern sie aber mit der Gerichtsverfassung und dem gerichtlichen Verfahren jedes
Landes zusammenhingen, wegen der großen in dieser Beziehung herrschenden Verschiedenheit kein befriedigendes
Resultat geben könnten.

L. S. 163.   Die Hamburger Herren Abgeordneten theilten diese 850
Ansicht und bemerkten, daß im Allgemeinen für den
Wechselproceß die thunlichste Schnelligkeit des Verfahrens
und die Zurückweisung illiquider Einreden als leitendes
und durch die Gesetzgebung zu verwirklichendes Prinzip
anerkannt werden müsse.

Von anderen Seiten wurde erklärt: Es leide zwar 851
keinen Zweifel, daß die §§. 90 bis 98, was immer
auch beschlossen werden möge, sich mit geringen Ausnah=
men nicht zur Aufnahme in die von den einzelnen Staa=
ten zu publicirende gemeinschaftliche Wechselordnung
eignen würden, indem sie allerdings keine Wechselproceß=
ordnung, sondern nur einzelne processualische Bestim=
mungen enthielten. Dieß stehe aber nicht entgegen, auch
hierüber sich zu einigen, und jedenfalls werde ein Aus=
tausch von Ansichten und die Niederlegung derselben in's
Protocoll den einzelnen Staaten, welche das Bedürfniß
fühlten, eine Wechselproceßordnung neu zu erlassen oder
die bestehende zu revidiren, von Nutzen sein.

M.S.76.Sp.1.   Da diese Auffassung der Sache keinen Widerspruch
fand, so ward der vierte Abschnitt des Entwurfs in nä=
here Erwägung gezogen.

§. 90.   Der Oesterreichische Herr Abgeordnete machte auf 852
die große Verschiedenheit aufmerksam, welche zwischen den
Bestimmungen des vorliegenden §. 90 und dem §. 277
des Oesterreichischen Entwurfs stattfinde, der übrigens
das dort bereits bestehende Recht bestätige. In Oester=
reich sei die Cumulation der Klagen gegen mehrere Ver=
pflichtete, deren Verpflichtung aus verschiedenen Hand=
lungen entspringe, unzulässig. Diese Bestimmung sei
auch auf den Wechselproceß übertragen worden. Gegen
Cumulirung von Klagen wider Personen, welche in ver=
schiedenen Staaten oder Provinzen wohnen, spreche aber
auch noch der Umstand, daß der Beklagte seinem ordent=
lichen Richter entzogen und durch die Nothwendigkeit,
vor einem entfernten Gerichte Recht nehmen zu müssen,
einem bedeutenden Aufwand von Kosten ausgesetzt werde. 853
Die Oesterreichische Regierung werde nie gestatten, daß
einer ihrer Unterthanen vor ein fremdes Gericht, wenn
dies nicht etwa das forum contractus sei, gezogen werde.
Die in dem zweiten Absatze des Paragraphen enthaltenen
Vorschriften schienen ihm nicht einmal für die verschiede=
nen Provinzen Oesterreichs wünschenswerth, weil dadurch
ebenfalls viele Beklagte ihrem ordentlichen Richter ent=
zogen, die Processe verwickelter gemacht und der Lauf
derselben eher gehemmt als beschleunigt werde. Die
Oesterreichische Gerichtsordnung kenne keine Adcitation mit
der Wirkung, daß der Adcitirte als eingetreten in den
Proceß anzusehen wäre. Zwar könne eine Parthei dem
Dritten, von welchem sie Entschädigung ansprechen zu
können glaubt, den Streit verkünden, allein der De=
nunciat sei nicht verpflichtet, sondern nur berechtigt, an
dem Streite Theil zu nehmen, auch habe die Streitver=
kündigung keine dilatorische Kraft hinsichtlich des Haupt=
processes.

Auf ähnliche Weise sprach sich der Königlich Säch= 854
sische Abgeordnete, Herr Vicepräsident Dr. Einert, mit
Beziehung auf das in dem Königreiche Sachsen gültige
Verfahren aus und machte insbesondere bemerklich, daß
in dem zweiten Absatze des §. eine subjective Klagenhäu=
fung sanctionirt werde, welche der Sächsische Proceß nicht
anerkenne.

L. S. 164.   Am meisten Widerspruch erfuhr das, was in dem 855
§. über Adcitation und anziehende Kraft des Wechsel=
processes gesagt worden ist, theils aus Gründen, welche
von dem Oesterreichischen Herrn Bevollmächtigten ange=
führt worden waren, theils aber auch und zwar nament=
lich von Seiten der Hamburger Herren Abgeordneten
darum, weil hiermit die Möglichkeit gegeben werde, einen
schwierigen Wechselproceß vor einem Richter verhandelt
zu sehen, dem, wenn er auch sonst ein sehr tüchtiger
Jurist sein könne, doch die nöthige Erfahrung und erfor=
derliche Kenntniß des Wechselrechts nicht zuzutrauen sei.
Der Königlich Bayersche Abgeordnete, Herr Oberappel= 856
lationsgerichtsrath Dr. Kleinschrod bemerkte: Er
könne sich von dem practischen Werthe der im zwei=
ten Absatze des §. 90 vorgeschlagenen Bestimmung
nicht überzeugen. Nach derselben solle eine subjec=
tive Klagenhäufung bezüglich der in verschiedenen Ge=
richtsbezirken, vielleicht selbst bezüglich der in verschie=
denen Deutschen Ländern wohnenden Wechselverpflichteten
gestattet sein, mithin z. B. dem in Trier wohnenden Klä=
ger das Recht eingeräumt werden, zwei Wechselverpflich=
tete, von welchen der Eine in Trier, der Andere in Ham=
burg wohne, in Trier zu belangen. Es sei wohl nicht
zu verkennen, daß nach Umständen diese Einrichtung be=
quem für den Kläger, zugleich aber sehr unbequem und
M. S. 76 Sp. 2. kostspielig für einzelne | Beklagte sein könne. Eine solche 857
Anomalie würde wohl nur dann zu rechtfertigen sein,
wenn davon ein überwiegender Vortheil für die Rechts=
pflege zu erwarten wäre. Ein besonderer Vortheil solle
darin bestehen, daß dadurch einer Ungleichförmigkeit der
über die nämliche Rechtsfrage zu erlassenden Urtheile vor=
gebeugt werde. Allein einerseits sei in den Wechselpro=
cessen, deren Entscheidung meistens auf einfachen Rechts=
sätzen beruhe, eine Ungleichförmigkeit der Urtheile weniger
zu besorgen, andererseits führe die Klagenhäufung noch
keineswegs zu einer vollständigen Uebereinstimmung der
von den einzelnen Beklagten abzugebenden Erklärungen,
indem jedem derselben besondere Einreden zustehen könn= 858
ten. Auch eine Abkürzung der Wechselprocesse werde in
vielen Fällen durch die Klagenhäufung nicht erzielt wer=
den. Denn an den entfernt wohnenden Beklagten müsse
eine mittelst gerichtlicher Requisition zu insinuirende La=
dung erlassen, und ihm zur Aufstellung eines Anwaltes
hinreichende Zeit verstattet werden; auch der Vollzug der
Execution an der Person oder an dem Vermögen könne nur
auf dem Wege gerichtlicher Requisition erfolgen. Häufig
werde daher der Kläger durch successive Klaganstellung gegen
zwei Wechselverpflichtete schneller zum Ziele gelangen, als

wenn er dieselben in einer Klage belange. Man könne 859
zwar erwiedern, daß die vorgeschlagene Bestimmung eine
facultative sei, und der Kläger bemessen könne, was ihm
vortheilhafter erscheine. Allein eben darin, daß es ganz
in die Willkühr des Klägers gestellt sei, sich zum Nachtheile einzelner Beklagten in eine günstigere Lage zu ver-
setzen, liege eine auffallende Bevorzugung des Klägers,
welche sich mit dem Grundsatze der Rechtsgleichheit der
Partheien nicht vertrage. Die Störung der Rechtsgleich- 860
heit werde dadurch nicht ausgeglichen, daß nach den
Schlußworten des §. dem Beklagten freistehen solle, andere Wechselverpflichtete adcitiren zu lassen. Diese zweite
Bestimmung unterliege vielmehr noch größeren Bedenken.

L. S. 147. Denn die Erfahrung | lehre, daß (wenigstens in denjeni-
gen Ländern, in welchen der Proceß nicht mit der Verhaftung des Wechselschuldners beginne) die meisten Wechselprocesse nicht durch die Zweifelhaftigkeit des Rechtsverhältnisses, sondern durch die momentane Zahlungsunfähigkeit des Beklagten veranlaßt würden, welcher
dadurch Zeit gewinnen wolle. Verstatte man ihm nun
unbedingt die Adcitation, so werde ihm dadurch ein ge-
wünschtes Mittel geboten, nicht nur die Sache zu verzö-
gern, sondern auch im Hinblick auf die besonderen Einreden der einzelnen Adcitanten die schwierigsten Verwickelungen herbeizuführen.

Von Seiten des Herrn Staatsministers von Kön- 861
neritz ward bemerkt, daß nach dem Sächsischen Wechselproceß von der Adcitation keine Parthei Gebrauch machen könne, ohne sich Nachtheilen auszusetzen, der Kläger
nicht, weil er auf das Recht, Personalarrest zu verlangen,
verzichte, der Beklagte nicht, weil er einstweilen in Haft
verbleiben müsse.

Diesen Einwendungen wurde von anderen Seiten 862
entgegengesetzt: Es scheine der zweite Absatz des §. 90
insofern er dem Kläger das Recht gebe, auch solche sonstige Wechselverbundene, die dem fraglichen Gerichtsstande
nicht unterworfen seien, vor diesem Forum zu belangen, von der weiteren Bestimmung getrennt werden
zu müssen, daß der Beklagte befugt sein solle, sogleich
diejenigen beiladen zu lassen, an die er seinen Regreß
nehmen wolle. Das letztere werde allerdings zur Verzögerung des Processes führen und dem Kläger Nachtheil
bringen, aber doch nur dann, wenn einer solchen Adci-
M.S.77.Sp.1. tation die Wirkung beigelegt werden würde, daß sie | ir-
gendwie das Verfahren hemmen dürfe. Davon sei aber
keine Rede, was man auch ausdrücklich aussprechen könne.
Ferner stehe nichts entgegen, statt des Ausdrucks „Abcitation", weil er je nach den allgemeinen Proceßord-
nungen der einzelnen Staaten Anstand erregen möchte,
einen anderen zu wählen. Der Sinn des §. 90 sei nur
der, daß eine Zuständigkeit des betreffenden Gerichts festgesetzt werden solle, worin noch nicht das Gebot des simul-
tanen Processes liege. Möge man über die Schlußbestimmung des zweiten Absatzes denken und beschließen,
wie man wolle, so sei doch soviel gewiß, daß es für

ben Kläger von entschiedenem Vortheile sein werde, wenn
er die ihm solidarisch Verpflichteten, gleichviel in welchem
Deutschen Staate sie wohnten, vor ein und dasselbe Gericht laden könne; es komme daher darauf an, ob die
Deutschen Staaten gewillt seien, eine solche Bestimmung
wechselseitig zu treffen, also einen dahin abzielenden Ju-
risdictionsvertrag allgemein abzuschließen.

Von Seiten der Preußischen, Württembergischen, 863
Badischen, Großherzoglich Hessischen, Großherzoglich Sächsischen, Nassauischen, Braunschweigischen und Meklenburg-
Schwerinschen Herren Abgeordneten wurde dem Principe
des zweiten Absatzes des §. 90 und der Abschließung
einer die Durchführung desselben möglich machenden Vereinbarung entschieden das Wort geredet, und zur Unterstützung ihrer Ansicht Folgendes angeführt: Eine solche 864
Einigung sei aus verschiedenen Gründen wünschenswerth,
sie werde das nationale Band fester ziehen, indem sie
über die Grenze derjenigen Jurisdictionsverträge hinaus-
gehe, welche nicht die sogenannnte | evocatio subditorum
enthielten, sondern nur für den Fall begründeter Competenz die Vollstreckung zusagten.   Nachdem man ein 865
gemeinsames Wechselrecht geschaffen, also das Materielle vereinbart habe, könne man auch ohne Anstand
nicht nur die Formen, in welchen es richterlich zu ver-
wirklichen sei, gemeinschaftlich festsetzen, sondern auch wechselseitig sich um so mehr das Vertrauen geben, daß die
in den einzelnen Staaten zur Rechtsprechung berufenen
Behörden ihrem Amte gewachsen sein werden, als bekanntlich überall in Deutschland die Richter unabhängig
seien und die Regierungen für würdige Besetzung der
Gerichte Sorge trügen.   Es heiße die Handelsgerichte in
größeren Städten zu hoch und die Richter in kleineren
Städten zu tief stellen, wenn man nur jenen eine genügende Kenntniß der wechselrechtlichen Verhältnisse zutraue,
namentlich da die bei weitem größte Zahl der Wechselprocesse der allereinfachsten Natur seien. Wenn auch, was
nicht in Abrede zu stellen sei, hier und da, namentlich
wo ein Wechselrecht bisher nicht bestanden habe, diese
Verhältnisse nicht ganz geläufig seien, so möge man bedenken, daß nunmehr ein und dasselbe Wechselrecht für
ganz Deutschland gebildet werden solle, mithin in kurzer
Zeit dessen einfache Bestimmungen zu allgemeiner Kenntniß und Verständniß gelangen würden. Eine derartige 866
Uebereinkunft werde jedenfalls den Vortheil haben, daß
eine verschiedene Rechtsprechung seltener sich ereignen
könne und es werde alsdann nicht so leicht der Fall vorkommen, daß ein und derselbe Kläger mit einem und
demselben Anspruche gegen den einen Wechselverbundenen
unterliege, gegen den anderen obsiege, was sich ereignen
könne, wenn er genöthigt sei, die beiden Verbundenen
nach einander bei verschiedenen Gerichten zu belangen.
Endlich sei zu bedenken, daß, wenn selbst ein oder der 867
andere Nachtheil bemerkbar werden sollte, dies doch weit
durch den Vortheil werde überwogen werden, den dieser
zweite Schritt zu einer Einigung Deutschlands über die

L. S. 166.

Rechtsgesetzgebung im Gefolge haben würde. Von Seiten 868
M.S.77.Sp.2. der Königl. Preußischen Herren Abgeordneten | ward hierbei
noch bemerkt, daß man Preußischer Seits gewiß kein Bedenken tragen werde, die Unterthanen des eigenen Staates
an diejenige Gerichtsbehörde eines anderen Deutschen Staates zu verweisen, die man dort als befähigt erachte, die
Wechselprocesse der eigenen Unterthanen zu entscheiden, wozu 869
der Großherzoglich Hessische Herr Bevollmächtigte beifügte,
daß seine Regierung den Widerspruch gegen einzelne im
vierten Abschnitte enthaltene, den Proceßgesetzgebungen
des Großherzogthums nicht entsprechende Bestimmungen
fallen lassen dürfte, wenn eine allgemeine Vereinigung zu
Stande kommen sollte.

Von Seiten der übrigen Herren Abgeordneten trat 870
Niemand der hier zur Sprache gebrachten Jurisdictions-
frage entschieden entgegen und es zeigte sich hauptsächlich
nur darin eine Meinungsverschiedenheit, daß einige Abgeordnete die Einsetzung besonderer Merkantilgerichte als
das Erforderniß solcher Vereinbarung erachteten, andere
sich nicht für ermächtigt hielten, überhaupt auf eine solche
Frage hier einzugehen, da es sich nur um eine Wechselordnung, nicht um ein gemeinschaftliches Procedurgesetz
handle, während die Herren Abgeordneten von Preußen x. 871
gerade in dem Umstande, daß die Bestimmungen des §. 90
L. S. 167. in dem den | Regierungen mitgetheilten Entwurfe, zu
dessen Berathung sie bevollmächtigt seien, sich befinde, die
Befugniß auch hierüber ihre Ansicht bestimmt zu äußern,
erblickten. Der Hannöverische Herr Bevollmächtigte erklärte 872
sich im Allgemeinen für den zur Sprache gebrachten Ju-
risdictionsvertrag, bemerkte jedoch, daß er hierbei zunächst
nur die Bestimmung im ersten Absatze des §. 90 vor
Augen habe, daß aber die Bestimmung des zweiten Absatzes des §. 90 auch ihm in materieller Hinsicht bedenk- 873
lich erscheine. Der Bayersche Herr Abgeordnete erklärte
sich unter Bezug auf seine obigen Aeußerungen in ähn-
lichem Sinne. Der Herr Abgeordnete von Baden hielt 874
die Abschließung eines allgemeinen Jurisdictionsver-
trages namentlich auch darum für nothwendig, weil diejenigen Staaten, welche die Vorschriften des §. 90 bei
sich zum Gesetze erhöben, sonst mit den übrigen Staaten
nicht einmal Verträge über die wechselseitige Vollstreckung
der Urtheile abschließen könnten, da letztere den ersteren
gegenüber einen Gerichtsstand in Wechselsachen, der eine
evocatio subditorum enthalte, nicht anerkennen würden.
Der Herr Abgeordnete von Lübeck äußerte: So wenig er 875
verkenne, wie wünschenswerth in mancher Beziehung die
besprochene Vereinbarung der Regierungen sei, so halte
er dennoch bei der Verschiedenheit der Gerichtsverfassung
und der Proceßgesetzgebung der einzelnen Deutschen
Staaten es noch nicht an der Zeit, seiner Regierung den
Abschluß eines Jurisdictionsvertrags des beantragten Inhalts zu empfehlen. In ähnlicher Weise sprach sich der 876
Abgeordnete von Bremen, Herr Dr. Albers, aus, mit
dem Beifügen, daß die Bedeutung dieser erst jetzt angeregten Angelegenheit in ihrem ganzen Umfange sich noch

nicht überfehen laffe, er fich mithin, feiner perfönlichen Anficht ungeachtet, auf die Erklärung befchränken müffe, diefe Angelegenheit zu der Kenntniß feiner Committenten bringen zu wollen. Allfeitig war man darin einverstan- 877 ben, daß eine förmliche Abstimmung über die behan- belte Frage und fomit über den §. 90 nicht stattzufin- ben habe.

Von Seiten des Herrn Vicepräfidenten Dr. Einert 878 wurde noch angeregt, welche Bedeutung der Erklärung eines Wechfelfchuldners beizulegen fei, der, was freilich in der Regel nur bei eigenen Wechfeln vorzukommen pflege, dem Wechfelverfahren aller Orten, wo er anzutreffen, fich unterworfen habe. Man fand indeffen, da auf Beftim-

M.S.78 Sp.1. mungen über den | Gerichtstand überhaupt nicht näher ein- gegangen werde, nicht angemeffen, über die proceffualifche Bedeutung einer folchen concreten Claufel, die in die Lehre vom prorogirten Gerichtsstande, fowie in andere Materien einfchlage, hier eine Entfcheidung zu treffen.

§. 91.   Diefe Beftimmung ward von einigen Seiten wegen 879 der darin gegen den Wechfelfchuldner liegenden Härte an- gegriffen. Sei dem Gläubiger genügende Sicherheit ge- ftellt, und bei einer anderen brauche er fich nach dem §. 29 nicht zu beruhigen, fo liege kein Grund vor, den Schuld- ner feiner perfönlichen Freiheit zu berauben. Hiergegen 880 wurde jedoch erinnert: Der Paragraph handle von dem Falle, daß aus der geftellten Bürgfchaft die Zahlung nicht fofort zu bewerkftelligen fei, was fich fowohl durch augenblickliche Unverkäuflichkeit der verpfändeten Objecte als durch eine, im Verlaufe der Zeit eingetretene

L. S. 168.   Stockung oder Unzahlbarkeit | des urfprünglich tüchtig ge- wefenen Bürgen zutragen könne. Der Gläubiger habe ein Recht darauf, daß Zahlung erfolge, fobald diefe fäl- lig fei, und daß gegen den Schuldner, der diefelbe weder felbft, noch durch die geftellte Sicherheit leifte, Perfonal- arreft erkannt werde. Während die Mehrheit der Ver-

§. 92.   fammlung diefer Anficht beitrat, fand der §. 92, 881 zu welchem man nunmehr überging, faft allgemeinen Widerfpruch. Der Schuldner, ward bemerkt, der in Concurs verfalle, dürfe keine Zahlung mehr leiften. Habe er Vermögensftücke bei Seite gebracht, fo habe er ein Verbrechen begangen und verfalle dem Straf- richter. Werde er durch den Arreft vermocht, aus jenem unterfchlagenen Vermögen den Wechfelgläubiger zu bezahlen, fo erfcheine Letzterer als Theilnehmer an der widerrechtlichen Handlung, was die Gefetzgebung unter- fagen und ahnden müffe. Solle aber der Arreft ein Mo- tiv für Verwandte oder Freunde des Schuldners abgeben, aus ihren Mitteln den Gläubiger zu befriedigen, fo dürfe abermals die Gefetzgebung zu einer folchen moralifchen Nöthigung dritter, nicht verpflichteter Perfonen keines- wegs die Hand bieten. Auf den erhobenen Einwand, daß nur allzu oft die Gläubiger durch fraudulöfe Falli- mente hintergangen würden, ward erwiedert, daß geeig- nete Strafgefetze hiergegen zu richten feien, wo es viel- leicht noch nicht der Fall fei.

§. 93, 94 u. 96.   Die §§. 93, 94 und 96 wurden in der Berathung 882 zusammengefaßt, da sie in ihrer Vereinigung das System des Entwurfs dahin enthalten:

1) Illiquide Einreden sind unter allen Umständen 883 vom Wechselprocesse ausgeschlossen.

2) Die Einrede der Simulation, sowie diejenige der 884 Compensation, selbst wenn sie auf der Stelle liquid gemacht werden könnten, finden ebenfalls im Wechselprocesse nicht statt,

3) Ebenso verhält es sich mit den aus der Person 885 des Indossanten dem Inhaber entgegenzusetzenden Einreden, sofern nicht der Kläger als Cessionar anzusehen ist.

4) Editionsgesuche sind im Wechselprocesse nicht zulässig. 886

Die Versammlung war der Meinung, daß die un= 887 ter No. 2 und 3 aufgeführten Sätze nicht zum Proceß, sondern in die Wechselordnung gehörten und daher nicht blos einer Berathung, sondern auch einer förmlichen Beschlußnahme bedürften, mit der Wirkung, daß die Bestimmungen, über die man sich vereinige, in den Entwurf selbst, nicht in die Proceßordnung aufzunehmen seien. In der Sache selbst war man mit No. 3 allgemein ein= 888 verstanden, dagegen wurde No. 2 einstimmig verworfen, indem man der Ansicht war, daß alle aus der Person des Inhabers herzuleitende Einreden, also auch die=

M. S. 68 Sp. 2.   jenige der Simulation und Compensation, sofern sie | auf der Stelle liquid zu machen seien, zugelassen werden müssen.

Daß der Grundsatz unter No. 1 für den Wechsel= 889 proceß anzunehmen sei, ward allgemein anerkannt; zu 890 No. 4 über Editionsanträge etwas Besonderes zu beschließen, hielt man nicht für angemessen.

L. S. 169.   Weiter kam die processualische Frage zur Sprache, 891 ob es angemessen sei, wie | der §. 96 vorschlage, die Eides= zuschiebung als ein liquides Beweismittel im Wechselprocesse zuzulassen.

Der Oesterreichische Herr Abgeordnete erklärte: Nach der Oesterreichischen Gerichtsordnung würden auch im Wechselprocesse alle Arten von Beweismitteln zugelassen, nur sei im §. 297 des Oesterreichischen Entwurfs die Aufführung von Zeugen, die sich nicht im Inlande aufhalten, ausgeschlossen. Durch jenen Entwurf seien Vorschriften für die möglichste Beschleunigung des Proceßganges gegeben und nach dem §. 315 könne der Kläger, wenn der Beklagte den Proceß verzögere oder illiquide Einreden, welche durch Zeugen oder Kunstverständige erwiesen werden müßten, vorbringe, die Sicherstellung der Wechselsumme bei Vermeidung wechselrechtlicher Execution verlangen. Dadurch sei für die Rechte des Klägers hinlänglich gesorgt, und man dürfe die Einreden und Beweismittel des Beklagten um so weniger beschränken, wenn man die Wechselfähigkeit auf alle dispositionsfähige Personen ausdehne.

Der Herr Abgeordnete von Kurhessen bemerkte, daß in Kurhessen die Wahl unter den Beweismitteln auch in

dem Wechselproceſſe nicht beſchränkt, jedoch das Beweis-
verfahren hier nur ein ſummariſches ſei.

Mehrere Andere der Herren Abgeordneten beſtritten 892
die Zuläſſigkeit der Eidesdelation; dieſelbe ſei ein ſubſi-
diäres Auskunftsmittel, durch welches der Grundſatz, daß
man nur liquide Einreden zulaſſen dürfe, ſeine eigentliche
Bedeutung verliere; jedenfalls werde ſie wegen der Gewiſſens-
vertretung oder anderer hierbei in Betracht kommender
Umſtände in den erforderten ſchnellen Verlauf des Wech-
ſelproceſſes hemmend eingreifen. In den Staaten, in
welchen der gemeinrechtliche Executivproceß beſtehe, würde,
wollte man die Eideszuſchiebung in Wechſelſachen zulaſſen,
die Anomalie erſcheinen, daß der Wechſelproceß minder
privilegirt ſei als jene Proceßart.

Bei der Abſtimmung ward mit 10 Stimmen gegen 893
8 (der Herr Abgeordnete von Naſſau hatte ſich entfernt)
entſchieden, daß Eidesdelation im Wechſelproceſſe ausge-
ſchloſſen ſein möge.

§. 95. Die Beſtimmung des §. 95 ward mit 17 gegen 1 894
Stimme gut geheißen. Es war zwar auf den Fall hingewie-
ſen worden, daß nach geſchehener Unterſchrift eine Fälſchung
mit dem Wechſel vorgenommen werde; es wurde jedoch
entgegnet, daß der §. 95 nur von drei beſtimmten Einreden, nicht von derjenigen der Fälſchung rede, dieſe alſo
auch nicht abſchneide, wo und inwiefern ſie überhaupt
als zuläſſig erſcheine. Nicht minder ward der Fall er- 985
wähnt, daß ein Dritter für den (angeblich) Verpflichteten
unterſchrieben habe und Letzterer zwar die Unterſchrift des
Dritten anerkenne, dagegen den Auftrag in Abrede ſtelle.
Auch hier wurde entgegnet, daß der §. 95 dieſen Fall
nicht im Auge habe, der übrigens ſich dahin erledige,
daß der Dritte ſelbſt hafte, ſo lange er nicht auf eine
im Wechſelproceſſe zuläſſige Weiſe ſein Mandat erweiſe.

§. 79. Gegen den §. 97 ward erinnert, daß die Poſtbe- 896
ſcheinigung gar nichts weiter beweiſe, als daß zu einer
beſtimmten Zeit ein Blatt Papier an eine gewiſſe Perſon
L. S. 170. abgeſendet [worden; es entſtehe daher dafür, daß über-
M. S. 79 Sp. 1. haupt eine Nachricht, geſchweige daß gerade die Mittheilung, um die es ſich handle, jener Perſon ſchriftlich zu-
gegangen ſei, nicht einmal eine rechtliche Vermuthung,
vielweniger alſo ein vollſtändiger Beweis. Von anderer
Seite ward bemerkt, daß ein ſolches Atteſt um ſo mehr
als beweiskräftig angeſehen werden könne, je leichter es
ſei, den Gegenbeweis, daß der abgegebene Brief nichts auf
die Sache bezügliches enthalte, durch Production des Briefes zu führen.

Von einem der Herren Abgeordneten ward beantragt, die Berathung über dieſen Punct bis zu der be-
M. S. 79 Sp. 2. vorſtehenden Berathung | über Notification des Proteſtes
auszuſetzen. Die Verſammlung glaubte indeß, daß es für
dieſe Berathung ein Gewinn ſein werde, wenn die angeregte Frage ſchon jetzt ihre Erledigung erhalte und ent-
ſchied ſich mit 11 Stimmen gegen 7 für die Annahme
der im §. 97 enthaltenen Beſtimmung.

Schlüßlich trug der Herr Abgeordnete für Holſtein 897

darauf an, den Wunsch zu Protocoll niederzulegen, daß man überall für den Wechselproceß kurze Fristen und ein mündliches Verfahren einführen möge, welches von keiner Seite Widerspruch fand.

XXVI.
Leipzig, den 24. November 1847.
—

M. S. 79 Sp. 1.   Die heutige Sitzung, welcher Sr. Excellenz, der Herr 898 Staatsminister von Könneritz und mit Ausnahme des Herrn Professor Thöl, der zu einer Reise nach seiner Heimath genöthigt worden war, alle übrigen Herren Abgeordneten beiwohnten, ward mit Vorlesung des Protocolls der gestrigen Sitzung begonnen, worauf man auf die in der siebzehnten Sitzung 899 zur ferneren Berathung ausgesetzten Fragen hinsichtlich der Notification des Protestes und ihres Einflusses auf die Regreßnahme überging.

L. S. 171.   Der Herr Referent nahm Bezug auf ein den Mitgliedern der Versammlung bereits mitgetheiltes Promemoria über die Ergebnisse der in der Redactions-Commission inzwischen stattgefundenen weiteren Erwägung dieses Gegenstandes, welches dem gegenwärtigen Protocolle als Beilage angefügt ist.

Mehrere der Herren Abgeordneten erklärten sich als 900 bald im Allgemeinen für den vermittelnden Vorschlag des Herrn Referenten, wie derselbe in dem Promemoria unter No. II. sich dargestellt findet. Dabei wurde nochmals hervorgehoben, daß man die Notification zwar als nützlich und wünschenswerth anerkenne, daß aber der Verlust des Regresses für den Fall der unterlassenen Notification nicht als ein den Verhältnissen angemessenes Präjudiz erscheine.

Der Herr Referent war nunmehr der Meinung, daß 901 der Versammlung die in der siebenzehnten Sitzung mit der Majorität einer Stimme bejahte Frage:

Soll Notification des Protestes als eine den Regreß bedingende Solennität beibehalten werden?
zur nochmaligen Entscheidung vorzulegen sei.

Es ward dagegen zwar erinnert, daß vor allen Din 902 gen die Frage:

Soll es überhaupt der Notification des Protestes bedürfen?
und dann weiter die Frage:

Soll Unterlassung der Notification mit einem Nachtheile für den Regredirenden verbunden sein?
zu stellen sei.

Da indeß die Versammlung sich einstimmig für die Bejahung dieser beiden Fragen aussprach, so ward 903 nun sofort die von dem Herrn Referenten proponirte Frage zur Abstimmung gebracht, und mit 14 Stimmen gegen 4 verneint.

M. S. 79 Sp. 2.   Es kam sonach darauf an, sich über den Nach 904 theil zu verständigen, welcher als Folge der unterbliebenen

Notification für den dieselbe Versäumenden eintreten solle, und es fand darüber keine Meinungsverschiedenheit statt, daß dieser Nachtheil jedenfalls in der Verpflichtung zum Schadenersatze bestehen müsse.

Allein von mehreren Seiten wurde für erforderlich 905 erachtet, daß neben dem Schadenersatze im Allgemeinen noch ein weiterer bestimmter Nachtheil für die Unterlassung der Notification auszusprechen sei, da ein positiver Schaden in den seltensten Fällen zu erweisen und deshalb das auf dessen Ersatz beschränkte Präjudiz wenig wirksam sein werde. Es empfehle sich daher, mit Vorbehalt des Ersatzes eines durch die Unterlassung der Notification erweislich entstandenen größeren Schadens, einen bestimmten Nachtheil festzusetzen, welcher in jedem Falle den Regreßnehmer als Folge der versäumten Notification treffe, und gleich im Wechselprocesse geltend gemacht werden könne. Zu diesem Behufe möge man aussprechen, daß der die Notification vernachlässigende Regreßnehmer den Anspruch auf Zinsen und Kosten verliere. Zur näheren Begründung der rechtlichen Natur dieses Präjudizes ward bemerkt, daß sich die Pflicht zum Schadenersatze bei Nichtbefolgung einer gesetzlichen Vorschrift schon von selbst verstehe, daß der Verlust der Nebenforderungen, namentlich der Zinsen, worauf man, vorbehaltlich des Nachweises eines größeren Schadens, jene Pflicht fixirt, nicht reiner Schadensersatz sei, weil er ohne Rücksicht auf wirklich entstandenen Schaden stattfinde, und auch nicht reine Strafe, weil zugleich auf alle Fälle der etwa nicht nachweisliche Schaden damit gedeckt sein solle. Es liege also eine poena mixta vor.

In Ansehung dieses Vorschlages kamen indeß wieder 906 verschiedene Zweifel zur Sprache, ob nämlich der Verlust auch auf diejenigen Zinsen und Kosten sich erstrecken solle, welche der säumige Regreßnehmer selbst einem Nachmanne zu vergüten gehabt, ferner ob die Zinsen schlechthin verloren 907 gehen sollen oder nur von dem Zeitpuncte an, wo zu notificiren gewesen wäre, bis zur Nachholung der Notification.

L. S. 172.   Von einigen Seiten wurde deshalb vorgeschlagen, den 908 Nachtheil — mit Vorbehalt des Ersatzes etwaiger weiterer
M. S. 80 Sp. 1. Schadens — dahin zu bestimmen, daß der säumige Regreßnehmer nichts weiter als die in dem Wechsel verschriebene Summe (falls der Wechsel nicht in der Landesmünze ausgestellt ist, nach dem zur Verfallzeit gültigen Course) — mithin keinerlei Zinsen und Retourspesen fordern könne.

Dieser Meinung pflichteten die kaufmännischen Herren Abgeordneten sämmtlich bei, indem dieselben dafür hielten, daß es, nachdem einmal die Verpflichtung zur Notification von der Versammlung angenommen worden, nun auch der Androhung eines solchen gewissen Nachtheiles bedürfe, um die nöthige und gegenwärtig vom Handelsstande allgemein streng beobachtete Pünktlichkeit in Ansehung der Notificationen zu sichern.

Als hierauf die Fragen zur Abstimmung kamen: 909
1) Soll neben der Verpflichtung zum Schadenersatz noch ein anderer Nachtheil für die Unterlassung der Notification ausgesprochen werden?

2) Soll dieser Nachtheil darin bestehen, daß der Regreß=
anspruch des Säumigen lediglich auf die in dem Wech=
sel verschriebene Summe (ohne Zinsen rc.) beschränkt
wird?

wurden beide mit 16 Stimmen gegen 2 bejaht.

An diese Abstimmungen schloß sich die Frage über den Be= 910
weis der rechtzeitig geschehenen Notification an.

Man war allseitig der Meinung, daß der Inhaber
keineswegs gehalten sei, gleichzeitig mit Anstellung der Klage
den Beweis der geschehenen Notification anzutreten, vielmehr
denselben erst dann zu führen habe, wenn der in Anspruch
genommene Remboursspflichtige die nicht gehörig bewirkte
Notification entgegen setze, so daß der Regreßnehmer, wenn
er den Beweis der geleugneten Notification im Wechsel=
processe herzustellen nicht vermöge, mit dem Anspruche auf
Zinsen und Kosten zur besonderen Ausführung zu verweisen
sei.   Man gab der Redactionscommission anheim, ob es
nöthig sei, eine ausdrückliche Bestimmung hierüber in den
Entwurf aufzunehmen.

Hiernächst erklärte Herr Banquier Magnus Folgen= 911
des: Er glaube der nochmaligen Erwägung der Versamm=
lung anheim geben zu müssen, ob nicht bei Verpflichtung
zum Schadens=Ersatze und bei Verlust von Zinsen und
Kosten, anstatt der einfachen Notification der Nichtzahlung,
die Vorlegung des Wechsels und des Protestes zur Einlö=
sung anzuordnen sei.

In diesem Vorschlage liege eine Vermittelung der Prin=
zipien, wie sie sich in mehreren Deutschen Wechselordnungen,
namentlich dem Preußischen Landrechte, fänden, und der
Grundsätze, wie sie gegenwärtig von der Versammlung adop=
tirt worden seien.   Das in den Motiven des Entwurfs
näher entwickelte System der Allgemeinen Landrechts habe
den unverkennbaren Vorzug, daß es den Regreß schnell durch=
treibe und dadurch den Regreßpflichtigen eine gewichtige
Sicherheit gewähre.   Die Nachtheile dieses Systems bestän=
den lediglich darin, daß das Präjudiz zu strenge sei und
der Wechselverpflichtete mit dem Verluste seines Rechts im

L. S. 173.   Falle | eines Versehens bedroht sei.   Es handle sich darum,
das anerkannt Nützliche jener Bestimmungen beizubehalten
und nur das Unzweckmäßige daraus zu entfernen.   Beides
geschehe, wenn man sich für die Annahme des erwähnten
Vorschlages entscheide.

Das System der einfachen Notification möge sich in
einem kleinen Gebiete nützlich bewährt haben, solle sich aber
das Gesetz in seiner Wirksamkeit auf ein weites, umfang=
reiches Gebiet erstrecken, so sei jene Auffassungsweise in ho=
hem Maaße bedenklich.   Die Fiction, daß die Benachrichti=
gung an alle Vormänner ergangen sei, wenn der Inhaber
seinem unmittelbaren Vormanne die Benachrichtigung habe

M. S. 80 Sp. 2. zugehen lassen, sei sehr gewagt. | Wolle man aber Anderes
in dieser Beziehung vorschreiben, so würden sich die größten
Schwierigkeiten herausstellen, wenn man berücksichtige, daß
die Indossamente in blanco zugelassen seien.

Die in allen Wechselordnungen aufgenommenen Be=
stimmungen, daß der Protest gegen den Bezogenen bei Ver=

luft des Regreffes binnen einer bestimmten Frist nach Ver=
fall aufgenommen werde müsse, beruhe entschieden auf
der als nothwendig anerkannten Voraussetzung, daß der In=
haber darthun müsse, wie er zu der Zeit, wo ihm das
Geld am Zahlungsorte angewiesen war, sich auch zur Em=
pfangnahme gemeldet habe. Daburch, daß er sich ein sol=
ches Document verschaffe, könne er allerdings diesen Beweis
führen, allein er dürfe sich gewiß nicht dabei beruhigen,
vielmehr müsse er noch weitere Diligenz gegen seine
Vormänner zu üben verpflichtet sein. Eine solche
Diligenz liege aber in der Vorlegung des Wechsels Behufs
der Einlösung. Man wende ein, daß letztere nicht vorzu=
schreiben sei, weil jeder Inhaber dies von selbst thun werde;
allein es gebe eine Masse von Fällen, wo der Inhaber ein
Interesse habe, seine Befriedigung nicht sofort, sondern erst
später zu fordern, zum größten Nachtheil und zur
Gefährdung seiner Vormänner.

Fänden sich anerkannt solide Unterschriften auf dem
Wechsel, so könne die Versuchung groß sein solchen pro=
testirten Wechsel so spät als möglich einzucassiren, weil
jeder Tag für das zu fordernde Capital 6% Zinsen ein=
trage. Ebenso wenig lasse sich das gegen diesen Vorschlag
aufgestellte Bedenken anerkennen, daß dem Inhaber ein
schwieriger Beweis auferlegt werde und die Bestimmungen
leicht zu Chicanen von Seiten der Wechselverpflichteten miß=
braucht werden könnten. In beiden Beziehungen sei das
Verhältniß im Wesentlichen kein anderes, als wenn die ein=
fache Notification bei Schadenersatz angeordnet werde. Auch
komme in Betracht, daß die Einrede der nicht geschehenen
Präsentation des Wechsels Behufs seiner Einlösung in der
Folge überhaupt weniger angebracht werden würde, da ja
nicht mehr, wie früher, Befreiung vom wechselmäßigen An=
spruch in Aussicht stehe, sondern falls auch die Einrede er=
wiesen werde, nur Schadenersatz erlangt und Zinsen und
Kosten gespart würden. Das vorgeschlagene Princip erscheine
vom theoretischen Standpuncte aus schwieriger als sich die
Sache wirklich in der practischen Ausführung gestalte, wie
die Erfahrung in den Landestheilen ergebe, wo das Preu=
ßische Landrecht in Wirksamkeit bestehe. Die Fälle, wo
L. S. 174. aus | einem Wechsel mit vielen Indossamenten nicht Be=
friedigung von Mehreren oder doch von Einem der Ver=
pflichteten zu erhalten wäre, gehörten zu den Seltensten;
der Besorgniß, daß die Contraproteste, durch deren Anord=
nung allein man das vorgesteckte Ziel zu erreichen hoffen
könne, sich übermäßig häufen möchten, dürfe man daher
nicht Raum geben, und wenn in einem einzelnen Falle ein=
mal mehrere Contraproteste erforderlich würden, so dürfe
man sich dadurch nicht abhalten lassen, Vorschriften zu tref=
fen, welche so wesentlich den schwierigen Gang des Rück=
griffs aus einem Wechsel regeln, und gleichzeitig die
Interessen aller Verpflichteten wahren.

Hiernach glaube er, die Aufnahme folgender Bestim= 912
mungen beantragen zu dürfen:

    1) Der Inhaber des Wechsels ist verpflichtet, dem Vor=
        manne, von welchem er zuerst seine Befriedigung for=

M. S. 81 Sp. 1.

dern will, wenn dieser an demselben Orte wohnt, spätestens am nächsten Werktage nach Ablauf des Tages, an | welchem der Protest erhoben worden, den Wechsel und die Protesturkunde zur Einlösung vorzulegen.

Wohnt der in Anspruch genommene Vormann an einem anderen Orte, so muß der Wechsel und die Protesturkunde spätestens am nächsten Tage, an welchem der Protest erhoben worden, zur Post gegeben und demnächst spätestens am nächsten Werktage nach Ankunft der Post zur Einlösung vorgelegt werden.

2) Die nicht erfolgte Einlösung muß durch Protesturkunde spätestens am nächsten Werktage nach der zur Präsentation zur Einlösung vorgeschriebenen Frist bescheinigt werden.

3) Spätestens am nächsten Werktage nach Aufnahme des in No. 2 vorgeschriebenen Protestes muß derselbe von dem Wohnorte des Regreßpflichtigen an den Regreßsuchenden zurückgesendet werden.

4) Will Letzterer von einem weiteren Regreßpflichtigen seine Befriedigung fordern, so hat er die in No. 1—3 gegebenen Vorschriften zu befolgen.

5) Dieselben Vorschriften kommen bei der weiteren Regreßnahme Seitens eines Indossanten zur Anwendung.

6) Der Regreß ist von der Beobachtung dieser Vorschriften nicht abhängig; der Säumige verliert aber durch deren Nichtbeobachtung seinen Anspruch auf Zinsen und Kosten, und ist zum Ersatze alles durch seine Säumniß erwachsenden Schadens verpflichtet.

7) Wenn ein Regreßnehmer gegen einen der Wechselverpflichteten zur Klage schreitet, bevor er sämmtliche Wechselverpflichtete nach vorstehenden Bestimmungen zur Zahlung aufgefordert hat, so kann er seine Rechte gegen die von ihm nicht bereits aufgeforderten Wechselverpflichteten nur dann sich erhalten, wenn er sie Seitens des Gerichts des zunächst Beklagten durch Zufertigung einer Klageabschrift von dem Schicksale des Wechsels benachrichtigen läßt.

L. S. 175.

Diesem Vorschlage wurde, mit Rücksicht auf die 913 im Eingange des Promemoria entwickelten Gründe, von mehreren Seiten entgegen getreten und die Ansicht ausgesprochen, daß man es den Interessenten überlassen müsse, die Vorlegung des Wechsels und Protestes mit der Notification zu verbinden, oder vielmehr an die Stelle der letzteren treten zu lassen. Dies werde gewöhnlich geschehen, wenn es aber nicht geschehe, so könne der Vormann daraus entnehmen, daß der Wechsel still liege, und müsse sich dadurch aufgefordert finden, selbst thätig zu sein. Die Einsendung des Wechsels dem Inhaber in allen Fällen vorzuschreiben und ihm dadurch eine neue, dem Deutschen Wechselrechte bis jetzt fremde Verpflichtung aufzuerlegen, sei um so bedenklicher, als dabei sogleich die Frage entstehen müsse, auf wessen Gefahr und Kosten solches geschehen solle. Gegen etwaige Collusionen vermöge aber eine solche Vorschrift eben nicht mehr, als die Vorschrift der

bloßen Notification zu schützen, wenn für jene kein strenge=
res Präjudiz, als für diese eintreten solle.

Da sich hiernächst auch die sämmtlichen Herren Abge= 914
ordneten aus dem Handelsstande, mit Ausnahme des Herrn
Antragstellers, gegen den Vorschlag erklärten, wurde derselbe
nicht weiter verfolgt.

Man ging hierauf zur Prüfung der einzelnen §§ über, in 915
welchen der von dem Herrn Referenten aufgestellte und von der
Versammlung angenommene Vorschlag dargestellt worden war.

Zum §. a. wurde beschlossen, daß statt des Wortes: 916
M. S. 81 Sp. 2. „Gemeinde", das Wort „Ort" zu setzen sei und daß es
darauf ankommen solle, nicht ob der Vormann, sondern ob
der Präsentant mit dem Regreßpflichtigen an einem Orte
wohne.

Für den Fall, daß der Präsentant nur Procurist 917
wäre, wurde zugleich anerkannt, daß derselbe innerhalb der
in dem § bestimmten Fristen dem Vormanne seines Gewalt=
gebers zu notificiren habe, weil er die Person des letzteren
vertrete und er selbstredend durch ein Indossament in procura
auch zur Notification ermächtigt sei.

Ferner war man einverstanden darüber, daß es genüge, 918
wenn in der bestimmten Frist die Schrift, welche die Noti=
fication enthalte, auf die Post gegeben werde, auch wenn
an diesem Tage keine Post nach dem in Frage kommenden
Orte abgehe. Der gegen letzteren Punkt vorgebrachte Ein=
wand, daß die Postbehörde die Annahme eines Briefes, der
vielleicht erst nach einigen Tagen befördert werden könne,
möglicherweise verweigern werde, ward als ein solcher an=
gesehen, der auf administrativem Wege beseitigt werden könne.

Endlich vereinigte man sich auch darüber, daß die in dem 919
ersten Absatz erwähnte Frist von 8 Tagen, durch welche die
Beförderung der Notification zwischen benachbarten Orten
gegen die Absicht verzögert werden könnte, beseitigt werden
müsse, zu welchem Ende der Schluß dieses Absatzes die
Fassung erhalten solle: „Wohnt er anderwärts, dann muß
der Bericht entweder binnen zwei Tagen nach Aufnahme
des Protestes zur Post gegeben, oder binnen gleicher Frist
dem zu Benachrichtigenden auf einem beliebigen Wege un=
mittelbar zugestellt werden."

L. S. 176. Mit Bezug auf den zweiten Absatz des § fanden 920
mehrere der Herren Abgeordneten eine Inconsequenz darin,
daß, während man einen Regreß per saltum gestatte,
gleichwohl die Notification an die Reihenfolge der In=
dossamente gebunden sein solle. Es sei hinreichend, wenn
der Inhaber dem notificire, von welchem er Rembours zu
verlangen beabsichtige, um hierdurch den vollen Regreß ge=
gen diesen und dessen Vormänner sich zu sichern. Derje=
nige, welchem die Notification geschehen, habe nicht den ge=
ringsten Grund, einen Einwand gegen den ihm obliegenden
Rembours daraus zu entnehmen, daß seinen Nachmännern
nicht notificirt worden sei; seinem Vormanne aber zu no=
tificiren, liege ihm ob. Ueberdies werde nicht in allen
Fällen der nächste Vormann leicht aufzufinden sein und der
Vortheil des freien Regresses werde fast ganz verloren

gehen, wenn man die Notification an die Reihenfolge der
Indoſſamente binde.

Es wurde hierauf allſeitig anerkannt, daß die Folgen 921
der unterlaſſenen Notification nur im Verhältniſſe zu denjenigen Regreßpflichtigen eintreten können, denen und deren
Nachmännern eine Notification von Seiten des Regreßnehmers nicht geſchehen iſt, und es wurde beſchloſſen, die
Faſſung des §. a. demgemäß zu ändern.

Sodann ward von mehreren Seiten erinnert, daß eine 922
bloße ſchriftliche Bekanntmachung über das Schickſal des
Wechſels nicht ausreichend erſcheine, vielmehr der Proteſt
wenigſtens in beglaubigter Abſchrift beigelegt werden müſſe.
Von andern Seiten ward dies für überflüſſig erachtet und
die Herren Deputirten vom Kaufmannsſtande erklärten, daß
dies faſt nie zu geſchehen pflege, da es Koſten und Weiterungen verurſache. Als daher die Frage zur Abſtimmung
gebracht ward:

> Soll der Notification beglaubigte Abſchrift des Pro-
> teſtes beigefügt werden?

ward dieſelbe mit 17 Stimmen gegen 1 verneint.

M. S. 82 Sp. 1. Beim §. b. war man der Meinung, daß derſelbe eine 923
veränderte Faſſung etwa dahin:

> Der Indoſſant, deſſen Aufenthalt aus dem Wechſel
> nicht hervorgeht, kann bei der Notification überſprun-
> gen werden.

erhalten müſſe.

Beim §. c. (§. b. des erſten Vorſchlages) gab der 924
letzte Satz von den Worten an: durch die Klage ꝛc.
Veranlaſſung zu einer weiteren Erörterung. Von mehreren Seiten war man der Meinung, daß auch durch
eine angeſtellte Klage dem Wechſel-Inhaber das — in
der Solidarität der Wechſel-Verpflichtung rechtlich begründete — jus variandi nicht entzogen werden ſollte. Denn
es geſchehe im Intereſſe der unmittelbaren Vormänner, wenn
der Inhaber weiter zurückgehe, woraus dieſem kein Nachtheil zum Beſten der Erſteren erwachſen dürfe. Durch dieſe
Vorſchrift des §. c. werde man den Inhaber veranlaſſen,
immer nach der Reihenfolge der Indoſſamente zu gehen und
daher den Zweck verfehlen, welchen man bei Geſtattung des
ſpringenden Regreſſes beabſichtige, den Zweck nämlich, ein
leidendes Geſchäft ſo ſchnell und mit ſo wenig Koſten als
möglich zu ſaniren.

L. S. 117. Von anderen Seiten wurde für den Entwurf ange- 925
führt, daß der Fall einer Rückkehr an die Nachmänner des
in Anſpruch genommenen Wechſelvertreters nur | ſelten vor-
kommen werde, da vorausgeſetzt werden müſſe, daß der Inhaber des Wechſels des freien Regreſſes ſich nur bedienen
werde, um an einen völlig zahlungsfähigen Vormann zu
gelangen, und daß dieſer Vormann, wenn die Beſtimmung
des Entwurfs in Wegfall kommen ſollte, der Gefahr aus-
geſetzt bleibe, wegen deſſelben Wechſels mehrfach in Anſpruch genommen und in proceſſualiſche Weiterung verwickelt
zu werden. Es erſcheine daher die Beſtimmung des § aus
Gründen der Zweckmäßigkeit empfehlenswerth.

Dagegen wurde jedoch der Verſammlung anheimge- 926

geben, zu erwägen, ob es zweckmäßiger sei, die Ausführbar=
keit des freien Regresses zu sichern, oder einen Wechselver=
treter, vor der Gefahr, wegen einer und derselben Post mehr=
mals verklagt zu werden, zu schützen? Das letztere scheine
das Minderwichtige, da der Verklagte doch immer nur ein=
mal zu zahlen habe.

Bei der Abstimmung ward die Frage:　　　　　　　　　927

　　Soll das in dem angeführten Satze des § angenom=
　　mene Princip beibehalten werden?

mit 12 Stimmen gegen 6 verneint, so daß nunmehr der
§. 48. des Entwurfs an die Stelle des §. c. des Prome=
moria treten soll.

Von Seiten eines der Herrn Abgeordneten ward zwar 928
erklärt, daß er in diesem Beschlusse einen Widerspruch er=
blicke mit der Vorschrift, daß die Notification, bei theilwei=
sem Verluste des Regresses, an den unmittelbaren Vormann
erfolgen müsse; allein ein solcher Widerspruch wurde von
Seiten der Versammlung um so weniger anerkannt, nach=
dem zum §. a. beschlossen worden, daß die Notification nur
in Bezug auf diejenigen Vormänner erforderlich sei, gegen
welche man sich den vollen Regreß sichern wolle.

M. S. 82 Sp. 2.

Promemoria.

Aus Veranlassung des Beschlusses der Conferenz, wonach 929
die Notification der Nichtzahlung des Wechsels bei Verlust des
Regresses angeordnet werden soll, ist die Fassungs=Commission
unter Zuziehung mehrerer Mitglieder, von denen im Sinne dieses
Beschlusses Vorschläge gemacht waren, zusammengetreten, um die
zur Ausführung desselben geeigneten näheren Bestimmungen in
Erwägung zu nehmen. Die Versammlung hat geglaubt, von der 930
im Entwurfe angeordneten Präsentation des Wechsels behufs seiner
Einlösung Abstand nehmen zu müssen. Denn 1) ist eine conse=
quente Durchführung dieses Princips nicht möglich, wie sie denn
auch im Entwurfe selbst nicht versucht worden ist; 2) macht sich
die Schwierigkeit des Beweises hier vorzugsweise geltend und
3) ist nicht wohl abzusehen, wie der Inhaber dieser Vorschrift ge=
nügen soll, wenn er, wie dies in seinem und seiner Vormänner
L. S. 178. Interesse liegt, die Klage zunächst gegen den Acceptanten richten
will, wo es der Vorlegung des Wechsels bedarf. Auch war von
dem Referenten in dem früheren Vorschlage I. die Präsentation
des Wechsels behufs Einlösung lediglich deshalb aufgenommen wor=
den, weil durch den damaligen Beschluß der Conferenz die einfache
Notification beseitigt worden war.

Da sich die Commission in Folge des neueren Beschlusses 931
für ermächtigt hielt, auf das System der einfachen Notification
zurückzukommen, so hat sie sich im Wesentlichen für die in der
Frankfurter und Bremer Wechselordnung angenommenen
Principien mit Hinzufügung einiger bereits in den Conferenz=
Protokollen erwähnten Zusätze entschieden und würden, wenn man
bei dem gefaßten Beschlusse beharrt, die Bestimmungen, welche

anstatt der §§. 44 fl. über den Regreßgang aufzunehmen wären, etwa in nachstehender Art zu formuliren sein.

Vorschlag I.

§. a.

Der Inhaber des Wechsels ist verpflichtet, dem Vormanne, 932 an welchen er Regreß nehmen will, von der Nichtzahlung des Wechsels unter Mittheilung einer Abschrift des Protestes Nachricht zu geben. Wohnt der Vormann in derselben Gemeinde, in welcher der Wechsel zahlbar war, so muß diese Benachrichtigung spätestens am zweiten Tage nach Aufnahme des Protestes erfolgen. Wohnt er anderwärts, dann muß der Bericht entweder am zweiten Tage nach Aufnahme des Protestes zur Post gegeben oder binnen acht Tagen nach aufgenommenem Proteste dem zu Benachrichtigenden auf einem beliebigen Wege unmittelbar zugestellt werden.

Jeder benachrichtigte Vormann muß binnen derselben, vom Tage des empfangenen Berichtes zu berechnenden Frist den Vormann, an welchen er Regreß nehmen will, und so weiter aufwärts in gleicher Weise benachrichtigen.

Die Beobachtung dieser Vorschrift erhält innerhalb der Verjährungsfrist das Wechselrecht gegen den benachrichtigten Vormann und dessen Vormänner.

§. b.   933

M. S. 83 Sp. 1.

Der Inhaber kann den Regreß gegen den Aussteller, die Indossanten und die Wechselbürgen und zwar an alle Verpflichtete zusammen, an Mehrere oder an einen Einzelnen nehmen; durch die Klage gegen den | Aussteller oder dessen 934 Bürgen werden aber alle Indossanten und deren Bürgen, und durch die Klage gegen einen Indossanten oder dessen Bürgen werden alle nicht mitverklagten Nachmänner des Indossanten befreit.

§. c.   935

Ein gerichtlich in Anspruch genommener Indossant kann schon während des Prozesses und noch vor geleisteter Zahlung gegen die Vormänner auf gerichtliche Vertretung, sowie auf vorläufige Sicherstellung antragen.

L. S. 179.

§. d.   936

Jeder Wechselschuldner hat das Recht, gegen Erstattung der Wechselsumme, der Zinsen und der Kosten die Auslieferung des quittirten Wechsels und des wegen Nichtzahlung erhobenen Protestes von dem Inhaber zu fordern.

Die Verweigerung der Annahme der angebotenen Zahlung 937 befreit den Anbietenden, sowie seine Nachmänner von allen weiteren Ansprüchen, sofern über die Verweigerung Protest aufgenommen und die Wechselsumme gerichtlich niedergelegt wird.

Indessen sind von mehreren Mitgliedern der Commission die 938 Bedenken nicht verkannt worden, welche der Aufnahme dieser Bestimmungen entgegenstehen. Die Majorität, welche sich bei dem früheren und die starke Minorität, welche sich noch bei dem letzten Beschlusse der Conferenz gegen die Notification als Bedingung des Regresses, erklärt hat, beweisen zur Genüge, daß die Bedenken in hohem Maaße begründet sind. In der That läßt sich nicht leugnen, daß die Notification, als bedingende Solennität, das Wechselgeschäft komplizirt, kostspielig und gefährlich macht; sie erschwert den Wechselprozeß, weil sie den liquiden Beweis der Notisication erheischt; sie verursacht viele Prozesse, giebt zu Chikanen Anlaß, und hat nicht selten die Folge, daß der Regredient wegen eines Versehens sein Recht verliert, durch welches den Regreßpflichtigen in der Wirklichkeit gar kein Schaden erwachsen ist. Ueberdies erreicht sie ihren Zweck nur unvollständig; will man nicht ganz unverhältnißmäßige Weitläuftigkeiten veranlassen, so wird immer ein Wechselverbundener in Gefahr bleiben, wenn nicht von dem Inhaber, so doch von einem Nachmanne in Anspruch genommen zu werden, ohne daß er sehr bald nach dem Verfalltage von dem Schicksale des Wechsels Kenntniß erhalten hat.   Allerdings ist es 939 angemessen, die Verpflichtung zur Notification beizubehalten, da sie an sich wünschenswerth ist und seither überall vorgeschrieben war; allein es dürfte aus den so eben erwähnten gewichtigen Gründen nicht der Verlust des Regresses, sondern nur der Ersatz des erweislichen Schadens an die Versäumniß zu knüpfen sein.   Hierdurch werden die Notificationen befördert, die Schwierigkeiten aber, welche die Notification als Bedingung des Regresses mit sich führt, wenigstens zum größten Theile vermieden.   Es liegt darin eine wünschenswerthe Vermittelung der Ansichten, die sich nach den Resultaten der bisherigen Berathung so schroff einander entgegenstehen. Eine untergeordnete Frage ist es, ob man neben der Verpflichtung 940 zum Schadenersatz auch noch den Verlust von Zinsen und Kosten als Präjudiz aufstellen will, wie dies im Laufe der Berathung vorgeschlagen worden ist. Ohne die Zweckmäßigkeit dieser Erweiterung des Präjudizes in mancher Beziehung verkennen zu wollen, würde sich gegen dieselbe doch anführen lassen, daß die Realisirung des M. S. 83. Sp. 2. Präjudizes dann theils in | den Wechselprozeß, theils in das Ordinarium fiele und demgemäß die Uebelstände, welche die Notification als bedingende Solennität im Allgemeinen hat, wenigstens theilweise wiederum zur Geltung kommen würden.

L. S. 180.   Sollten die vorstehend entwickelten Ansichten bei der Conferenz 941 Anklang finden, so würden an die Stelle der §§ 44 – 48 des Entwurfs die nachfolgenden Bestimmungen aufzunehmen sein, bei denen auch die im Eingange erwähnten, die Anstellung der Klage ꝛc. betreffenden Vorschriften, sowie die Schwierigkeiten zu berücksichtigen sein würden, welche der Benachrichtigung eines Indossanten, der in blanco weiter begeben hat, entgegenstehen.

Vorschlag II.

§. a.

Der Inhaber des Wechsels ist verpflichtet, seinem unmit- 942 telbaren Vormanne von der Nichtzahlung des Wechsels schriftliche Nachricht zu geben. Wohnt der Vormann in derselben 943 Gemeinde, in welcher der Wechsel zahlbar war, so muß die Benachrichtigung spätestens am zweiten Tage nach Aufnahme des Protestes erfolgen. Wohnt er anderwärts, dann muß 944 der Bericht entweder am zweiten Tage nach Aufnahme des Protestes zur Post gegeben oder binnen acht Tagen nach erhobenem Proteste dem zu Benachrichtigenden auf einem beliebigen Wege unmittelbar zugestellt werden.

Jeder benachrichtigte Vormann muß binnen derselben, vom 945 Tage des empfangenen Berichts zu berechnenden Fristen seinen nächsten Vormann, und so weiter aufwärts, in gleicher Weise benachrichtigen.

Der Regreß ist von der Beobachtung dieser Vorschrift 946 nicht abhängig; der Säumige ist aber zum Ersatz alles Schadens verpflichtet, welcher durch die unterlassene oder verspätete Benachrichtigung entsteht.

§. b.

Der Indossant, welcher den Wechsel durch ein Blanko= 947
Indossament weiter begiebt, verzichtet hierdurch auf das Recht
von der Nichtzahlung des Wechsels benachrichtigt zu werden.

Hierauf folgen gleichlautend als §§. c. d. e. die §§. b. c. d. 948
des ersten Vorschlags.

Bei den Bestimmungen über die Verjährung wird sodann 949
vorbehaltlich der Abänderungen, welche der §. 73 überhaupt erlei=
den muß, folgende Vorschrift aufzunehmen sein:

§. 73 a.

Die Regreßansprüche verjähren:
1) innerhalb 6 Wochen, wenn der Regreßnehmer in Deutsch= 950
land ober in einem einer Deutschen Macht angehörigen
Lande wohnt;
2) innerhalb 3 Monaten, wenn der Regreßnehmer in einem 951
anderen Lande, jedoch in Europa wohnt;
3) innerhalb eines Jahres, wenn der Regreßnehmer außerhalb 952
Europa wohnt.

L. S. 181.   Die Verjährung beginnt gegen den Inhaber mit dem 953
Tage des erhobenen Protestes.

Gegen den Indossanten läuft die Frist, wenn er, ehe 954
eine Wechselklage gegen ihn angestellt worden, gezahlt hat,
vom Tage der Zahlung, in allen übrigen Fällen aber vom
Tage der ihm geschehenen Behändigung der Klage ober der
Ladung.

Leipzig, ben 18. November 1847.

XXVII.

Leipzig, den 26. November 1847.

—

M. S. 84 Ep. 1.   In der heutigen Sitzung, an welcher der durch Ge= 955
schäfte nach Braunschweig zurückgerufene Herr Kaufmann
Haase nicht mehr Theil nahm, kam nach Vorlesung des 956
Protokolles, vom 24. d. M. nochmals das Verhältniß eines
Procura=Indossatars zur Sprache, welcher einen Wechsel
präsentirt und wegen verweigerter Zahlung protestiren läßt.

Es ward nämlich von Neuem die Frage aufgeworfen, ob
die in dem §. a. bestimmte Frist doppelt, einmal für den Beauf=
tragten und dann für den Auftraggeber eintrete, oder dem Vor=
manne des letzteren gegenüber nur einfach zu berechnen sei?

Nachdem indeß auf die Schwierigkeiten aufmerksam ge=
macht worden war, welche bei der ersten Annahme dann
eintreten würden, wenn der Auftraggeber von dem Beauf=
tragten entfernt, ein Vormann des Ersteren aber in der
Nähe des Letzteren wohne, verblieb man bei der schon in
der vorigen Sitzung angenommenen Meinung, daß auch in
dem Falle, wo ein Beauftragter präsentire, dem Vormanne
des Auftraggebers innerhalb der für die Notification be=
stimmten Frist Nachricht zu ertheilen sei, und daß daher
dem Beauftragten obliege, diese Notification, ebenso wie die

Benachrichtigung seines Auftraggebers zu bewirken. Dabei wurde jedoch bemerkt, daß jedenfalls unterschieden werden müsse, ob das Giro des Präsentanten ausdrücklich als ein Giro in Procura bezeichnet sei oder nicht, indem im letzteren Falle das Giro als ein eigentliches betrachtet, und nur der Aussteller desselben benachrichtigt werden müsse.

Man fuhr hierauf mit der weiteren Berathung des 957 zweiten Vorschlags in dem Promemoria vom 18. d. M. fort.

Zum §. d. (§. c. des ersten Vorschlags) bemerkte der Herr Referent, daß die Beibehaltung dieses § wesentlich auf der Voraussetzung beruhe, daß die §. 90 und namentlich die Bestimmungen desselben über die Abcitation angenommen würden. Fielen diese Bestimmungen weg, so müsse der §. d.

L. S. 182. ebenfalls wegfallen, da | während des gegen einen Wechselverpflichteten anhängigen Rechtsstreites dieser den weiteren Regreß bei einem anderen Gerichte, wo er den Wechsel nicht zu produciren vermöge, auch nicht verfolgen könne.

Gegen diese Ansicht wurde von einigen Seiten be= 958 merkt, eines Theils, daß der weitere Regreß, welchen der Verklagte nehmen könne, nicht durch den Besitz des Originalwechsels zu bedingen sei, dazu vielmehr eine beglaubigte Abschrift des Wechsels hinreichen dürfe, dessen Original bei dem Gerichte, wo der Hauptproceß verhandelt werde, eingesehen werden könne, und anderen Theils, daß in dem Falle, wenn die verschiedenen Vormänner innerhalb desselben Staates, wohl gar an demselben Orte wohnen, der § unabhängig von der Annahme des §. 90. bestehen könne.

Zugleich wurde von einer Seite darauf aufmerksam 959 M. S. 84 Sp. 2. gemacht, | daß das Recht des angegangenen Vertreters, von seinem Vormanne Sicherheitsbestellung zu verlangen, nicht von der gerichtlichen Klage abhängig sein könne, daß es ihm vielmehr auch schon bei den außergerichtlichen Schritten des Inhabers zustehen müsse, wie bei dem Regreß wegen verweigerter Annahme.

Von anderer Seite wurde für den Wegfall des 960 §. d. gestimmt. Verstehe man nämlich — wurde bemerkt — unter der „gerichtlichen Vertretung" eine durch Litisdenunciation veranlaßte accessorische Intervention, so sei die Bestimmung überflüßig, da sie sich aus den Proceß= vorschriften ergebe; verstehe man aber darunter die völlige Uebernahme des Rechtsstreits von Seiten des Vormanns, so entständen daraus Verwickelungen. Hinsichtlich der Befugniß, Sicherheit zu fordern, welche dem in Anspruch ge= nommenen Indossanten gegen seinen Vormann eingeräumt werden solle, sei zu erwägen, daß dann auch der deshalb belangte Vormann eine gleiche Befugniß gegen einen anderen und dieser dieselbe weiter geltend machen könne, so daß hiermit die Möglichkeit einer mehrfachen Sicherstellung gegeben sei. Erkenne übrigens der belangte Vormann seine Ver= pflichtung zur Remboursirung an, so müsse er zahlen und könne dann nicht blos Sicherstellung, sondern Zahlung von seinem Vormanne verlangen; in dem entgegengesetzten Falle aber sei nicht abzusehen, mit welchem Recht derselbe Sicher= heit wegen einer Forderung verlangen könne, die von ihm bestritten werde.

13

Obgleich hierauf einerseits erwiedert wurde, der verklagte 961
Indossant müsse, auch wenn er Bedenken trage zu zahlen,
(weil z. B. die Legitimation des Klägers nicht in Ordnung
sei), dennoch das Recht haben, seine Vormänner auf Befreiung von der Verbindlichkeit in Anspruch zu nehmen,
welche er in deren Interesse bestreite, andererseits aber, daß
der Begriff der gerichtlichen Vertretung oder defensio ein
im gemeinen Rechte völlig klarer sei, daß die defensio allerdings weiter gehe, als eine accessorische Intervention und
ihre Anwendung auf den vorliegenden Fall sich aus der
Analogie der Bestimmungen für den Evictionsregreß recht-
fertige; so vereinigte man sich doch dahin, daß der § hier 962
wegfallen solle, jedoch behielt man sich vor, auf dessen Bestimmungen bei der Lehre von der Verjährung nach Befinden wieder zurückzukommen.

L. S. 183.　　Auch über Beibehaltung des §. e. (§. d. des ersten 963
Vorschlags), zu welchem man nunmehr überging, äußerten
sich verschiedene Ansichten.

Von einigen Seiten wurde der erste Absatz des § für
überflüßig erachtet, weil derselbe nach allgemeinen Rechtsgrundsätzen sich von selbst verstehe. Von anderer Seite
theilte man indeß diese Ansicht nicht, und bei der hierauf
erfolgten Abstimmung wurde die Beibehaltung der Vorschrift
mit 12 gegen 6 Stimmen beliebt.

M. S. 85 Sp. 1.　　Größere Bedenken erhoben sich gegen den zweiten Ab- 964
satz des § e. Der Oesterreichische Herr Abgeordnete erklärte
in dieser Beziehung: Er halte zwar den im § e. ausgesprochenen Grundsatz für richtig, würde aber, wenn überhaupt
in dieser Beziehung etwas in das Gesetz aufgenommen werden solle, für hinreichend erachten, wenn gesagt werde:

> Jeder Wechselschuldner hat das Recht gegen Erstattung
> der Wechselsumme und der Kosten, und im Falle der
> verweigerten Annahme gegen gerichtliche Hinterlegung
> derselben, die Auslieferung des quittirten Wechsels und
> des wegen Nichtzahlung erhobenen Protestes von dem
> Inhaber zu verlangen.

Er glaube, daß man über die verweigerte Annahme
der Zahlung keines neuen Protestes bedürfe, weil man bei
der verweigerten Annahme doch zu einem gerichtlichen Streite
komme, in welchem entschieden werden müsse: ob die
Annahme der Zahlung mit Grund verweigert worden sei
oder nicht. Ein Protest nach der Verfallzeit des Wechsels
sei überhaupt etwas Neues und schon durch die Beendigung des ganzen Wechselgeschäfts ausgeschlossen. Ein solcher Protest könne weder den Proceß verhindern, noch die
Gründe der verweigerten Annahme erweisen. Nach dem
§ 1425 des Oesterreichischen bürgerlichen Gesetzbuches könne,
wenn der Gläubiger die Annahme verweigere, der Schuldner sich nur durch gerichtliche Hinterlegung der Schuld befreien. Dadurch erhalte man einen gerichtlichen Beweis
über das reelle Anerbieten der Zahlung und die Folge der
verweigerten Annahme ergebe sich schon aus allgemeinen
Rechtsgrundsätzen und aus der Analogie der Vorschriften
über die Ehrenzahlung. In dem Oesterreichischen Entwurfe
vom Jahre 1833 habe man in den §§ 145. und 146.

ähnliche Bestimmungen aufgenommen; bei Verfassung des neuen Entwurfs vom Jahre 1843 habe man jedoch diese §§ als überflüssig weggelassen und daher habe er auch für den gänzlichen Wegfall dieses § gestimmt.

Von anderen Seiten wurde gegen die Deposition, 965 welche zur Befreiung des Wechselschuldners hier erfordert werde, erinnert, daß man schwerlich zu derselben sich entschließen werde, da man dadurch der Benutzung des Geldes sich begebe, ohne zugleich in die Lage gesetzt zu werden, Erstattung von einem Dritten zu fordern. Es wurde dabei die Meinung ausgesprochen, daß der Inhaber des Wechsels schon durch die Zurückweisung der von einem Vormanne angebotenen Zahlung in Verzug der Annahme versetzt werde und der Letztere durch den über die verweigerte Annahme erhobenen Protest über die Lage der Sache Gewißheit erhalte; L. S. 184. daß es | hiernächst aber der Strenge des Wechselrechts wohl ganz angemessen sei, an die solchergestalt constatirte mora accipiendi den Verlust des Wechsel=Regresses zu knüpfen, ohne gerade die Deposition Seitens des Schuldners zur Bedingung zu machen.

Der Herr Staatsminister von Könneritz, sowie Herr 966 Vice=Präsident Dr. Einert erinnerten daran, daß in dem angenommenen Falle eine Art von Intervention vorliege, und daher auf die Bestimmungen über Intervention hinzuweisen sei. Sie waren zugleich ebenfalls der Meinung, daß eine Deposition nicht nöthig sei, vielmehr bloße Protestaufnahme hinreiche.

Von einem anderen Mitgliede der Versammlung wurde 967 dagegen die Ansicht geäußert, daß der, welcher die Annahme der Zahlung verweigere, zwar nicht des Regresses verlustig werde, wohl aber zum Ersatze von Schäden, welche er dem Anbietenden etwa dadurch verursache, gehalten sein solle. Es kam hierbei insbesondere der Fall zur Sprache, wenn 968 der Inhaber, der die Annahme von einem früheren In- M. S. 85 Sp. 2. dossanten | offerirten Zahlung verweigere, diese demnächst gleichwohl von einem in der Mitte liegenden Indossanten erlangt habe, und von dem Zahler nunmehr der Regreß weiter genommen werde. Daß dieser Letztere, wenn ihm die frühere Verweigerung der Zahlung unbekannt geblieben sei, Rembours verlangen könne, darüber war man einverstanden, und man nahm demgemäß an, daß in einem solchen Falle nur dem, welcher früher Zahlung offerirt hatte, ein Anspruch zustehe, und zwar lediglich ein Schadenanspruch gegen denjenigen, von welchem die Annahme der Zahlung verweigert worden war.

Nachdem man sich darüber vereinigt hatte, daß, um 969 das anzudrohende Präjudiz eintreten zu lassen, die Deposition nicht nöthig sein, sondern die Oblation genügen müsse, kam 970 endlich in Frage, ob nicht angemessener sei, ein Präjudiz überall nicht zu bestimmen und den zweiten Absatz des §. s hinwegzulassen. Man entschied sich mit 9 Stimmen gegen 8 für diese Hinweglassung, indem man das Präjudiz des Verlustes des Wechsel=Regresses, wegen der nach Obigem daraus möglicherweise hervorgehenden Verwickelungen, bedenklich fand, hinsichtlich der Verpflichtung zum Scha- 971

13*

denersatze aber annahm, daß dieselbe sich von selbst ver=
stehe, wenn der Inhaber des Wechsels der Verpflichtung zu=
wider handle, welche ihm der erste Absatz des §. e. auflege.

Nachdem noch ein Vorschlag des Württembergischen 972
Herrn Abgeordneten, den §. 97. des Entwurfs mit den
den früheren Beschlüssen entsprechenden Modificationen hier
einzuschalten, weiterer Erwägung bei der Redaction vorbe=
halten worden war, ging man zu der Lehre von der Ver=
jährung über.

§. 73.   Hierbei machte der Herr Referent zunächst darauf auf= 973
merksam, daß diese Lehre nach den über den Regreß Man=
gels Zahlung gefaßten Beschlüssen eine Umarbeitung erfor=
dere, indem die Bestimmungen des §. 73. nur noch
auf den wechselmäßigen Anspruch gegen den Acceptanten
und den Aussteller eines eigenen Wechsels Anwendung fin=
den könnten; in Bezug auf die Indossanten dagegen beson= 974

L. S. 185.   dere | Fristen gestattet werden müßten, wie auch solche im
§. 73a. des Promemoria vom 18ten dieses Monats von
ihm vorgeschlagen seien.

Man vereinigte sich darüber, daß die Berathung über 975
den zweiten Absatz des §. 73. vorerst noch auszusetzen und
zunächst die Frage über die Verjährungszeit in ihrem
ganzen Umfange zu erörtern sei.

Dabei wurden zwei entgegengesetzte Ansichten aufge=
stellt und geltend gemacht.

Die eine Meinung ging davon aus, daß nur eine 976
einzige, nicht zu ausgedehnte, aber doch so geräumige Ver=
jährungsfrist zu gestatten sei, daß innerhalb derselben das ganze
Geschäft abgewickelt werden könne, mit deren Ablauf aber auch
alle Wechselverpflichteten außer Obligo gesetzt würden.
Man machte hierfür namentlich geltend: Nach dem Systeme
des Entwurfs sei dem Regreßsuchenden ein unbeschränktes
jus variandi eingeräumt, damit vertrage es sich aber nicht,
kürzere, nach einer Entfernungsscala wachsenden Fristen für
die Anstellung der Regreßklage einzuführen, weil sonst der
Regredient von dem Rechte der freien Wahl unter den Re=
greßpflichtigen keinen Gebrauch machen könne, sondern ge=
nöthigt wäre, denjenigen zu belangen, welchem gegenüber
er die kürzeste Frist habe, indem er andernfalls zu gewärti=
gen habe, während des Rechtsstreites mit dem Einen seine
Ansprüche gegen die Anderen einzubüßen.

Man dürfe auch nicht besorgen, daß bei der Aufstel=
lung einer einzigen gegen alle Verpflichteten laufenden Ver=
jährungsfrist diejenigen, welche erst am Ende dieser Frist

M. S. 86 Sp. 1. belangt | würden, in Gefahr kämen, zur Zahlung angehalten
zu werden, ohne (wegen der inmittelst vollendeten Ver=
jährung) wiederum weiter regrediren zu können; dagegen
schütze das eigene wohlverstandene Interesse der mit Wech=
seln Verkehrenden, welches sie nöthige, sich möglichst schnell
bei ihren Garanten zu erholen. Auch habe das System 977
des Französischen Rechts, welches diese délais eingeführt
habe, sich in der Anwendung nicht bewährt, und daher
nirgends Anerkennung gefunden.

Die andere Meinung wollte umgekehrt das Französ= 978

sische System der délais eingeführt haben, und machte da=
für Folgendes geltend:

Wenn man ein strenges Notificationssystem unter dem
Präjudize des Regreßverlustes einführen wolle, wie solches
der Preußische Entwurf vorgeschlagen habe, so erscheine
nur eine einzige Verjährungsfrist für alle Wechsel=
verpflichtete passend und ausführbar; mit dem Aufgeben die=
ses Systemes müßten aber auch dessen Consequenzen weg=
fallen. Wenn man einwende, daß nach den gefaßten Be=
schlüssen die Notification beibehalten worden, so sei zu ent=
gegnen, daß man solche nicht für die Vorbedingung der
Regreßklage erklärt habe, und daher der Gewähr entbehre,
daß die Benachrichtigung überall richtig erfolgen werde,
man müsse daher nothgedrungen zu dem Französischen
Systeme greifen. Die Verjährung könne nicht gleich=
zeitig gegen alle Regreßpflichtigen zu laufen beginnen,
denn sonst nehme sie gegen die Mehrzahl derselben ih=
ren Anfang, ehe actio nata für sie vorhanden, also ehe
ihnen möglich gewesen sei, auch ihrerseits durch Klageerhe=
bung gegen ihre Vormänner das Regreßrecht zu perpetuiren.

L. S. 186.

Wolle man sich darauf berufen, daß das eigene Inter=
esse des Handelsstandes die möglichst schleunige Geltendma=
chung der Regreßansprüche erheische, so dürfe nicht übersehen
werden, daß dies Interesse durch das System des Franzö=
sischen Rechts nicht beeinträchtigt werde.

Auf die Behauptung, daß das System des Französi= 979
schen Rechts nirgends Anklang gefunden habe, erklärten die
Herren Abgeordneten von Preußen, Baden und Großherzthum
Hessen, daß in ihrem Vaterlande, soweit daselbst der Code de
commerce gelte, dies System keine Inconvenienzen erzeugt habe,
vielmehr der Handelsstand die Fortdauer desselben wünsche.
Insbesondere machte der Badensche Herr Abgeordnete noch
darauf aufmerksam, daß die historische Entwickelung des
Französischen Handelsrechts gerade für die praktische Aus=
führbarkeit dieses Systemes spreche, indem die Länder, deren
Handelsgesetzbücher auf der Grundlage des Code de Com=
merce beruhen, das System der délais beibehalten hätten.

Bei diesem Anlaß wurde auch die weitere Frage erör= 980
tert, ob nicht wenigstens eine gleiche Verjährungsfrist für
sämmtliche Indossanten und den Aussteller (also mit Aus=
schluß des Acceptanten) festzusetzen sei? Dafür und dage=
gen wurden im Wesentlichen dieselben Gründe geltend ge=
macht, welche für oder gegen die Bestimmung einer einzi=
gen allgemeinen Verjährungsfrist angeführt worden waren.

Der Oesterreichische Herr Abgeordnete ließ sich über 981
die in Berathung befindlichen Fragen, noch dahin aus: Er
wolle die Versammlung zunächst auf die Bestimmungen des
Oesterreichischen Entwurfs über die Verjährung aufmerksam
machen, weil diese in verschiedenen Kapiteln vorkämen und
zur Beurtheilung des Systems eine Uebersicht nothwendig
sei. Die Vorschriften über die Verjährung der Regreßklage
gegen die Indossanten und den Aussteller seien in den

M. S. 86 Sp. 2. §§. 236 bis 240. | mit Bezug auf die §§. 221 bis 223.
rücksichtlich der Folgen der nicht beobachteten Regreßfrist
jene über die Verjährung des Wechselrechts gegen den Aus=

steller eines eigenen und den Acceptanten eines fremden Wechsels in den §§. 267. und 268., sowie im §. 274. enthalten.

Dabei erlaube er sich, zu bemerken: Wenn man die Notification des Protestes entweder gar nicht, oder doch nicht mit dem Präjudize des Verlustes des Regreßrechtes vorschreibe; so sei es unerläßlich, kürzere Fristen für die Regreßklage festzusetzen, weil sonst die Indossanten zu lange in Haftung und in Ungewißheit verbleiben würden; weil es für alle Interessenten wünschenswerth sei, daß die Ansprüche aus einem protestirten Wechsel bald geltend gemacht würden, und weil sonst das Klagrecht früherer Indossanten, welche wegen der Zahlung erst später angegangen würden, entweder über die allgemeine wechselrechtliche Verjährungszeit hinausgestreckt werden müßte, oder sie durch die Beschränkung ihres Klagrechts auf diese Verjährungszeit ohne ihr Verschulden dem Verluste ihrer Forderung ausgesetzt werden würden. Es bedürfe wohl keiner besonderen Ausführung darüber, daß die Regreßfristen nur für die gegen einen inländischen Indossanten oder Aussteller anzustellenden Klagen festgesetzt werden könnten, weil für den im Auslande zu nehmenden Regreß die Gesetze des Auslandes zur Norm dienen müßten.

L. S. 187.

Er glaube daher, auf folgende Vorschrift antragen zu 982 können:

Die Regreßklage verjährt:

1) binnen 30 Tagen, wenn der Regreßnehmer in demselben Regierungsbezirke mit dem belangten Regreßpflichtigen,

2) binnen 2 Monaten, wenn er in Deutschland,

3) binnen 3 Monaten, wenn er in einem anderen Lande Europa's,

4) binnen 6 Monaten, wenn er in den Ländern von Asien und Afrika längs dem mittelländischen und schwarzen Meere oder in den dazu gehörigen Inseln,

5) binnen einem Jahre, wenn er in anderen außereuropäischen Ländern wohnt.

In Betreff des Zeitpunktes, von welchem diese Fristen 983 laufen, beziehe er sich auf den §. 238. des Oesterreichischen Entwurfs, womit auch der neue Vorschlag des Herrn Referenten in dem §. 73a. übereinstimme. Wenn auch der §. 239. des Oesterreichischen Entwurfs als überflüssig übergangen werden könne, so halte er doch einen Zusatz über den Fristenlauf hinsichtlich jenes Wechselinhabers, der nicht an dem Orte, wo der Protest erhoben wurde, wohnt und zwar in der Art für nothwendig, daß für diesen die Regreßfrist von dem Tage an zu laufen habe, an welchem ihm die Notification der Protesterhebung zugekommen ist oder wenigstens hätte zukommen können, wenn sein Bevollmächtigter ihn am 2ten Tage nach der Protesterhebung davon benachrichtiget hätte.

Diese Regreßfristen müßten als eine eigene, von der Verjährung des Wechselrecht gegen den Acceptanten eines fremden und den Aussteller eines eigenen Wechsels ganz unabhängige Verjährungsart angesehen werden. Er hoffe,

daß man die Uebereinstimmung und Consequenz, welche in
den §§. 236. bis 240. und in dem Hauptstücke: Von der
Verjährung, herrsche, nicht verkennen werde und behalte sich
vor, seinen Vorschlag nach Befinden bei der weiteren Bera=
thung im Einzelnen noch näher zu entwickeln.

Bei der hierauf erfolgenden Bestimmung wurde die 984
Frage:

M. S. 87 Sp. 1.
  Soll eine einzige und allgemeine Verjährungsfrist für
  alle wechselmäßigen Ansprüche (abgesehen von den
  Bestimmungen des §. 75.) festgesetzt werden?
mit 11 Stimmen gegen 7 verneinend beantwortet.

Ebenso wurde die zweite Frage: 985
  Soll nicht wenigstens für die Regreß-Ansprüche gegen
  die Indossanten und den Aussteller eine Verjährungs=
  frist festgesetzt werden?
mit 12 Stimmen gegen 6 verneint.

Endlich ward auch die Frage erörtert, durch welche 986
Vorgänge die Verjährung unterbrochen werde? Man war
zuvörderst darüber einig, daß nach dem nunmehr angenom=
menen Systeme die Verjährung auch durch andere Vorgänge,
als die Anstellung der Klage unterbrochen werden müsse,
weil sonst bei der Kürze der Fristen der gerichtlich Belangte

L. S. 188. vor Ablauf der ihm gegen seine Vormänner | zustehenden
Regreßfrist, jenen gegenüber, die Verjährung in allen Fällen
nicht unterbrechen könnte, wo der anhängige Rechtsstreit sich
über diese Zeit hinaus verlängere.

Nach einer längeren Erörterung, in welcher man den 987
Vorschlag, eine Unterbrechung der Verjährung durch öffent=

M. S. 87. Sp. 2. lich | beurkundete Mahnung, wie solche der §. 225. des
Sächsischen Entwurfs gestattet, nicht für empfehlenswerth
erkannte, vereinigte man sich dahin, daß ähnlich, wie im 988
§. 673. des Württembergischen Entwurfs bestimmt ist, die
Streitverkündung, welche der gerichtlich in Anspruch genom=
mene Garant an seine Vormänner gelangen lasse, die Stelle
der Klagerhebung gegen sie vertreten, respective eine Unter=
brechung der Verjährung bewirken solle.

Man schritt hierauf zur Berathung der einzelnen Be= 989
stimmungen des §. 73 a. und war darüber einverstan=
den, daß der §. nur auf die Fälle zu beziehen sei, wo
der Regreßpflichtige im Inlande wohne, indem das Gesetz
den umgekehrten Fall, wo der zu Belangende im Auslande
wohne, durch seine Vorschriften nicht treffen könne. Da 990
sich eine große Verschiedenheit der Ansichten in Betreff der
Fristbestimmungen des §. zeigte, von mehreren Seiten noch
einige weitere Unterscheidungen gewünscht wurden, auch gegen
die Fassung verschiedene Bedenken geäussert wurden, so be=
schloß man, wegen der vorgerückten Zeit die Debatte in
der nächsten Sitzung fortzusetzen.

—

M. S. 87 Sp. 1.   Die heutige Conferenz ward unter dem Vorsitze Sr. 991 Excellenz des Herrn Staatsministers von Könneritz mit Vorlesung des über die gestrige Sitzung aufgenommenen Protocolles begonnen. Sodann wurde die gestrige Berathung fortgesetzt.

Im Verlaufe derselben wurde von mehreren Seiten 992 darauf aufmerksam gemacht, daß das vorgeschlagene System, wonach der Acceptant, allen Indossanten und dem Aussteller gegenüber, durch den Ablauf einer und derselben Verjährungsfrist geschützt ist, während jeder der Letzteren für seine Regreßklage eine selbstständige Verjährungsfrist in Anspruch nehmen kann, den Mißstand erzeuge, daß nicht selten der zuletzt in Anspruch Genommene sich gegen den Acceptanten darum nicht mehr erholen könne, weil inzwischen das Klagrecht gegen jenen verjährt sei. Zur Erledigung dieses Bedenkens wurden von einigen Mitgliedern verschiedene Vorschläge gemacht, namentlich folgende:

L. S. 189.   1) Der in Anspruch Genommene solle, wie §. 230 993 des Sächsischen Entwurfs | gestatte, vom Kläger den Nachweis verlangen können, daß die Verjährung gegen den Acceptanten unterbrochen, folglich das Klagrecht gegen denselben noch nicht erloschen sei.

2) Der Acceptant solle durch den Ablauf der Ver- 994 jährung nicht gegen den Aussteller und diejenigen Indossanten gedeckt sein, welche innerhalb der ihnen für die Regreßklage gestatteten Frist auch gegen ihn gerichtlich auftreten.

3) Jeder Regreßsat solle berechtigt sein, die gegen 995 ihn angestellte Regreßklage durch die Einrede abzuweisen, daß das Forderungsrecht gegen den Acceptanten bereits verjährt sei.

M. S. 87 Sp. 2.   4) Es solle hinsichtlich der Verpflichtung des Accep- 996 tanten keine besondere Verjährung stattfinden, vielmehr jeder Indossant gegen ihn die gleiche Frist genießen, die ihm zur Anstellung seiner Regreßklage überhaupt gegeben sei.

Von anderen Mitgliedern wurde zwar die Möglich- 997 keit der hervorgehobenen Inconvenienzen zugegeben, aber kein entscheidendes Gewicht darauf gelegt, weil sie annehmen zu dürfen glaubten, daß in einer Frist von zwei Jahren, welche voraussichtlich für die Verjährung der Ansprüche gegen den Acceptanten mindestens festgesetzt werden würde, das Geschäft regelmäßig abgewickelt und daher der Regreßsat nicht in der Lage sein werde, sein Forderungsrecht wegen Ablaufs der Verjährung gegen den Acceptanten zu verlieren. Es wurde ferner darauf aufmerksam gemacht, daß schlimmsten Falls der §. 75, wonach immer noch die Klage gegen den Bereicherten offen stehe, die erforderliche Ausgleichung geben werde und es ungerecht sei, den Acceptanten (welcher innerhalb dieser ganzen Zeit sich über die erhaltene Deckung mit dem Aussteller nicht berechnen könne, weil er immer der Klage aus dem Accepte gewärtig sein müsse) allzulange im Obligo zu lassen.

Dieser letztere Grund fand indessen auch bei solchen 998 Widerspruch, welche im Uebrigen das vorgeschlagene System vertheidigten. Sie erklärten, daß kein Grund vorhanden sei, den Acceptanten nur kurze Zeit im Obligo zu lassen. Für die Indossanten liege ein Grund dafür darin, daß sie sich selbst in kurzer Frist gegen ihre Vormänner wieder erholen müßten; dieser Grund falle aber bei dem Acceptanten weg. In Anerkennung dieser Grund-

M. S. 88 Sp. 1. sätze hätten auch andere Gesetzgebungen, z. B. die Französische, Holländische und Englische, die Verpflichtung des Acceptanten auf eine längere Zeit (z. B. auf 5 oder 10 Jahre) erstreckt.

Während des Laufes der Debatten wurde von ver- 999 schiedenen Seiten darauf aufmerksam gemacht, es bedürfe wohl noch einer Bestimmung darüber, daß der Bezogene wie der Aussteller eines eigenen Wechsels, wenn ihnen das Geld am Verfalltage nicht abgefordert würde, berechtigt seien, dasselbe zu deponiren. Man könne nämlich nicht behaupten, daß ihnen dies Recht schon nach den allgemeinen Grundsätzen des Civilrechts zustehe, vielmehr sei zu bedenken, daß der Bezogene den Gläubiger nicht kenne, daher das gewöhnlich für die Oblation und Deposition vorgeschriebene Verfahren, welches die Vorladung des Gläubigers ad videndum deponi voraussetze, nicht beobachtet werden könne.

L. S. 190. Dagegen wurde von anderen Mitgliedern eingewendet, eine solche Vorschrift | sei nicht erforderlich, weil der Acceptant nicht daran denken werde, das Geld zu hinterlegen, wodurch er sich möglicher Weise außer Stande setze, dasselbe nach abgelaufener Verjährung wieder an sich zu ziehen, daß er es vielmehr lieber in der Casse behalten und bis zur Abforderung benutzen werde.

Als hierauf zunächst die Frage zur Abstimmung gebracht ward:

> Soll in dem Entwurfe eine Vorschrift über das dem Acceptanten einzuräumende Recht der Deposition gegeben werden?

ergab sich eine Gleichheit der Stimmen. Indeß erklärte Einer der Herren Votanten, der unter den Verneinenden gestimmt hatte, sein Votum zurückzunehmen und den bejahenden sich anzuschließen, da es doch jedenfalls unschädlich erscheine, über die Deposition in dem Entwurfe sich auszusprechen. Unter diesen Umständen ward eine abermalige Abstimmung für nöthig erachtet, bei welcher 11 Stimmen gegen 7 für die bejahende Beantwortung der Frage sich erklärten.

Die zuerst erörterte Frage: welche Verjährungsfrist 1000
gegen den Acceptanten anzunehmen sei, blieb einstweilen
ausgesetzt, und man ging zunächst zu den einzelnen Be= 1001
stimmungen im §. 73 a. des von dem Herrn Referenten vorgelegten Promemoria über. Bei der unter No. 1 enthaltenen Bestimmung kam die Frage zur Erörterung, ob
nicht die Stelle: „oder in einem einer Deutschen
Macht angehörigen Lande" bestimmter zu fassen
sei. Es ward in Vorschlag gebracht, hierbei die außer Deutschland gelegenen Lande von Oesterreich und
Preußen besonders zu benennen. Indeß wurde überhaupt
die angesetzte Frist von sechs Wochen in verschiedener Weise
beanstandet, indem einige der Herren Abgeordneten eine
kürzere Frist für den Fall, wenn der Verpflichtete mit dem
Berechtigten an einem Orte wohnt, für nothwendig,
und die andere Frist von sechs Wochen nur für den Fall,
wenn der Berechtigte und Verpflichtete einem und demselben Staate angehören, außerdem aber eine Frist von zwei
bis drei Monaten für passend erachteten.

Zur Beseitigung der mit den vorgebrachten Vor= 1002
schlägen verbundenen Inconvenienzen wurde schlüßlich beantragt, für die Fälle unter No. 1 und 2 eine gemeinschaftliche Frist von drei Monaten anzunehmen.

Dieser Vorschlag kam zur Abstimmung und ward
mit 15 Stimmen gegen 3 angenommen.

Zu No. 3 des Paragraphen beantragte der Oester= 1003
reichische Herr Abgeordnete (im Hinblick auf die Verhältnisse von Oesterreich) für die Fälle, in welchen der Re-
M. S. 88 Sp. 2. greß aus der Levante | und den Küsten des mittelländi-
schen und schwarzen Meeres genommen werde, die in
§. 237 unter No. 5 des Oesterreichischen Entwurfs erwähnte Frist von 6 Monaten.

Dieser Vorschlag erhielt allgemeine Zustimmung;
außerdem aber wurde eine Frist von 18 Monaten für 1004
die Regreßfälle beliebt, in welchen der Regreßnehmer
in einem andern Lande, außerhalb Europa wohnt. Auf
den Vorschlag des Holsteinischen Herrn Abgeordneten
wurde zugleich bestimmt, daß diese Frist auch für Island und die Färöer in Anwendung kommen solle.

L. S. 191. Man kam hierauf auf die gegen den Acceptanten 1005
zu bestimmende Verjährungsfrist zurück, und es wurden
die Fragen:
1) Soll der Anfang dieser Frist auf die Zeit des
    Verfalls des Wechsels gesetzt werden?
2) Soll diese Frist auf fünf Jahre oder nur auf drei 1006
    Jahre bestimmt werden?
zur Abstimmung gebracht.

Die erste dieser Fragen ward einstimmig bejaht, 1007
Rücksichtlich der zweiten ward die fünfjährige Frist mit
10 Stimmen gegen 8 verworfen, hingegen die Frist von 1008
drei Jahren mit 14 Stimmen gegen 4 angenommen.

Bei dem letzten Absatze des Paragraphen überließ 1009
man der Redaction, in Uebereinstimmung mit den früher
gefaßten Beschlüssen beizusetzen, daß die Litisdenunciation
gleiche Wirkung habe, wie die Anstellung der Klage.

Man kehrte hierauf vorbehaltener Maaßen zum 1010
§. 28 des Entwurfs in der Beziehung zurück, um zu erwägen, ob die dort festgesetzte einjährige Frist beizubehalten sei.

Einige der Herren Abgeordneten waren der Meinung, 1011
daß diese Frist, welche nur mit Rücksicht auf den §. 73
angenommen worden sei, jetzt in Folge der Beschlußnahme zu den §§. 73 und 73 a. mit den hier festgesetzten Fristen in Uebereinstimmung gebracht werden müsse.
Die Vertheidiger dieser Ansicht wichen jedoch in so weit 1012
von einander ab, als einige die Frist im §. 28 wie im
§. 73 auf 3 Jahre, Andere aber wie die im §. 73 a.
vorgeschriebenen Fristen bestimmt wissen wollten. Von 1013
den Letzteren hielten wiederum Einige für genügend, nur
die im §. 73 a. festgesetzte längste Frist in den §. 28
aufzunehmen, Andere schlugen dagegen vor, zu sagen: 1014
*während der für die Regreßnahme bestimmten
oder: der für den Regredienten laufenden Fristen.* Von einer dritten Seite wurde zur Vereinigung 1015
beider Ansichten empfohlen, im §. 28 gar keine Frist zu
bestimmen, da in der neuen Redaction desselben der Fall
aufgenommen sei: *wenn die Wechselkraft erloschen ist.*

Allen diesen Meinungen entgegen ward aber von 1016
mehreren Herren Abgeordneten geltend gemacht, daß die
Frist im §. 28, wenn sie auch mit Hinblick auf §. 73
des Entwurfs angenommen sein möge, doch nicht durchaus mit den Verjährungsfristen übereinstimmend festgesetzt werden müsse. Für viele Fälle erscheine es zweckmäßig, die Sicherheitsbestellung nicht während der ganzen Verjährungszeit, zumal derjenigen der Regreßansprüche, fortdauern zu lassen und die Festsetzung einer
kürzeren Frist stelle sich jetzt um so mehr als empfehlenswerth dar, je bedeutender die Verjährungszeiten durch die
Beschlüsse zu den §§. 73 und 73 a., im Vergleiche mit
der ursprünglichen Fassung des §. 73, verlängert seien.
Man möge es daher bei der einjährigen Frist belassen
oder diese höchstens auf 18 Monate ausdehnen.

Bei der hierauf erfolgten Abstimmung ward mit 17 1017
Stimmen gegen 1 beschlossen, im §. 28 eine Frist vor-

M S.89 Sp.1.   zuschreiben | und mit 15 Stimmen gegen 3, es bei der 1018
L. S. 192.   Frist von einem Jahre bewenden zu lassen.

§. 75.   Sodann ward zur Berathung des §. 75 des Ent- 1019
wurfs übergegangen. Gegen die Anwendung der Bestimmungen desselben auf die Indossanten erklärten sich
viele Abgeordnete; zunächst äußerte sich der Braunschweigische Herr Abgeordnete dahin:

Mit dem Principe des §. 75 des Entwurfs werde 1020
man sich einverstanden erklären. Dasselbe mache dem
durch einzelne Gesetze unterstützten unrichtigen Ansicht ein
Ende, nach welcher die Folge eines Präjudizes und der
Verjährung nur in dem Verluste der strengeren Wechsel-
procedur erblickt, und der Anspruch des Inhabers in ordinario ohne weitere Untersuchung darüber zugelassen
werde, ob derselbe der wechselrechtliche oder der aus den

Verhältniſſen, welche dem Wechſel zum Grunde liegen, folgende ſei. Dennoch ſcheine die Beſtimmung des Ent: 1021 wurfs noch einer Beſchränkung zu bedürfen, nämlich der: jenigen, daß der Anſpruch des Wechſelinhabers auf die Bereicherung nicht auch gegen die Indoſſanten, ſondern allein gegen den Ausſteller zuläſſig ſei.

Die Legislation ſei bis jetzt über dieſen Punct nicht 1022 klar. Die älteren Geſetze enthielten meiſt gar nichts hier: her Gehöriges. In den neueren legislativen Arbeiten ſeien die Anſichten getheilt. Das Preußiſche Landrecht Thl. II. Tit. VIII. §. 974, 1015 und 1080, die Bre: mer Wechſelordnung Art. 93, der Sächſiſche Entwurf §§. 62, 232, und der Mecklenburgiſche Entwurf §. 55. ließen den Regreß in ordinario ſchlechthin gegen alle Wechſelverbundenen zu, während eine ältere Deutſche An: ſicht, die in mehreren bei Siegel zu findenden Gutachten (No. 35, 99. 102) ausgeſprochen ſei, der Code de com. Art. 117, 168 und die dem Code nachgebildeten Legis: lationen, die Ungariſche Wechſelordnung I. Art. 67., die Flensburger Wechſelordnung §. 46., der Holſteiniſche Entwurf §. 47., der Braunſchweigiſche Entwurf §. 61, 93, der Oeſterreichiſche Entwurf §. 222 u. 223, den Re: greß auf die Bereicherung nur gegen den Traſſanten zu: ließen.

Dieſe letztere Anſicht, welche in den neueren legisla: 1023 tiven Arbeiten nach den gemachten Angaben die mehr verbreitete ſei, ſcheine auch allerdings den Vorzug zu ver: dienen. Nach dem vom Entwurfe befolgten richtigen Sy: ſteme werde man nämlich nicht daran denken, nach er: loſchener Wechſelkraft den Wechſel als Schuldſchein und die Indoſſamente als Ceſſionen zu betrachten. Man werde vielmehr für die Begründung des Regreßanſpruchs auf die Bereicherung nur auf die dem erloſchenen Wechſelge: ſchäfte zum Grunde liegenden materiellen Verhältniſſe zu: rückgehen können. In dieſer Beziehung ſei aber zwiſchen dem Traſſanten und den Indoſſanten ein ſehr weſentli: cher Unterſchied, den die Verfaſſer des Code de Commerce — obgleich ihnen übrigens die Unterſcheidung des Formalge: ſchäfts von ſeiner materiellen Grundlage nicht klar ge: worden — wohl gefühlt, und durch die Beſtimmung an: gedeutet hätten, daß durch Präjudizirung des Wechſels die Reihe der Indoſſanten ganz, der Traſſant aber nur in ſofern befreit werde, als er Deckung gemacht habe.

Um dieſen Unterſchied zwiſchen dem Traſſanten und 1024 dem Indoſſanten näher in's Licht zu ſtellen, ſei es paſſend, L. S. 193. zunächſt die practiſche Ausführbarkeit, oder | vielmehr Un: ausführbarkeit eines Regreſſes auf die Indoſſanten in's Auge zu faſſen. Ein ſpringender Regreß auf die Be: reicherung ſei hier deshalb undenkbar, weil es auf die beſondere Bewandniß der Geſchäftsverhältniſſe, auf wel: chen die Begebung des Wechſels beruht, ankomme, und die etwa einem entfernteren Indoſſanten nachzuweiſende M. S. 89 Sp. 1. Bereicherung eine den Inhaber gar nicht berührende An: gelegenheit ſei. Man müſſe daher den Regreß nur im: mer an den unmittelbaren Vormann geſtatten. Hiermit

gelange man aber — abgesehen davon, daß nun der
Trassant der zuletzt in Anspruch zu nehmende werde —
in unauflösliche Schwierigkeiten. Man werde hier niemals genau bestimmen können, worin eigentlich die Bereicherung des Vormannes bestehen, und wie es mit dem
weiteren Regresse werden solle, da die Verhältnisse zwischen den verschiedenen Indossanten ganz verschieden wären. Gestatte man demjenigen, welcher als locupletior
factus den Inhaber entschädigen müsse, einen weiteren
Regreß, so werde derselbe durch den Erfolg dieses Regresses seinerseits wieder bereichert werden: gestatte man
ihm den weiteren Regreß nicht, so werde der Trassant,
auf dessen Verhältnisse zum Bezogenen es doch eben am
Wesentlichsten ankomme, von der ganzen Regreßnahme
gar nicht berührt.

Richtigerweise werde man von einer Bereicherung 1025
zum Schaden des Inhabers bei den Indossanten niemals
sprechen können. Ein Gewinn, den der Indossant durch
den Kauf und Verkauf des Wechsels gemacht habe, komme
natürlich nicht in Betracht: obgleich immer zu erwägen
bleibe, ob nicht nach der Fassung des Entwurfs die Pra-
ris versucht werden könne, einen solchen Gewinn als eine
für den Regreß relevante Bereicherung anzusehen. Bereicherung sei hier vielmehr ein zufälliges, nicht im Sinne
und der Absicht des Geschäftes liegendes lucrum. Gehe 1026
man auf die hier in Frage kommenden materiellen Verhältnisse zurück, welche der Ausstellung und Begebung
des Wechsels zum Grunde lägen, so müsse man eine doppelte Kategorie solcher Verhältnisse unterscheiden: zuerst
das Verhältniß zwischen dem Trassanten, Remittenten
und Trassaten, und dann die Reihe derjenigen Geschäfte,
welche den verschiedenen Indossationen zum Grunde lägen.
Eine Bereicherung lasse sich nur hinsichtlich des ersten
Verhältnisses denken. In einem Geschäfte blos zwischen
zwei Personen sei eine solche Bereicherung nicht denkbar:
der eine sei dem anderen entweder noch verpflichtet oder
nicht, und in beiden Fällen sei er — wenn er auch Gewinn bei dem Geschäfte gemacht — doch nicht im Rechtssinne bereichert, so daß ihm die Bereicherung von seinem
Mitcontrahenten wieder abgefordert werden könne. Es
müsse also nothwendig, um eine solche Bereicherung dar-
zustellen, noch eine weitere Verzweigung des Geschäftes
stattfinden. Dieses treffe bei dem Verhältnisse des Trassanten zum Remittenten und Bezogenen auch zu, indem
der Trassant nicht blos mit dem Remittenten in Verbindung stehe, sondern auch noch wegen der Deckungsver-
hältnisse mit dem Bezogenen in Berührung sei. Hier
könne allerdings, wenn er vom ersten die Valuta bekommen, und dem zweiten keine Deckung gemacht habe, eine
Bereicherung vorkommen. Anders verhalte es sich da- 1027
gegen mit den Indossanten, bei denen immer nur ein
einfaches Geschäft zwischen zwei Personen vorliege, wel-
ches mit den Deckungsverhältnissen | nicht in Berührung
sei. Hier sei der Indossant im Rechtssinne nie bereichert,
selbst dann nicht — welchen Fall man hierher zu ziehen

L. S. 194.

verfucht — wenn er keine Valuta bezahlt. In diesem
Falle sei er entweder die Valuta noch schuldig, oder er
sei sie nicht schuldig, weil sie ihm vielleicht erlassen sei, oder
er überhaupt keine Valuta zu bezahlen gehabt habe. Eine
Bereicherung komme daher nicht vor. Selbst dann, wenn
ein Indossant eine Nothadresse auf den Wechsel gesetzt,
und in Deckungsverhältnissen zum Nothadressaten stehe,
sei keine Bereicherung denkbar. Der Indossant unter=

M. S. 90 Sp. 1. scheide sich auch hier | von dem Trassanten noch dadurch,
daß Letzterer den Wechsel nicht erworben, sondern geschaf=
fen habe, daß er also, wenn er Valuta bekommen und
keine Deckung gemacht, bereichert sei. Der Indossant habe
aber den Wechsel selbst erst erworben, wenn er also Va=
luta bekommen und beim Nothadressaten keine Deckung
gemacht, so sei er dennoch nicht bereichert, weil die Be=
gebung des Wechsels kein reines lucrum sei, und dieses
im Rechtssinne selbst dann nicht, wenn ihm der Wechsel
titulo lucrativo zugekommen. Eine Bereicherung könne 1028
hier nur vorliegen, wenn der Indossant den Wechsel auf
unredliche Weise erlangt, wenn er ihn gefunden oder ent=
wendet habe; in solchen Fällen ständen indeß Rechtsmittel 1029
anderer Art zu. Man müsse also daran festhalten, daß
nur der Trassant der erste Begründer des ganzen wech=
selrechtlichen nomen sei, daß sich nur bei ihm die mate=
riellen Grundlagen dieses nomen fänden, und daß man
also — wenn auf diese Grundlagen zurückzugehen sei —
nur den Trassanten und seine etwaige Bereicherung in's
Auge fassen müsse.

Der Herr Minister von Könneritz und der Herr
Vicepräsident Dr. Einert traten dieser Ansicht lediglich
bei. Noch weiter aber ging der Oesterreichische Herr Ab= 1030
geordnete, welcher der Meinung war, daß selbst gegen
den Aussteller des Wechsels und gegen den Acceptanten
nach Ablauf der Verjährung gar kein Anspruch aus
dem Wechsel mehr stattfinden müsse. Sonst, bemerkte er,
wäre die Festsetzung einer wechselrechtlichen Verjährungs=
zeit in Bezug auf sie illusorisch und sie wären genöthigt,
ihre Handlungsbücher und Correspondenzen, woraus sie
allein die Beweise ihrer Einwendungen entnehmen können,
durch die ganze Zeit der gemeinrechtlichen Verjährung
aufzubewahren. Nur gegen den Aussteller eines eigenen
Wechsels könne man die Haftung durch die gemeinrecht=
liche Verjährungszeit fortdauern lassen, wie dies im
§. 274 des Oesterreichischen Entwurfs geschehe, weil der
eigene Wechsel zugleich die Eigenschaft einer gemeinen
Schuldurkunde an sich trage.

Der Herr Referent führte zur Erläuterung und 1031
Vertheidigung des §. 75 aus, daß derselbe nicht
nur mit den Vorschriften des Preußischen Landrechts
(§. 974), sondern auch mit den allgemeinen Grund=
sätzen der Rechtswissenschaft übereinstimme. Die Vor=
schriften des Code de commerce und der angeführten
übrigen fremden Gesetzbücher träfen auf die hier vorlie=
genden Verhältnisse nicht zu, weil jene fremden Gesetzge=
bungen in Ansehung der Wechselverjährung von anderen

Grundsätzen ausgingen. Es frage sich, ob derselbe Grund, wie bei dem Aussteller auch bei den Indossanten vorhanden sei, und dies müsse man bejahen. Bereicherung könne auch bei Indossanten vorkommen, welche daher auch insoweit, als dies der Fall, | zu haften hätten. Die Indossanten verträten | den Trassanten, müßten also auch in gleicher Haftung mit ihm stehen. Man könne der Bestimmung des Entwurfs höchstens den Vorwurf machen, daß sie keine große praktische Bedeutung habe; allein dies sei nicht genügend, den an sich richtigen Grundsatz aufzugeben. Die Vorschrift des Preußischen Landrechts habe bis jetzt keine Schwierigkeiten oder Unbilligkeiten veranlaßt, so daß sich denn auch die vor einiger Zeit in Preußen über den Entwurf der Wechselordnung vernommenen Sachverständigen für die Beibehaltung derselben erklärt hätten.

L. S. 195.
M. S. 90 Sp. 2.

Da sich sonst Niemand gegen den Vorschlag des Braunschweigischen Herrn Abgeordneten aussprach, vielmehr zur Unterstützung desselben noch geltend gemacht wurde, daß der Fall einer Bereicherung des Indossanten nur dann, wenn dieser den Wechsel gefunden oder gestohlen habe, denkbar sei, (was nicht hierher gehöre), so vereinigte man sich zu dem Beschlusse, daß die Bestimmungen des §. 75 in Bezug auf die Indossanten wegfallen sollten, wobei nur von den Hamburger Herren Deputirten, unter Bezugnahme auf das Conclusum des Frankfurter Senats vom 3. September 1798 noch hervorgehoben wurde, daß in dem §. 75 mit den Worten „Bereicherung mit dem Schaden des Inhabers", eine positive Bereicherung gemeint sei, nicht etwa bloß der negative Umstand, daß die Versäumniß (z. B. die verspätete Präsentation des Wechsels zur Zahlung), keinen Schaden verursacht habe. Der Grundsatz, daß Niemand mit dem Schaden eines Anderen sich bereichern solle, gehe keineswegs dahin, daß der eine Contrahent dem anderen Contrahenten einen Schaden, welcher diesen letzteren betraf, bei veränderten Umständen aber ihn selbst betroffen haben würde, annehmen müsse, sondern dahin, daß durch die Versäumniß nichts gewonnen werden solle, was nach dem materiellen Rechte nicht wirklich gebühre. Es komme also darauf an, ob oder wie weit der durch die Versäumung des Wechsels Liberirte den Bezogenen mit Deckung versehen oder an demselben eine Forderung zu machen gehabt habe; in solchem Falle müßten aber alsdann dem Inhaber des Wechsels, auf dessen Kosten, jura cessa an den Bezogenen ertheilt werden.

1032

1033

1034

Ferner war man ohne Widerspruch der Ansicht, daß bei Wechseln, die für Rechnung eines Dritten gezogen seien, der Trassant nur die Verpflichtung habe, diesen Dritten zu nennen.

1035

Endlich stimmte man ebenfalls in der Meinung überein, daß der §. 75 auch auf domicilirte Wechsel anzuwenden sei, so daß deren Aussteller, wenn er nach dem §. 41 durch Versäumniß der Protesterhebung gegen

1036

den Domiciliaten von der wechselmäßigen Verbindlichkeit
frei werde, dennoch im Civilprocesse aus einer etwaigen
Bereicherung in Anspruch genommen werden könne.

———

L. S. 196.

XXIV.

Leipzig, den 29. November 1847.

—

M. S. 90 Sp. 1.　　Die heutige unter dem Vorsitze Sr. Excellenz des 1037
Herrn Staatsministers von Könneritz eröffnete Sitzung,
welcher auch der Mecklenburgische Abgeordnete, Herr Pro-
M. S. 90 Sp. 2. fessor Thöl, | wiederum beiwohnte, war dazu bestimmt,
einige bei Durchgehung des Entwurfs ausgesetzte Puncte,
sowie einige während der bisherigen Berathung gemachte
M. S. 91 Sp. 1. und den Mitgliedern | der Versammlung mitgetheilte Vor-
schläge in Erwägung zu ziehen.

　　In dieser Beziehung machte der Herr Staatsmi- 1038
nister von Könneritz auf die Gründe aufmerksam, aus
denen nach seiner individuellen Wahrnehmung bisher in
Ansehung mancher Puncte noch nicht zu einem gemeinsamen Beschlusse gelangt worden sei. Diese Gründe, bemerkte derselbe, seien zu suchen 1) in gewissen, manchen
Ländern und Plätzen eigenthümlichen Verhältnissen und
Einrichtungen, welche den für andere Orte anwendbaren
allgemeinen Einrichtungen widerstritten; 2) in dem Ge-
sichtspuncte, von welchem aus man das Wechselgeschäft betrachte. Während nämlich der Wechsel im Allgemeinen
als ein für die Bedürfnisse des Verkehrs geschaffenes,
zum Umlauf bestimmtes Creditpapier und Zahlungsmittel
betrachtet werde, wie dies auch in den Erläuterungen zu
dem früheren Preußischen Entwurf geschehe, werde derselbe, namentlich an größeren Plätzen, als Gegenstand
des Handels, als Waare behandelt. Aber auch da, wo
jene allgemeine Rücksicht genommen worden sei, zeige sich
doch in den verschiedenen Gesetzgebungen insofern eine verschiedene Tendenz, als in einigen, wie in dem Entwurfe
zu der Sächsischen Wechselordnung, mit welcher darin
mehr oder weniger auch das Preußische allgemeine Landrecht, sowie der Oesterreichische und der Württembergische
Entwurf übereinstimme, mehr das Interesse des Inhabers berücksichtigt werde, während in anderen Gesetzgebungen, wie auch bei einem Theile der Versammlung,
mehr auf den Handel mit Wechseln und dessen Bedürfnisse geachtet worden sei. Der Herr Minister äußerte,
daß er in den Fällen, in welchen Gründe der unter No. 1
angeführten Art sich wirksam zeigten, Vorschläge zu einer
Vereinigung, zu einem gemeinsamen Beschlusse nicht zu
machen wisse, da eine Formel von practischer Bedeutsam-
keit, durch welche die besonderen Interessen mit allgemeinen Grundsätzen in Einklang gesetzt würden, kaum zu er-
finden sein werde, es wäre denn, daß man sich entschlösse,

einzelne Puncte aus dem Entwurfe herauszulassen, als in welcher Beziehung ein Vorschlag von Seiten eines Herrn Abgeordneten schon vorliege. Ob in Ansehung der zweiten Art der Differenzpuncte noch Vermittelungs=vorschläge erfolgen würden, stehe zu erwarten.

Man wendete sich nunmehr zunächst zu dem von 1039 dem Holsteinischen Herrn | Abgeordneten gemachten Vor=schlage, an die Stelle der zum §. 24 des Entwurfs ge=faßten Beschlüsse folgende Bestimmungen treten zu lassen:

> Der Trassat darf ohne Genehmigung des Inha=bers und durch diesen veranlaßte vorgängige Pro=testerhebung, den Wechsel weder für eine geringere Summe, noch in einer anderen Währung, noch auf eine andere Verfallzeit, als worauf der Wechsel lautet, noch unter irgend einer von dem Inhalte des Wech=sels abweichenden Bedingung acceptiren. Ist indeß einer solchen Annahme die vorgedachte Protester=hebung nicht vorangegangen, so hat der Inhaber an demselben Tage, an welchem er von der be=dingten Annahme Kunde erhält, oder spätestens am nächsten Werktage gegen diejenigen Bedingungen, welche er nicht zulassen will, Protest erheben, und daß solches geschehen unter der Annahme bemer=ken zu lassen. Die Bedingungen, gegen welche protestirt worden, werden als nicht geschrieben an=gesehen. Der Inhaber muß aber die Annahme für einen Theil des Wechselbetrages zulassen, wenn der Einsender ihm nicht andere Vorschrift ertheilt hat. Andere Abweichungen von dem Inhalte | des Wechsels darf er bei eigener Verantwortlichkeit nur gestatten, wenn er ausdrücklich dazu befugt wor=den ist.

M. S. 91 §. 2.

> Geht aus der auf den Wechsel geschriebenen Erklärung die Absicht, nicht annehmen zu wollen, hervor, so hat der Inhaber Protest Mangels An=nahme erheben zu lassen.

Dieser Vorschlag fand von mehreren Seiten Unter=stützung, jedoch wurde dabei anerkannt, daß mit demsel= 1040 ben gleichzeitig der auf den Wunsch des Herrn Camp=hausen gestellte Antrag:

> bei der Annahme auch eine Beschränkung hinsicht=lich der Zeit in der Art zuzulassen, daß eine Ac=ceptation auf spätere Verfallzeit den Acceptanten nur zur Zahlung nach seinem Accepte verpflichte,

in Erwägung zu ziehen sei.

Nachdem der Herr Antragsteller näher nachgewiesen, 1041 daß und in welcher Beziehung sein jetziger Vorschlag von demjenigen abweiche, den er bei Berathung des §. 24 nach Maaßgabe des §. 36 des Holsteinischen Entwurfs gemacht habe, bemerkte derselbe zur Begründung seines Vorschlags im Wesentlichen Folgendes:

> Der zum §. 24 ursprünglich gefaßte Beschluß gehe dahin, daß jede dem Accepte beigefügte Bedingung oder Beschränkung als nicht geschrieben betrachtet werden solle.

14

Durch diese Bestimmung sei die Freiheit der Partheien ohne Noth auf eine unzulässige Weise beschränkt.
Dies habe die Versammlung auch bereits anerkannt und
später beschlossen, daß wenn die Bedingung die Summe
betreffe, mithin eine theilweise Annahme enthalte, diese
zuzulassen sei. Zum §. 41 des Entwurfs sei später beschlossen worden, daß ebenfalls die Bedingung als zulässig zu betrachten sei, wenn der Bezogene durch eine
dritte Person Zahlung zu leisten sich verbindlich mache.

L. S. 198.   Es sei nun noch hauptsächlich eine Bedingung und
zwar diejenige, welche am häufigsten vorkomme und die
der Inhaber sich sehr oft im Interesse des Wechsels gefallen lassen müsse, übrig: die nämlich, daß der Bezogene zu einer späteren Zeit zahlen zu dürfen sich aus-
bedinge. Diese sei bis jetzt noch durch den früheren Beschluß ausgeschlossen. Wie sehr dieselbe aber im Verkehre
nothwendig sei, gehe auch schon daraus hervor, daß auch
noch von einer anderen Seite ein darauf gerichteter Vorschlag gemacht worden sei.

Werde dieser Vorschlag angenommen, so ergebe es
sich, daß der frühere Beschluß der Versammlung zum
§. 24 in fast allen Richtungen, in welchen er sich wirksam bezeigen solle, auf Verhältnisse stoße, durch welche
die Statuirung von Ausnahmen, welche die Regel un-
tergrüben, nothwendig gemacht werde, und dieser Umstand scheine dringend dazu aufzufordern, die aufgestellte
Regel selbst fallen zu lassen, und an deren Statt eine
andere zu setzen, und zwar diejenige, welche er vorzuschlagen sich erlaubt habe.

Gegen seinen Vorschlag, welcher den Betreffenden 1042
die erforderliche Freiheit gewähre, werde vielleicht eingewendet werden, daß derselbe die Zahl der Proteste ver-
mehre; in dieser Beziehung dürfe aber nicht übersehen
werden, daß einerseits vorsichtige und solide Wechselverbundene, um sich einem dritten Inhaber des Wechsels
gegenüber sicher zu stellen, daß ihre Bedingungen beim
Accepte respektirt werden, zur Constatirung der Genehmigung des Präsentanten die Aufnahme eines Protestes für
nöthig halten dürften, andererseits aber solche Proteste von
Männern, die sich nicht dem Verdachte aussetzen wollten,

M. S. 92 Sp. 1.   mit dem Bezogenen colludirt und die spätere Hinzufügung
der Bedingung gestattet zu haben, als unvermeidlich betrachtet werden würden.

Diese letztere Seite sei aber vornämlich im Interesse
des soliden Wechselverkehrs die wichtigste, und mache es
erforderlich — eben um Collusionen zu vermeiden — daß
jeder bedingten Annahme eines Wechsels eine Protesterhebung wo möglich vorausgehe, eventualiter unmittelbar nachfolge.

Von einer anderen Seite wurde unter Recapitula- 1043
tion der Verhandlungen, welche dem früheren Beschlusse
vorausgegangen waren, darauf hingewiesen, daß durch
diesen eine Vermittelung zwischen dem auf den §. 36
des Holsteinischen Entwurfs gegründeten Antrag und den
Bestimmungen im §. 24 des Preußischen Entwurfs be-

zweckt worden sei. Wenn man also von der Nothwen=
digkeit einer vorausgehenden oder einer, der bedingten und
beschränkten Annahme unmittelbar nachfolgenden, den
Widerspruch gegen dieselbe sofort constatirenden Protest=
aufnahme, welche allerdings mit den hierüber aufgestellten
Grundsätzen des Entwurfs nicht im Einklange stehe, ab=
sehe, so werde durch die gestellten Anträge die Frage
wieder auf ihren früheren Standpunkt zurückgeführt. Es
bleibe alsdann consequenter Weise nur die Wahl zwischen
den Bestimmungen des Entwurfs, nach welchen der Ac=
ceptant nicht weiter als dem Inhalte seiner Annahme
gemäß haften solle, dem Inhaber aber, wenn er die bei=
L. S. 199. gefügten Bedingungen und Beschränkungen nicht anneh=
men wolle, der Regreß auf Sicherstellung oder Mangels
Zahlung | freistehe, was allerdings mehr der Billigkeit zu
entsprechen scheine, oder dem früheren Beschlusse, welcher
sich auf die strengere Ansicht hinsichtlich der Behandlung
des zur Annahme vorgelegten Wechsels gründe. Dagegen
dürfte es nicht consequent erscheinen mit Beibehaltung des
früheren Beschlusses der Ausnahme, bezüglich der Zulässig=
keit der Annahme auf eine geringere Summe, auch die
weitere, bezüglich der Verfallzeit, beizufügen, da Be=
dingungen und Beschränkungen mit seltenen Ausnahmen
auf das eine oder andere influiren würden, also für die
Regel kaum etwas übrig bleibe.

Der Oesterreichische Herr Abgeordnete trug auf fol= 1044
gende Bestimmung an:

> Bedingungen und Beschränkungen, welche dem
> Accepte beigefügt werden und mit dem Inhalte
> des Wechsels im Widerspruche stehen, sind einer
> Verweigerung des Acceptes gleich zu achten, und
> der Präsentant muß, um seine Rechte wegen ver=
> weigerten Acceptes gegen die Vormännern zu wah=
> ren, Protest erheben lassen.

> Ist ein Wechsel auf eine geringere Summe
> acceptirt, so ist die Annahme des höheren Be=
> trags als verweigert anzusehen, der Acceptant haftet
> aber in jedem Falle nach dem Inhalte seines Ac=
> ceptes wechselmäßig.

Er bemerkte dabei: Man könne die bei Verträgen beige= 1045
fügten Bedingungen, womit beide Partheien einverstanden
seien, nicht als nicht geschrieben ansehen. Auch die Acceptation
enthalte einen Vertrag zwischen dem Präsentanten und Accep=
tanten. Wenn der Bezogene in einem Wechsel erkläre, daß
er den Wechsel zur Zahlung auf einen späteren Verfall=
tag, in einer anderen Währung oder unter der Bedingung
eines nicht aus dem Wechsel ersichtlichen Ereignisses accep=
tire, so werde wohl Jedermann sagen müssen, der Wechsel
sei nicht acceptirt. Der Bezogene werde aus seinem Ac=
cepte allerdings haften, allein der Inhaber sei nicht schul=
dig, eine solche Acceptation anzunehmen. Er habe auch
das Mittel in Händen, seine Rechte wegen des nicht ge=
M. S. 92 Sp. 2. hörigen, und daher im Wesentlichen | verweigerten Acceptes
durch Erhebung des Protestes zu wahren.

In Beziehung auf die Vormänner könne es wohl nicht zweifelhaft sein, daß durch eine beschränkte und bedingte Acceptation ihre Haftung, wie sie aus dem Wechsel erhelle, weder verlängert noch erschwert werden könne.

Diese Grundsätze seien in den §§. 125 und 127 des Oesterreichischen Entwurfs enthalten, und damit stimme im Wesentlichen der Preußische Entwurf überein. Er, der Herr Abgeordnete, habe dieses Prinzip für so richtig und ausgemacht angesehen, daß er eine Bekämpfung desselben gar nicht erwartet habe. Nach seinem Antrage werde der Inhaber des Wechsels durch die beschränkte oder bedingte Acceptation nicht absolut gezwungen, Protest erheben zu lassen, sondern diese Verpflichtung werde ihm nur für den Fall auferlegt, wenn er aus dem verweigerten Accepte Rechte gegen die Vormänner geltend machen wolle. Er halte es auch für überflüssig und unpassend, auf einzelne Bedingungen und Beschränkungen der Acceptation einzugehen und für jede Art derselben eine besondere Verfügung in das Gesetz aufzunehmen; denn der obige Grund-

L. S. 200.

satz sei auf alle Arten von Bedingungen | und Beschränkungen anwendbar und reiche vollkommen aus. Er wolle jetzt nicht auf die Frage zurückkehren, ob eine theilweise Acceptation von dem Inhaber angenommen werden müsse, da diese Frage, sowie jene über die Verpflichtung zur Annahme einer theilweisen Zahlung, gegen seine Ansicht durch eine große Majorität bejaht worden, und keine Aussicht vorhanden sei, durch eine neue Abstimmung eine andere Entscheidung herbeizuführen. Dies hindre aber nicht, die obige Regel im Allgemeinen anzunehmen, und stehe damit eigentlich auch nicht im Widerspruche.

Herr Vicepräsident Dr. Einert sprach sich dahin aus: 1046

Alle Beschränkungen, welche dem Accepte beigefügt werden, für nicht geschrieben anzusehen, wie die Leipziger Wechselordnung vorschreibe, sei allerdings zu weit gegangen, aber wichtig und zweckmäßig erscheine eine solche Vorschrift in Ansehung solcher Beschränkungen, durch welche eine außerhalb des Wechselgeschäfts liegende Bedingung, eine Veränderung des Zahlungsorts oder eine Verlängerung der Zahlungszeit einzuführen beabsichtigt werde. Denn dadurch würde eigentlich ein anderer Wechsel substituirt werden. Nicht dasselbe gelte von dem Accepte auf eine geringere Summe, wohin auch das Accept auf andere Geldsorten oder nach einem anderen Course zu rechnen sei. Aus einer solchen Acceptation werde allerdings der Acceptant nur nach dem Inhalte seines Acceptes verpflichtet.

Der Inhaber könne dagegen Protest Mangels Annahme erheben, aber er könne auch, ohne auf dies Accept weiter sich einzulassen, an dem aus dem Wechsel sich ergebenden Verfalltage den Wechsel wieder zur Zahlung präsentiren, und wenn nicht vollständige Zahlung erfolgt, Protest aufnehmen und den Weg des Regresses einschlagen.

Mehrere der Herren Abgeordneten sprachen sich unter 1047 Beziehung auf die ausführlich erörterten Gründe für die Beibehaltung des zum §. 24 gefaßten Beschlusses aus, auch wurde von mehreren der Herren Abgeordneten aus dem Kaufmannsstande mehrfach bestätigt, daß wenigstens für den größeren Wechselverkehr nach ihrer Erfahrung kein Bedürfniß vorliege, eine auf die Verfallzeit sich beziehende Bedingung oder Beschränkung exceptionell gegen andere Bedingungen oder Beschränkungen zu behandeln.

Von Seiten der Preußischen Herren Abgeordneten 1048 ward dagegen die Annahme des hierüber im §. 24 des

M. S. 93 Sp. 1. Entwurfs aufgestellten | Grundsatzes im allgemeinen, eventuell wenigstens in Anwendung auf Bedingungen, welche die Verfallzeit betreffen, befürwortet. Nach weiterer Dicussion, wobei man darin einverstanden war, daß es 1049 hinsichtlich der Annahme der Summe bei dem früheren Beschlusse sein Bewenden behalte, wurde zur Abstim- 1050 mung geschritten und hierbei der Vorschlag mit 14 Stimmen gegen 5 abgelehnt, und dagegen mit 12 Stimmen 1051 gegen 7, unter welchen Letzteren die Herren Abgeordneten von Frankfurt und Hamburg sich befanden, angenommen, daß hinsichtlich der dem Accepte beigefügten Bedingungen und Beschränkungen, der §. 24 des Entwurfs wieder herzustellen sei.

L. S. 201. Die Berathung wendete sich hierauf zu den übrigen 1052 Vorschlägen des Herrn Abgeordneten für Holstein, welche dahin lauteten:

§. a. 1053

Der Wechselgeber ist, wenn nicht Anderes verabredet worden, auf Verlangen des Nehmers verpflichtet, den Wechsel an Ordre oder an eine dritte Person zahlbar zu stellen, sowie auch in demselben auszudrücken, ob er den Bezogenen besonders benachrichtigen werde oder nicht (mit oder ohne Bericht, Avis).

§. b. 1054

Wird ein Wechsel, in welchem auf Avis (§. a.) Bezug genommen ist, vor dessen Eingang acceptirt, so geschieht es auf Gefahr des Acceptanten.

War der Avisbrief dem Remittenten anvertraut, so trägt er den Schaden, wenn derselbe dem Trassanten nicht zeitig zu Händen kommt.

§. c. 1055

Wer mit der Präsentation des Wechsels zur Annahme beauftragt wird, muß entweder am nächsten Werktage nach Empfang des Wechsels die Vorlegung und demnächst eventualiter die Protestation desselben besorgen, oder innerhalb 24 Stunden event. mit der nächsten darnach abgehenden Post den Auftrag ablehnen, widrigenfalls wird er dem Auftraggeber für den aus der längeren Verzögerung etwa entstehenden Schaden verantwortlich. (cfr. Braunschweigischer Entwurf §. 32).

§. d. 1056

Wird ein zeitig abgesandter Wechsel erweislich durch höhere Gewalt so lange zurückgehalten, daß derselbe in-

nerhalb der vorgeschriebenen Fristen dem Bezogenen nicht
vorgelegt werden kann, so bleiben diese Fristen gewahrt,
wenn der Empfänger spätestens am nächsten Werktage
nach Ankunft des Wechsels denselben dem Bezogenen zur
Sicht oder zur Zahlung vorlegt.

§. e.   1057

Die Discontoprämie bleibt ohne Rücksicht auf den
gesetzlichen Zinsfuß der Uebereinkunft der Betheiligten
überlassen.

Die Vorschläge zu a, b, c und e fanden keine hin- 1058
reichende Unterstützung, indem die darin beantragten Bestimmungen, wenn auch gegen deren Inhalt keine wesentlichen Bedenken vorlägen, zu einer Aufnahme in den
Entwurf nach den Grenzen, welche für denselben überhaupt angenommen seien, nicht geeignet gefunden wurden.

L. S. 202.   Dagegen gelangte der Vorschlag zu d zur weiteren 1059
Berathung. Der Herr Referent entwickelte die Gründe,
aus welchen die Aufnahme einer Bestimmung über den
Einfluß höherer Gewalt in den Entwurf nicht für zweckmäßig erachtet worden sei. Zugleich machte derselbe,
unter Hervorhebung der verschiedenen, bei dieser Lehre zur
Erwägung kommenden und schon bei Abfassung des Code
de Commerce (Nouguier Bd. 1 S. 378 ff.) maaßgebend
gewesenen Gesichtspunkte, darauf aufmerksam, daß, wenn
man überhaupt für gerathen achte, über den Einfluß,
welchen vis major auf das Verfahren mit dem Wechsel habe,
etwas in der Wechselordnung zu bestimmen, der §. d.
nicht ausreiche, indem letzterer sich nur auf die verspätete
M. S. 93 Sp. 2. Präsentation zur Annahme oder Zahlung, nicht aber auf
die verspätete Protesterhebung und Anstellung der Klage
beziehe. Indessen scheine es bei der unverkennbaren, bis
jetzt von keiner Gesetzgebung gelösten Schwierigkeit, den
Unterschied zwischen der vis major und dem gewöhnlichen
casus zu bestimmen und der in Vorschriften dieser Art
einem renitenten Schuldner gegebenen erwünschten Gelegenheit, dieselben zu Chicanen und Ausreden zu miß-
brauchen, am angemessensten, sich jeder positiven Bestimmung im Wechselrechte zu enthalten, und dem Richter die
Entscheidung in den einzelnen Fällen nach den allgemeinen Principien des Civilrechts zu überlassen.

Herr Vice-Präsident Dr. Einert bemerkte, daß die 1060
Frage über vis major außer bei Sicht-Wechseln nur in
Ansehung der Präsentation zur Zahlung vorkomme.

Er war der Meinung, darüber in der Wechselordnung sich auszusprechen, erklärte aber die Regel: agere
non valenti rc. hier nicht für anwendbar, und meinte,
daß lediglich die Regel: casum sentit dominus, entscheiden könne, obschon er zugab, daß in manchen Fällen
eine bloß nach Gründen des Civilrechts zu entscheidende
quaestio facti vorkommen werde, ob casus rein, oder
durch culpa bedingt vorliege.

Von anderer Seite wurde dafür, daß bei Versäum- 1061
nissen eine Berufung auf höhere Gewalt, nicht stattfinden

dürfe, noch angeführt: daß in einem Falle, in welchem
die Präsentation des Wechsels durch vis major behindert
worden sei, immer noch unentschieden bleibe, ob hiervon
abgesehen, die Präsentation rechtzeitig erfolgt sein würde.
Andererseits erhoben sich mehrere Stimmen gegen die
Anwendung der Regel: casum sentit dominus und zwar
theils unter Beziehung auf die in den Motiven zu dem
Braunschweigischen Entwurfe S. 134 und 135 angeführten Verordnungen der Französischen und Belgischen Regierung, theils mit Rücksicht darauf, daß hier, wo es
um ein obligatorisches Verhältniß sich handle, die quaestio
dominii gar nicht in Frage komme. Im Allgemeinen 1062
neigte man sich zu der Ansicht hin, daß die Wechselordnung über diesen Punkt auf die eine oder die andere
Weise sich aussprechen müsse und für diese Meinung entschieden sich, als die Abstimmung darüber erfolgte, 12
Stimmen gegen 7 verneinende. Die weitere Frage: 1063

Soll der Inhaber durch vis major entschuldigt
werden?

ward mit 10 Stimmen gegen 9 bejaht.

L. S. 203.   Hierauf wendete man sich zur Erörterung des nach- 1064
stehenden, von den Hamburger Herren Abgeordneten vorgelegten Vorschlages?

Wenn mehrere auf einem Mangels Zahlung protestirten Wechsel befindliche Wechselverbundene fallirt
haben, so steht es dem Inhaber frei, seine ganze
Forderung an Capital und Kosten bei allen Massen
anzugeben, und hat er von jeder derselben, bis zu
seiner völligen Befriedigung für Capital und Kosten die Dividende zu empfangen. Die Dividenden
müssen aber auf dem Wechsel notirt werden. Ist
der Inhaber zum Vollen befriedigt, so hat er dann
den Wechsel an die Masse des in der Reihenfolge
letzten Indossanten, von welcher er eine Dividende
empfangen, auszuliefern.

Die Herren Proponenten führten zur Begründung 1065
dieses Vorschlages an: Es sei höchst wünschenswerth, auch
über die hier eben vorgelegte Bestimmung eine gemeinschaftliche Einigung zu treffen, weil sonst der Wechselgläubiger von den an verschiedenen Orten befindlichen
Massen der Wechselschuldner, je nach dem Orte, wo er
sich zuerst gemeldet, ein ganz verschiedenes Resultat erhal-
M. S. 94 Sp. 1. ten könnte, indem manche Gesetze und | Gerichte hierin nicht
die richtigen Grundsätze befolgten. Deßhalb müsse die
Sache auch Aufnahme in der hier berathenen allgemeinen
Wechselordnung finden. Die Richtigkeit des Satzes selbst
ergebe sich aber sowohl daraus, daß, bei Befolgung eines
anderen Principes der Wechselinhaber, sobald sämmtliche
Wechselverpflichtete fallirt haben, niemals seine volle Befriedigung erhalten könnte, selbst wenn die verschiedenen
Massen solche zu leisten im Stande wären, als auch
daraus, daß hier ja eine solidarische Verbindlichkeit vorliege, wonach alle Verpflichteten so lange verhaftet blieben,
bis der Gläubiger zur vollständigen Befriedigung gelangt sei.

Mehrere Mitglieder der Versammlung unterstützten 1066
diesen Antrag mit Bezugnahme auf die demselben entsprechenden Vorschriften in dem Art. 31 der Frankfurter
und dem Art. 130 der Bremer Wechsel-Ordnung und
hielten dafür, daß derselbe in dem Verhältnisse der Correa-
lität, oder, wenn man lieber wolle, der solidarischen
Verpflichtung der Wechselvertreter überhaupt seine vollständige Begründung finde, in Beziehung auf welche
durch den entstandenen Concurs im Wesentlichen nichts
geändert werde.   Aus diesem Verhältnisse folge, daß
der Inhaber eines Wechsels bei den Concursen aller
Wechselverpflichteten die volle Wechselsumme liquidiren
könne und bei Distribution der verschiedenen Massen mit
M.S.94 Sp.2. dem ganzen Betrage | seiner Forderung so lange concurri-
ren müsse, bis er zu seiner vollen Befriedigung gelangt sei.

Unter Beziehung auf den Art. 685 des Württembergi- 1067
schen Entwurfs wurde dem entgegengesetzt, daß von dem
vollen Betrage der Wechselforderung wenigstens dasjenige
in Wegfall kommen müsse, was vor der Liquidation im
Concurse abschläglich bezahlt worden sei und daß nur
unter dieser Beschränkung der Grundsatz, von welchem der
Antrag ausgehe, als richtig angenommen werden könne.
Andere Mitglieder erklärten sich gegen den Antrag über- 1068
L. S. 204. haupt und führten namentlich | an, daß man dabei von
der unrichtigen Voraussetzung ausgehe, der Gläubiger,
welchem mehrere als correi hafteten, müsse immer zur
vollen Befriedigung gelangen.   Mehrfach wurde endlich 1069
geltend gemacht, daß die beantragte Bestimmung jedenfalls nicht in die Wechselordnung gehöre, indem die Entscheidung nicht aus besonderen Bestimmungen des Wechselrechts, sondern aus allgemeinen Grundsätzen des Civilrechts und des Concursprozesses herzuleiten sei.

Es wurde hierauf die Frage: 1070
  Soll über die durch den Vorschlag angeregte Frage
  eine Bestimmung in die Wechselordnung aufgenommen werden?
zur Abstimmung gebracht und mit 10 Stimmen gegen
9 verneinend beantwortet.

XXX.

Leipzig, den 30. November 1847.

M. S. 94 Sp. 1.   Nachdem die Versammlung unter dem Vorsitze Sr. 1071
Excellenz des Herrn Staatministers von Könneritz
eröffnet und das Protocoll der gestrigen Sitzung verlesen
war, schritt man zur ferneren Berathung der nachträglich eingereichten Vorschläge einzelner Mitglieder der Versammlung und auf den Antrag des Herrn Referenten zu-

nächst zu denjenigen des Oesterreichischen Herrn Abgeord= 1072
neten in Betreff der Verjährung.

Diese Vorschläge lauten wie folgt:

I.

Die Wechselklagen verjähren gegen den Ausstel=
ler eines eigenen und den Acceptanten eines frem=
den Wechsels und ihre Bürgen durch den Verlauf
von zwei Jahren.

II.

Diese Verjährungsfrist läuft gegen den Prä=
sentanten und Intervenienten mit dem Tage nach
dem Verfalltage des Wechsels; gegen einen In=
dossanten aber mit dem Tage nach demjenigen, an
welchem derselbe im Regreßwege innerhalb der
gesetzlichen Frist entweder den Wechsel rechtmäßig
eingelöst hat, oder auf dessen Zahlung belangt
worden ist.

Zur Begründung derselben ward von dem Herrn 1073
Antragsteller bemerkt: Er glaube, daß diese Bestimmungen
vor den angenommenen den Vorzug verdienen dürften,
weil nach denselben, die Regreßklagen möchten so lange
als möglich dauern, jene Indossanten, welche den Wech=
sel entweder freiwillig eingelöst hätten oder auf dessen
Bezahlung belangt worden seien, nie in die Lage kommen
könnten, während des Laufs der Regreßprocesse ihr Kla=
M. S. 94 Sp. 2.   gerecht gegen den Acceptanten eines | fremden oder den
Aussteller eines eigenen Wechsels zu verlieren.

L. S. 205.   Diese Verfügung stehe ganz im Einklange mit der= 1074
jenigen, welche hinsichtlich des Laufs der Regreßfristen
angenommen worden sei und stelle so die Harmonie im
Gesetze her. Dadurch werde es auch möglich, die Ver=
jährungsfrist auf zwei Jahre, ja selbst auf ein Jahr
herabzusetzen. Wenngleich der Acceptant insofern in
eine schlimmere Lage komme, als die Verjährungsfrist
gegen ihn nicht in jeder Beziehung von dem nämlichen
Tage berechnet werde, und seine Haftung in dem Falle
der Durchführung mehrerer Regreßprocesse selbst über drei
oder vier Jahre verlängert werden könne, so gewinne er
doch im Ganzen durch die Herabsetzung der Verjährungs=
zeit, weil die Fälle, in welchen wegen Bezahlung dessel=
ben Wechsels mehrere Regreßprocesse geführt würden, und
diese über ein Jahr oder resp. zwei Jahre dauerten, un=
ter die selteneren gehörten, nach dem gewöhnlichen Gange
dieser Processe aber die Herabsetzung der Verjährungszeit
für ihn im Allgemeinen vortheilhafter sei.

Dieser Antrag ward von mehreren Seiten unter= 1075
stützt, von einem Mitgliede der Versammlung unter dem
Vorbehalte, daß die Verjährungszeit auf ein Jahr her=
abgesetzt, und der Vorschlag mit Rücksicht auf das Ver=
hältniß des Ausstellers zum Acceptanten vervollständigt
werde.

Dagegen ward aber namentlich von dem Herrn Re= 1076
ferenten darauf aufmerksam gemacht, daß die Lage des

Acceptanten durch die Annahme einer solchen Bestimmung
M. S. 95 Sp. 1. wesentlich verschlimmert | werden könne, indem möglicher=
weise seine Haftung aus dem Accepte auch auf längere
Zeit hinausgeschoben werde. Dieser Ansicht pflichtete auch
der Herr Vice=Präsident Dr. E i n e r t bei, indem derselbe
hervorhob, daß die Schattenseiten der délais eben in dem
Mangel eines terminus a quo beständen; wolle man dies
System auch auf das Verhältniß des Acceptanten über=
tragen, so würde man im Wechselrechte gar keine feste
allgemeine Verjährungszeit haben, sondern diese werde
dann immer nur zwischen zwei Wechselverbundenen lau=
fen; in dem Falle würde es aber besser und consequenter
sein, den Acceptanten ganz dem Indossanten gleich zu
stellen, wodurch das Gesetz jedenfalls an Einfachheit ge=
winnen werde. Die Versammlung habe sich aber aus
überwiegenden Gründen hiergegen bereits ausgesprochen.

Auch von einer anderen Seite ward bemerkt, daß eine 1077
solche Gleichstellung des Acceptanten mit dem Indossan=
ten rücksichtlich der Verjährungszeit nicht zu rechtfertigen
sei, indem im Regreßgange allerdings eine Reihe
successive entstehender Klagen vorliege, während in Be=
zug auf den Acceptanten von einem bestimmten Zeitpuncte
an actio nata sei und eine Veränderung in Betreff der
zu dieser Klage berechtigten Personen nicht wohl am
Fortlaufe der Verjährung Etwas ändern könne.

Es ward, nachdem hiermit die Verhandlung ge= 1078
schlossen, zur Abstimmung gebracht,

ob der Vorschlag im Principe, etwaige Aenderung
in der Redaction und in sonstiger Beziehung vor=
behaltlich,

anzunehmen sei. Dies wurde indeß mit 14 gegen 5
Stimmen abgelehnt.

L. S. 206.   Ein zweiter Vorschlag desselben Herrn Proponenten 1079
ging dahin, eine Bestimmung des Inhalts in das Ge=
setz aufzunehmen:

Eine Hemmung der Wechselverjährung kann nur
in dem Falle eines gänzlichen Stillstandes der
Rechtspflege, z. B. in Pest= und Kriegszeiten,
eintreten, und dauert so lange als dieses Hinder=
niß selbst.

Es ward indeß darauf aufmerksam gemacht und
von dem Herrn Proponenten anerkannt, daß das Be=
dürfniß einer derartigen Bestimmung nicht mehr vorhan=
den sei, seitdem in der gestrigen Sitzung die Aufnahme
einer Bestimmung über die Wirkung der höheren Gewalt
auf die wechselrechtlichen Fristen angenommen worden.

Dieser Antrag ward demnach zurückgenommen, so= 1080
wie wegen nicht genügender Unterstützung ein fernerer Vor=
schlag desselben Herrn Proponenten, des Inhalts,

daß die Wechselverjährung nicht nur durch eine ge=
hörig fortgesetzte Klage, sondern auch durch die
vom Schuldner auf den Wechsel mit Beifügung
des Datums angemerkte Anerkennung seiner Schuld
unterbrochen werden könne.

Es standen nunmehr zwei Vorschläge des Königlich 1081 Württembergischen Herrn Abgeordneten an der Tages- ordnung, die Meßwechsel und die Protesttage betreffend.

Rücksichtlich des ersten Punctes hatte der Herr Pro- ponent, in Erwägung:

1) daß die Meßwechsel eine ganz exceptionelle Stellung einnehmen,

2) daß sie nicht acceptabel sein sollen,

3) daß die Zahlungszeit nicht aus dem Wechsel erhellt,

4) daß die bereits darüber getroffenen Bestimmungen nicht einmal ausreichen, indem

   a) noch dafür zu sorgen wäre, daß sie überhaupt während der Messe nicht blos am Zahlungs- tage wirksam gezahlt werden können, und indem

M. S. 95 Sp. 2.   b) hauptsächlich die Meßwechsel nöthig machen, die Protestaufnahme am Zahltage selbst zu gestatten:

5) daß sie schon an und für sich zu den Papieren ge- hören, welche nicht für eine größere Circulation bestimmt sind, und

6) endlich das legislative Bedürfniß sich nur auf we- nige Staaten beschränkt,

den Antrag gestellt:

sämmtliche Bestimmungen über Meßwechsel aus der Wechselordnung wegzuweisen und die Regulirung dieser Verhältnisse den einzelnen Meß- und Markt- ordnungen zu überlassen.

Zur ferneren Begründung dieses Vorschlages ward 1082 von dem Herrn Antragsteller angeführt, daß die Meß- wechsel im Grunde schon durch die Bestimmungen des §. 4 des Preußischen Entwurfs ausgeschlossen seien, indem dieser §. die Vorschrift enthalte, daß es zu den wesent- lichen Erfordernissen eines Wechsels gehören solle, daß die Zahlungszeit desselben auf einen bestimmten Tag gestellt werde. Es gehöre aber eben zur Eigenthümlichkeit eines L. S. 207. Meßwechsels, daß ein solcher bestimmter | Zahltag nicht festgesetzt, sondern statt dessen die Messe oder der Markt als die Zeit, in welcher Zahlung zu leisten sei, genannt werde.

Zudem komme, wie schon bemerkt, in Betracht, daß 1083 diese Wechsel eine Ausnahme von dem als allgemeine Regel aufgestellten Satze machten, daß jeder Wechsel sofort zur Annahme präsentirt werden könne; diese Ausnahme zu machen, scheine um so weniger nöthig, da dem wirk- lichen Bedürfnisse durch eigene domicilirte, erforderlichen Falls mit einer Nothadresse versehene Wechsel abgeholfen werden könne, übrigens aber auch nach seinem Vorschlage einem jeden Lande, in dem sich größere Meßplätze befän- den, überlassen werden müsse, in den Meßordnungen das etwa nöthig erscheinende zu bestimmen; in ein allgemei- nes Deutsches Wechselrecht aber gehörten solche Bestim- mungen auch um deswillen nicht, weil verhältnißmäßig nur in wenigen Staaten des Deutschen Bundes ein Be- dürfniß für Meßwechsel, und deshalb zur Aufstellung einer allgemeinen Regel keine genügende Veranlassung vorhanden sei.

Nachdem von mehreren Seiten erklärt worden war, daß der Antrag unterstützt werden müsse, bemerkte zuerst Se. Excellenz, der Herr Staatsminister von Könneritz, daß auch er geneigt sei, sich für denselben auszusprechen, jedoch unter der Voraussetzung, daß die Versammlung sich dahin vereinige, daß die Bestimmung der Zahlungs= zeit eines Wechsels im §. 4 des Entwurfs dahin modi= ficirt werde, daß auch ein indirect, oder durch ein be= sonderes Gesetz bestimmter Tag als Verfalltag zulässig sei. 1084

Dieser Erklärung schloß sich auch der Herr Vice= präsident Dr. Einert im Wesentlichen an; während von dem Herrn Abgeordneten für Frankfurt bemerkt ward, daß er dieß nur in dem Falle zu thun vermöge, wenn ein Zusatz zu dem allgemeinen Wechselgesetze dahin gemacht werde, daß die Bestimmungen über die Zahltage und die sonstigen Eigenthümlichkeiten der Meßwechsel, den Meß= und Marktordnungen der einzelnen Länder überlassen wor= den seien. Wenn dies aber nicht geschehe, der Antrag sonach als eine Beseitigung der Meßwechsel durch die all= gemeine Wechselordnung aufzufassen sei, so müsse er sich um so entschiedener gegen denselben erklären, als der Be= schluß wegen der Zulässigkeit der Meßwechsel, auf welche 1085 1086

M. S. 96. Sp. 2. von Seiten der freien Stadt Frankfurt begreiflicher | Weise großes Gewicht gelegt werde, einmal gefaßt sei, und er nicht seine Zustimmung dazu geben könne, daß diese Zu= lässigkeit nochmals in Frage gestellt werde.

Von dem Oesterreichischen Herrn Abgeordneten wurde hierauf angeführt: Er habe für die Beibehaltung des dritten Satzes des §. 18 über die Präsentationszeit der Meß= und Marktwechsel gestimmt und zugleich auf eine Vervollständigung dieser Bestimmung in Betreff jener Wechsel angetragen, die auf Jahrmärkte gestellt seien, für welche keine Marktordnungen bestehen. Für die Bei= behaltung der ersten Bestimmung habe er gestimmt, weil er die für die Meß= und Marktwechsel überhaupt ange= führten Gründe theile, und weil auch in dem Art. 36 der Oesterreichischen Wechselordnung vom Jahre 1763 die Beobachtung der Marktordnungen des Auslandes vorge= schrieben sei, und er sich nicht für berufen halte, den an= 1087 1088 1089

L. S. 208. deren | Deutschen Regierungen anzusinnen, daß sie die hin= sichtlich der auf ihre Messen gestellten Wechsel bestehenden Verfügungen aufheben sollten.

Unter dieser Voraussetzung habe er für nöthig er= achtet, auf eine Ergänzung der gesetzlichen Vorschrift hin= sichtlich jener Märkte anzutragen, für welche keine Markt= ordnung bestehe. 1090

Es werde jedoch in dem Protocolle der neunten Sitzung gesagt, daß die Versammlung, wenn sie auch für die Meßwechsel sich entschieden, doch nur die Absicht ge= habt habe, die Annahme einer allgemeinen Regel zu be= schließen. Er müsse nun die Versammlung darauf auf= merksam machen, daß gerade der §. 87 des Oesterreichi= schen Entwurfs eine solche allgemeine Regel enthalte; 1091 wenn es in Oesterreich ausführbar sei, für die Präsentation aller auf Jahrmärkte gestellten Wechsel mit Rücksicht auf die in sämmtlichen Oesterreichischen, Deutschen und Italienischen Provinzen bestehenden Jahrmärkte eine allgemeine Regel festzusetzen, so müsse sich wohl auch für alle Messen und Märkte Deutschlands eine solche Regel finden lassen. Er wolle damit nicht sagen, daß die Vorschrift des §. 87 des Oesterreichischen Entwurfs unverändert anzunehmen sei, sondern er wolle nur die Herren Abgeordneten jener Deutschen Staaten, in denen größere Messen gehalten werden, darauf aufmerksam machen, ob sich nicht für die Präsentation aller auf Deutsche Messen und Märkte gestellter Wechsel ohne Beeinträchtigung des Meßhandels eine allgemeine Regel einführen lasse. Dadurch, scheine ihm, würde die Absicht der Versammlung erreicht, und die Haupteinwendung, daß man wegen dieser Wechsel eine Menge von Meß= und Marktordnungen kennen müsse, hinwegfallen.

Von den zu dem jetzigen Vorschlage von dem Würt= 1092 tembergischen Herrn Abgeordneten angeführten Gründen könne er keinen als entscheidend anerkennen. Die Meßwechsel seien auch früher durch exceptionelle Vorschriften regulirt worden, und da kein Nachtheil, der aus ihrem Bestehen entspränge, angeführt werden könne, so finde er keinen Grund, sie abzuschaffen. Man könne nicht sagen, daß sie nicht acceptabel seien, und daß die Zahlungszeit nicht daraus erhelle; denn die Zeit der Acceptation und der Zahlung sei allerdings bestimmt, nur auf besondere Art und mit Beziehung auf Marktordnungen, die man aber leicht entbehren könne, wenn man eine allgemeine Regel dafür festsetze. Der zuletzt gegen die Meßwechsel angeführte Grund, daß das legislative Bedürfniß in ihrer Beziehung sich nur auf wenige Staaten beschränke, erscheine ihm ganz unhaltbar, da ein solches Bedürfniß in den Oesterreichischen, Preußischen, Sächsischen und Braunschweigischen Staaten, und in Frankfurt, folglich im größten Theile Deutschlands sich zeige.

M. S. 96 Sp. 2.　Wenn man die Meßwechsel ganz aus der Wechsel= 1093 ordnung auslasse, so werde man sie für abgeschafft ansehen. Eine solche Abschaffung sei aber nach den Ansichten der betheiligten Regirungen doch nicht möglich, und wenn man in dieser Wechselordnung sich in Betreff der Meßwechsel auf die Particular=Gesetzgebungen beziehe, so habe man eigentlich die Frage blos umgangen und im Grunde nichts verfügt.

L. S. 209.　Von dem Herrn Abgeordneten für Frankfurt ward 1094 hierauf bemerkt, daß die Versammlung bereits in ihren Beschlüssen zum §. 35. solche Grundsätze, welche als allgemeine Meßordnung gelten können, zusammenzustellen versucht habe, und daß es gewiß mehr vorzuziehen sei, dergleichen Bestimmungen als Ausfluß des allgemeinen Gesetzes hinzustellen, als jedem Staate zu überlassen, das Erforderliche zu verfügen, wobei auch zu besorgen sei, daß man vielleicht in anderen Ländern Anstand nehmen werde, sich darnach zu richten.

Der Braunschweigische Herr Abgeordnete erklärte 1095 hierauf, daß auch er einen großen Werth auf das Verlangen legen müsse, welches von dem Herrn Abgeordneten für Frankfurt zur Bedingung gemacht worden sei, daß nämlich das allgemeine Wechselgesetz ausdrücklich auf die Normen verweise, welche in Betreff der Meßwechsel in den einzelnen Meßordnungen aufgestellt seien. Als auch der Herr Vice-Präsident Dr. Einert sich dieser Ansicht wiederholt anschloß, sah sich der Herr Antrag- 1096 steller veranlaßt, zu bemerken, daß eine solche Behandlung der Sache durchaus nicht in seinem Vorschlage liege, der letztere vielmehr lediglich dahin gerichtet sei, alle diejenigen Paragraphen, welche von Meßwechseln handelten, aus dem Entwurfe zu streichen ohne andere Bestimmungen oder Hinweisungen an deren Stelle zu setzen.

Von dem Herrn Abgeordneten für Frankfurt ward 1097 hierauf entgegnet, daß in diesem Falle die Städte und Länder, welche Messen halten, als Ausland, der Wechselordnung gegenüber gestellt würden, ein Verhältniß, welches für Staaten, die dem Deutschen Bunde angehörten und welche gerade durch Einführung einer gemeinsamen Wechselordnung das sie umschlingende nationale Band enger zu knüpfen beabsichtigten, wenig geeignet erscheine; sollte dies von der Versammlung beschlossen werden, so werde nach seiner Ansicht die Stadt Frankfurt, um die Meßwechsel keiner Gefährdung auszusetzen, sich vor Publication des allgemeinen Wechselgesetzes von den übrigen Deutschen Bundesstaaten, in welchen dasselbe gleichfalls Gesetzkraft erhalten soll, eine Zusicherung darüber verschaffen müssen, daß die fortdauernde Gültigkeit und gesetzliche Anerkennung der besonderen Bestimmungen über Meßwechsel durch Publikation der allgemeinen Wechselordnung keinen Eintrag leiden solle.

Als darauf von einem Mitgliede der Versammlung 1098 nochmals zu erwägen gegeben ward, ob dem Bedürfnisse nicht durch eigene Domicilwechsel, wodurch die Hauptschwierigkeit in Betreff der Acceptabilität beseitigt werde, abzuhelfen sei, bemerkte der Herr Vice-Präsident Dr. Einert, man überschätze, wie es ihm scheine, von der einen Seite, und unterschätze von der anderen Seite die Bedeutung der Meßwechsel. Ihre Bedeutung werde überschätzt, indem man vergesse, daß sie sich immer in einem gewissen Rayon hielten, den sie fast nie überschritten, und dadurch solchen, die mit den Messen in keiner Beziehung ständen, nicht lästig würden; man unterschätze ihre Bedeutung aber mit Rücksicht auf die Wichtigkeit derselben für die Meßplätze und den dortigen Verkehr, die ohne ein Papier eben der Art, wie das Bedürfniß M. S. 97 Sp. 1. dasselbe | ausgebildet, nicht bestehen könne, und namentlich in den vorgeschlagenen Surrogaten keine Befriedigung fände.

L. S. 210. Als die Verhandlung hierher gelangt war, nahm 1099 der Abgeordnete für Bremen, Herr Senator Dr. Albers das Wort, um der Versammlung in Erinnerung zu bringen, wie er bereits früher deren Aufmerksamkeit auf die in Bremen eingeführten und für den dortigen Verkehr nöthigen allgemeinen Zahltage hinzulenken sich genöthigt gesehen habe. Er müsse dies jetzt wieder in Anregung bringen, wo, wie ihm scheine, die Versammlung im Begriff stehe, nach nochmaliger ausführlicher Erörterung die exceptionelle Zulassung der Meßwechsel anzuerkennen. Würden aber die Meßwechsel in der Wechselordnung bleiben, so müsse er darauf aufmerksam machen, daß man dann dem Bedürfniß einer Handelsstadt von Bremens Bedeutung die nöthige Anerkennung nicht habe zu Theil werden lassen. Bremens Verkehr könne sich in jeder Beziehung dem irgend eines Meßplatzes an die Stelle stellen, und müsse er darauf hinweisen, daß die Legislation Bremens wohl von dem Satze ausgehen könne, daß das, was dem Einen Recht sei, mit Billigkeit auch dem Anderen nicht versagt werden könne. Habe man aber rücksichtlich der Meßwechsel gefunden, daß nicht alle Localverhältnisse zu beseitigen seien, so werde Bremen auch das Recht haben zu verlangen, daß seine Localverhältnisse Beachtung fänden, um so mehr, da die denselben zu widmende Berücksichtigung weit weniger in das System des Gesetzes und den allgemeinen Verkehr eingreife, als diejenige, welche von einigen Meßplätzen in Anspruch genommen werde.

Von dem Herrn Geheimen Legationsrath von Patow ward hierauf bemerkt, daß bei den bisherigen Verhandlungen die Bedeutung Bremens gewiß nicht verkannt sei, und daß die Versammlung auf die von dem Herrn Abgeordneten wieder in Anregung gebrachte Frage werde zurückkommen müssen. Was aber den Meßwechsel betreffe, so dürfte man nicht vergessen, daß die große Verbindung mit dem Oriente, die durch die Messen vermittelt würde, eine schonende Berücksichtigung der bestehenden Einrichtungen zur Pflicht mache, und daß, wenn auch keinem Staate das Recht bestritten werden könne, Particularbestimmungen nach seinen Bedürfnissen zu erlassen, es doch bedenklich sei, hierzu dadurch Veranlassung zu geben, daß man Verhältnisse, wie die hier in Frage stehenden, in einem allgemeinen Gesetze ganz unberücksichtigt lasse, und dadurch vielleicht herbeiführe, daß solche Particularbestimmungen weiter gingen, als allgemein wünschenswerth sei.

Von einem anderen Mitgliede der Versammlung ward mit Rücksicht hierauf bemerkt, daß es den Antrag überall nur so aufgefaßt habe, daß die Localgesetzgebungen dadurch lediglich genöthigt werden sollten, einen bestimmten Zahltag in ihren Meß- und Marktordnungen festzusetzen, und somit indirect für alle Meßwechsel den Zahltag zu bestimmen. Diese Bemerkung veranlaßte indeß den Herrn Antragsteller zu der Erklärung, daß man darin seinen Vorschlag und seine Absicht mißverstehe. Diese gehe vielmehr, wie schon bemerkt, dahin, daß alles, was Meßwechsel betreffe, aus dem Entwurfe wegfalle, wovon die Folge sein werde, daß es den Gerichtshöfen überlassen bleibe, wenn Meßwechsel bei ihnen vorkämen,

1100

1101

1102

1103

L. S. 211.

über deren Zulässigkeit und Bedeutung zu entscheiden. In Staaten, in denen Messen | existirten, würden die Gerichte in den vorhandenen Meßordnungen Normen für ihre Entscheidung finden, in Ländern, wo dies nicht der Fall sei, glaube er allerdings nicht, daß die Gerichte

M. S. 97 Sp. 2. namentlich | die beschränkte Präsentationsfähigkeit solcher Wechsel anerkennen werden.

Hierauf erklärten Sr. Excellenz der Herr Staats- 1104 minister von Könneritz und zugleich mehrere Mitglieder der Versammlung, daß sie unter diesen Umständen dem Antrage ihre Unterstützung entziehen müßten, worauf derselbe von dem Herrn Antragsteller zurückgenommen ward.

Von dem Herrn Referenten ward hiernächst bemerkt, 1105 daß während der Berathung dieser Frage mehrere Anträge vorgebracht seien, welche noch einer Erledigung bedürften. Auf die Bemerkung eines Mitgliedes der Versammlung, daß diese Anträge lediglich als Amendements des geschehenen Vorschlags zu betrachten seien, die mit der Zurücknahme des Vorschlags selbst nicht weiter in Frage kommen könnten, wenn sie nicht als für sich bestehende Anträge auf's neue vor die Versammlung gebracht würden, erklärte man sich hiermit allseitig ohne Abstimmung einverstanden, und ging demnach zu dem zweiten 1106 Antrage des Württembergischen Herrn Abgeordneten über.

Dieser Vorschlag ging mit einer beim mündlichen Vortrage desselben vorgenommenen Modifikation dahin,

in Erwägung:

1) daß bei der Berathung über die Zulassung eines zweiten Protesttages von mehreren Seiten ausdrücklich vorbehalten sei, auf diese Frage zurückzukommen,

2) daß, wenn der zweite Protesttag für Hamburg und abgelegene Zahlorte wirklich ein Bedürfniß sei, dieses Bedürfniß doch nur eine Ausnahme von der allgemeinen Regel bilde,

3) daß zwei allgemeine Protesttage am Ende nur zwei Respecttage seien, und zu Collusionen zwischen dem Inhaber und Acceptanten Veranlassung geben könnte,

4) daß aber durch irgend eine Thätigkeit, welche man dem Inhaber vor dem zweiten Protesttage vorschreibe, diese Uebelstände größtentheils vermieden würden,

zu beschließen: 1107

den §. 40. des Preußischen Entwurfs namentlich auch in Betreff der Zulässigkeit der Protesterhebung am Verfalltage wieder herzustellen,

wenn aber dies nicht angenommen werde, festzusetzen,   1108 daß der Inhaber vor dem zweiten Protesttage, also spätestens mit dem Ablaufe des ersten, dem Gerichte oder dem Notare die nicht erlangte Zahlung, oder daß er keine Nachricht über die Erlangung habe, anmelde, und daß dieser Bemerkung im Eingange des Protestes gedacht werde.

Zur ferneren Begründung dieses Vorschlages bemerkte 1109 der Herr Antragsteller noch:

L. S. 212.

Bekanntlich werde durch einen nach dem Verfalltage

(lendemain) aufgenommenen Protest nicht constatirt, daß am Verfalltage gefordert und nichts erhalten worden sei; durch die notarielle Forderung am lendemain habe sich diese Lage der Sache nicht verändert, sondern es würde blos constatirt, daß am Protesttage gefordert und nichts erhalten wurde. Das Gleiche träte nun an dem beschlossenen zweiten Protesttage (surlendemain) ein. Daraus folge, daß der Inhaber am Verfalltage zwar Zahlung fordern, daß er dieß aber auch unterlassen könne, wenn es ihm besser convenire, und daß ihm im letzteren Falle, wenn der Bezogene vom Zahltage bis zum Protesttage fallire, nicht der geringste Vorwurf gemacht werden dürfe; denn mit dem Proteste sei Alles abgemacht. Zwar habe die Pünktlichkeit des Handelsstandes an den Orten, wo M. S. 98 Sp. 1. bisher der lendemain gelte, die Unsicherheit, welche aus diesen Bestimmungen folge, größtentheils verhindert, aber sie werde beim surlendemain um so greller hervortreten, als dessen Annahme die Folge habe, daß der Acceptant das Geld zwei Tage länger bereit halten müsse und nicht einmal sicher deponiren könne, wenigstens nicht auf Kosten des Inhabers. Aus diesen Gründen scheine es ihm unthunlich, den surlendemain ohne alles Correctiv stehen zu lassen. In Hamburg stehe die Sache ganz anders; dort 1110 müsse bei den in Banko gezogenen Wechseln der Inhaber am Zahltage fordern, wenn er am lendemain, oder oft erst am surlendemain die gewisse Nachricht über den Erfolg seiner Forderung erhalten wolle; hier also trage die Sachlage das Correctiv in sich und dadurch unterscheide sich gerade Hamburg von dem ganzen übrigen Deutschland; aber eben deßhalb könne auch nicht Hamburgs wegen eine dem ganzen übrigen Deutschland nachtheilige Bestimmung getroffen werden.

Aus dem so eben Bemerkten folge zugleich, daß es 1111 das Sicherste und Passendste wäre, am Verfalltage Protest aufnehmen zu lassen. Man wende dagegen ein, daß der Bezogene ein Recht auf den ganzen Tag habe und erst nach Ablauf desselben im Verzuge sei. Auch habe man nach civilrechtlichen Grundsätzen ganz recht. Aber sämmtliche ältere Wechselgesetze hätten es anders gehalten und der Grund sei einfach der, daß der Inhaber zu dem Bezogenen sich verfügen, dort fordern und das Geld abholen müsse. Wenn man nun festsetzen wollte, der Bezogene könne den Inhaber wieder zurückschicken mit der Bemerkung, daß er bis 12 Uhr Nachts Zeit habe und der Inhaber morgen wieder kommen könne, dann wolle er sehen, was er thue, so würde das dem Inhaber zustehende Recht illusorisch und deßhalb eine lästige Pflicht, die demselben blos für den Fall auferlegt wäre, wenn etwa der Bezogene Lust haben sollte, am Verfalltage zu zahlen. So aber stehe die Sache nicht. Der Inhaber habe auch ein Recht, das ihm nicht genommen werden könne, sonst wäre der Verfalltag, ein bloßer Respecttag. Demnach müsse der Bezogene zahlen, wenn der Inhaber zur beliebigen Tagesstunde erscheine und, wenn man ihn mit dem Proteste auf 3 Uhr verweise, wie dies im Preu-

15

ßischen Entwurf geschehen, so sei dieses bereits eine dem Bezogenen gewährte Frist. Gegen diese mildere Ansicht habe er nichts einzuwenden, und wolle es sich auch gefallen lassen, wenn dem Inhaber das Recht eingeräumt würde, wenn er | wolle, mit dem Proteste noch bis zum lendemain zu warten, falls er nur nicht warten müsse. Dieses Warten könne ihm selbst erwünscht sein und eine fakultative Frist von einem Tage könne nicht viel schaden.

L. S. 213.

Demnach ergebe sich, daß er die Fassung des Preußischen Entwurfs für die Beste halte, daß er aber, wenn die Majorität auf dem surlendemain beharre, ein Correctiv für Deutschland unerläßlich finde, d. h. einen Beleg dafür, daß der Inhaber wenigstens am lendemain gefordert und nichts erhalten habe.

Hierauf nahm der Herr Abgeordnete von Holstein **1112** das Wort und bemerkte: Die Motive des Herrn Antragstellers ergäben sich schon aus den beiden heute zur Verhandlung gebrachten Vorschlägen. In beiden kämen Fragen in Betracht, rücksichtlich welcher die Versammlung nach gründlicher Erwägung zu der Ueberzeugung gekommen sei, daß die Strenge des Systems dem Leben und dem Zwecke dieser Versammlung eine Concession habe machen müssen. Der Herr Antragsteller wolle nun den sehr anerkennenswerthen Versuch machen, ob nicht bei nochmaliger Prüfung der Frage diese Concession wieder in das

M. S. 98 Sp. 2.

System sich zurückdrängen lasse. Es werde sich daher zunächst in Betreff des zweiten Protesttages fragen, ob dies möglich sei, ohne den Zweck der Versammlung, ein einiges Wechselrecht für Deutschland, d. h. eine solche Wechselordnung zu schaffen, die von allen Deutschen Staaten angenommen werden könne, außer Augen zu setzen.

Er sei nicht dahin instruirt, hier eine Erklärung **1113** darüber abzugeben, unter welchen Bedingungen und Voraussetzungen seine Allerhöchste Regierung das Resultat der hiesigen Berathungen annehmen werde, da er indeß angewiesen sei, hier nach seinem besten Wissen und Gewissen sich auszusprechen, so könne er nicht umhin, auf die Bedenken aufmerksam zu machen, welche er schon hervorgehoben, als die Sache das erste Mal erwogen worden sei. Er glaube nicht, daß Hamburg unter den vorgeschlagenen Bestimmungen das Gesetz werde annehmen können; er habe schon früher auf das nahe Verhältniß Altona's zur Hamburger Bank aufmerksam gemacht. Er habe darauf hingewiesen, daß es in den **1114** Marschdistrikten des Herzogthums Holstein oft unmöglich sei, in kürzerer Zeit einen Notar oder eine Gerichtsperson zu erreichen; ähnliche Verhältnisse lägen, soviel ihm bekannt, in den Marschen des Königreichs Hannover und und des Großherzogthums Oldenburg vor, welches er indeß den Herren Abgeordneten dieser Länder zu entwickeln vorbehalten müsse; soviel werde sich aber aus dem Bemerkten ergeben, daß manche Regierung Deutschlands sehr wesentliche und sehr begründete Bedenken hegen müßte, ein Wechselgesetz anzunehmen, wenn dasselbe solche Bestimmungen enthalte, die ihren Unterthanen entweder eine

Störung ihrer ganzen commerciellen Verhältnisse oder die Unmöglichkeit bringen würden, die wechselrechtlichen Formen zu erfüllen. Wenn es nun auch die materiellen Interessen des Südens wenig berühre, nach welchem Rechte der Wechselverkehr im Norden Deutschlands sich richte, so seien es doch nicht blos die Rücksichten auf die rein materiellen Verhältnisse, welche die Conferenz hier zusammengeführt habe. Es dürfe übrigens nicht unbeachtet bleiben, daß es dem Norden Deutschlands in weiterem Umfange nicht gleichgültig | sein könne, ob namentlich in Hamburg dieselben Normen für den Wechselverkehr geltend wären, und es käme dies um so mehr in Betracht, da Hamburg nicht durch einen Zufall oder die freie Wahl des Verkehrs in seine bedeutende Stellung als Handelsplatz gekommen, sondern durch seine Lage, sein Geld und seine Verbindungen es einem großen Theile Deutschlands zur unabweislichen Nothwendigkeit mache, sich dahin mit ihren Handels= und Wechselgeschäften zu wenden. Mit Rücksicht hierauf müsse er darauf antragen, daß der Vorschlag nicht angenommen werde. 1115

Von dem Oesterreichischen Herrn Abgeordneten ward 1116 hierauf bemerkt, wie er schon früher erklärt habe und wiederholen wolle, daß er nicht gemeint sei, Hamburg zu hindern, solche Bestimmungen zu treffen, wie sie für die in Betracht kommenden Verhältnisse nothwendig seien, daß die Conferenz aber ein Wechselgesetz für ganz Deutschland zu berathen habe und dabei unmöglich jedes besondere Bedürfniß einer einzelnen Stadt oder eines einzelnen Landes in der Weise berücksichtigen könne, daß ganz Deutschland sich nach diesen localen Bedürfnissen richte. Uebrigens habe er schon früher gegen den im Preußischen Entwurfe als Protesttag gestatteten lendemain gestimmt, und müsse bei der Ansicht verharren, daß der Protest schon am Verfalltage aufgenommen werde.

Von einem andern Mitgliede der Versammlung ward 1117 bemerkt, daß man wohl nicht werde umhin können, als allgemeine Regel und zur Ausgleichung der Interessen den lendemain | als Protesttag zuzulassen, daß man aber der Stadt Hamburg und den Ländern und Städten, die in gleicher Lage seien, gestatten müsse, ausnahmsweise den surlendemain als Protesttag zuzulassen.

Nicht ganz in Uebereinstimmung hiermit erklärte 1118 sich der Herr Vice=Präsident Dr. Einert dahin, daß für den Credit und den Verkehr nichts wichtiger sei, als die strenge Innehaltung des Zahltages. Dieses sei indeß nur möglich, wenn man denselben zugleich zum Protesttag mache. Die Erfahrung habe es in Frankreich und in den Ländern, die dessen Beispiel befolgt hätten, zur Genüge gelehrt, daß der lendemain nicht bloß Protesttag, sondern auch Zahltag geworden wäre. Uebrigens erkenne er es an, daß in Hamburg der Zahltag nicht als alleiniger Protesttag festgehalten werden könne, es bleibe aber da nichts übrig, als für Hamburg und für ähnliche Verhältnisse anderer Staaten exceptionelle Bestimmungen zuzulassen.

L. S. 214.

M. S. 99 Sp. 1.

15*

Sr. Excellenz der Staatsminister von Könneritz 1119
stimmte diesen Bemerkungen, namentlich in Betreff der
Wichtigkeit bei, die für die Verhältnisse des Königsreichs
Sachsen die Beibehaltung des Zahltages als Protesttag
habe.   Jede Beschränkung des Gläubigers, schon am
Verfalltage Zahlung zu verlangen und Execution zu su-
chen, erscheine als ein Moratorium, das dem Geiste der
Sächsischen Gesetzgebung durchaus zuwider sei.

Hierauf bemerkten die Hamburgischen Herren Abge- 1120
ordneten, daß alle drei während der Verhandlung vorgekom-
menen Modificationen des gefaßten Beschlusses für Ham-
L. S. 215.   burg nicht annehmbar seien; man möge nicht übersehen, daß
es jährlich | vielleicht 3—400,000 Wechsel seien, die auf
Hamburg und Altona gezogen würden, woraus es sich
schon ergebe, in welchem Umfange diese Städte Wechselplatz seien und in welchem Umfange Deutschland bei den
dort bestehenden Einrichtungen interessirt sei.   Auch lasse
sich ein Nachtheil von der Beibehaltung des bereits einmal mit so überwiegender Majorität von 14 gegen 4
Stimmen gefaßten Beschlusses in keiner Art absehen.
Zwar habe man Hamburg in dieser Rücksicht auf eine
Localgesetzgebung verwiesen, man möge indeß dabei nicht
außer Acht lassen, wie leicht es möglich sei, daß die
dortige Gesetzgebung sich, wenn sie zu diesem Auswege
greifen müsse, mit demjenigen nicht begnügen werde, was
die Versammlung früher über diesen Punkt beschlossen
habe; der Versammlung werde aus früheren Berathungen erinnerlich sein, daß noch manche andere Bestimmungen, die Hamburg für wichtig halte, von der Majorität der Versammlung nicht beliebt seien.   Sie glaubten
genügend gezeigt zu haben, daß es ihr lebhaftes Streben
sei, selbst bei Nicht-Berücksichtigung einzelner gehegter
Wünsche, ein Gesetz zu Stande zu bringen, welches allseitig und auch für Hamburg angenommen werden zu
können geeignet oder mindestens möglich sei.   Hamburg
halte wie Sachsen streng den Verfalltag zu seinen Zahlungen inne und werde auch künftig dabei bleiben.   Nur 1121
noch rücksichtlich dessen, was, um daraus Folgerungen zu
ziehen, in Betreff Frankreichs angeführt worden, daß dort
der lendemain Zahltag geworden sei, müßten sie berichti-
gend bemerken, daß in Paris kein respectables Haus die
Zahlung von Wechseln auf den lendemain verschiebe, sondern daß am Abend des Verfalltages die nöthige Aufgabe wegen der zu erhebenden Proteste an die huissiers
gelange.

Auch von dem Herrn Abgeordneten für Frankfurt 1122
ward darauf angetragen, daß man es bei dem früheren
Beschlusse in dieser Beziehung lassen möge.   Auch er vermöge keinen Nachtheil einzusehen, der daraus erwachsen
M S. 99 Sp. 2.   könne, wenigstens | sei in der heutigen Verhandlung ein
in Betracht kommender Nachtheil nicht angeführt wor-
den.   Frankfurt bedürfe zwar zweier Protesttage nicht;
einen Protesttag nach dem Verfalltage könne es aber bei
seinem Verkehre nicht entbehren.   Namentlich habe sich
die Frankfurter Handelskammer auf das Entschiedenste

gegen die Bestimmung des Preußischen Entwurfs, wornach der Protest Mangels Zahlung schon am Nachmittage des Zahlungstages erhoben dürfe und für Beibehaltung der damaligen im Gesetz vom 12. November 1844 enthaltenen Frankfurtischen Gesetzgebung ausgesprochen.

Von dem Oesterreichischen Herrn Abgeordneten wurde 1123 dagegen erklärt:

Er könne nur auf seinen früheren, mit den §§. 104 und 207 des Oesterreichischen Entwurfs übereinstimmenden Antrag zurückkommen, welcher dahin ging, daß die Präsentation zur Zahlung am Verfalltage des Wechsels zu geschehen habe, und bei verweigerter Zahlung an demselben Tage der Protest erhoben werden müsse.

Diese Bestimmung sei der Natur des Wechselgeschäfts am angemessensten, und die Erfahrung habe gezeigt, daß ihre Ausführung keinen Schwierigkeiten unterliege. In Oesterreich seien bisher für die meisten Wechsel nach der Wechselordnung vom | Jahre 1788 drei Respecttage eingeführt und hiervon sei die Folge gewesen, daß der Inhaber die Zahlung erst am dritten Respecttage verlangt habe, und an diesem Tage auch der Protest erhoben worden sei. Da es nun bisher selbst in Wien, wo der Wechselumlauf ungemein groß sei, möglich gewesen, am dritten Respecttage sämmtliche Proteste erheben zu lassen, so müsse dieß auch am Verfalltage möglich sein. Da die Respecttage eigentlich nur eine Prolongation der Zahlungsfrist wären, nur in einem alten Gebrauche ihren Grund hätten, dem Inhalte des Wechsels widersprächen, und wegen ihrer Verschiedenheit an den verschiedenen Handelsplätzen sich als nachtheilig zeigten, so habe man in den Entwürfen einer Wechselordnung vom Jahre 1833 und 1843 auf die Aufhebung der Respecttage angetragen. Wenn man aber die Respecttage aufhebe, so folge natürlich, daß man die Zahlung am Verfalltage mit Recht fordern und bei verweigerter Zahlung den Protest erheben könne. Gestatte man nun die Protesterhebung auch am nächstfolgenden Werktage, so würden daraus die Folgen entstehen, daß man den Wechsel zweimal präsentiren müsse, daß daher die Präsentation gewöhnlich erst am nächstfolgenden Werktage nach dem Verfalltage erfolgen, und im Wesentlichen ein Respecttag werde eingeführt werden. Es werde ein Schwanken und eine Ungewißheit entstehen, ob man den Wechsel am Verfalltage oder am nächstfolgenden Tage zur Zahlung präsentiren und Protest erheben lassen solle. Wenn sein Antrag 1124 nicht angenommen werden sollte, so würde er, ehe er zu mehreren Protesttagen seine Zustimmung gebe, sich lieber für eine Vorschrift erklären, durch welche angeordnet würde, daß die Präsentation zur Zahlung und die Protesterhebung nur am nächsten Tage nach dem Verfalltage geschehen könne, obwohl er nicht verkenne, daß dies eigentlich dem Inhalte des Wechsels widerspreche. Gegen die vorgebrachte Einwendung, daß dem Wechselschuldner der ganze Verfalltag zur Zahlung gelassen werden solle, müsse er bemerken, daß das Wechselgeschäft sich

L. S. 216.

von anderen Schuldverhältnissen wesentlich unterscheide, daß man dafür feste und dem Inhalte des Wechsels genau entsprechende Normen festsetzen müsse, und die bedeutende Verschiedenheit Statt finde, daß der Gläubiger M.S.100.Sp.1. die ihm gebührende Summe abholen und zwar | an einem bestimmten Tage bei Vermeidung eines Präjudizes abholen, daher genau wissen müsse, wann er dazu berechtigt sei.

Uebrigens sei er auch einverstanden, daß wegen der 1125 besonderen Art der durch die Bank in Hamburg zu leistenden Zahlungen eine diesen Verhältnissen entsprechende Ausnahme für Hamburg in die Wechselordnung aufgenommen werde.

Der Herr Geheime Legationsrath von Patow be= 1126 merkte hierauf, daß seiner Ansicht nach wohl möglich sein dürfte, sich über eine Fassung zu vereinigen, durch welche den Bedürfnissen von Holstein und Hamburg, wie denen von Bremen und Augsburg ebenso im allgemeinen Wechselgesetze die erforderliche Berücksichtigung gewährt werde, wie solche den Meßplätzen durch die in Betreff der Meß= wechsel angenommenen Bestimmungen zu Theil geworden sei. Sollte dieß indeß nicht gelingen, so sei allerdings 1127 eine vollständige Einheit der Wechselgesetzgebung nicht wohl zu erreichen. Wie sehr ihm diese am Herzen liege, L. S. 217. darüber werde es nicht erst | einer Versicherung durch Worte bedürfen. Gleichwohl könne man nicht übersehen, daß, so gewiß auch die großartigen Handelsverhältnisse, wie diese sich insonderheit in Hamburg fänden, die möglichste Berücksichtigung verdienten, doch auch von anderen Staaten, namentlich bei der früheren Berathung der Frage hervorgehoben sei, daß sie eine derartige Bestimmung, wie für Hamburg in Anspruch genommen werde, nicht nur nicht nöthig hätten, sondern sogar für ihre Verhältnisse als entschieden nachtheilig erachteten, und daß man deshalb Gefahr laufe, die unveränderte An= nahme der aus den Berathungen der Conferenz hervor= gehenden Wechselordnung dadurch, daß man sie für Ham= burg erleichtern wolle, für andere Staaten in eben dem Grade schwierig oder zweifelhaft zu machen. Unter die= sen Umständen werde wohl die Conferenz kaum weiter ge= hen können, als daß sie im Protocolle die Erklärung niederlege, wie sie in Betreff der Protesttage ein Abge= hen von den Bestimmungen des allgemeinen Gesetzes für die genannten Staaten oder Plätze für begründet halte. Es könne gewiß nicht seine Meinung sein, durch eine 1128 solche Protocollerklärung die Autonomie irgend eines Staa= tes in Frage stellen oder beschränken zu wollen, er er= kenne es vielmehr ausdrücklich an, daß es jeder Regie= rung völlig freigestellt werden müsse, ob sie das Resul= tat der hiesigen Berathungen vollständig oder mit Modi= ficationen annehmen oder gänzlich ablehnen wolle. Er könne sich indeß von der Ueberzeugung nicht trennen, daß es immerhin keinem Staate leicht sein dürfte, sich von den hier auf so erfreuliche Weise getroffenen Vereinba= rungen los zu sagen, und daß eine höhere Instanz, der

fich auch bie unabhängigfte Regierung unterwerfen müffe,
bie Gefchichte nämlich, ihr Urtheil barüber fällen werbe,
wenn ohne hinreichenden Grund eine Abweichung von
bem hier Befchloffenen vorgenommen werbe. Diefe Art
ber Berantwortlichfeit, wenn man fie fo nennen wolle,
fönne nun aber bie Conferenz berfenigen Regierung, bie
eine von bem vereinbarten Gefetze abweichende Beftim=
mung erlaffe, abnehmen ober wenigftens erleichtern, wenn
fie einmüthig erfläre, baß fie bas Bedürfniß einer fol=
chen Beftimmung für bie betreffenden Staaten anerfenne
unb biefelbe nur beshalb nicht in bie allgemeine Wech=
felorbnung aufgenommen, fonbern ber Particular=Gefetz=
gebung überlaffen habe, weil fie für bie übrigen Staa=
ten nicht nur nicht erforberlich, fonbern bebenflich fei.

M. S.100 Sp.2. Nachbem ber Herr Staatsminifter von **Könneritz** 1129
erflärt hatte, baß er für eine folche Protocollerflärung
fich ebenfalls ausfprechen müffe, bemerfte noch ber Herr 1130
Kramermeifter | **Poppe**, wie er überzeugt fei, baß bie Säch=
fifchen Stände um ber gemeinfamen Sache willen bereit=
willigft alle Beftimmungen annehmen würben, bie in bie=
fer Conferenz befchloffen feien, obgleich manches zum
Opfer gebracht werben müffe, was man Jahrhunderte
lang genoffen. Was biefen Punct aber betreffe, nament=
lich, baß ber Proteft nicht fchon am Verfalltage zu er=
heben fei, fo müffe er in biefer Beziehung bie Zuftim=
mung ber Stände bezweifeln, weil er barin eine Gefähr=
bung bes Credits erblicke, und wenn hier bas Gegentheil
befchloffen werben folle, fo würbe er fich verpflichtet hal=
ten, barauf anzutragen, baß bie Beftimmung für Sach=
fen feine Geltung erlange.

L. S. 218. Hamburgifcher Seits warb noch hervorgehoben, baß 1131
man fich überzeugt haben werbe, baß man in Ham=
burg eine folche Beftimmung nicht entbehren fönne,
unb baß es nicht möglich fei, einen Nachtheil zu er=
fennen, ber für anbere Staaten baraus entftehen
fönne, namentlich, wenn man einmal ben *lendemain* an=
genommen habe. Man müffe baher zu bebenfen geben,
baß hier ein Fall vorliege, ber bringenb aufforbere, fich
zu vertragen, b. h. burch eine Vereinigung zu einer ge=
meinfchaftlichen Beftimmung zu gelangen, und feftzufetzen,
was in Hamburg nicht entbehrt werben fönne, felbft wenn
bies burch bie Annahme einer Beftimmung gefchehe, für
bie man lieber eine anbere hätte, bie aber an fich gewiß
fein Uebel fei.

Von bem Herrn Antragfteller warb hierauf bemerft, 1132
baß ber Vertrag, von welchem fo eben gerebet worben,
etwa in bem *lendemain* gefunden werben fönne, baß aber
ba Hamburg auch bamit nicht ausfommen fönne, nichts
anberes, als ber *surlendemain* übrig bleibe. Von biefem
behaupteten aber Viele und gewiß nicht ohne Grund, baß
berfelbe ihnen fehr nachtheilig fei, unb ba fei es zu be=
benfen, baß man noch überall nicht wiffe, ob Hamburg
bas ganze Gefetz annehmen werbe. Gefchähe bies nicht,
fo habe man eine Conceffion gemacht, und einen Schaben

herbeigeführt, ohne den Vortheil zu erlangen, den man
beabsichtige.

Nachdem endlich noch von einem Mitgliede der Ver- 1133
sammlung die Nachtheile für den Geldverkehr hervorgehoben worden, welche sich einstellen werden, sobald man
nicht schon am Verfalltage mit Gewißheit darauf rechnen
kann, sein Geld zu bekommen, schritt die Versammlung 1134
zur Abstimmung und entschied die erste Frage:

Soll der zweite Protesttag wegfallen?
mit 11 gegen 8 Stimmen verneinend.

Auf die Abstimmung über die zweite Frage: 1135
Soll der zweite Protesttag beibehalten, der Protest
aber schon am ersten Tage angemeldet werden?
verzichtete der Herr Antragsteller ohne Widerspruch von
Seiten der Versammlung, hob indeß hervor, wie in der 1136
Bejahung der dritten Frage:

Soll der Protest schon am Verfalltage erhoben werden können?
eine Ausgleichung der entgegenstehenden Interessen liegen
werde, welche ganz geeignet sei, diese schwierige Frage auf
eine zufriedenstellende Weise zu lösen.

Es kam darauf diese dritte Frage zur Abstimmung,
und ward mit 17 gegen 2 Stimmen bejahend beantwortet,
und in dieser Beziehung also der frühere Beschluß der
Versammlung zum §. 40 aufgehoben.

Von dem Herrn Referenten ward hiernächst darauf 1137
aufmerksam gemacht, daß der Preußische Entwurf im
§. 40 die Bestimmung enthalte, daß der Protest am
M.S.101 Sp.1. Verfalltage erst | von 3 Uhr Nachmittags an erhoben wer-
den könne, und daß daher noch die Frage zu entscheiden
sein werde, ob diese Zeitbestimmung beizubehalten sei?

Diese Frage ward indeß bei der Abstimmung mit
14 Stimmen gegen 5 verneint.

L. S. 219.   Es kam nunmehr die während der Verhandlung über 1138
die Meßwechsel von dem Abgeordneten von Bremen, Herrn
Senator Dr. Albers wieder in Anregung gebrachte
Frage über die Beibehaltung der Bremer Zahl- und
Incassatotage zur Berathung.

Der Herr Antragsteller bezog sich dabei auf dasjenige, was er bereits am heutigen Tage und in der Versammlung am 13. November über diesen Gegenstand angeführt habe, und bemerkte namentlich, daß man in
Bremen bereit sein werde, die jetzige Einrichtung der
Zahltage in mancher Beziehung zu modificiren, namentlich dahin, daß alle Sichtwechsel am Tage der Präsentation ohne Rücksicht darauf, ob dies ein gewöhnlicher
Zahltag sei, eingelöst werden sollten, daß ferner, wenn
bei anderen Wechseln der Verfalltag mit dem Zahltage
zusammenfalle, schon an diesem gezahlt werden müsse,
und daß überhaupt, nach dem heute Beschlossenen, wenn
nur mehrere wöchentlich sich wiederholende Cassir- und
Zahltage existirten, (welches im Gesetz zur Bedingung
dieser Bewilligung gemacht werden müsse), die Verlegung
der Verfalltage der Wechsel auf den nächsten Zahltag,
wenn dies nicht der Verfalltag selbst sei, immer die Folge

haben müsse, daß der Protest rechtzeitig innerhalb der bewilligten Protesttage erhoben werden könne.

Von dem Herrn Oberappellationsgerichtsrath Dr. 1139 Kleinschrob und dem Herrn Assessor Schmid wurde der Antrag auf Berücksichtigung der Zahl- oder Incassotage mit dem Beisatze unterstützt, daß die in Augsburg seit unvordenklicher Zeit bestehenden Zahltage auf einer mit den Wechselgeschäften dieser Stadt eng verbundenen Einrichtung beruhten, deren Aufhebung bedeutende zur Zeit noch nicht in ihrem ganzen Umfange zu übersehende Nachtheile besorgen lasse.

In der hierauf gepflogenen Discussion wurde die 1140 Differenz der in Bremen und in Augsburg bestehenden Einrichtungen hervorgehoben, und insbesondere geltend gemacht, daß in Bremen, wo wöchentlich zwei Zahltage eingeführt seien, die Beibehaltung derselben weniger bedenklich sei, die Augsburger Einrichtung aber, nach welM.S.101Sp.2. cher in der Woche nur ein Zahltag bestehe, und die Zahlung der auf diesen Tag verfallenden | Wechsel sogar noch um eine Woche weiter hinausgeschoben werde, sich · mit einem geregelten Wechselverkehre nicht vereinigen lasse; wenn man daher auch nicht abgeneigt sei, die Zahltage da, wo sie dermal bestünden, ausnahmsweise fortbestehen zu lassen, so könne dies doch nur unter der Bedingung geschehen, daß mindestens zwei Zahltage in der Woche eintreten.

Da sich die große Mehrheit der Versammlung in 1141 diesem Sinne aussprach, so erklärte der Herr Oberappellationsgerichts-Rath Dr. Kleinschrob: Er verkenne keineswegs, daß der Unterschied zwischen einem und zwei wöchentlichen Zahltagen durch die über die Protesterhebung gefaßten Beschlüsse besonders erheblich geworden sei. Denn nachdem man zwei auf den Verfalltag folgende Protesttage statuirt habe, sei der Fortbestand zweier wöchentlicher Zahltage dem allgemeinen Gesetze gegenüber von geringer practischer Bedeutung, während man sich da, wo nur ein Zahltag in der Woche bestehe, allerL. S. 220. dings von dem allgemeinen Gesetze entfernen | würde. Er könne nun zwar die Größe des Opfers, welches der Handelsstand in Bayern durch Anordnung eines zweiten Zahltages bringen würde, nicht bemessen, und eben so wenig eine bindende Zusage dafür, daß eine solche Anordnung erfolgen werde, abgeben, glaube aber doch im Interesse einer gleichförmig zu erzielenden Gesetzgebung, dem eine Annäherung an die Augsburger Zahlungsweise darbietenden Vorschlage beistimmen zu müssen.

Nachdem der Antrag noch von dem Herrn Staatsmini- 1142 ster von Könneritz unter Hinweisung auf den betreffenden §. des Sächsischen Entwurfs und von dem Herrn Geheimen Legationsrathe von Patow als geeignet auch in diesem Punkte die entgegenstehenden Interessen zu vereinigen, der Beachtung der Versammlung empfohlen war, geneh- 1143 migte diese denselben einstimmig, wobei es vorbehalten ward, daß der Herr Antragsteller sich mit den übrigen Mitgliedern der Redactionscommission über die gehörige,

präcise Fassung dieses Beschlusses zu vernehmen haben
werde, und daß es namentlich durch die Fassung auszu=
drücken sei, wie diese Verlegung des Verfalltages auf
den nächsten Zahltag nur an denjenigen Plätzen statt=
finden solle, wo bei Publication dieses Gesetzes bereits
mehrere wöchentlich wiederkehrende allgemeine Zahl= und
Protesttage beständen, daß es daher Augsburgs Sache
sein werde, schon vor der Publication demgemäße Ein=
richtungen zu treffen.

XXXI.

Leipzig, den 1. December 1847.

—

M.S. 101 Sp.1.   In der heutigen unter Leitung des Herrn Staats= 1144
minister von Könneritz eröffneten Sitzung ward zuvör=
derst das Protocoll über die gestrige Sitzung vorgelesen.

§. 4.   Sodann ward beschlossen, die beim §. 4. ausgesetzte 1145
Erörterung über die kaufmännischen Anweisungen
und andere wechselähnliche Papiere wieder aufzunehmen
und eine Vereinbarung über die in dieser Beziehung zu
M.S. 101 Sp 2. treffenden Bestimmungen | zu versuchen. Der Herr Refe=
rent eröffnete die Discussion mit einem einleitenden Vor=
trage. Es hätten sich, so äußerte derselbe, bei der Be=
rathung zum §. 4. drei verschiedene Ansichten über die
vorgenannten Papiere ergeben. Die erste dieser An= 1146
sichten, welche von den Hamburger Herren Abgeordneten
vertheidigt worden, sei dahin gegangen, daß man aus
M.S. 102 Sp.1. dem §. 4. das unter No. 1. angegebene Requisit | hin=
weglassen, oder eine eigene Bestimmung dahin treffen
sollte, daß Anweisungen den trassirten Wechseln gleichzu=
achten seien. Die zweite von den Sächsischen Herren 1147
Deputirten vertheidigte Ansicht habe die Anweisungen den
trassirten Wechseln in jeder Beziehung, namentlich auch
in Ansehung der Statthaftigkeit der Erecution durch Per=
L. S. 221. sonalhaft gleichstellen, und nur | den Regreß wegen nicht
erfolgter Annahme ausschließen wollen. Die dritte An= 1148
sicht sei die Preußischer Seits aufgestellte gewesen, nach
welcher die Wechselordnung keine Vorschriften über An=
weisungen enthalten solle und die darüber zur Zeit be=
stehenden gesetzlichen Vorschriften abgeschafft würden. Nach 1149
dieser letzteren Art der Auffassung würden die Anweisun=
gen lediglich unter die Bestimmungen des gemeinen Ci=
vilrechts fallen und da letzteres nicht ausreiche, die An=
weisungen zu circulationsfähigen Papieren zu machen,
und namentlich ihre Begebung durch Indossament mit
den gewöhnlichen wechselrechtlichen Folgen nicht gestatte,
so könne man in jener Uebergehung der Anweisungen in
der Wechselordnung eine indirecte Abschaffung ihres Ge=
brauches erblicken. Bei der früheren Berathung sei man

auf die Frage selbst nicht weiter eingegangen, weil es wünschenswerth geschienen, zuerst das Recht der trassirten und dann auch das Recht der domicilirten eigenen Wechsel festgestellt zu haben. Jetzt habe man sich über die in dieser Beziehung zu befolgenden Principien geeinigt und werde daher auf die Frage von den Anweisungen zurückkommen müssen. Es handle sich daher gegenwärtig 1150 um zweierlei, nämlich erstens darum, ob man überhaupt auf die Lehre von den Anweisungen eingehen wolle, und zweitens darum, welche Bestimmungen darüber vereinbart 1151 werden könnten.

In Bezug auf den ersten Punkt sei geäußert wor: 1152 den, daß die Aufgabe der Conferenz sich auf die Feststellung des Rechts der Wechsel beschränke und man sich daher mit den Anweisungen gar nicht zu beschäftigen habe. Diese Ansicht scheine indeß zu weit zu gehen, und Wechsel und Anweisungen auf eine der Sache nicht völlig entsprechende Art zu trennen. In Hamburg behandle man die Anweisungen eben so wie Wechsel und dasselbe sei in Frankfurt, vielleicht auch noch an anderen Orten der Fall. Jene Trennung sei daher wenigstens nicht in ihrem ganzen Umfange richtig, indem für jene Staaten die Berathung über die Zulässigkeit der Anweisungen mit der Berathung über das Wechselrecht zusammenfalle. Hiernächst aber sei um so weniger Veranlassung vorhanden, die Grenze für die Befugnisse der Conferenz, wo es sich um einen Gegenstand handle, der wenigstens mit dem Wechsel nahe verwandt sei, mit voller Schärfe zu ziehen, als die Resultate der Berathungen nicht definitiv und schlechthin bindend seien. Man habe ferner geäußert, daß die Lehre von den Anweisungen zu einer gesetzlichen Regulirung noch nicht reif, daß die Bedeutung der Anweisung eine minder weitgreifende und umfassende sei, als die der Wechsel, und daß man hier ein Bedürfniß der Gemeinschaftlichkeit hinsichts der Rechtsgrundsätze nicht in gleichem Maaße anerkennen könne. Die Ansicht, nach welcher Alles der Particulargesetzgebung anheimfallen solle, sei freilich die bequemste, insofern sie einstweilen die Schwierigkeiten umgehe, statt sie zu lösen: dem wahren Bedürfnisse entspreche sie aber dennoch nicht, indem eines Theils auch Anweisungen in einem weiteren Kreise circulirten und gemeinschaftlicher Bestimmungen bedürften, anderen Theils aber ihre innere Verwandtschaft mit dem Wechsel es kaum thunlich erscheinen lasse, bei einer Einigung über das Wechselrecht ihrer überhaupt nicht zu gedenken.

M.S.102 Sp.2.   Was den zweiten Punct, die materielle Seite der 1153
L. S. 222.   Sache anlange, so habe man in Preußen die Ansicht gehegt, daß es am angemessensten sei, die Anweisungen lediglich der Beurtheilung nach dem Civilrechte zu überlassen und hierdurch ihre Abschaffung herbeizuführen. Diese Auskunft lasse sich theoretisch gewiß vertheidigen, praktisch sei aber allerdings zu bezweifeln, ob damit der beabsichtigte Zweck erreicht werden könne. In Frankreich habe man die Erfahrung gemacht, daß, obgleich das

Gesetz nicht-acceptable Papiere nicht anerkenne, solche Papiere im Verkehre dennoch mannichfach vorkämen, und
es sei daher auch in Deutschland zu erwarten, daß das
bloße Stillschweigen des Gesetzes nicht ausreichen, daß
vielmehr der Verkehr, wenn sich in ihm ein solches Bedürfniß fühlbar mache, nicht-acceptable Papiere schaffen
und benutzen werde.   In einem früheren Preußischen 1154
Wechselgesetzentwurfe habe man aus dieser Rücksicht auch
eine Vorschrift für Anweisungen gegeben, welche dieselben
in jeder Hinsicht, auch rücksichtlich der Acceptation den
Wechseln gleichgestellt, und nur die Vollstreckung der
Execution durch Personalhaft bei Klagen aus Anweisungen ausgeschlossen habe.   Es entstehe die Frage, ob man
sich für diese Art der Behandlung der Sache, die auch
in den Entwürfen anderer Deutschen Staaten adoptirt
worden sei, entscheiden wolle.   Dieselbe entspreche völlig
den Anträgen der Hamburgischen Herren Deputirten, da
man in Hamburg auf die Personalhaft kein erhebliches
Gewicht lege und die Gleichstellung der Anweisungen und
gezogenen Wechsel nur in den übrigen Beziehungen des
Wechselrechts für nothwendig erachte.   Dagegen stehe
dieselbe allerdings mit dem von Seiten der Sächsischen
Herren Deputirten gestellten Antrage, bei welchem besonders auf die Unzulässigkeit des Regresses Mangels
Annahme Gewicht gelegt werde, in Widerspruch.

Für die Frage selbst scheine noch besonders die Be- 1155
ziehung erwogen werden zu müssen, in welcher dieselbe
zu der statuirten Zulässigkeit eigener domicilirter Wechsel
stehe.   Einerseits lasse sich sagen, daß mit der Zulassung dieser Wechsel dem Bedürfnisse eines an einem
anderen Orte zahlbaren, nicht-acceptabeln Papieres abgeholfen sei, und es daher der Zulassung von Anweisungen
im Sinne des Sächsischen Antrags nicht bedürfe: andererseits könne man aber auch im umgekehrten Sinne
behaupten, daß mit der Anerkennung eigener domicilirter
Wechsel das Prinzip nicht-acceptabler Papiere anerkannt
sei und es an einem Grunde fehle, die Anweisungen nicht
ebenfalls und ausdrücklich anzuerkennen.   Da übrigens 1156
bei dieser Frage hauptsächlich die technische Seite in den
Vordergrund trete und die Gründe, welche vom prakti-
schen Standpunkte aus für oder gegen die Zulassung
nicht-acceptabler Papiere sprächen, für die Versammlung
vorzugsweise maaßgebend sein würden, so dürfte es angemessen sein, daß die Versammlung, bevor sie sich darüber,

    1) ob auf die ganze Materie eingegangen werden
       solle und
    2) in welchem Sinne die zu vereinbarenden Bestim-
       mungen zu treffen sein würden,

entscheide, das Gutachten der anwesenden Herren Sachverständigen vernehme.

L. S. 223.   Nach diesem Vortrage waren der Königlich Bayeri- 1157
sche Abgeordnete, Herr Ober-Appellationsgerichtsrath Dr.
Kleinschrod und der Kurhessische Abgeordnete, Herr
Obergerichts-Rath Fuchs der Meinung, daß es räth-
licher sei, sich einer Deliberation und Beschlußnahme über

die Anweisungen zu enthalten. Der Letztere bemerkte namentlich:

Daß er nur legitimirt sei, einer Berathung über das | Recht der Wechsel, d. h. solcher Documente, welche das Wort „Wechsel" enthalten, beizuwohnen, nicht aber anderen Verschreibungen Wechselkraft beizulegen; er müsse deshalb jedes Votirens darüber sich enthalten.

Die übrigen Herren Abgeordneten fanden indeß kein Bedenken, auf eine Berathung über die vorliegende Materie einzugehen und es gab namentlich der Oesterreichische Herr Abgeordnete folgende Erklärung ab: nach dem bestehenden Oesterreichischen Wechselrechte gebe es keine Anweisungen mit Wechselrecht und auch in den neueren Entwürfen habe man nicht auf die Aufnahme solcher Papiere in die Wechselordnung angetragen, sondern vielmehr im §. 71. ausgesprochen, daß sie bloß nach dem gemeinen Rechte zu beurtheilen seien. Es habe sich bisher auch kein Bedürfniß gezeigt, solche Papiere mit Wechselkraft einzuführen, da für Handelsleute und Fabrikanten eigene domicilirte Wechsel genügten. Er könne überhaupt nicht begreifen, wie man nicht-acceptable Papiere, welche bei nicht erfolgter Zahlung den Wechselarrest nicht mit sich führen, in das Wechselrecht aufnehmen könne. Wenn diese Merkmale wegfallen, so fehlten wesentliche Erfordernisse eines Wechsels, und die übrigen Rechte aus einer Anweisung könnten auch im Civilprocesse, besonders im summarischen Urkundenprocesse, gehörig geltend gemacht werden, wenn in der Urkunde die wesentlichen Erfordernisse einer Schuldurkunde enthalten seien. Die Anweisungen dienten vorzüglich dazu, um kleinen Fabrikanten, die wenig oder keinen Credit haben, einen Credit zu verschaffen, und wenn man sie gesetzlich mit Wechselrecht einführe, so glaube er, daß eine Masse solcher Papiere entstehen, und damit zum Nachtheil der Nehmer ein großer Mißbrauch werde getrieben werden. Da man nun die Wechselfähigkeit auf alle dispositionsfähigen Personen ausgedehnt habe, so sei er überzeugt, daß die Oesterreichische Gesetzgebung um so mehr sich gegen die Gestattung wechselrechtlicher Folgen für Anweisungen aussprechen werde.

Er müsse daher der Ansicht des Preußischen Entwurfs beistimmen, daß die Anweisungen aus dem Wechselrechte auszuschließen und bloß nach den Vorschriften des Civilrechts zu beurtheilen seien.

Hierauf sprachen sich für Anerkennung der Anweisungen in dem Sinne des Sächsischen Entwurfs die Sächsischen Deputirten, Herr Kaufmann Georgi und Herr Kramermeister Poppe aus. Sie bezogen sich zunächst auf das bei den Berathungen über den §. 4. des Entwurfs Gesagte und bemerkten, daß aber auch in dem Resultate der seitdem stattgehabten Berathungen ein erhebliches Moment für die Zulassung der Sächsischen Anweisungen liege. Man habe nämlich das Bedürfniß

L. S. 224.

eines lediglich auf dem Credite des Ausstellers beruhen=
den, nicht=acceptabeln | Papiers dadurch anerkannt, daß
man domicilirte eigene Wechsel zugelassen. Zwischen den
letzteren und den Anweisungen, wie man solche Sächsischer
Seits befürwortet, sei ein reeller Unterschied nicht zu
finden, und wenn man also die eine Form des Verhält=
nisses zulasse, so habe man keinen Grund, die andere —
die Anweisungen — zurückzuweisen. Man müsse billig
fragen, ob gegen die Anweisungen wirklich so schwere
Bedenken obwalteten, daß dadurch ein solcher Beschluß
gerechtfertigt werden könne, und dieses scheine allerdings
nicht der Fall zu sein. Man mache besonders geltend,
daß die Anweisungen dem Wechselhandel schadeten, und
daß mannigfacher Mißbrauch mit denselben getrieben werde.
Was Ersteres betreffe, so sei es nicht in Abrede zu 1161
stellen, daß der Verkehr mit Anweisungen, wenn letzteren

M.S.103 Sp.2.

diejenige Stelle im Gesetze eingeräumt würde, | die man
denselben Sächsischer Seits wünschen müsse, an Um=
fang und Bedeutung gewinnen werde. Gleichwohl werde
der Wechselhandel dadurch nicht beschränkt werden, viel=
mehr Beides, der Handel mit acceptabeln und der Han=
del mit nicht=acceptabeln Papieren, sehr wohl zusammen
bestehen. Stelle man das Recht der Anweisungen genau
fest, so werde die Folge die sein, daß theils eine Menge
anderer wechselähnlicher, mehr oder weniger rechtloser
Papiere ganz in der Form der Anweisung aufgingen,
theils aber die Geschäftsleute sich vor Täuschungen im
Verkehre mit Anweisungen wohl hüten könnten, zumal
sie die Vorsichtsmaaßregeln beobachten würden, Anwei=
sungen nur in einem beschränkten Betrage zu nehmen.
Von einer Gefährdung des Wechselverkehres werde also
kaum die Rede sein können. Was aber den zweiten 1162
Punkt, den mit Anweisungen getriebenen Mißbrauch be=
treffe, so sei zunächst soviel ausgemacht, daß der Ge=
brauch und die Nützlichkeit derselben den Mißbrauch
bei weitem überwiege. Anweisungen in dem angege=
benen Sinne könnten durch eigene domicilirte Wechsel,
da sie unbeliebt seien, nicht ersetzt werden und wären
für das Sächsische Fabrikgeschäft und namentlich für klei=
nere Fabrikanten unentbehrlich. Die kleineren und mit=
leren Fabrikanten, welche sich weniger in der Lage be=
fänden, an dem eigentlichen Wechselverkehre Theil zu
nehmen, fänden in der Anweisung das einzige ihnen zu
Gebote stehende Mittel, ihren persönlichen Credit so zu
erhöhen, wie es für ihren Geschäftsbetrieb erforderlich sei.
Was man aber über Mißbrauch dieser Papiere sage, sei
unbegründet oder doch sehr übertrieben. Gewöhnlich höre
man solche Klagen von einer Seite, wo sie weniger für
ein unbefangenes Urtheil über die Sache selbst, als viel=
mehr für eine Aeußerung des Mißvergnügens über die
allein durch jenes Creditmittel getragene Concurrenz der
kleineren und minder bemittelten Geschäftsleute, den grö=
ßeren und bemittelteren gegenüber, gehalten werden müsse.
So sei es gewiß eine arge Uebertreibung, wenn behauptet
werde, daß man die Fabrikarbeiter nöthige, ihre Löhne

in Anweisungen anzunehmen: auf zuverlässige Weise sei
ein solcher Mißbrauch nicht ermittelt. Jenen Klagen
liege sehr oft der Wunsch zum Grunde, dem kleineren
Gewerbsstande die Mittel, mit dem größeren zu con-
curriren zu entziehen und jenen auf Kosten dieses zu begünstigen: wie bedenklich es aber sei, einem solchen
Wunsche praktische Folge zu geben, scheine keiner weiteren
L. S. 225. Ausführung | zu bedürfen. Im Interesse der Sächsischen
Industrie müsse die Beibehaltung der Anweisungen recht
eindringlich befürwortet und schlüßlich noch darauf hinge- 1163
wiesen werden, daß ein einmal wirklich vorhandenes Bedürfniß des Verkehrs sich ungeachtet gesetzlicher Maßregeln
jedenfalls selbst — und alsdann vielleicht auf eine minder erwünschte Weise — Befriedigung verschaffen werde,
und daß, wenn man gesetzlich die Anweisungen abschaffe,
andere unregelmäßige Papiere, Stellzettel, Quittungen
u. s. w., welche noch weit weniger Begünstigungen verdienten, im Verkehre Cours gewinnen würden.

Dieser letztere Umstand wurde auch von einer anderen Seite zur Rechtfertigung der Ansicht geltend gemacht, daß in dem zu redigirenden Entwurfe jedenfalls
eine Bestimmung — in welcher Hinsicht die vom Herrn
Referenten angeführten Vorschriften eines früheren Preußischen Entwurfs besondere Berücksichtigung verdienten —
über die vorliegende Materie zu treffen sein werde.

Da sich bei der Discussion die Ansicht herausgestellt 1164
hatte, als ob es sich bei den Anweisungen nur um ein
M.S.104 Sp.1. ausschließlich | im Königreiche Sachsen vorkommendes Pa-
pier handle, so wurde Preußischer Seits bemerkt, daß
der Verkehr mit den Anweisungen ganz in derselben Art
auch in den Schlesischen Fabrikdistricten vorkomme und
auf die ungestörte Fortdauer desselben dort ganz derselbe
Werth, wie in Sachsen, gelegt werde, daß man aber
dessenungeachtet geglaubt habe, darin durch die vorgeschlagenen legislativen Anordnungen eine Aenderung eintreten lassen zu können.

Der Herr Geh. Reg.-Rath Thon fügte hinzu, daß 1165
man auch in den Thüringenschen Fabrikgegenden sich der
Anweisungen in großer Ausdehnung bediene und daß
dies geschehe, obgleich es in den meisten Thüringschen
Staaten an gesetzlichen Bestimmungen über solche Papiere
gänzlich mangle.

Die Hamburgischen Herren Abgeordneten bemerkten, 1166
daß man Hamburgischer Seits nur wünschen könne, daß
die Versammlung dem in der vierten Sitzung zum §. 4.
Nr. 1. des Entwurfs gestellten Antrage beipflichten möge.
Die Sächsischen Anweisungen habe man dabei nicht eigentlich im Auge gehabt, da dieselben auf Hamburg wohl
nur selten ausgestellt würden, vermuthlich gerade deshalb,
weil dort auch schon jetzt deren Acceptation gefordert werde,
man sei vielmehr im Allgemeinen der Ansicht, daß dem
Verkehre mit nicht-acceptabeln, unregelmäßigen wechsel-
ähnlichen Papieren ein Ende gemacht werden müsse, und
daß dieses am Einfachsten erreicht werde, wenn man nicht
nur jedes sich selbst als Wechsel bezeichnende, sondern auch

jedes „an Ordre" lautende Papier wechselmäßig behandle,
wie solches in Hamburg und auch Frankfurt eingeführt
sei und als nützlich sich bewähre. Papiere dieser Art schadeten nicht nur, wie schon mehrfach bemerkt, dem Wechselhandel, sondern auch dem soliden Waarenhandel. Creire
man nicht=acceptable Anweisungen, so würden die Rimessen für Waarensendungen bald zum großen Theile in
Anweisungen erfolgen. Diese seien nicht in gleicher
Weise wie Wechsel discontabel. Größere Häuser würden
sich wohl helfen und von Anweisungen frei halten können,
oder auch den Nachtheil der aus dem Besitze derselben

L. S. 226. entsteht, weniger empfinden; kleinere, sonst achtungswür-
dige und betriebsame Geschäftsleute würden sich aber gezwungen sehen, Anweisungen zu nehmen und die miß-
lichen Folgen des Verkehrs mit diesen unregelmäßigen
Papieren zu erdulden. Man habe sich auf die Zulassung 1167
der eigenen Domicilwechsel als einen Grund berufen, auch
Anweisungen zuzulassen: dabei sei indeß zu erwägen,
daß — wie man zugebe — der eigene Domicilwechsel
unbeliebt sei, und jeder Geschäftsmann eine Scheu habe,
eigene Domicilwechsel auszustellen. Diese Scheu habe
ihren guten Grund, und dieser Grund werde auch bei
Anweisungen zutreffen. Außer dem erwähnten Vorschlage, 1168
alle gezogenen an Ordre lautenden Zahlungs=Anweisun-
gen den Wechseln gleichzustellen — mit welchem der Sache
nach die Vorschrift des früheren Preußischen Entwurfs
zusammenfalle — sei noch in Frage gekommen, der Anweisungen gar nicht zu erwähnen und dieselben dem Civilrechte zu überlassen. Auf diese Weise werde man indeß schwerlich dazu gelangen, die Anweisungen zu beseitigen und auszuschließen. Trage man Bedenken, eine 1169
hierauf gerichtete, schlechthin und allgemein zum Ziele
führende Bestimmung zu adoptiren, so scheine sich eine
Vorschrift in der Weise zu empfehlen, daß man die Anweisungen innerhalb desselben Territorii für nicht=accep-
tabel, und für acceptabel erkläre, sobald sie von einem
Territorio in das andere gezogen seien.

Die übrigen anwesenden Herren Sachverständigen pflich- 1170
teten im Ganzen der Ansicht bei, daß der Verkehr mit

M.S. 104 Sp.2. Anweisungen | für das Banquiergeschäft lästig und seine
Abschaffung oder wenigstens eine Beschränkung zu wünschen sei.

Der eben erwähnte, auf diesen Zweck berechnende 1171
Vorschlag der Herren Abgeordneten von Hamburg fand
von einigen Seiten Zustimmung, namentlich schloß sich
der Frankfurtische Herr Abgeordnete, demselben durchgängig unter dem Bemerken an, daß er von Seiten der
freien Stadt Frankfurt einen gleichen Antrag gestellt haben würde, wenn dieß nicht früher bereits von Hamburgischer Seite geschehen wäre, indem von der Frankfurter Handelskammer im Interesse des Wechselhandels
dringend befürwortet worden sei, daß die gezogenen Anweisungen den Wechseln völlig gleichgestellt werden möchten. Von andern Seiten ward dem Vorschlage dagegen 1172
widersprochen, indem es theils äußerst schwierig sein

würde, ihn auf passende Weise zu formuliren, theils eine Begründung einer entsprechenden Bestimmung aus der rechtlichen Natur der Anweisung nicht möglich scheine und endlich die Verkehrsverhältnisse, welchen die Anweisung diene, sich nicht so, wie der Vorschlag voraussetze, nach den politischen Grenzen der Territorien reguliren und abschlössen. Es werde schwerlich etwas Anderes übrig bleiben, als die Anweisungen in dem neuen Gesetze ganz zu übergehen, und den Gebrauch derselben ganz der Convenienz der einzelnen Territorien zu überlassen.

Der Herr Vicepräsident Dr. Einert vertheidigte 1173 hierauf noch die Ansicht der übrigen Königlich Sächsischen Herren Abgeordneten. Er machte insbesondere auf den Unterschied zwischen Anweisungen und domicilirt-eigenen Wechseln aufmerksam. Bei jenen könne die Acceptation zwar nicht verlangt werden; sie sei aber auch nicht ausgeschlossen, wie dies bei letzteren der Natur der Sache nach ohne Zweifel der | Fall sei. Die letzteren ständen hiernach auf einer niedrigeren Stufe als die ersteren, und wenn man jene gelten lasse, so müsse man auch diese annehmen.

L. S. 227.

Von Seiten des Braunschweigischen Herren Abge- 1174 ordneten ward endlich bemerkt, daß man in Braunschweig die geschilderten Mißbräuche und Fährlichkeiten des Verkehrs mit Anweisungen nicht erfahren habe und auch nicht besorgen zu dürfen glaube. Den dortigen Bedürfnissen entspreche vielmehr eine Bestimmung der Art, wie sie im §. 90 des Braunschweigischen Entwurfes sich finde. Sei es nicht thunlich, sich bei der allerdings großen Verschiedenartigkeit der mit in Betracht kommenden anderweiten Verhältnisse über Vorschriften in diesem Sinne zu einigen, so sei es rathsam, die Anweisungen, welche nicht nothwendig in eine Wechselordnung gehörten, in dem neuen Gesetze ganz zu übergehen.

Am Schluß der Debatte bemerkte noch der Herr 1175 Staatsminister von Könneritz, daß in der Sächsischen Ständeversammlung bei Berathung des Entwurfs der Wechselordnung keine Stimme gegen die Anweisungen sich erhoben habe. Dieselben müßten nach den dermaligen Ansichten der Gewerbecuratel=Behörden für ein unab-weisliches Bedürfniß der Sächsischen Industrie gehalten werden. Der Preußische Vorschlag, sie acceptabel zu machen, dagegen aber den Personalarrest als Vollstreckungs-mittel bei Klagen aus Anweisungen auszuschließen, sei mit diesem, von den Sächsischen Sachverständigen richtig geschilderten Bedürfnisse nicht vereinbar. Es komme eben darauf an, daß Anweisungen nicht acceptabel seien, also gegen den Bezogenen kein Wechselrecht gäben, sondern lediglich auf dem Credite des Ausstellers und der Indossanten beruhten. Nur hierdurch werde für solche Gewerbtreibende gesorgt, welche nicht so bemittelt wären, daß ihre Wechsel in blanco acceptirt würden. Wohl komme

M. S.105 Sp.1. es aber auch auf | die Vollstreckung des Personalarrestes gegen Aussteller und Indossanten an, da hierin das hauptsächlichste Mittel liege, den Anweisungen Cours zu

verschaffen. Schädliche Mißbräuche mit Anweisungen seien
allerdings möglich; indeß seien diese Mißbräuche doch
nicht erheblich genug, um deshalb ein wirklich vorhande=
nes Bedürfniß unbefriedigt zu lassen. Es stehe Jedem
frei, Anweisungen im Verkehre anzunehmen oder zurück=
zuweisen, und es sei eine unnöthige Bevormundung der
Gewerbtreibenden, wenn die Gesetzgebung, um einen
Mißbrauch der Anweisung zu verhüten, deren Gebrauch
im Verkehre gänzlich untersage. Daß in dem Falle, wenn
Rimessen bedungen oder versprochen worden, hierunter
im Zweifelsfalle nicht Anweisungen, sondern Tratten zu
verstehen seien, bestimme der Sächsische Entwurf der Wech=
selordnung ausdrücklich.

   Nachdem hierauf die Discussion geschlossen worden, 1176
gelangte zuerst die Frage:

      Soll die Bestimmung des §. 4 No. 1 beibehalten
      werden?

zur Abstimmung und ward mit 17 Stimmen gegen 2
bejaht.

   Die zweite Frage war: 1177

      Sollen die Bestimmungen über die Zulässigkeit und
      Bedeutung der Anweisungen der besonderen Gesetz=
      gebung jedes Landes überlassen werden?

   Da auch diese Frage mit 14 Stimmen gegen 4 be=

L. S. 228. jaht wurde, so bedurfte | es keiner weiteren Abstimmung,
indem dadurch der Gegenstand für die Versammlung seine
vollständige Erledigung gefunden hatte.

   Man wendete sich hierauf zu einigen Vorschlägen, 1178
welche neuerlich der Conferenz zur Berathung mitgetheilt
worden waren. Zuvörderst war nämlich von dem Oester=
reichischen Herrn Abgeordneten darauf angetragen worden,
über die Prolongation der Wechsel folgende Bestimmung
zu treffen:

      Eine mit dem Wechselgläubiger verabredete Ver=
      längerung der Zahlungsfrist (Prolongation) muß
      auf dem Wechsel selbst angemerkt und durch die
      Unterschrift des Gläubigers bestätigt werden.

      Die Prolongationsfrist läuft vom Tage nach
      dem Verfalle des Wechsels und bei wiederholten
      Prolongationen von dem Ausgange der letzten Pro=
      longationsfrist. Die nach dem Verfalltage oder
      nach Ausgang der letzten Prolongationsfrist verab=
      redete Prolongation wird von dem Datum dersel=
      ben berechnet.

      Durch die einem Wechselschuldner bewilligte Pro=
      longation kann die Haftung der übrigen Wechsel=
      verpflichteten ohne ihre Beistimmung nicht ver=
      längert, und dieselbe kann nur gegen denjenigen
      Indossatar geltend gemacht werden, an welchen
      der Wechsel nach der darauf angemerkten Prolon=
      gation gelangt ist.

      Dieser Vorschlag wurde indeß, da er keine Unter=
stützung fand, von dem Herrn Proponenten zurückge=
nommen.

   Ein anderer Vorschlag desselben Herrn Abgeordneten 1179

betraf die Vindication eines Wechsels und die Wirkungen
von Lücken in der Reihenfolge der Indossamente und
lautete dahin:

Ist in der Reihe der Indossamente eine Lücke
vorhanden, oder ist ein Indossament sichtbar ver=
fälscht, so ist der zur Zahlung aufgeforderte Wech=
selschuldner berechtigt, dieselbe zu verweigern; je=
doch kann der Besitzer des Wechsels gegen genü=
gende Sicherstellung die Zahlung oder den gericht=
lichen Ertrag der Wechselsumme fordern.

Derjenige, welcher als der letzte Besitzer des 1180
Wechsels vor der Lücke in den Indossamenten er=
scheint, kann denselben | von jedem Inhaber zurück=
fordern. Ist der Wechsel durch solches Indossa=
ment in dritte Hände gekommen, so kann der frü=
here rechtmäßige Eigenthümer denselben nur von
denjenigen Besitzern zurückfordern, die entweder an
der Verfälschung Theil genommen oder vor Einlösung
des Wechsels davon gewußt haben, oder bei gehö=
riger Aufmerksamkeit die Unächtheit des Indossa=
ments hätten entdecken können.

Zur Begründung dieses Vorschlags bemerkte der 1181
Herr Antragsteller: In der Regel müsse angenommen
werden, daß das Eigenthum des Wechsels auch durch ein
falsches Indossament gültig übertragen werde und daß
auch die einem falschen Indossamente vorausgehenden
Indossanten den späteren Indossataren verhaftet seien.
Dies fordere die Eigenthümlichkeit und die Sicherheit des
Wechselverkehrs, | weil man von einem späteren Indossa=
tare nicht verlangen könne, daß er die Unterschriften aller
früheren Indossanten kenne, und weil falsche Indossa=
mente gewöhnlich so nachgemacht würden, daß sie sich
von einem ächten nicht unterscheiden ließen. Auch spreche
für einen jeden Inhaber die Präsumtion der Redlichkeit
und des guten Glaubens. Wenn aber diese Präsumtion 1182
durch die That widerlegt werde, wenn erwiesen sei, daß
der Besitzer des Wechsels an der Verfälschung des In=
dossaments Theil genommen oder vor der Einlösung des
Wechsels davon Wissenschaft gehabt habe, so falle die
Präsumtion des guten Glaubens und damit auch aller
Grund hinweg, einen solchen Inhaber zu schützen. Fer= 1183
ner könne man von jedem Wechselnehmer mit Recht for=
dern, daß er vor Einlösung des Wechsels, ebenso wie der
Acceptant vor der Zahlung, die Rechtmäßigkeit des Be=
sitzes des früheren Inhabers prüfe und hierbei die ge=
wöhnliche Diligenz anwende. Die Lücke in der Reihe
der Indossamente sei aber leicht für Jedermann erkenn=
bar und dasselbe gelte wohl auch von sichtbaren Verfäl=
schungen, wobei dem Einlöser des Wechsels ein grobes
Verschulden wegen nicht gehöriger Prüfung des Wechsels
zur Last falle.

Bei der hierauf eröffneten Discussion stellte sich die 1184
Ansicht der Versammlung dahin heraus, daß der erste
Absatz des Vorschlags, über dessen materiellen Inhalt
bereits früher zum §. 36 einige Erörterungen stattgefun=

16*

den, nicht anzunehmen sei. In Betreff des zweiten Ab= 1185
satzes wurde von mehreren Seiten die schon früher ge=
machte Bemerkung wiederholt, daß in den hierher gehö=
rigen Fällen nur uneigentlich von einer Vindication ge=
sprochen werde. Einige der Herren Abgeordneten waren 1186
ferner der Meinung, daß Bestimmungen der vorgeschla=
genen Art dem Civilrechte zuzuweisen seien. Viele erklär= 1187
ten sich für Annahme des Vorschlags, wollten jedoch
die Worte am Schlusse des zweiten Absatzes: „oder
bei gehöriger Aufmerksamkeit ꝛc." weggelassen
oder verändert wissen, wobei denn in Frage kam:

> ob auch culpa lata hier in Betracht zu ziehen und
> mit dem dolus gleich zu behandeln sei.

Als hierauf dieser Punkt zur Abstimmung gelangte, 1188
ward mit 17 Stimmen gegen 2 der Vorschlag des Herrn
Hofrath Dr. Heisler dem Principe nach angenommen
und ebenso die Frage: 1189

> Soll die Vindication auch dann zulässig sein, wenn
> dem Besitzer nur culpa lata zur Last falle?

mit 14 Stimmen gegen 5 bejaht, im übrigen aber die
Formulirung der Redaction anheimgegeben.

Demnächst gelangte auf den Antrag des Großherzogl. 1190
Hessischen Herrn Abgeordneten die bei der Berathung
über die Domicilwechsel (§. 25) vorgekommene Frage:

M. S.106 Sp.1.   Soll für Domicilwechsel bestimmt werden, daß es
dem Aussteller erlaubt sei, über die Präsentations=
pflicht und die Präsentationsfrist auf dem Wechsel
Bestimmungen zu treffen, welche für den unmittel=
baren Nehmer und dessen Nachfolger bindend
sind?

L. S. 230.   zur nochmaligen Erörterung. Da der Herr Proponent
hierbei auf die im Protocolle XII. Seite 62 enthaltene
zweite Abstimmung zurückkam, bemerkte der Badensche Herr 1191
Abgeordnete: Vor jener Abstimmung habe er sich wieder=
holt dafür ausgesprochen, daß nicht alle im Wechsel vor=
kommenden Clauseln, deren das Gesetz nicht ausdrücklich
gedenke, schlechthin unstatthaft, vielmehr alle jene erlaubt
seien, die nicht gegen das Wesen des Rechtsgeschäfts an=
stießen. Für eine derartige erlaubte Clausel halte er die
heute wiederholt zur Berathung gebrachte, und darum
M. S.106. Sp.2. habe er bei der ersten Abstimmung sich für ihre Zulässig=
keit erklärt. Nachdem aber die Versammlung beinahe 1192
einstimmig das Princip aufgestellt habe, daß alle nicht
ausdrücklich erlaubten Clauseln unstatthaft seien, so habe
er nun gegen diese Clausel gestimmt, weil er für diesen
besonderen Fall keine Ausnahme von der allgemeinen
Regel gestatten wolle. Zu dieser Ansicht müsse er sich
auch noch heute bekennen, und daher gegen den Antrag
stimmen.

Von mehreren Seiten wurden indeß die schon früher 1193
für die Bejahung der aufgeworfenen Frage angeführten
Gründe, wiederum geltend gemacht und als es zur Ab=
stimmung kam, wurde diese bejahende Entscheidung mit

12 Stimmen gegen 7 beschlossen und die Fassung der danach zu treffenden Bestimmung der Redactionscommission überlassen.

XXXII.

Leipzig, den 6. December 1847.

—

M. S. 106 Sp. 1. In der heutigen unter dem Vorsitze des Herrn Ge- 1194 heimen Legationsraths von Patow abgehaltenen Sitzung, an welcher der Herr Banquier Hohenemser und der Herr Aeltermann Lürmann, welche bereits in ihre Heimath zurückgekehrt waren, nicht mehr Theil nahmen, wurde nach Vorlesung des Protocolles über die Sitzung vom 1. d. M. zu der Berathung über einen von dem 1195 Bayerischen Abgeordneten, Herrn Oberappellationsgerichts-Rath Dr. Kleinschrod, unter dem 1. d. M. der Versammlung mitgetheilten Vorschlag geschritten, welcher dahin ging:

den §. 8 des Entwurfs (§. 7 der neuen Redaction) zu streichen.

Zur Begründung dieses Vorschlags wurde vorgetragen:

1) Der §. 4 des Entwurfs erkläre die unter Ziffer 1 bis 8 angeführten Momente für wesentliche Erfordernisse des Wechsels. Hieraus folge von selbst, daß durch eine Schrift, welcher eines dieser Erfordernisse fehle, keine wechselmäßige Verbindlichkeit begründet werde. Der erste Satz des §. 8 scheine daher überflüssig.

2) Wenn der Bezogene den mangelhaften Wechsel bei der Acceptation ergänze, z. B. den im Wechsel nicht angeführten Zahlungsort dem Accepte beisetze, so bestehe

L. S. 231. kein genügender Grund, seine wechselmäßige Verpflichtung zu beanstanden. Ebenso würde auch dem Indossanten das Recht nicht versagt werden können, sein auf einen mangelhaften Wechsel gesetztes Indossament durch eine angemessene Fassung des letzteren wirksam zu machen. Der zweite Satz des §. 8 scheine daher nicht richtig; er stehe überdies mit den Vorschriften über falsche Wechsel nicht ganz im Einklange, und scheine insofern bedenklich, als dadurch Fälle herbeigeführt werden könnten, in welchen die Disposition des Gesetzes mit dem Rechtsbewußt-sein des Handelsstandes in auffallenden Conflict versetzt würde, wenn z. B. der Bezogene, welcher seinen im Wechsel nicht angegebenen Wohnort dem Accepte beige-

M. S. 106 Sp. 2. fügt hätte, sich später | nur auf diesen Paragraphen beru-fen könnte, um sich der Erfüllung der aus einem Accepte fließenden Verbindlichkeit zu entschlagen.

Diesem Vorschlage wurde entgegengesetzt, daß es 1196 nicht wohl angehe, gewisse bei dem Zustandekommen des Wechsels zu beobachtende Formen zuerst als wesentlich zu

erklären, und später dem Bezogenen eine einseitige Nachho=
lung eines mangelnden wesentlichen Momentes zu gestatten.
Aus dem Vorschlage würde folgen, daß, wenn z. B. der
Trassant den Wechsel nicht unterschrieben, oder die Wech=
selsumme nicht ausgedrückt habe, auch diese Mängel von
dem Acceptanten ergänzt werden könnten, was gewiß zu
weit gehe.

Hierauf wurde erwiedert, wenn der Paragraph ge= 1197
strichen werde, so bleibe die Sache dem freien Ermessen
der Interessenten und eventuell der richterlichen Entschei=
dung überlassen, was nach der Beschaffenheit solcher ohne=
dieß nur selten vorkommender Fälle am angemessensten
sein dürfte.

Von der anderen Seite wurde jedoch die Zulassung 1198
des richterlichen Ermessens in einem solchen Falle für be=
denklich erachtet, und zugleich auf den Satz Bezug ge=
nommen, quod ab initio nullum est, tractu temporis con-
valescere nequit, worauf jedoch entgegnet wurde, daß
hier nicht von einem bloßen Zeitablaufe, sondern von
einer späteren auf Ergänzung des ursprünglich bestande=
nen Mangels gerichteten Handlung die Rede sei.

Bei der hierauf erfolgten Abstimmung wurde der 1199
Vorschlag mit 13 Stimmen gegen 6 abgelehnt. Die im 1200
Laufe der Discussion von dem Herrn Vicepräsidenten Dr.
Einert aufgeworfene Frage:

Ob nicht einige der im §. 4 aufgezählten wesent=
lichen Erfordernisse des Wechsels (namentlich No.
4, 6 und 8) auszuscheiden seien?

wurde gleichfalls zur Abstimmung gebracht, und mit 14
Stimmen gegen 5 verneint.

M.S. 107 Sp.1.   Hierauf wurden noch die Fragen aufgeworfen, 1201

1) ob nicht wenigstens der zweite Satz des §. 8 weg=
fallen oder

2) der §. 8 dahin gefaßt werden solle: 1202
Eine im Inlande ausgestellte Schrift, welcher eines
der wesentlichen Erfordernisse eines Wechsels (§. 4)
fehlt, hat in Bezug auf den Aussteller keine Wech=
selkraft. Aus den auf eine solche Schrift gesetzten
Erklärungen (Indossament, Accept) kann eine wech=
selmäßige Verbindlichkeit entstehen, wenn in den=
selben das fehlende Erforderniß nachgetragen wird.

L. S. 232.   Die erste dieser Fragen wurde mit 11 Stimmen ge= 1203
gen 8, und die zweite mit 14 gegen 5 Stimmen verneint.

Ein weiterer Vorschlag:

in dem §. 2 des Entwurfs den Absatz Ziffer 3 zu strei= 1204
chen, und aus dem Schlußsatze die Worte: „aus Grün=
den des öffentlichen Rechts" hinwegzulassen, ward, da
er nur von wenigen Mitgliedern unterstützt wurde, zurück=
gezogen.

Nach Erledigung dieses Gegenstandes ging man zur 1205
Berathung der von Seiten der Redactionscommission vor=
gelegten neuen Fassung des Entwurfs über. Der Ba=
densche Abgeordnete, Herr Ministerialrath Brauer, be=
merkte: Die Versammlung habe in ihrer dritten Sitzung
auf seinen Antrag beschlossen, die Fremdwörter möglichst

aus dem Gesetze zu entfernen. Wenn er damit den hier vorgelegten Entwurf vergleiche, so dränge sich ihm die Ueberzeugung auf, daß die Redactionscommission diesen Antrag für unpassend oder unausführbar gehalten habe.

Er könne diesen Antrag aber nicht für unpassend halten, nachdem die öffentliche Meinung sich so entschieden in diesem Sinne ausgesprochen habe. Für die leges Barbarorum mochte die Welsche Sprache sich ziemen, doch in einem Gesetzbuche des neunzehnten Jahrhunderts dürfe man eine Deutsche Rechtssprache erwarten.

Ebensowenig sei aber der Antrag unausführbar. Unsere Deutsche Sprache sei so reich und so gefügig, daß, sie mit Leichtigkeit die erforderlichen Kunstwörter schaffen könne. Thatsächlich sei auch die Möglichkeit dargethan, durch die Gesetzgebungen von Oesterreich und Baden, in welchen seit einer Reihe von Jahren Gesetzbücher beständen, aus welchen alle Fremdwörter verbannt seien. Er gebe zu, daß derartige neugeschaffene Wörter anfangs etwas fremdartig und gezwungen klängen, aber das Ohr gewöhne sich hieran bald, und er könne versichern, daß seine Mitbürger sehr zufrieden damit seien, daß ihre Behörden in einem verständlichen Deutsch zu ihnen redeten. Was in einem Theile des Vaterlandes ausführbar gewesen, das werde auch in den übrigen Theilen Eingang finden können. Und es scheine ihm keine sehr erfreuliche Erscheinung, wenn man hier in Leipzig, wo vor wenigen Jahrzehnten die Fremdherrschaft gebrochen worden sei, außer Stande sein sollte, die Herrschaft der Fremdwörter zu brechen.

Hierauf wurde entgegnet: Die Redactionscommis- 1206 sion habe allerdings in Erwägung gezogen, ob und in welchem Umfange die Fremdwörter zu vermeiden seien. Für einige habe sie Deutsche Ausdrücke vorgeschlagen, aber sie sei auch zu der Ueberzeugung gekommen, daß man in einer Wechselgesetzgebung sich hüten müsse, solche Ausdrücke, an welche der Handelsstand seit Jahrhunderten gewöhnt und die ihm geläufig geworden, mit anderen zu vertauschen, die ihm auf lange Zeit hinaus unverständlich bleiben würden, für welche er dennoch die bis dahin üblich M.S.107 Sp. 2. gewesenen, im Leben gebrauchen werde, und die | nur zu leicht dem Gesetzgebungswerke den Stempel des Gesuchten und Gezwungenen geben möchten.

Es wurden hierauf die einzelnen Paragraphen des 1207 Entwurfs vorgelesen, und dabei nur zu den folgenden Paragraphen Bemerkungen gemacht:

§. 2. Einer der Herren Abgeordneten wünschte in No. 3 1208 L. S. 233. noch ausgedrückt, daß eine Frau aus einem Wechsel nur dann zur persönlichen Haft gebracht werden könne, wenn sie zur Zeit der Ausstellung desselben Handel oder Gewerbe betrieben habe. Die Mehrheit der Versammlung betrachtete dies jedoch als sich von selbst verstehend.

§. 4. Die Worte „oder Wechselbrief" wurden gestrichen, 1209 da es lediglich darauf ankomme, daß die Urkunde „Wechsel" genannt werde und derselbe nicht darum, weil der

Aussteller dieselbe Wechselverschreibung genannt habe, nichtig werden solle.

§. 12.　　Das Wort „vollkommen“ ward als überflüssig gestrichen. 1210

§. 15.　　Diese Bestimmung wurde in folgender Fassung an- 1211 genommen: „Ist in dem Indossamente die Weiterbegebung durch die Worte „nicht an Ordre“ oder durch einen gleich- bedeutenden Ausdruck verboten, so haben diejenigen, an welche der Wechsel aus der Hand des Indossatars ge- langte, gegen den Indossanten, von welchem das Verbot ausgegangen ist, keinen Regreß.“

§. 16.　　Es wurde der Antrag gestellt, in's Gesetz aufzuneh- 1212 men, daß, wenn ein Wechsel so spät indossirt worden, daß er am Zahlungsorte nicht mehr rechtzeitig präsentirt und protestirt werden könne, der Indossant trotz des Präju- dizes dem Wechselregresse unterliege, weil Niemand zu seiner Vertheidigung auf ein Versäumniß sich berufen dürfe, an dem er selbst die Schuld trage. Die Versamm- lung erkannte zwar die Richtigkeit des Satzes an, glaubte aber, daß derselbe, als sich von selbst verstehend, jedenfalls als zum pactum de cambiando gehörig, nicht in die Wech- selordnung aufzunehmen sei. Der weiter gestellte Antrag, 1213 eine Bestimmung über die Präsentationsfrist solcher Wechsel, nach dem Beispiele des §. 28 des Braunschweigischen Ent- wurfs aufzunehmen, wurde mit 18 Stimmen gegen 1 verworfen. Schlüßlich vereinigte man sich noch dahin, 1214 daß im Absatz 1 statt „Verfallzeit“ zu sagen: „Protest- zeit“, und überließ der Redactionscommission die hiernach nothwendige Veränderung.

§. 18.　　Die Worte im zweiten Absatze „innerhalb oder außer- 1215 halb des Ortes der Ausstellung zahlbaren“ wurden ge- strichen.

§. 19.　　Von einem Mitgliede der Versammlung wurde be- 1216 merkt:

Er halte es nicht für richtig, wenn im Eingange des §. 19 von e i n e r Verpflichtung des Inhabers eines eine Zeit nach Sicht zahlbaren Wechsels, diesen zur Annahme vorzulegen, die Rede sei. Diese Verpflichtung solle mit der im §. 18 ausgesprochenen Berechtigung einen Gegensatz bilden, der nicht völlig zutreffend sei. Der Entwurf habe das ältere System, nach welchem der Inhaber als Mandatar der Vormänner betrachtet und also zur Präsentation behufs Annahme verpflichtet erach- tet sei, verlassen, und aus dieser Verpflichtung eine Be- rechtigung gemacht. Der Gegensatz zu dieser im §. 18 ausgesprochenen Berechtigung sei nur in jener älteren Verpflichtung, nicht aber im Falle des §. 19 zu finden. In diesem Falle existire weder eine Verpflichtung noch eine ihr correspondirende Berechtigung. Der Wechsel- inhaber sei zur Präsentation innerhalb der Frist eben-

M. S. 108 Sp. 1. so wenig v e r p f l i c h t e t, | als eine Partei im Prozesse zum

L. S. 234.　　Einlegen der Appellation | innerhalb des decendii, oder ein Forderungsberechtigter zum Geltendmachen seines Rechts innerhalb der Verjährungszeit. Logisch richtig sei es nur, den §. 19 dahin zu fassen, daß das Recht des Inhabers verloren gehe, wenn er den Wechsel nicht innerhalb der bestimmten Frist zur Annahme vorlege. Hierauf wurde erwiedert: Zu einem Thun gebe es über- 1217 haupt in dem Sinne, daß schlechterdings eine gewisse Thätigkeit vorgenommen werden müsse, keine Verpflichtung. Wo man von einer solchen rede, da solle dies nicht mehr ausdrücken, als daß den Unterlassenden ein gewisser Rechtsnachtheil treffe, und so könne man wohl von einer Verpflichtung zu einer prozessualischen Handlung reden. Der §. 18 enthalte schon implicite, daß der Inhaber 1218 nicht verbunden sei, den Wechsel zur Annahme zu präsentiren. Diese Regel spreche der §. 19 im Eingange explicite aus und setze eine Ausnahme bezüglich gewisser Sichtwechsel hinzu. Die Versammlung genehmigte mit 15 Stimmen gegen 4 die Fassung des Entwurfs.

§. 22.   Hier wurde die Frage erhoben, ob und in welchen 1219 Fällen die Annahme als nur auf einen Theil geschehen zu betrachten sei, wenn dieselbe in einer anderen Geld-

M.S.108 Sp.2. sorte, oder zu | einem anderen Course, als im Wechsel enthalten, stattgefunden habe und ob nicht eine ausdrückliche Bestimmung hierüber getroffen werden möchte. Die Versammlung erachtete es jedoch nicht für erforderlich, denn entweder erhelle aus der Sache selbst, daß eine geringere Summe acceptirt werde, oder das Verhältniß lasse sich nicht klar entnehmen, — im letzteren Falle würde eine Beschränkung hinzugefügt sein, die nach dem zweiten Absatze des §. 22 als gänzliche Verweigerung der Annahme erscheine.

§. 27.   Die Versammlung ging von der Ansicht aus, daß 1220 durch die Bestimmung, die Sicherheit hafte auch den Nachmännern des Ausstellers, nicht gesagt sein solle, daß die Sicherheit nur mit Einwilligung der Nachmänner wieder aufgehoben werden könne. Die Absicht sei nur die, daß, wenn ein Nachmann von einem Verpflichteten Sicherheit fordere, dieser sich darauf berufen könne, daß er bereits Caution geleistet habe, und alsdann der Fordernde nur berechtigt sein solle, die Art oder Größe derselben, als ungenügend, zu bestreiten. Es wurde der Redactionscommission anheimgegeben, eine dies deutlicher besagende Fassung des Paragraphen vorzulegen.

XXXIII.

Leipzig, den 7. December 1847.

—

M.S.108 Sp.1.   Nach Vorlesung des Protocolles über die gestrige Sitzung 1221 ward in der heutigen Sitzung unter Leitung des Herrn Geheimen Legationsrath von Patow mit der Berathung über den neuredigirten Entwurf zu der Allgemeinen Wechselordnung fortgefahren.

§. 31.
L. S. 235.

Zu dem §. 31 bemerkte der Herr Referent, daß statt 1222 der Worte „ausgedrückten Verabredung" die Worte: „enthaltenen Bestimmung" und nach „binnen zwei Jahren" die Worte: „nach der Ausstellung" zu setzen seien.

§. 35.

Bei dem §. 35. kam in Frage: ob nicht in einem 1223 Zusatze bestimmt werden solle, daß als Zahlungsort für Meßwechsel der Meßplatz gelte? Gegen einen solchen Zusatz wurde jedoch eingewendet, es liege schon im Begriffe des Meß- und Marktwechsels und folge überdies aus der im §. enthaltenen Hinweisung auf die Gesetze des Markt- und Meßortes, daß ein solcher Wechsel nur an Meß- oder Marktorten fällig werden könne. Der beantragte Zusatz sei daher überflüssig. Ein weiteres Bedenken betraf den 1224 zweiten Absatz, welchen einer der Herren Abgeordneten als unerheblich streichen wollte. Als indessen die Frage: ob die Fassung des §. beibehalten werden solle? zur Abstimmung kam, wurde mit 18 Stimmen gegen 1 für die Beibehaltung der dermaligen Fassung entschieden.

§. 36.

M.S.108 Sp.2.

Zum §. 36. bemerkte der Herr Referent: Nach dem 1225 Conferenz-Beschlusse, aus welchem dieser §. hervorgegangen sei, habe demselben eine Bestimmung darüber beigefügt werden sollen, daß eine Zahlung vor Verfall auf Gefahr des Zahlenden | geschehe. Die Redactions-Commission sei indessen der Ansicht, daß der Satz in einer solchen Fassung zu unbestimmt und eine bestimmtere Fassung ohne Casuistik nicht wohl zu finden sei. — Hiergegen wurde eingewendet, daß die entsprechende Vorschrift des Französischen Handelsgesetz-buchs, auf welche in dem Beschlusse hingewiesen worden sei, sich als ausreichend erprobt habe. Bei der hierauf erfolgten Abstimmung wurde jedoch die Beifügung einer solchen Vorschrift mit 11 Stimmen gegen 8 abgelehnt. Nach der 1226 Fassung dieses Beschlusses wurde bemerkt, aus dem Inhalte des §. könne die bedenkliche Folgerung abgeleitet werden, daß blos der Zahlende und der Inhaber sich über die Zahlung vor Verfall zu einigen hätten; es scheine daher zweckmäßiger, den §. ganz zu streichen und die Entscheidung der einschlägigen Rechtsfragen dem Civilrechte zu überlassen. Diese Ansicht wurde auch mit 17 Stimmen gegen 2 zum Beschlusse erhoben.

§. 41.

M.S.109 Sp.1.

Zum §. 41. wurde erinnert, dieser §. enthalte schon insofern, als dem Acceptanten die Deposition gestattet werde, eine demselben günstige Bestimmung. Wenn ihm aber nach der dermaligen Fassung des §. das Recht eingeräumt werde, schon unmittelbar nach dem Ablaufe des Zahltages zur Deposition zu schreiten, so könne dieses Recht leicht zur Chicane mißbraucht werden. Um dieser vorzubeugen, sei statt des „Zahlungstages" der „letzte zur Protestaufnahme bestimmte Tag" zu setzen. Dagegen wurde eingewendet, der Wechselinhaber sei, wenn er sich nicht am Verfalltage melde, im Verzuge und möge dessen Folge sich selbst zuschreiben. Die beantragte Aenderung könne dazu führen, daß die Protesttage als Respecttage angesehen würden; was jedoch aus dem Grunde bestritten ward, weil es sich nur um ein Recht zur Deposition handle. Bei der erfolgten Abstimmung wurde die beantragte Abänderung mit 14 Stimmen gegen 5 angenommen.

Auch kam man bei diesem §. überein, daß sowohl 1228 hier als in den §§. 25 und 74 statt der Worte: „bei anderen zu Annahme von Depositen ermächtig:
L. S. 236.   ten | Anstalten" zu setzen sei: „bei einer anderen zur Annahme von Depositen ermächtigten Be: hörde oder Anstalt".

§. 42.   Hinsichtlich der Fassung des §. 42 bemerkte der Herr 1229 Abgeordnete von Frankfurt:

Nach den in Mitte liegenden Beschlüssen sei der In: haber des Wechsels zwar berechtigt, den Wechsel schon am Zahlungstage zur Zahlung präsentiren und im Fall der Zahlungsweigerung protestiren zu lassen; allein er genüge auch dann seiner Verpflichtung, wenn er den Wechsel nicht am Zahlungstage selbst, sondern erst am folgenden oder auch am zweiten Werktage nach dem Zahlungstage zur Zahlung präsentiren und protestiren lasse. Die vorgeschlagene Fas: sung des §. 42, welche keine dispositive Bestimmung über den Zeitpunkt enthalte, an welchem die Präsentation zur Zahlung rechtzeitig geschehe, vielmehr nur hinsichtlich des Protestes ausspreche, daß dessen Erhebung sowohl am Zah: lungstage als an den beiden folgenden Werktagen rechtzeitig stattfinde, scheine daher zur Beseitigung möglicher Zweifel einer Vervollständigung zu bedürfen. Aus diesem Grunde erlaube er sich darauf anzutragen, entweder dem §. 42 etwa folgende Fassung zu geben:

Zur Ausübung des ꝛc. Regresses ꝛc. ist erfor: derlich:

1) daß der Wechsel am Zahlungstage oder an einem der beiden auf den Zahlungstag folgenden Werktage zur Zahlung präsentirt worden ist, und

2) daß sowohl diese Präsentation als die Nichterlangung der Zahlung durch einen rechtzeitig darüber aufge: nommenen Protest dargethan wird.

Die Erhebung des Protestes ist am Zahlungs: tage und an den beiden auf den Zahlungstag fol: genden Werktagen zulässig.

oder, falls der dermaligen Fassung der Vorzug gegeben wer: den sollte, doch zu Protokoll zu bemerken, daß auch die dermalige Fassung des §. 42 nur in der angegebenen Weise zu verstehen sei.

Von anderer Seite wurde darauf hingewiesen, daß da 1230 die Protestlevirung als einzige Beurkundung der geschehenen Präsentation zur Zahlung vorgeschrieben sei, durch die Be: stimmung, wonach der Protest nicht allein am Zahlungstage, sondern auch noch an den beiden folgenden Werktagen recht: zeitig geschehen könne, bereits implicite ausgesprochen sei, daß auch die Präsentation zur Zahlung innerhalb dieser Frist rechtzeitig geschehe. Hiernach bedürfe die Fassung des §. 42 der vorgeschlagenen Vervollständigung nicht. Dage: 1231 gen war man allseitig damit einverstanden, daß die obige Auslegung des §. 42 als die allein richtige und als dem Wortlaute und der Absicht des Gesetzes entsprechende im Pro:

tocolle anerkannt und der zweiten Alternative des Antrags gemäß darin beurkundet werde.

§. 43. Beim §. 43. ward der Schluß des zweiten Absatzes: 1232 „wenn der Protest nothwendig war 2c." in Frage

M.S.109 Sp. 2. gestellt | und vom Herrn Vice-Präsident Dr. Einert vorge= schlagen, diese Stelle zu streichen, weil die Protesterhe= bung dem Inhaber unbedingt freistehen und daher auch die Erstattung der Protestspesen jederzeit Statt finden müsse. Dieser Vorschlag ward bei erfolgter Abstimmung mit 16 Stimmen gegen 3 angenommen.

§. 44. Zum §. 44. wurde von einem der Herren Abgeordneten 1233

L. S. 237. ein Zusatz dahin beantragt: „daß der Anspruch gegen den Acceptanten, der eine Domicils-Adresse beizufügen unterlas= sen habe, fortbestehe."

Der Herr Referent erklärte aber einen solchen Zusatz für unnöthig, weil in dem §. von der Voraussetzung aus= gegangen werde, daß eine Adresse wirklich ertheilt worden sei. Dagegen ward dem weiteren Antrage beigestimmt, daß 1234 der Schluß des zweiten Absatzes von den Worten an: „ge= gen den letzteren jedoch 2c." wegzulassen sei, weil in dem Falle, daß der Acceptant eine Zahlungs=Adresse nicht beigefügt habe und demnach selbst der am Zahlungsorte auf= zusuchende Zahler sei, von einer Protesterhebung bei dem Domiciliaten nicht die Rede sein könne.

§. 46. Beim §. 46. wurde beschlossen: in dem ersten Absatze 1235 statt der Worte „nach Aufnahme des Protestes" die Worte: „nach dem Tage der Protesterhebung," in dem zweiten Absatze statt des Wortes: „Fristen" das 1236 Wort: „Frist" zu setzen und in dem dritten Absatze die 1237 Worte: „nach dem Course der Verfallzeit" zu streichen.

§. 48. Die Fassung des §. 48. wurde insofern, als der Fall, 1238 daß der Inhaber den Wohnort des Indossanten wisse, nicht in dem §. berücksichtigt worden sei, beanstandet, bei erfolg= ter Abstimmung aber mit 14 Stimmen gegen 5 entschieden, daß der §. unverändert beibehalten werden solle.

§. 50. Zum §. 50. wurde erinnert, daß der zweite Satz des 1239 ersten Abschnitts füglich wegbleiben könne. Denn derselbe ergebe sich von selbst aus dem im ersten Satze aufgestellten Principe, und sei demnach überflüssig.

Zur Unterstützung des Antrages wurde von anderen Mitgliedern der Versammlung angeführt, der fragliche Satz liege außer dem Umfange des jus variandi, und greife tief in die Proceßgesetzgebung ein. Für die Beibehaltung des Satzes wurde dagegen vorgebracht, durch denselben solle das jus variandi in seinem ganzen Umfange auch gegen den= selben Schuldner anerkannt werden. Dies sei um so mehr nothwendig, als in einigen Ländern der vom Processe ab= stehende Kläger liti et causae zugleich renunciren müsse, während er in anderen Ländern die Klage zurücknehmen könne, ohne zugleich den erhobenen Rechtsanspruch selbst aufzugeben.

Bei der Abstimmung wurde mit 17 Stimmen gegen 2 beschlossen, den Satz: „er kann auch u. s. w. zu streichen.

§. 51. Der Eingang des §. 51. wurde dahin gefaßt: Die 1240 Regreßansprüche des Inhabers, welcher den

Wechsel Mangels Zahlung hat protestiren lassen, beschränken sich auf:

Auch vereinigte man sich, statt der Worte: „die 1241 Höhe des Courses", die Worte: „der Cours" zu §. 52. setzen und ebenso im §. 52. bei den Worten: „der 1242 Höhe des Courses" die Worte: „der Höhe" zu streichen.

Bei dem §. 52. wurde von einer Stimme beantragt, 1243 unter Ziffer 1. beizufügen: „so weit nicht gegen die Richtigkeit der gezahlten Retourrechnung gegründete Anstände erhoben werden."

L. S. 238. Diesem Antrage wurde zwar nicht beigestimmt, in Be= M.S.110 Sp.1. zug | auf denselben aber beschlossen, das Wort: „ganze" zu streichen, damit nicht aus diesem Worte die Folge hergeleitet werde, als ob gegen die formirte Retourrechnung alle Einwendungen ausgeschlossen seien.

§. 53. Zum §. 53. ward bloß bemerkt, daß die Zahl der an= 1244 gezogenen §§. zu ändern sei.

§. 54. Zu dem §. 54. wurde vorgeschlagen, in denselben die 1245 Bestimmung aufzunehmen, daß der Rückwechsel auch ohne vorherige Acceptation zu bezahlen sei. Diesem Vorschlage wurde aber entgegnet, daß es hier nicht darauf ankomme, den Rückwechsel zu definiren, und daß nicht sowohl der Wechsel, als die Beilagen desselben, die Pflicht zur sofortigen Einlösung herbeiführten.

Aus diesem Grunde wurde der Antrag mit 14 Stimmen gegen 5 abgelehnt.

Ebenso wurde dem Antrage, im zweiten Absatze die 1246 Worte: „und andere Auslagen" beizufügen, keine Folge gegeben, weil man annahm, daß vermöge der §§. 51. und 52. alle erweisliche Auslagen, zu welchen namentlich die Kosten einer Bescheinigung der Retourrechnung gehörten, zu erstatten seien.

§. 57. Zum §. 57. wurde bemerkt, daß die Vorschrift des §. 1247 nicht bloß bei gänzlich verweigerter, sondern auch bei einer nur theilweise bewirkten Acceptation anwendbar erscheine, was aber, als sich von selbst verstehend, nicht ausgedrückt zu werden brauche.

In dem zweiten Absatze des §. wurde das Wort: 1248 „demnächstige" gestrichen.

§. 60. Im §. 60. soll statt des Wortes: „Trassant" das 1249 Wort: Aussteller" gesetzt werden.

§. 61. Zum §. 61. wurde beschlossen, statt „innerhalb 1250 zweier Tage" zu setzen: „am zweiten Werktage nach dem Zahlungstage" und dieselbe Aenderung auch 1251 §. 63. im §. 63. vorzunehmen.

Der Inhalt des zuletzt erwähnten §. gab zu einer 1252 ausführlicheren Discussion Veranlassung.

Zuerst wurde der Anstand erhoben, daß unbedingt bei allen Nothadressen angefragt, die Anfrage also unnöthigerweise auch dann fortgesetzt werden solle, wen eine der Nothadressen für den Aussteller zu interveniren erklärt habe. Dagegen wurde aber eingewendet, daß es höchst wünschens=

werth sei, ein vollständiges Bild des ganzen mit dem Wechsel eingeschlagenen Verfahrens zu erhalten. Es handle sich bloß um einige Gänge des Notars, welcher hierfür eine kleine ihm wohl zu gönnende Entschädigung erhalte. Hierauf wurde der Antrag von dem Herrn Proponenten zurückgezogen.

Ein zweiter Vorschlag ging dahin, von dem im S. 63. aufgestellten Präjudize abzugehen, und statt dessen den S. 58. des Preußischen Entwurfs wieder aufzunehmen, wonach bei Uebergehung der Nothadressen der Regreß nicht bloß gegen den Adressanten und Honoraten, und deren Nachmänner, sondern gegen alle Vormänner des Präsentanten verloren gehe.

L. S. 239. Zur Unterstützung dieses Vorschlages wurde auf die Schwierigkeit des Beweises hingewiesen, welcher nach dem jetzt angenommenen Principe geführt werden müsse. Nur selten erhelle aus dem Wechsel mit Bestimmtheit, von wem eine darauf befindliche Nothadresse ausgegangen sei. Solle nun der Inhaber den Beweis führen, daß die Adresse nicht von demjenigen beigesetzt worden sei, welcher von ihm in Anspruch genommen werde, so werde ihm zu diesem Behufe kein anderes Mittel, als die Eideszuschiebung zustehen, deren Zulassung im Wechselprocesse gegründeten Bedenken unter-

M.S.110 Sp.2. liege. | Dieselbe Schwierigkeit des Beweises zeige sich, wenn man die Beweislast auf den Beklagten wälzen und von diesem verlangen wolle, darzuthun, daß die Adresse von ihm herrühre. Denn auch der Beklagte werde diesen Beweis regelmäßig nicht mittelst des Wechsels zu führen im Stande sein. Ferner wurde bemerkt, daß in dem Preußischen Entwurfe ausgesprochene Präjudiz komme in den meisten Wechselordnungen vor, und finde seine vollständige Rechtfertigung darin, daß einerseits der Geber der Nothadresse durch dieselbe zugleich das Interesse seiner Vormänner schütze, andererseits der Inhaber des Wechsels das Interesse aller Vormänner zu berücksichtigen habe.

Gegen diese Ansicht wurde eingewendet, die Schwierigkeit des Beweises sei keineswegs so bedeutend, da die Erfahrung lehre, daß darüber, wer die Nothadresse auf den Wechsel gesetzt habe, sich selten ein Anstand ergebe. Der Verlust des Regresses gegen den Adressanten und dessen Nachmänner sei an sich schon ein hartes Präjudiz, und dürfe daher nicht noch weiter ausgedehnt werden. Die Fälle, in welchen Jemand eine angebotene Ehrenzahlung absichtlich zurückweise, seien selten; leicht aber könne darin von Seiten des Notars ein Versehen begangen werden, und es sei nicht abzusehen, warum ein solches Versehen auch zum Vortheile derjenigen gereichen solle, welche auf keinen Fall durch die Ehrenzahlung von ihrer Verbindlichkeit befreit worden wären. Nachdem sich auch noch sämmtliche Herren Sachverständige vom Handelsstande gegen die Ausdehnung des Präjudizes erklärt hatten, wurde der gestellte Antrag zur Abstimmung gebracht, und mit 16 Stimmen gegen 3 verworfen.

Uebrigens vereinigte man sich in Ansehung der Redaction dahin, daß der zweite Absatz des S. folgende Fassung erhalten solle:

Unterläßt er dies, so verliert er den Regreß gegen
den Adressanten oder Honoraten und deren Nach=
männer.

Zugleich wurde beschlossen, in dem dritten Absatze nach den 1257
Worten: „so verliert er den Regreß ɔc." die Worte:
„nur gegen die Nachmänner des Honoraten,"
zu setzen.

§. 65.   Beim §. 65. wurde von dem Herrn Abgeordneten von 1258
Frankfurt eine Einschaltung des Inhalts beantragt:

> „Wollen mehrere für Rechnung des Nämlichen inter=
> veniren, so hat der Inhaber die Wahl, von wem er
> die Zahlung annehmen will."

L S. 240.   Die Versammlung war jedoch der Ansicht, daß es
einer derartigen ausdrücklichen Bestimmung nicht bedürfe, indem
in dem gegebenen Falle das Wahlrecht des Inhabers schon
nach allgemeinen Rechtsgrundsätzen keinen Zweifel unter=
liege. Man hielt es daher für genügend, diese Ansicht im
Protokolle niederzulegen.

Ein anderer Antrag, den ganzen zweiten §. zu strei= 1259
chen, oder doch das Wort: „Indossanten" mit dem
Worte: „Vormänner" zu vertauschen, fand keine Unter=
stützung.

§. 66.   In Bezug auf den ersten Absatz des §. 66. wurden 1260
anfänglich mehrere Aenderungen vorgeschlagen, später aber
machte sich die Ansicht geltend, daß diese Bestimmung im
Hinblick auf die Vorschrift des §. 64. als überflüssig er=
scheine. Man vereinigte sich deshalb, den ersten Absatz die=
ses §. wegzulassen, und in dem zweiten Absatze statt „diese
Provision" zu setzen: „eine Provision von ⅛ Pro=
cent."

§§. 67—71.   Zu den §§. 67—71. kamen die Duplicate der Wech= 1261
M.S.111 Sp.1. sel=Copien zur Sprache. Es wurde bemerkt, daß dergleichen
Papiere nicht selten im Verkehre vorkämen und gewissermaa=
ßen die Stelle der Secunda und Tertia verträten.

Die Versammlung fand sich indessen nicht veranlaßt,
etwas über die Verbindlichkeit zur Verabreichung eines sol=
chen Duplicates zu verordnen, sondern glaubte, es bei der
desfalls bestehenden Handels=Usançe belassen zu müssen.

M.S.111 Sp.2.   Für den zweiten Absatz des §. 70 wurde folgende Fas= 1262
sung beschlossen:

> Daß auch auf das Duplicat die Annahme oder die
> Zahlung nicht zu erlangen gewesen sei.

§. 75.   Endlich sollen im §. 75. statt „dabei" die Worte: 1263
§. 77.   „bei der Erwerbung" gesetzt, und im §. 77. das 1264
Wort: „verhaftet" mit dem Worte: „verpflichtet"
vertauscht werden.

XXXIV.
Leipzig, den 8. December 1847.

—

M.S.111 Sp.1.   Nach Vorlesung des Protocolles der gestrigen Sitzung 1265
fuhr man mit der Berathung des Entwurfs der Redactions-
Commission fort.

§§. 79. 80.   Von dem Oesterreichischen Herrn Abgeordneten wurde 1266
die Zusammenziehung der §§. 79. und 80. mit der Abänderung beantragt, daß stets darauf zu sehen sei, woher
der Regreß genommen werde.

Der Antrag fand bei einigen Mitgliedern der Conferenz Unterstützung, von anderen, insbesondere auch vom
Herrn Referenten wurde erwiedert: Der Versuch einer solchen
Verbindung sei gemacht, aber von der Versammlung nicht
gebilligt; §. 79. stelle den Zahlungsort, §. 80. den

L. S. 241.   Wohnort des Regreßnehmers als den | Ort hin, auf welchen
bei Abmessung der Regreßfristen gesehen werden müsse.
Diese Unterscheidung sei in gewissen Fällen, z. B. wenn ein
Procura-Indossatar oder ein Reisender Regreß nehme, von
praktischer Bedeutung und nothwendig.

Bei der Abstimmung lehnten 16 Stimmen gegen 3
den Antrag ab.

Dagegen ward ohne Widerspruch beliebt, in No. 2 1267
hinter dem Worte „Inseln," zur Verdeutlichung des
Sinnes hinzuzusetzen: „dieser Meere."

§. 81.   Beim §. 81. stellte der Herr Referent, Namens der 1268
Redactionscommission, zur Erwägung, ob nicht etwa der
früher beschlossene Zusatz über den Wiederbeginn der Verjährung, wenn die Klage zurückgenommen worden, wieder
aufgegeben werden könne, weil sich nicht wohl festsetzen lasse,
wann die Verjährung bei der Streitverkündigung von neuem
zu laufen beginnen solle, und eine Vorschrift hierüber doch
nicht fehlen dürfe, wenn man eine Vorschrift über den Wie-
deranfang der Verjährung in jenem anderen Falle treffe.
Auch ohne den fraglichen Zusatz fehle die nöthige Hülfe
nicht; jedenfalls liege sie in der **provocatio ad agendum**
und nach einigen Processgesetzen sei sie auch schon ohne dieses Auskunftsmittel gegeben.

Herr Vicepräsident Dr. Einert wünschte zu größerer 1269
Sicherung der Betheiligten einen Zusatz, etwa am Ende des
§., dahin: „und beginnt dann eine Verjährung von gleicher
Dauer;"

Es erklärten sich jedoch nur 3 Stimmen dafür.

M.S.111 Sp.2.   Noch ward an dieser Stelle bemerklich gemacht, daß 1270
gegen den früher gefaßten Beschluß in dem vorliegenden
Entwurf keine Bestimmung über die Unzulässigkeit der in integrum **restitutio** aufgenommen sei. Obwohl gegen diese
Auslassung nicht geradezu Widerspruch erhoben wurde, hielt
man von einer Seite nun doch mindestens eine etwas andere

Fassung des §. 83. nöthig, dergestalt, daß derselbe nicht bloß auf Einreden im wahren Sinne, sondern auch auf andere Einwendungen und Rechtsbehelfe des Klägers bezogen werden könne. Andererseits sah man dies Letzte nicht für durchaus erforderlich an, wohl aber die unbedingte Ausschließung der in integrum restitutio für nöthig, und mindestens eine Bemerkung im Protokolle, etwa dahin, für angemessen: man sei davon ausgegangen, daß keine Einreden und sonstige Rechtsbehelfe vorgebracht werden dürften, als solche, die sofort liquide gemacht werden könnten. Da man indeß diesen Satz nicht in die allgemeine Wechselordnung aufgenommen, sondern in die Proceßordnung verwiesen habe, so habe man dafür gehalten, daß auch eine etwaige Bestimmung über die in integrum restitutio in die Proceßordnung gehöre.

Als nun über die Frage abgestimmt wurde:

Soll eine Vorschrift in die Wechselordnung aufgenommen werden, daß eine in integrum restitutio unzulässig sei?

erklärte sich keine Stimme für die Bejahung.

§. 83. Eine Aenderung der Fassung des §. 83 hielten einige 1271
Herren Abgeordnete aus Rücksicht auf das, was darüber
L. S. 242. beim §. 81. vorgekommen war, für nothwendig; | die Abstimmung ergab indeß 4 Stimmen für und 15 gegen eine Aenderung der Fassung.

§. 84. Ein Conferenzmitglied wünschte, daß im §. 84. kein 1272
Unterschied zwischen Aussteller, Acceptanten und Indossanten gemacht werde, weil auch bei den Indossanten der Fall der Bereicherung denkbar sei; die Versammlung beschloß jedoch, auf diese schon früher reiflich erwogene und entschiedene Frage nicht wieder einzugehen.

Von einer anderen Seite wurde die Streichung des zwei- 1273
ten Absatzes des §. vorgeschlagen, weil die Bestimmung in's Civilrecht gehöre. Dies fand jedoch keine Anerkennung, und bei der Abstimmung wurde der Antrag von 16 Stimmen gegen 3 abgelehnt.

M. S. 112 Sp. 1. Von einer dritten Seite endlich schlug man vor, im 1274
letzten Absatze des §. den Ausdruck: anderweiter, mit: solcher, zu vertauschen, da jener nicht nur zweifelhaft sei, sondern auch über die Absicht der Conferenz hinausgehe, z. B. selbst gegen den Betrüger jeden Anspruch nach Verjährung der Wechselverbindlichkeit ausschließen möchte. Dies ward von 18 Stimmen (von dem Sächsischen Herrn Abgeordneten jedoch mit dem Zusatze: daher) gegen 1 gebilligt.

§. 85. Zur Fassung der §§. 85. und 86. ward vom Herrn 1275
und 86. Referenten erläuternd angeführt, daß die Ausdrücke Inland und Ausland von den Regierungen der einzelnen Staaten bei Verkündigung der Wechselordnung näher zu bestimmen sein würden.

Ein außerdem noch von einem Mitgliede gestellter An- 1276
trag, im Anfange des §. 85. statt: „die Fähigkeit Wechselverbindlichkeiten zu übernehmen," wie im §. 1. zu sagen: „die Wechselfähigkeit," oder §. 1. zu citiren, fand keine Unterstützung.

17

§. 88.   Einer der Herren Abgeordneten stellte zur Erwägung, 1277
ob nicht entweder im ersten Absatze des §. 88. ein Zusatz
zu machen oder doch im Protokolle auszudrücken sei, daß
nur die zur Protestaufnahme bestellten Gerichtsbeamten Pro=
teste aufnehmen dürften, weil doch nicht statthaft erscheine,
daß jeder Gerichtsbeamte, z. B. auch der Wechselrichter,
Proteste aufnehme.

Von den übrigen Conferenzmitgliedern hielt man jedoch
eine solche Vorschrift in der allgemeinen Wechselordnung
nicht für zulässig, weil die Frage, welche Gerichtsbeamten
zur Protestaufnahme befugt seien, nach der Gerichtsverfassung
jedes Landes beantwortet und nöthigenfalls durch die Lan=
desgesetzgebung entschieden werden müsse.

§. 90.   In der Bestimmung des §. 90. No. 1. beantragte 1278
Einer der Herren Abgeordneten, statt der Worte: „oder Copie,"
zu setzen: „sei er Original oder Copie" — um den Zweifel
zu beseitigen, ob eine Abschrift der Copie gemacht werden
dürfe.

Bei der Abstimmung erklärten sich indeß 14 Stimmen
dagegen.

Ebenso ward der fernere Antrag, jene Worte: „oder 1279
Copie," zu streichen, von 11 Stimmen gegen 8 abgelehnt.

Endlich wurde auch der aus Rücksicht auf den unter 1280
No. 4 gebrauchten Ausdruck: „Kalendertag," gemachte An=
trag: im §. 4. No. 4. statt: „bestimmten Tag," zu sagen:
„Kalendertag," von 11 Stimmen gegen 8 verworfen.

L. S. 243.   Bevor zum §. 93. übergegangen ward, bemerkte der 1281
Herr Referent: Die Fassungscommission habe die beschlossene
Bestimmung über **vis** major nicht aufgenommen, weil sie
keine befriedigende Fassung habe finden können. Der Be=
griff der **vis** major sei nicht zu präcisiren; die bloßen casus
ließen sich nicht davon ausschließen, und dadurch werde die
Vorschrift nicht nur zu weit ausgedehnt und somit bedenk=
lich, sondern sie gehe auch weiter, als man bei dem Beschlusse
gewollt habe.   Denn man habe bei **vis** major nicht Zufälle,
welche einen Einzelnen oder Wenige beträfen, sondern allge=
meine große Unglücksfälle und Begebenheiten, welche z. B. die
Verbindungsmittel hemmten oder einen Stillstand der Rechts=
pflege bewirkten, vor Augen gehabt.   Besser sei daher
unter solchen Umständen, der Jurisprudenz die Beurtheilung
zu überlassen oder von der Landesgesetzgebung in jedem ein=
tretenden Falle die Regelung zu erwarten.

Die übrigen Mitglieder der Redactionscommission be= 1282
stätigten, daß der Versuch, eine passende Fassung zu finden,
wiederholt, aber vergeblich gemacht sei.   Von Einem der= 1283
M. S. 112 Sp. 2. selben | ward noch hinzugefügt: Der Beschluß, die in inte=
grum restitutio für unstatthaft zu erklären, sei mit Be=
rücksichtigung der **vis** major unvereinbar gewesen; Präcisi=
rung dieses Wortes sei nicht möglich, und doch unerläßlich,
wenn man eine Bestimmung der fraglichen Art treffen wolle.
Indeß könne man sie auch unbedenklich fortlassen, ohne be=
fürchten zu müssen, den Zweck zu verfehlen; denn diejenigen
Fälle der **vis** major, an die man bei dem Beschlusse gedacht
habe, würden Berücksichtigung finden, selbst wenn nichts
darüber vorgeschrieben sei.

Als nun zunächst die Vorfrage: 1284
> ob auf Erörterung der Sache überhaupt eingegangen
> werden solle,

von 15 Stimmen gegen 4 bejaht war, wurden die Gründe
für und wider, im Wesentlichen übereinstimmend mit denen,
die schon bei der früheren Berathung (vergl. Protokoll XXIX.)
vorgekommen waren, von Neuem erörtert; besonders aber
ward hervorgehoben:

Von der einen Seite: Die Hauptsache sei nicht zu 1285
bestimmen, was unter höherer Gewalt zu verstehen, sondern
zu entscheiden, ob sie berücksichtigt werden dürfe. Hierüber
aber sei eine Bestimmung um so nothwendiger, je verschiedener die Ansichten seien. Im einzelnen Falle werde die
Landesgesetzgebung nicht immer einschreiten wollen oder dürfen. Eine Fassung scheine übrigens wohl gefunden werden
zu können; wie denn gleich die des Braunschweigischen Entwurfs, mit einer schon früher vorgeschlagenen kleinen Modification, hinreichend befriedigen möchte.

Von der anderen Seite trat man dagegen der Re- 1286
dactionscommission bei, und zwar hauptsächlich, weil der
Unterschied zwischen vis major, casus und durch culpa be-
dingter casus sich nicht sicher genug bestimmen lasse; und
weil der Gegenstand seiner Natur nach in's Civilrecht gehöre, mit dem man leicht in Widerspruch gerathen könne,
wenn man darüber in der Wechselordnung eine besondere
Vorschrift aufstelle.

Der Herr Vicepräsident Dr. Einert war der Meinung: 1287
S. 244. Eine Bestimmung | über vis major könne überhaupt nur ge-
troffen werden in Beziehung auf Vornahme einer Solennität, vorzugsweise also in Bezug auf Präsentation zur Zahlung. Alle übrigen Fälle gehörten in das Proceßrecht.
Derselbe beantragte daher die Aufnahme einer dem §. 66.
des Sächsischen Entwurfs entsprechenden Bestimmung.

Nach geschlossener Berathung wurden die zur Abstim- 1288
mung gebrachten beiden Fragen verneint und zwar
> die erste:
> > Soll eine Bestimmung der Art aufgenommen wer-
> > den, daß vis major entschuldige?
> von 12 Stimmen gegen 7;
> und die zweite: 1289
> > Soll eine im Grundsatze mit §. 66. des Sächsischen
> > Entwurfs übereinkommende Vorschrift getroffen werden?
> von 16 Stimmen gegen 3.

§. 93. Der von einem Herrn Abgeordneten gemachte Vor- 1290
schlag, im zweiten Absatze des §. 93. hinter dem Worte:
„Nachfrage," zur Verdeutlichung hinzuzusetzen: „des Notars
oder Gerichtsbeamten, welcher den Protest aufzunehmen hat,"
wurde von 12 Stimmen gegen 7 genehmigt.

§. 94. Auf Vorschlag verschiedener Conferenzmitglieder wurde 1291
ohne Widerspruch beschlossen, den §. 89. mit dem §. 94.
zu vereinigen, ferner demselben im Anfange einen Zusatz zu
geben, und ihn dann (vorbehältlich einer nochmaligen Prüfung durch die Redactions-Commission) etwa folgender Gestalt zu fassen:

M.S. 112 Sp.1. Verfällt der Wechsel an einem Sonntage oder an einem | allgemeinen Feiertage, so ist der nächste Werk=tag der Zahlungstag. Auch die Aufforderung zur Herausgabe eines Wechselduplicats und zur Annahme oder zu einer anderen Erklärung, so wie die Protest=erhebung kann nur an einem Werktage geschehen. Fällt (u. s. w. wie im Entwurfe).

§. 95. Zum §. 95. ward ohne Widerspruch genehmigt, im 1292 ersten Absatze in der dritten Zeile vor: „Zahltage," einzu=schalten: „nächsten." Zugleich wurde bemerkt, der zweite 1293 Absatz solle ausdrücken: die Protestzeit sei nach dem im Wechsel angegebenen Zahlungstage zu berechnen, und demnach bleibe es dabei, daß ein am Sonntage oder Mon=tage fälliger Wechsel spätestens am Mittwoch protestirt wer=den müsse.

§. 96. Beim §. 96. wurde von einer Seite die Weglassung 1294 der Worte: „oder notarieller," gewünscht, weil nach den Einrichtungen gewisser Länder Notare nicht beglaubigen dürf=ten. Andererseits hielt man jedoch die Beibehaltung der Vorschrift für angemessen, um die Art der Beglaubigung näher zu bezeichnen, und zugleich für unbedenklich, weil hier in der Wechselordnung keine Vorschrift darüber gegeben werde, ob Notare beglaubigen könnten.

Als nun bei dem Entwurfe sich weiter nichts zu be= 1295 merken fand, und die Berathung über denselben geschlossen war, sprach der Württembergische Herr Abgeordnete den 1296 Wunsch aus, daß in den Ländern, wo noch ein Vorzugs=

L. S. 245. recht der | Wechselforderungen im Concurse bestehe, dies nach Einführung der allgemeinen Wechselordnung abgeschafft werden möge.   .

Einige Herren Abgeordnete erklärten, daß in den Staa=ten, welchen sie angehörten, ein solches Vorzugsrecht nicht bestehe. Andere äußerten sich dahin, daß die Beseitigung des noch bestehenden Vorrechts in Erwägung genommen sei. Allseitig aber war man einverstanden, daß die Erfüllung des ausgesprochenen Wunsches Beförderung verdienen werde.

Hieran knüpfte derselbe Herr Abgeordnete endlich noch 1297 folgende zwei Wünsche in Bezug auf Weiterbildung des all=gemeinen Deutschen Wechselrechts und auf ferneres Vor=schreiten in dem Wege, der jetzt durch Verhandlung über ein gemeinsames Wechselrecht angebahnt worden:

I.

Es liege in der Natur der Sache, daß, ungeachtet der 1298 zu erwartenden Einheit der Wechselgesetzgebung die Auffassung, Anwendung und Rechtsprechung an ver=schiedenen Orten und in den verschiedenen Deutschen Staa=ten eine mehr oder weniger verschiedene sein und daß da=her ein mehr oder weniger verschiedenes Wechselrecht sich ausbilden und festsetzen könne. Dies werde um so mehr der Fall sein, als sich die Gesetzgebung bemüht habe, nur die allgemeinen Sätze aufzustellen und die Ableitungen daraus der Anwendung zu überlassen. In anderen Län=dern, z. B. in Frankreich, würden diese Uebelstände durch die Entscheidungen des obersten Gerichtshofes ausgeglichen, welche für das ganze Land, wo nicht formell, doch materiell maaßgebend seien und so eine gewisse Gleichförmigkeit des angewandten Rechts vermittelten. Dieses Mittel zur Erzielung der Gleichförmigkeit fehle Deutschland und es dürfte um so mehr Noth thun, sich nach einem Surrogate umzusehen, als bei der beschlossenen Ausdehnung der Wechselfähigkeit, wenigstens für den Anfang, die Behandlung von Wechselsachen in die Hände von Richtern fallen könnte, die wenig Erfahrung darin haben. Dieses Surrogat würde der Antragsteller darin finden, 1299 wenn nach einigen Jahren ein Zusammentritt der Ab-

.S.113 Sp.2.

geordneten der verschiedenen Deutschen | Staaten veranstaltet, die Rechtsanwendung und insbesondere die Rechtssprechung (Präjudicien), welche sich in den einzelnen Staaten ergebe, zusammengestellt und dasjenige, was dem Geiste des Gesetzes und der Sache am Gemäßesten erscheine, bezeichnet werde, wobei es jeder Regierung überlassen bleibe, ob und inwiefern sie die gefaßten Beschlüsse zum formellen Rechte, wenigstens als subsidiäre Rechtsquelle erheben wollte oder nicht. Dabei würde natürlich vorausgesetzt, daß die Materialien dazu, namentlich die interessanten Rechtssprüche von dem Tage an, wo die allgemeine Wechselordnung im einzelnen Staate Gesetzeskraft erhält, gesammelt, und bei dem dereinstigen Zusammentritt mitgetheilt würden. Obendrein würde dieser Zusammentritt

L. S. 246.

ein sehr geeignetes Mittel | sein, in dem Deutschen Volke die Idee der Gemeinsamkeit des Rechts lebendig zu erhalten. Der Antragsteller sei zu dieser Aeußerung ausdrücklich bevollmächtigt und habe nur noch den Wunsch auszudrücken, daß ein ähnlicher Antrag von den Herren Commissarien bei ihren resp. Regierungen befürwortet und dereinst von der Königl. Preußischen Regierung, die auch bisher die Initiative auf so dankenswerthe Weise ergriffen habe, die Einleitung eines in der obigen Richtung zu veranstaltenden Zusammentritts von Abgeordneten der Deutschen Regierungen getroffen werden möge. Hieran schließe sich zugleich der weitere Wunsch, daß, 1300 wenn sich auch in den einzelnen Staaten Mängel und Lücken der berathenen Wechselordnung fühlbar machen sollten, von diesem Zusammentritt solchen Mängeln nicht durch Particulargesetze und Novellen abzuhelfen versucht werden möge, indem Vieles sich durch die Anwendung und Rechtssprechung ausgleichen, und die etwaigen rechtlichen Vortheile einer solchen Ausfüllung und Ergänzung durch den moralisch-politischen Nachtheil, welcher in dem Verluste der Gemeinsamkeit des Rechts liege, aufgewogen, auch der Zweck der Conferenz dadurch eigentlich vereitelt werde. Denn nicht die leitenden Grundsätze bei Abfassung von Particularwechselgesetzen, sondern ein gemeinsames, wörtlich übereinstimmendes Gesetz habe man verabreden wollen.

II.

Nachdem die Königl. Würtembergische Regierung schon 1301 im Jahre 1840 bei Gelegenheit der amtlichen Mittheilung

des Entwurfs eines Handelsgesetzbuchs die Einleitung zu
einer gemeinsamen Deutschen Handelsgesetzgebung befürwor=
tet und diesen Antrag auf den Generalconferenzen der
Zollvereinsstaaten wiederholt hatte, sei auf der achten
Generalconferenz §. 24. die allseitige Geneigtheit zu
einem Vereinigungsversuche über das Wechselrecht erklärt
worden. Es dürfte nun hier am Schlusse der Conferenz 1302
an der Zeit sein, den obigen Antrag auf Berathung und
Vereinigung über den übrigen Theil eines Handelsgesetz=
buchs, so weit er nicht das Seerecht betreffe, wieder in
Anregung zu bringen. Zwar sage man, die übrigen
Theile des Handelsrechts greifen mehr in das Civil=
recht ein, als die Wechselgesetzgebung und allerdings seien
die Schwierigkeiten, ein gemeinsames Handelsrecht zu
Stande zu bringen, etwas größer, aber unüberwindlich
seien sie nicht und werden sie überwunden, so sei damit
zugleich eine Vereinigung über ein gemeinsames Obliga=
tionenrecht angebahnt. Die Württembergische Regierung
würde es daher dankbar erkennen, wenn die Königl.
Preußische Regierung, wie bei der Wechselordnung die
M.S.114Sp.1.   Initative zu Berathung eines gemeinsamen | Handelsrechts
ergreifen würde und zugleich bitte er die Herren Abgeord=
neten, diesen Wunsch bei ihren Regierungen im Interesse
des gesammten Deutschen Vaterlandes zu befürworten.

L. S. 247.   Nach diesem Vortrage äußerten die Herren Abgeordne= 1303
ten von Preußen, Baden, Großherzogthum Hessen, Groß=
M.S.114Sp.2. herzogthum | Sachsen und Nassau, daß sie in ähnlichem
Sinne sich auszusprechen im Begriffe gewesen seien. Auch
sonst noch fanden die vorgetragenen Wünsche vielfachen An=
klang, und es vereinigten sich darauf sämmtliche Herren Ab=
geordnete dahin, dieselben ihren Regierungen zur Erwägung
und Beschlußnahme vorzutragen.

XXXV.

Leipzig, den 9. December 1847.

l. S.114 Sp.1.   Nachdem die Berathung des Entwurfs einer gemein- 1304
samen Wechselordnung in der gestrigen Sitzung beendigt
worden war, traten die noch anwesenden Mitglieder der
Conferenz unter dem Vorsitze Sr. Excellenz des Herrn
Staatsministers von Könneritz heute nochmals zusammen, um den aus den Berathungen hervorgegangenen Entwurf nach Maaßgabe der gefaßten Beschlüsse festzustellen
und zur Unterzeichnung desselben, sowie der über die Sitzungen der Conferenz aufgenommenen Protocolle zu schreiten.

  Es wurde daher nach Vorlesung des Protocolles über 1305
die vorige Sitzung der definitiv-redigirte Entwurf einer Allgemeinen Deutschen Wechselordnung nochmals durchgegangen
und allseitig als den Beschlüssen der Versammlung entsprechend anerkannt.

  Hierbei kamen noch folgende Gegenstände zur Sprache: 1306
I. Es wurde von der Versammlung als wünschenswerth anerkannt, daß die Regierungen, welche die Conferenz
zur Berathung eines gemeinsamen Wechselrechts beschickt
haben, sich sobald als möglich im Correspondenzwege gegen-
seitige Mittheilungen darüber machen möchten, ob sie ihrerseits den von der Conferenz nunmehr festgestellten Entwurf
einer Wechselordnung für geeignet halten, den für die Gesetzgebung in den einzelnen Staaten verfassungsmäßig bestehenden Stadien unterworfen zu werden, indem bemerkt
wurde, daß es besonders den Regierungen derjenigen Staaten, wo der Zusammentritt der Stände nahe bevorsteht,
wichtig sei, von den Absichten der übrigen Regierungen in
dieser Hinsicht baldigst in Kenntniß gesetzt zu werden.

  Die Herren Abgeordneten von Preußen übernahmen es
M. S. 114 Sp.2. hierauf bei ihrer Regierung darauf anzutragen, daß von
derselben | zu einer solchen gegenseitigen Mittheilung im Wege
der Correspondenz unverzüglich Einleitung getroffen werde.

  II. Die Vollmachten sämmtlicher Herren Abgeordneten 1307
sind, nachdem man inzwischen gegenseitig Einsicht von den-
L. S. 248. selben genommen und gegen deren Inhalt | und Form sich
nichts zu erinnern gefunden hat, zu den Acten der Conferenz gebracht worden, welche die Königlich Sächsische Regierung nach dem Wunsche der Versammlung in ihrem Ar-
chive aufbewahren lassen wird.

  III. Dem Protocolle der heutigen Sitzung sind 1308
  1) der von der Königlich Preußischen Regierung mitgetheilte Entwurf einer Wechselordnung, welcher nach dem
in der ersten Sitzung gefaßten Beschlusse als Grundlage für
die Berathungen der Conferenz angenommen worden war,
sodann

  2) der von der Redactions-Commission, nach den Beschlüssen der Conferenz in der zweiten bis einunddreißigsten
Sitzung abgeänderte Entwurf und

3) der von der Conferenz in der heutigen Sitzung schlüßlich festgestellte Entwurf einer Allgemeinen Deutschen Wechselordnung als Anlagen beigefügt worden.

Nachdem hierauf der Abgeordnete von Oesterreich, Herr 1309 Hofrath Dr. Heisler, den beiden Herren Vorsitzenden der Conferenz, sowie dem Herrn Referenten den Dank der Versammlung ausgesprochen und der Herr Staatsminister von Könneritz diesen Dank mit den besten Wünschen für sämmtliche Abgeordnete erwiedert hatte, wurden sowohl der von der Conferenz angenommene Entwurf, als auch die vorstehenden, in Fünf und Dreißig Protocollen enthaltenen Verhandlungen der Conferenz, letztere am Schluße des gegenwärtigen Protocolles von sämmtlichen Herren Bevollmächtigten, welche an der heutigen Sitzung Theil genommen, unterschrieben. 1310

Dr. Ferd. Heisler.	v. Patow.	Dr. Kleinschrod.	von Könneritz.
	Bischoff.	Friedr. Schmid.	Dr. Einert.
	M. Magnus.		Heinrich Poppe.
			Georgi.
Lehzen.	Hofacker.	W. Brauer.	Fuchs.
Breidenbach.	E. Behn.	Thon.	Liebe.
Vollpracht.	Thöl.	Alberts, für Oldenburg.	P. L. Elder, Dr.
Harnier.	Alberts, für Bremen.	Lutteroth-Legat. Halle.	

Dr. P. H. F. Haensel.

L. S. I.

Denkschrift,

die Berathungen über ein

Allgemeines Deutsches Wechselrecht

betreffend.

———

M.S.VII.Sp.1. In den zum Zollverein verbundenen Staaten wird überall schon seit längerer Zeit das Bedürfniß empfunden, das den Verhältnissen der jetzigen Zeit nicht mehr entsprechende Wechselrecht einer Revision und Umarbeitung zu unterwerfen. Je allgemeiner dieß Bedürfniß sich geltend machte, desto mehr mußte der Wunsch laut werden, sich nicht darauf zu beschränken, in jedem einzelnen Staate etwas Besseres als das Bestehende promulgirt zu sehen, sondern den Versuch zu machen, ob sich nicht durch Vereinigung der bis jetzt isolirten Bestrebungen und durch gegenseitigen Austausch der verschiedenartigen Ansichten und Erfahrungen jedenfalls etwas an sich Vollkommeneres erreichen, vielleicht aber auch eine Gemeinschaftlichkeit und Gleichförmigkeit des Wechselrechts herbeiführen lasse. Die in dieser Beziehung von mehreren Seiten gemachten Vorschläge haben bei den Regierungen der Zollvereinsstaaten allgemeinen Anklang gefunden. Es leuchtet indeß ein, daß die Theilnahme an einem gemeinsamen Wechselrechte durchaus nicht durch die Theilnahme an dem Zollverein bedingt wird, daß vielmehr das gemeinsame Werk seine wohlthätigen Folgen für den gesammten Handel und Verkehr noch in weit höherem Grade entwickeln muß, wenn es auch andere als die zum Zollverein gehörigen Staaten und wo möglich das gesammte Deutschland umfaßt.

Die Regierungen der Zollvereinsstaaten haben daher beschlossen, die Regierungen sämmtlicher Deutschen Bundesstaaten zur Theilnahme an den bereits im Jahre 1846 auf der achten General-Konferenz in Zollvereins-Angelegenheiten verabredeten Berathun-

gen über ein allgemeines Wechselrecht einzuladen und für diese Be=
rathungen folgende Vorschläge zu machen:

1.

L. S. II.   Am 20sten October d. J. wird eine Konferenz zu Bera=
thungen über ein allgemeines Wechselrecht in Leipzig abgehalten
werden.

2.

M. S. VII Sp. 2.   Die Regierungen sämmtlicher Deutschen Bundesstaaten wer=
den eingeladen, diese Konferenz durch Abgeordnete zu beschicken.
Tritt der Fall ein, daß Beschlüsse gefaßt werden müssen, so werden
von den zum Zollverein verbundenen Regierungen, um sich an ver=
tragsmäßig bestehende Normen anzuschließen, nur diejenigen eilf
Stimmen geführt werden, durch welche die Beschlüsse bei den regel=
mäßigen General=Konferenzen in Zollvereins=Angelegenheiten gefaßt
werden (Preußen, Bayern, Sachsen, Württemberg, Baden, Kur=
hessen, Großherzogthum Hessen, Thüringische Verein, Braunschweig,
Nassau und Frankfurt). Diesen eilf Stimmen werden die Stimmen
von Oesterreich, Hannover, Holstein, Mecklenburg (beide Großher=
zogthümer mit einer Stimme), Oldenburg, Lübeck, Bremen und
Hamburg hinzutreten, in so weit die Regierungen dieser Staaten an
den Berathungen Theil zu nehmen geneigt sind. Die Regierungen
der übrigen Bundesstaaten werden (wie dies in Betreff der dem
Zollverein angehörigen für Zollvereinsachen vereinbart ist), durch
die Regierungen, mit welchen sie durch Gemeinsamkeit der Geseß=
gebung oder der Zollverwaltung u. s. w. eng verbunden sind, bei
den Abstimmungen vertreten werden, aber durch Abgeordnete mit
einem konsultativen Botum an den Berathungen Theil nehmen
können.

3.

Da mehrfache Erfahrungen gezeigt haben, daß Berathungen
über ein Wechselrecht nur dann zu befriedigenden Resultaten führen,
wenn Sachverständige daran Theil nehmen, die mit der gesammten
Technik des Wechselverkehrs genau vertraut sind, so muß es nicht
allein für zulässig, sondern sogar für wünschenswerth geachtet wer=
den, daß die die Konferenz beschickenden Regierungen oder wenig=
stens diejenigen, in deren Staaten ein lebhafter Wechselverkehr vor=
M. S. VIII Sp. 1.   kommt, nicht blos | durch Beamte, sondern neben diesen auch durch
kaufmännische Sachverständige vertreten werden.

Wenn ein Staat oder ein Verein, der eine Stimme abzuge=
ben hat, mehrere Abgeordnete sendet, so würde es lediglich seine
Sache sein, zu bestimmen, welcher derselben die Stimme abgeben
und ob wie etwa darüber zwischen den mehreren Abgeordneten eine
Verständigung stattfinden soll.

4.

Den Regierungen derjenigen Staaten, in welchen neuer=
dings entweder Wechsel=Ordnungen publizirt oder legislative Bor=
arbeiten bis zur Beendigung eines vollständigen Entwurfs zu einem

L. S. III. solchen Gesetze vorgeschritten sind, wird anheimgestellt, diese | Ver=
ordnungen oder Entwürfe vor dem 1sten October d. J. den übri=
gen die Konferenz beschickenden Regierungen mitzutheilen.

5.

Die Konferenz wird bei ihrem Zusammentreten beschließen,
welches der ihr mitgetheilten Wechselrechte oder Projekte sie ihren
Berathungen zu Grunde legen will, sie ist aber verpflichtet, neben
dieser Grundlage auch die übrigen ihr mitgetheilten Gesetze oder
Entwürfe fortwährend zu vergleichen und in Erwägung zu ziehen.

6.

Nachdem die Konferenz alle bei der Berathung vorkommen=
den Fragen erörtert und nöthigenfalls durch Abstimmung erle=
digt hat, liegt ihr die Verpflichtung ob, nach Maaßgabe der er=
zielten Resultate den vollständigen Entwurf einer zur sofortigen
Publikation geeigneten Wechselordnung auszuarbeiten und festzu=
stellen.

7.

Aus der Theilnahme an der Konferenz darf für keine Re=
gierung eine Verpflichtung zur Publikation des vereinbarten Ent=
wurfs gefolgert werden. Es bleibt vielmehr jeder Regierung über=
lassen, diesen Entwurf zu prüfen und danach zu ermessen, ob sie
M. S. VIII S p. 2. ihn für geeignet hält, publizirt respektive den | verfassungsmäßig für
dergleichen legislative Arbeiten bestehenden Stadien unterworfen zu
werden. Es darf aber das Vertrauen ausgesprochen werden, daß
die einzelnen Regierungen, ebenso wie deren Ständeversammlungen
etwaige Einwendungen gegen den vereinbarten Entwurf, wenn diese
von keiner großen Erheblichkeit sind, dem großen Zwecke, eine
Gleichförmigkeit des Wechselrechts zu erlangen, bereitwillig zum
Opfer bringen und sich daher nur dann von dem gemeinsamen
Werke ausschließen werden, wenn wider Erwarten wichtige Beden=
ken dies als unabweisbar erscheinen lassen sollten.

8.

Die in mehreren Staaten obwaltende Nothwendigkeit, die
Publikation eines neuen Wechselrechts thunlichst zu beschleunigen
und die Unmöglichkeit, die Theilnehmer einer s o l c h e n Konferenz,
wie sie für diese Berathungen gewünscht wird, längere Zeit ihren
gewohnten Geschäften zu entziehen, machen es wünschenswerth, die
Konferenz auf einen kurzen Zeitraum zu beschränken.

Dies kann aber nur geschehen, wenn die Mitglieder derselben
unter keinerlei Umständen Instruktionen einzuholen genöthigt sind.
Auch wird das Resultat der Berathungen unstreitig ein viel befrie=
digenderes sein, wenn es lediglich aus den durch die vielseitigen
Besprechungen gebildeten Ansichten und den in der Versammlung
gefaßten Beschlüssen hervorgeht, als wenn außerhalb der Versamm=
L. S. IV. lung gefaßte Beschlüsse darauf | einwirken. Da, wie bereits erwähnt,
für keine Regierung eine Verpflichtung besteht, der aus der Kon=
ferenz hervorgehenden Wechsel = Ordnung ihre Zustimmung zu er=

theilen, so wird es auch in formeller Beziehung unbedenklich sein auf alle und jede Instruktions-Einholung während der Berathung zu verzichten. Die Abgeordneten der eine Stimme führenden Regierungen werden daher zu ermächtigen und anzuweisen sein, über alle bei der Berathung vorkommenden Fragen ihr Votum jederzeit nach bestem Wissen und Gewissen abzugeben, ohne durch Rückfragen eine Verzögerung herbeiführen zu dürfen.

Berlin, den 31sten August 1847.

Entwurf

einer

Wechsel-Ordnung.

für die

Preußischen Staaten

nach den Beschlüssen der Kommission des Königlichen
Staatsraths.

Erster Abschnitt.

Von der Wechselfähigkeit.

§. 1.

Wechselfähig sind alle Personen, welche sich durch Darlehns-
Verträge gültig verpflichten können.

§. 2.

Der Wechselschuldner haftet für die Erfüllung der übernommenen Wechselverbindlichkeit bei Vermeidung des sofort erfolgenden
Personal-Arrestes.

Jedoch ist der Wechsel-Personal-Arrest nicht zulässig:
1) gegen Offiziere und Soldaten des Preußischen stehenden
   Heeres, sowie gegen Landwehr-Offiziere und Landwehrmän-
   ner im activen Dienst, auch wenn ihre Wechselverbindlichkeit
   aus einem gültig von ihnen eingegangenen Darlehns-Ver-
   trage entsprungen ist;
2) gegen Frauen, wenn sie nicht selbstständig ein Gewerbe betreiben;
3) gegen die Erben eines Wechselschuldners;
4) aus Wechselerklärungen, welche in Angelegenheiten von Kor-
   porationen, Aktiengesellschaften und anderen juristischen Personen oder in Angelegenheiten solcher Personen, welche zu
   eigener Vermögens-Verwaltung unfähig sind, von den zur
   Vertretung bestellten Personen ausgestellt werden.

§. 3.

Finden sich auf einem Wechsel Unterschriften von Personen,
welche eine Wechselverbindlichkeit gar nicht, oder nicht mit vollem
Erfolge eingehen können, so hat dies auf die Verbindlichkeit der
übrigen Wechselverpflichteten keinen Einfluß.

Zweiter Abschnitt.
Von gezogenen Wechseln.

§. 4.

I. Erfordernisse eines Wechsels. Die wesentlichen Erfordernisse eines im Inlande ausgestellten gezogenen Wechsels sind:

1. die in den Kontext aufzunehmende Bezeichnung als Wechsel, Wechselbrief oder Tratte, oder wenn der Wechsel in einer fremden Sprache ausgestellt ist, ein jener Bezeichnung entsprechender Ausdruck in der fremden Sprache;
2. die Bezeichnung der zu zahlenden Geldsumme;
3. der Name der Person oder die Firma, an welche oder an deren Ordre gezahlt werden soll (des Remittenten);
4. die Bestimmung der Zeit, zu welcher gezahlt werden soll; die Zahlungszeit kann nur bestimmt werden
   auf einen bestimmten Tag,
   auf Sicht (a vista) oder auf eine bestimmte Zeit nach Sicht,
   auf eine bestimmte Zeit nach dem Tage der Ausstellung (nach dato),
   auf eine Messe oder einen Markt (Meß= oder Markt= Wechsel);
5. die Unterschrift des Ausstellers (Trassanten) mit seinem Namen oder seiner Firma;
6. die Angabe des Orts, Monatstages und Jahres der Ausstellung;
7. der Name der Person oder die Firma, welche die Zahlung leisten soll (des Bezogenen oder Trassaten);
8. die Bestimmung des Orts, wo die Zahlung geschehen soll.

§. 5.

Der Aussteller kann sich selbst als Bezogenen (§. 4. No. 7.) bezeichnen, sofern die Zahlung an einem andern Orte, als dem der Ausstellung geschehen soll (trassirt=eigene Wechsel).

Desgleichen kann der Aussteller sich als Remittenten (§. 4. No. 3.) benennen (Wechsel an eigene Ordre).

§. 6.

Ist die zu zahlende Geldsumme (§. 4. Nr. 2.) in Buchstaben und in Ziffern ausgedrückt, so entscheidet bei Abweichungen die in Buchstaben ausgedrückte Summe.

§. 7.

Der bei dem Namen oder der Firma des Bezogenen angegebene Ort gilt für den Wechsel als Wohnort des Bezogenen und wenn in demselben kein Zahlungsort angegeben ist, zugleich als Zahlungsort.

§. 8.

Aus einer Schrift, welcher eines der wesentlichen Erfordernisse eines Wechsels (§. 4.) fehlt, entsteht keine wechselmäßige Verbindlichkeit. Auch haben die auf eine solche Schrift gesetzten Erklärungen (Indossament, Accept, Aval) keine Wechselkraft.

§. 9.

II. Verpflichtung des Ausstellers. Der Aussteller eines Wechsels haftet dem Remittenten und jedem späteren Eigenthümer des Wechsels für die Annahme und Bezahlung des Wechsels wechselmäßig.

§. 10.

III. Indossament.

Der Remittent kann seine Rechte aus dem Wechsel an einen Andern durch Indossament (Giro) in allen Fällen übertragen, in welchen der Aussteller dies in dem Wechsel nicht ausdrücklich untersagt hat.

§. 11.

Durch das Indossament gehen alle Rechte des Indossanten aus dem Wechsel auf den neuen Eigenthümer (Indossatar) über, insbesondere auch die Befugniß, den Wechsel weiter zu indossiren. Diese Wirkung hat das Indossament auch dann, wenn der Wechsel an den Trassanten, Trassaten, Acceptanten oder einen frühern Indossanten indossirt, und von demselben weiter begeben worden ist.

§. 12.

Das Indossament muß auf den Wechsel, eine Kopie desselben oder ein mit dem Wechsel oder der Kopie verbundenes Blatt (Alonge) geschrieben werden.

§. 13.

Auch ein Blanko-Indossament, d. h. ein solches, bei welchem der Eigenthümer des Wechsels nur seinen Namen oder seine Firma auf die Rückseite des Wechsels oder der Kopie, oder auf die Alonge schreibt, ist als ein vollkommen gültiges Indossament zu betrachten.

§. 14.

Jeder Eigenthümer eines Wechsels ist befugt, die auf demselben befindlichen Blanko-Indossamente auszufüllen; insbesondere den Namen oder die Firma des Indossatars, und die Angabe des Orts, Monatstages und Jahres der Indossirung einzurücken; er kann den Wechsel aber auch ohne diese Ausfüllung weiter indossiren.

§. 15.

Der Indossant haftet jedem spätern Eigenthümer des Wechsels für dessen Annahme und Zahlung wechselmäßig. Hat er aber dem Indossamente die Bemerkung „ohne Gewährleistung" oder „ohne Obligo" hinzugefügt, so ist er von der Verbindlichkeit aus seinem Indossamente befreit.

§. 16.

Ein nach dem Verfalltage des Wechsels ausgestelltes Indossament hat nur die Wirkung einer Cession.

§. 17.

Sind dem Indossamente die Worte „zur Einkassirung" oder „in Procura" beigefügt worden, so überträgt dasselbe das Eigenthum an dem Wechsel nicht, legitimirt aber den Indossatar gegen jeden Wechselschuldner zur Einziehung der Wechselforderung, Protesterhebung und Einklagung im Falle der Nichtzahlung, sowie zur Erhebung der Wechselforderung aus gerichtlichen Depositorien.

Ein solcher Indossatar ist auch berechtigt, diese Befugnisse durch ein weiteres Indossament „zur Einkassirung" oder in „Procura" einem Andern zu übertragen.

Durch die Beifügung anderer Worte, als der „zur Einkassirung" oder „in Procura" wird dem Indossamente die im §. 11. bezeichnete Wirkung nicht entzogen.

§. 18.

IV. Präsentation zur Annahme.

Der Eigenthümer eines Wechsels ist von den nachstehend bezeichneten Zeitpunkten an berechtigt, den Wechsel dem Bezogenen zur Annahme zu präsentiren und in Ermangelung der Annahme Protest erheben zu lassen:

1. bei Wechseln, welche am Orte der Ausstellung zahlbar sind (Platzwechseln) vom Tage der Ausstellung an;
2. bei Wechseln, welche außerhalb des Orts der Ausstellung zahlbar sind, von der Zeit an, zu welcher der Bezogene nach dem gewöhnlichen Postenlaufe einen am Tage der Ausstellung zur Post gegebenen Avisbrief vom Aussteller erhalten haben kann;
3. bei allen in= oder außerhalb des Orts der Ausstellung zahl= baren Meß= oder Marktwechseln vom ersten in der Meß= oder Markt=Ordnung des Zahlungsorts bestimmten Prä= sentationstage an.

Der bloße Besitz des Wechsels ermächtigt zur Präsentation des Wechsels und zur Protesterhebung.

§. 19.

Eine Verpflichtung, den Wechsel zur Annahme zu präsentiren, findet nur bei Wechseln statt, welche auf eine bestimmte Zeit nach Sicht lauten.

Solche Wechsel müssen, bei Verlust des wechselmäßigen An= spruchs gegen die inländischen Indossanten und den inländischen Aussteller, nach Maaßgabe der besonderen im Wechsel ausgedrück= ten Verabredung, und in Ermangelung derselben binnen der nach= folgenden Fristen zur Annahme präsentirt werden:

1. wenn der Wechsel von einem Platze des Inlandes oder ei= nes andern Landes in Europa auf einen Platz des Inlan= des gezogen ist, binnen drei Monaten nach der Ausstellung,
2. wenn der Wechsel von einem außereuropäischen Platze auf einen Platz des Inlandes gezogen ist, binnen einem Jahre nach der Ausstellung.

In dem Monate, in welchem hienach die Präsentation des Wechsels spätestens erfolgen muß, kann die Präsentation noch an dem Kalendertage, der durch seine Zahl dem Tage der Ausstellung entspricht, erfolgen. Fehlt dieser Kalendertag in dem gedachten Monate, so muß die Präsentation spätestens am letzten Tage dieses Monats erfolgen.

§. 20.

Ist die Annahme eines auf eine bestimmte Zeit nach Sicht gestellten Wechsels nicht zu erhalten, oder verweigert der Bezogene die Datirung seines Accepts, so kann der Eigenthümer des Wech= sels den Verlust des wechselmäßigen Anspruchs gegen die Indossan= ten und den Aussteller nur dadurch verhindern, daß er die recht= zeitige Präsentation des Wechsels durch einen innerhalb der Prä= sentationsfrist (§. 19.) erhobenen Protest feststellen läßt.

Gegen den Acceptanten, welcher die Datirung seines Accepts unterlassen hat, wird die Verfallzeit des Wechsels, wenn der Ei= genthümer des Wechsels keinen Protest hat erheben lassen, vom letzten Tage der Präsentationsfrist an gerechnet.

§. 21.

V. Annahme (Acceptation).

Die Annahme des Wechsels muß auf dem Wechsel schriftlich geschehen. Hierzu genügt, daß der Bezogene seinen Namen oder seine Firma auf die Vorderseite des Wechsels schreibt.

Die einmal erfolgte Annahme kann nicht wieder zurückge= nommen werden.

§. 22.

Der Bezogene wird durch die Annahme des Wechsels wechsel= mäßig verpflichtet, die im Wechsel verschriebene Summe zur Ver= fallzeit zu zahlen.

§. 23.

Der Bezogene, welcher den Wechsel acceptirt, jedoch nicht bezahlt hat, haftet auch dem Aussteller wechselmäßig.

Dagegen steht dem Bezogenen kein Wechselrecht gegen den Aussteller zu.

§. 24.

Ist ein Wechsel auf eine geringere Summe oder unter anderen im Accepte ausgedrückten Einschränkungen angenommen worden, so wird der Wechsel einem solchen gleich geachtet, dessen Annahme gänzlich verweigert worden ist, der Acceptant haftet aber nach dem Inhalte seines Accepts wechselmäßig.

§. 25.

Ist in dem Wechsel ein von dem Wohnort des Bezogenen verschiedener Zahlungsort (§. 4. No. 8 und §. 7) angegeben (Domizil-Wechsel), so muß, insofern der Wechsel nicht schon ergiebt, durch wen die Zahlung am Zahlungsorte erfolgen soll, dies vom Acceptanten bei der Acceptation auf dem Wechsel bemerkt werden. Ist dies nicht geschehen, so wird angenommen, daß der Acceptant selbst die Zahlung am Zahlungsorte leisten wolle.

§. 26.

VI. Regreß auf Sicherstellung.

1. wegen nicht erhaltener Annahme;

Wenn die Annahme eines Wechsels überhaupt nicht, oder nur unter Einschränkungen (§. 24.) erfolgt ist, so sind die Indossanten und der Aussteller wechselmäßig verpflichtet, gegen Aushändigung des wegen Mangels Annahme aufgenommenen Protestes genügende Sicherheit durch Pfand oder Bürgen dahin zu leisten, daß die Bezahlung der ganzen im Wechsel verschriebenen Summe und der durch die Nichtannahme veranlaßten Kosten am Verfalltage erfolgen werde.

Jedoch sind diese Personen auch befugt, auf ihre Kosten die schuldige Summe gerichtlich zu deponiren oder im Bezirke des Appellationsgerichtshofes zu Cöln nach der dort bestehenden Einrichtung bei der Preußischen Bank niederzulegen.

§. 27.

Jeder Indossatar wird durch den Besitz des wegen Mangels Annahme aufgenommenen Protestes legitimirt, von seinen Vormännern Sicherheit zu fordern und im Wege des Wechselprozesses darauf zu klagen. Er ist hierbei an die Folgeordnung der Indossamente nicht gebunden.

Der Beibringung des Wechsels und des Nachweises, daß der Regreßnehmer seinen Hintermännern selbst Sicherheit bestellt habe, bedarf es nicht.

§. 28.

Die bestellte Sicherheit muß zurückgegeben werden, sobald die vollständige Acceptation des Wechsels nachträglich erfolgt; ferner alsdann, wenn gegen den Regreßpflichtigen, welcher sie bestellt hat, binnen Jahresfrist, vom Verfalltage des Wechsels an gerechnet, auf Zahlung aus dem Wechsel nicht geklagt worden ist.

§. 29.

2. wegen Unsicherheit des Acceptanten.

Ist der Wechsel vollständig acceptirt worden, so kann Sicherheit nur gefordert werden:

1. wenn der Acceptant schriftlich erklärt hat, daß sein Vermögen zur Befriedigung seiner Gläubiger unzureichend sei, oder wenn über sein Vermögen der Konkurs eröffnet worden ist;

2. wenn der Acceptant sich auf flüchtigen Fuß gesetzt hat;

18

3. wenn nach Ausstellung des Wechsels eine Erekution in das Vermögen des Acceptanten fruchtlos ausgefallen, oder wider denselben wegen Erfüllung einer Zahlungs-Verbindlichkeit Personal-Arrest verhängt worden ist.

Wenn in diesen Fällen die Sicherheit von dem Acceptanten nicht geleistet und dieserhalb Protest gegen denselben erhoben ist, so kann der Eigenthümer des Wechsels und jeder Indossant auf Grund des wegen Mangels Sicherheit aufgenommenen Protestes und gegen Auslieferung dieses Protestes von seinen Vormännern Sicherstellung fordern (§. 26).

Der bloße Besitz des Wechsels vertritt die Stelle einer Vollmacht, in den vorstehend No. 1—3. genannten Fällen von dem Acceptanten Sicherheitsbestellung zu fordern, und wenn solche nicht zu erhalten ist, Protest erheben zu lassen.

§. 30.

II. Erfüllung der Wechsel-Verbindlichkeit:

1. Zahlungstag.

Ist in dem Wechsel ein bestimmter Tag als Zahlungstag bezeichnet, so tritt die Verfallzeit an diesem Tage ein.

Ist die Zahlungszeit auf die Mitte eines Monats gesetzt worden, so ist der Wechsel am 15ten dieses Monats fällig.

§. 31.

Ein auf Sicht gestellter Wechsel ist bei der Vorzeigung fällig.

Die Präsentation eines Wechsels auf Sicht, welcher auf einen inländischen Platz gezogen ist, muß bei Verlust des wechselmäßigen Anspruchs gegen die inländischen Indossanten und den inländischen Aussteller binnen der im §. 19. bestimmten Fristen bewirkt werden.

§. 32.

Bei Wechseln, welche mit dem Ablauf einer bestimmten Frist nach Sicht oder nach Dato zahlbar sind, tritt die Verfallzeit ein:

1. wenn diese Frist nach Tagen oder Wochen bestimmt ist, an dem letzten Tage der Frist; bei Berechnung der Frist wird der Tag, an welchem der nach Dato zahlbare Wechsel ausgestellt oder der nach Sicht zahlbare vorgezeigt ist, nicht mitgerechnet;

2. wenn die Frist nach Monaten oder nach einem mehrere Monate umfassenden Zeitraume (Jahr, halbes Jahr, Vierteljahr) bestimmt ist, an demjenigen Kalendertage des Zahlungsmonats, der durch seine Zahl dem Tage der Ausstellung oder Vorzeigung entspricht; fehlt dieser Tag in dem Zahlungsmonate, so tritt die Verfallzeit am letzten Tage des Zahlungsmonats ein.

Der Ausdruck „halber Monat" wird einem Zeitraume von 15 Tagen gleich geachtet. Ist der Wechsel auf einen oder mehrere ganze Monate und einen halben Monat gestellt, so sind die 15 Tage zuletzt zu zählen.

§. 33.

Respittage finden fortan bei Wechseln nicht statt.

§. 34.

Ist ein im Inlande zahlbarer Wechsel in einem Lande, in welchem nach altem Style gerechnet wird, ausgestellt, und dabei nicht durch einen Zusatz angedeutet worden, daß der Wechsel nach neuem Style datirt sei, oder ist solcher nach beiden Stylen datirt, so wird der Verfalltag, sofern solcher von der Zeit der Ausstellung abhängt, nach demjenigen Kalendertage neuen Styls berechnet, welcher dem nach altem Style sich ergebenden Tage der Ausstellung entspricht.

§. 35.

Meß= oder Marktwechsel werden an dem nach der Meß= oder Marktordnung des Zahlorts für die Zahlungen auf der Messe oder dem Markte festgesetzten Tage, und in Ermangelung einer solchen Festsetzung an dem Tage vor dem gesetzlichen Schlusse der Messe oder des Marktes fällig.

Dauert die Messe oder der Markt nur einen Tag, so tritt die Verfallzeit des Wechsels an diesem Tage ein.

§. 36.

2. Zahlung.

Der Inhaber eines indossirten Wechsels wird durch eine zu= sammenhängende bis auf ihn hinuntergehende Reihe von Indossamen= ten als Eigenthümer des Wechsels legitimirt. Das erste Indossa= ment muß demnach von dem Remittenten, jedes folgende Indossa= ment von demjenigen ausgestellt sein, welchen das unmittelbar vor= hergehende Indossament als Indossatar bezeichnet. Ein auf ein Blanko=Indossament folgendes Indossament ist als von demjenigen ausgestellt zu erachten, welcher den Wechsel durch das Blanko=In= dossament erworben hatte.

Ausgestrichene Indossamente werden bei Prüfung der Legiti= mation als nicht geschrieben angesehen.

Die Aechtheit der Indossamente zu prüfen ist der Zahlende nicht verpflichtet.

§. 37.

Lautet ein im Inlande zahlbarer Wechsel auf eine Münzsorte, welche im Inlande keinen Umlauf hat, oder auf eine Rechnungs= münze, so kann die Wechselsumme nach ihrem Werthe zur Verfall= zeit in Preußischem Gelde gezahlt werden.

Ist ein im Inlande zahlbarer Wechsel auf eine Summe von Thalern mit dem Zusatze: „in Golde" ausgestellt, so muß die Zahlung in Friedrichsd'oren, das Stück zu 5 Thalern gerechnet, geleistet werden.

§. 38.

Der Eigenthümer des Wechsels ist zur Annahme von Theil= zahlungen befugt, aber nicht verpflichtet, und zwar auch dann nicht, wenn die Acceptation auf eine geringere Summe, als die ver= schriebene, erfolgt ist.

§. 39.

Der Wechselschuldner ist nur gegen Aushändigung des quit= tirten Wechsels zu zahlen verpflichtet.

Hat der Eigenthümer des Wechsels eine Theilzahlung ange= nommen, so kann der Zahlende nur verlangen, daß die Zahlung auf dem Wechsel abgeschrieben und ihm Quitung auf einer be= glaubigten Abschrift des Wechsels ertheilt werde.

§. 40.

VIII. Regreß Mangels Zah= lung.

Zur Ausübung des bei nicht erlangter Zahlung statthaften Regresses gegen den Aussteller und die Indossanten ist erforderlich:

1. daß der Wechsel zur Zahlung präsentirt worden ist, und
2. daß sowohl diese Präsentation als die Nichterlangung der Zahlung durch einen rechtzeitig darüber aufgenommenen Pro= test dargethan wird.

Die Erhebung des Protestes ist schon am Zahlungstage von 3 Uhr Nachmittags an zulässig, sie muß aber spätestens am nächst= folgenden Werktage geschehen.

Die Klausel „ohne Protest" oder „ohne Kosten," so wie jede andere Erklärung, durch welche der Wechselinhaber von der Ver=

pflichtung zur Protestaufnahme im Voraus entbunden wird, ist wirkungslos.

§. 41.

Domizilirte Wechsel sind dem Domiziliaten, oder wenn ein solcher nicht benannt ist, dem Trassaten selbst an demjenigen Orte, wohin der Wechsel domizilirt ist, zur Zahlung zu präsentiren, und wenn die Zahlung unterbleibt, dort zu protestiren.

Wird die rechtzeitige Protesterhebung beim Domiziliaten versäumt, so geht dadurch der wechselmäßige Anspruch gegen den Acceptanten, so wie gegen den Aussteller und die Indossanten verloren.

§. 42.

Zur Erhaltung des Wechselrechts gegen den Acceptanten bedarf es mit Ausnahme des im §. 41 erwähnten Falles weder der Präsentation am Zahlungstage, noch der Erhebung eines Protestes.

§. 43.

Dem Eigenthümer eines wegen Mangels Zahlung rechtzeitig protestirten Wechsels sind sämmtliche Vormänner solidarisch verpflichtet.

Es steht in seiner Wahl, von welchem Wechselverpflichteten er zunächst seine Befriedigung fordern will.

§. 44.

Der Eigenthümer des Wechsels muß denjenigen seiner Vormänner, von welchem er zuerst seine Befriedigung fordern will, wenn dieser an demselben Orte wohnt, spätestens am zweiten Tage nach Ablauf des Tages, an welchem der Protest erhoben worden, von der Nichtzahlung des Wechsels benachrichtigen und ihm in derselben Frist den Wechsel und die Protest-Urkunde zur Einlösung vorlegen.

Wohnt der in Anspruch zu nehmende Vormann an einem andern Orte, so muß die Benachrichtigung an ihn spätestens am zweiten Tage nach Ablaufe des Tages, an welchem der Protest erhoben worden, zur Post gegeben, und diesem Vormanne der Wechsel nebst der Protest-Urkunde spätestens am zweiten Tage, nach Ankunft der Post, mit welcher die Benachrichtigung abzusenden war, zur Einlösung vorgelegt werden.

Die Beobachtung dieser Vorschriften erhält das Wechselrecht gegen den in Anspruch genommenen Vormann und dessen Vormänner.

§. 45.

Will der Inhaber des Wechsels sich das Wechselrecht auch gegen die Hintermänner des in Anspruch genommenen Vormanns erhalten, so muß er jeden dieser Hintermänner spätestens binnen zwei Tagen nach Ablauf des Tages, an welchem der Protest erhoben worden, von der Nichtzahlung des Wechsels, unter Beifügung einer Abschrift der Protest-Urkunde, benachrichtigen.

Gegen die an einem andern Orte wohnenden Hintermänner wird das Wechselrecht schon erhalten, wenn die Benachrichtigung nebst Abschrift des Protestes innerhalb der gedachten Frist zur Post gegeben worden.

Das Wechselrecht wird jedoch durch die Beobachtung dieser Vorschrift gegen die Hintermänner des in Anspruch genommenen Vormanns nur dann erhalten, wenn auch die Vorschrift §. 44 beobachtet worden.

§. 46.

Jeder Indossant, welcher im Wege des Regresses den Wechsel eingelöst oder als Rimesse erhalten hat, muß gegen diejenigen Vor-

männer, gegen welche er sich das Wechselrecht erhalten will, die
Vorschriften der §§. 44 u. 45 gleichfalls beobachten. Die Frist
zur Beobachtung dieser Vorschriften beginnt mit dem Ablaufe des
Tages, an welchem er den Wechsel eingelöst hat.

§. 47.

Auch wenn ein Wechsel im Wege des Regresses vom Auslande her in das Inland übergeht, muß der inländische Indossant
den inländischen Wechselverpflichteten gegenüber bei Verlust seines
Wechselrechts gegen dieselben die Vorschriften der §§. 44, 45 und
46 beobachten.

§. 48.

Dem Eigenthümer des Wechsels bleiben diejenigen Vormänner, gegen welche er sich das Wechselrecht erhalten hat, so wie
der Acceptant, innerhalb der Verjährungsfrist (§. 73) wechselmäßig
verhaftet. Der Eigenthümer kann die Wechselklage gegen alle
Wechselverpflichtete oder auch nur gegen Einige oder Einen derselben anstellen, ohne dadurch seinen Anspruch gegen die nicht in Anspruch genommenen Verpflichteten zu verlieren. Er kann auch die
in der einen oder andern Art angestellte Klage zurücknehmen und
eine zweite Klage erheben, ohne dadurch den Regreß gegen diejenigen zu verlieren, welche er in der ersten Klage belangt hatte.

§. 49.

Der Rechtsanspruch des Eigenthümers des Wechsels, welcher
den Protest Mangels Zahlung hat erheben lassen, umfaßt:

1. die nicht bezahlte Wechselsumme nebst Verzugszinsen vom
   Verfalltage ab,
2. die Protestkosten,
3. eine Provision von ⅓ Prozent.

§. 50.

Der Indossant, welcher den Wechsel eingelöst oder als Rimesse
erhalten hat, ist von einem frühern Indossanten oder von dem Aussteller zu fordern berechtigt:

1. die ganze von ihm gezahlte oder durch Rimesse berichtigte
   Summe nebst Verzugszinsen vom Tage der Zahlung,
2. die ihm entstandenen Kosten,
3. eine Provision von ⅓ Prozent.

§. 51.

Die in den §§. 49 u. 50 angegebenen Beträge müssen, wenn
der Regreßpflichtige an einem andern Orte als der Regreßnehmer
wohnt, zu demjenigen Kourse gezahlt werden, welchen ein vom
Wohnorte des Regreßnehmers auf den Wohnort des Regreßpflichtigen gezogener Wechsel auf Sicht hat.

Der Regreßpflichtige kann die Bescheinigung dieses Kourses
durch den Kourszettel oder durch ein Attest zweier Kaufleute fordern.

§. 52.

Der Regreßnehmer kann über den Betrag seiner Forderung
einen Rückwechsel auf den Regreßpflichtigen ziehen.

Der Forderung treten in diesem Falle noch die Mäklergebühren
für Negozirung des Rückwechsels hinzu.

Der Rückwechsel muß auf Sicht zahlbar und unmittelbar
(a drittura) gestellt werden.

§. 53.

Der Regreßpflichtige ist nur gegen Auslieferung des Wechsels,
des Protestes, einer quittirten Retourrechnung, so wie der Beläge

über die außer der Wechselsumme in der Retourrechnung aufge=
führten Posten, Zahlung zu leisten verbunden.

§. 54.

Jeder Indossant, der einen seiner Hintermänner befriedigt hat,
kann sein eigenes und seiner Hintermänner Giro ausstreichen.

§. 55.

IX. Inter=
vention.
1. Ehrenan=
nahme.

Der Eigenthümer eines Wechsels, dessen Annahme bei dem
Bezogenen nicht zu erhalten ist, hat keine Verpflichtung, die An=
nahme bei einer Nothadresse zu fordern.

Läßt jedoch der Eigenthümer den Wechsel von einer Noth=
adresse oder einem andern Intervenienten zu Ehren acceptiren, so
begiebt er sich hierdurch des Rechts, wegen nicht erfolgter Annahme
Seitens des Bezogenen Sicherstellung von dem Aussteller und den
Indossanten zu fordern (§§. 26—28).

§. 56.

Im Falle der Ehrenannahme ist in dem Accepte zu vermerken,
zu wessen Ehren sie geschieht. Fehlt dieser Vermerk, so wird der
Trassant als Honorat angesehen.

§. 57.

Der Ehrenacceptant wird den sämmtlichen Hintermännern des
Honoraten durch die Annahme wechselmäßig verpflichtet. Diese
Verpflichtung erlischt, wenn dem Ehrenacceptanten der Wechsel
nicht spätestens am nächsten Werktage nach dem Zahlungstage zur
Zahlung vorgelegt wird.

§. 58.

2. Ehrenzah=
lung.

Befinden sich auf dem von dem Bezogenen nicht eingelösten
Wechsel oder der Kopie desselben Nothadressen oder ein Ehrenaccept,
welche auf den Zahlungsort lauten, so kann der Eigenthümer des
Wechsels den wechselmäßigen Anspruch gegen seine Vormänner
nur dadurch sich erhalten, daß er

1. den Protest Mangels Zahlung erheben und

2. in diesem Proteste oder in einem Anhange zu demselben fest=
   stellen läßt, daß der Wechsel spätestens am nächsten Werktage
   nach dem Zahlungstage sämmtlichen Nothadressen und dem
   etwa vorhandenen Ehrenacceptanten zur Zahlung vorgelegt
   worden, letztere aber nicht zu erhalten gewesen ist.

§. 59.

Dem Ehrenzahler muß der Wechsel und der Protest Mangels
Zahlung gegen Erstattung der Kosten ausgehändigt werden.

Er tritt durch die Ehrenzahlung in die Rechte des Eigenthü=
mers gegen den Honoraten, dessen Vormänner und dem Accep=
tanten.

§. 60.

Unter mehreren Ehrenzahlern gebührt demjenigen der Vorzug,
durch dessen Zahlung die meisten Wechselschuldner befreit werden.

Ein Intervenient, welcher zahlt, obgleich aus dem Wechsel
oder dem Proteste ersichtlich ist, daß ein Anderer, dem er hiernach
nachstehen müßte, den Wechsel einzulösen bereit war, hat keinen
Regreß gegen diejenigen Indossanten, welche durch Leistung der von
dem Anderen angebotenen Zahlung befreit worden wären.

§. 61.

Der Ehrenzahler ist befugt, für die Intervention eine Provision
von $^2/_3$ Prozent zu verlangen.

Der Ehrenacceptant, welcher nicht zur Zahlungsleistung gelangt, weil der Bezogene oder ein anderer Intervenient gezahlt hat, ist berechtigt, diese Provision von dem Zahlenden zu fordern.

§. 62.

X. Verviel-
fältigung eines
Wechsels.
1. Wechsel-
duplikate.

Der Aussteller eines gezogenen Wechsels ist verpflichtet, dem Remittenten auf Verlangen gegen Erstattung der Kosten mehrere gleichlautende Exemplare des Wechsels zu überliefern.

Dieselben müssen im Kontext als Prima, Sekunda, Tertia u. s. w. bezeichnet sein, widrigenfalls jedes Exemplar als ein für sich bestehender Wechsel (Sola-Wechsel) erachtet wird.

Auch seitens eines Indossatars kann ein Duplikat des Wechsels gegen Erstattung der Kosten verlangt werden. Er muß sich dieserhalb an seinen unmittelbaren Vormann wenden, welcher wiederum an seinen Vormann zurückgehen muß, bis die Anforderung an den Aussteller gelangt. Jeder Indossatar kann von seinem Vormann verlangen, daß die früheren Indossamente auf dem Duplikate wiederholt werden.

§. 63.

Ist von mehreren ausgefertigten Exemplaren das eine bezahlt, so verlieren dadurch die andern ihre Kraft.

Jedoch bleiben aus den übrigen Exemplaren verhaftet:

1. der Indossant, welcher mehrere Exemplare desselben Wechsels an verschiedene Personen indossirt hat, und alle spätern Indossanten, deren Unterschriften sich auf den bei der Zahlung nicht zurückgegebenen Exemplaren befinden, aus ihren Indossamenten;

2. der Acceptant, welcher mehrere Exemplare desselben Wechsels acceptirt hat, aus den Accepten auf den bei der Zahlung nicht zurückgegebenen Exemplaren.

§. 64.

Wer eines von mehreren Exemplaren eines Wechsels zur Acceptation versandt hat, muß auf den übrigen Exemplaren vermerken, wo und bei wem das von ihm zur Acceptation versandte Exemplar anzutreffen ist. Das Unterlassen dieses Vermerks entzieht jedoch dem Wechsel nicht die Wechselkraft.

Der Verwahrer des zum Accept versandten Exemplars ist verpflichtet, dasselbe demjenigen auszuliefern, der sich als Indossatar (§. 36) oder auf andere unverdächtige Weise zur Empfangnahme legitimirt.

§. 65.

Der Eigenthümer eines Duplikats, auf welchem angegeben ist, bei wem das zum Accept versandte Exemplar sich befindet, kann Mangels Annahme desselben den Regreß auf Sicherstellung, und Mangels Zahlung den Regreß auf Zahlung nicht eher nehmen, als bis er durch Protest hat feststellen lassen:

1. daß das zum Accept versandte Exemplar ihm vom Verwahrer nicht verabfolgt worden ist, und

2. daß auch die Annahme des Duplikats oder die Zahlung nicht zu erlangen gewesen.

§. 66.

2. Wechsel-
kopien.

Wechselkopien, welche als solche gelten sollen, müssen eine Abschrift des Wechsels und der darauf befindlichen Indossamente und Vermerke enthalten und mit der Erklärung: „bis hierher Abschrift (Kopie)" oder mit einer ähnlichen Bezeichnung versehen sein.

§. 67.

Jedes auf einer Kopie befindliche Original-Indossament ver-

pflichtet ben Indossanten eben so, als wenn es auf einem Original=
Wechsel stände.

§. 68.

Der Verwahrer des Original=Wechsels ist verpflichtet, densel=
ben bem Besitzer einer mit einem ober mehreren Original=Indossa=
mente versehenen Kopie auszuliefern, sofern sich berselbe als In=
bossatar ober auf andere unverbächtige Weise zur Empfangnahme
legitimirt.

Wird ber Original=Wechsel vom Verwahrer nicht ausgeliefert,
so ist ber Eigenthümer der Wechselkopie nur nach Aufnahme bes
im §. 65 Nr. 1 erwähnten Prostestes Sicherstellung, unb nach Ein=
tritt bes in ber Kopie angegebenen Verfalltages Zahlung von ben
Indossanten zu forbern berechtigt, beren Original=Indossamente auf
ber Kopie besinblich sinb.

§. 69.

XI. Verlorene
Wechsel.

Der Eigenthümer eines verlorenen Wechsels kann von bem
Acceptanten nach Einleitung bes Amortisationsverfahrens Zahlung
forbern, wenn er burch Pfanb ober Bürgen Sicherheit bafür be=
stellt, baß bie Amortisation bes Wechsels erfolgen werbe. Ohne
eine solche Sicherheitsstellung ist er nur bie gerichtliche Deposition
ber aus bem Accept schulbigen Summe ober im Bezirke bes Ap=
pellationsgerichtshofes zu Cöln nach ber bort bestehenben Einrich=
tung bie Nieberlegung berselben bei ber Preußischen Bank zu for=
bern berechtigt.

§. 70.

Die Amortisation bes Wechsels ist bei bem Gerichte bes Zah=
lungsorts zu beantragen. Letzteres erläßt an ben Besitzer bes
Wechsels eine öffentliche Aufforberung, ben Wechsel bei Vermei=
bung ber Amortisation binnen einer Frist von zwei Monaten, vom
Tage ber öffentlichen Aufforberung an gerechnet, bem Gerichte vor=
zulegen. Geschieht bies binnen bieser Frist nicht, so erklärt bas
Gericht ben Wechsel für amortisirt.

§. 71.

XII. Falsche
Wechsel.

Auch wenn bie Unterschrift bes Ausstellers eines Wechsels
falsch ober verfälscht ist, behalten bennoch bas ächte Accept unb bie
ächten Indossamente bie wechselmäßige Wirkung.

§. 72.

Aus einem mit einem falschen ober verfälschten Accepte ober
Indossamente versehenen Wechsel bleiben sämmtliche Indossanten
unb ber Aussteller, beren Unterschriften ächt sinb, wechselmäßig ver=
haftet.

§. 73.

XIII. Wechsel=
verjährung.

Jeber wechselmäßige Anspruch verjährt innerhalb eines Jahres
vom Verfalltage bes Wechsels an gerechnet.

Die Verjährung wirb nur burch Behänbigung ber Klage un=
terbrochen unb nur in Beziehung auf benjenigen, gegen welchen
bie Klage gerichtet ist.

§. 74.

XIV. Klagerecht
bes Wechsel=
gläubigers.

Die wechselmäßige Verpflichtung trifft ben Aussteller, Accep=
tanten unb Indossanten bes Wechsels, so wie einen Jeben, welcher
ben Wechsel, bie Wechselkopie, bas Accept ober bas Indossament
mitunterzeichnet hat, selbst bann, wenn er sich babei nur als Bürge
(per aval) benannt hat.

Die Verpflichtung bieser Personen ist eine solibarische unb er=

streckt sich auf Alles, was der Wechsel-Inhaber wegen Nichterfüllung der Wechselverbindlichkeit (§§. 49—51) zu fordern hat.

§. 75.

Ist die wechselmäßige Verbindlichkeit eines Wechselverpflichteten
durch Verjährung oder dadurch, daß die zur Erhaltung des Wechselrechts gesetzlich vorgeschriebenen Handlungen verabsäumt sind, erloschen, so bleibt der frühere Wechselverpflichtete dem Eigenthümer
des Wechsels nur so weit, als er sich mit dessen Schaden bereichern würde, verhaftet.

Dieser Anspruch kann jedoch nicht im Wechselverfahren verfolgt werden.

§. 76.

**XV. Auslän-
dische Wechsel-
erklärungen.**

Die wesentlichen Erfordernisse eines im Auslande ausgestellten
Wechsels, so wie jeder andern im Auslande ausgestellten Wechselerklärung werden nach den Gesetzen des Orts beurtheilt, an welchem die Erklärung erfolgt ist.

Entsprechen jedoch die im Auslande gegebenen Wechselerklärungen den Anforderungen des inländischen Gesetzes, so kann daraus, daß sie nach ausländischen Gesetzen mangelhaft sind, kein
Einwand gegen die Rechtsverbindlichkeit der später im Inlande auf
den Wechsel gesetzten Erklärungen entnommen werden.

Eben so haben Wechsel-Erklärungen, wodurch sich ein Inländer einem andern Inländer im Auslande verpflichtet, Wechselkraft,
wenn sie auch nur den Anforderungen der inländischen Gesetzgebung
entsprechen.

§. 77.

Ueber die mit einem Wechsel an einem ausländischen Platze
zur Ausübung oder Erhaltung des Wechselrechts vorzunehmenden
Handlungen entscheidet das dort geltende Recht.

§. 78.

XVI. Protest.

Jeder Protest muß gerichtlich oder durch einen Notar aufgenommen werden. Im Bezirke des Appellationsgerichtshofes zu
Cöln sind die Gerichtsvollzieher zur Aufnahme der Proteste befugt.

Der Zuziehung von Zeugen oder eines Protokollführers bedarf es dabei nicht.

§. 79.

Der Protest muß enthalten:

1. eine wörtliche Abschrift des Wechsels und aller darauf befindlichen Indossamente und Vermerke,

2. die Angabe des Orts, so wie des Tages, Monats und
Jahres, an welchem die Aufforderung zu der von dem Verpflichteten zu leistenden Handlung bewirkt oder ohne Erfolg
versucht worden ist,

3. den Namen dessen, welcher die Aufnahme des Protestes gefordert hat,

4. die Angabe der Umstände, weßhalb die von dem Verpflichteten zu leistende Handlung nicht zu erhalten war.

§. 80.

Proteste dürfen nur an einem Tage, welcher kein Sonntag
oder gesetzlich anerkannter christlicher Feiertag ist, und nur in der
Zeit von 9 bis 12 Uhr Vormittags und von 3 bis 6 Uhr Nachmittags erhoben werden. Ist der Tag, an welchem die Protesterhebung spätestens geschehen konnte, ein Sonntag oder ein gesetzlich anerkannter christlicher Feiertag, so muß der Protest am nächstfolgenden Werktage innerhalb der vorgenannten Geschäftsstunden
erhoben werden.

§. 81.

Die Gerichte, Notare und Gerichtsvollzieher sind schuldig, die von ihnen aufgenommenen Proteste nach deren ganzen Inhalte Tag für Tag und nach Ordnung des Datums in ein besonderes Register einzutragen, das von Blatt zu Blatt mit fortlaufenden Zahlen versehen ist.

§. 82.

XVII. Ort und Zeit für Präsentation und andere im Wechselverkehr vorkommende Handlungen.

Der Ort, an welchem der Wechsel zur Annahme oder Zahlung präsentirt werden muß, ist bei Meß- und Marktwechseln der in dem Wechsel angegebene Meß- oder Marktort, bei allen andern Wechseln der in dem Wechsel angegebene Zahlungsort (§. 4. No. 8 und §. 7).

Domizilwechsel sind am Wohnort des Bezogenen zur Annahme und am Zahlungsorte zur Zahlung zu präsentiren (§. 25).

§. 83.

Die Präsentation zur Annahme oder Zahlung, die Protesterhebung, die Abforderung eines Wechsel-Duplikats, so wie alle sonstigen bei einer bestimmten Person vorzunehmenden Akte müssen in deren Geschäftslokal, und in Ermangelung eines solchen, in deren Wohnung vorgenommen werden.

Daß das Geschäftslokal oder die Wohnung einer solchen Person nicht zu ermitteln sei, ist er alsdann als festgestellt anzunehmen, wenn auch eine dieserhalb bei der Polizeibehörde des Orts geschehene Nachfrage fruchtlos geblieben ist, welches im Proteste bemerkt werden muß.

§. 84.

Die Zahlung des Wechsels, die Herausgabe des Wechsel-Duplikats, die Erklärung über die Annahme, so wie jede andere Erklärung, können nur an einem Werktage und innerhalb der Geschäftsstunden (§. 80) gefordert werden. Fällt der Zeitpunkt, in welchem die Vornahme einer der vorstehenden Handlungen spätestens gefordert werden mußte, auf einen Sonntag oder gesetzlich anerkannten christlichen Feiertag, so muß diese Handlung am nächsten Werktage innerhalb der Geschäftsstunden gefordert werden.

§. 85.

XVIII. Mangelhafte Unterschriften.

Wechsel, Indossamente, Accepte oder andere Erklärungen, welche statt des Namens nur mit Kreuzen oder anderen Zeichen vollzogen sind, haben, selbst wenn sie gerichtlich oder notariell ausgestellt worden, keine Wechselkraft.

Dagegen ist zur Gültigkeit der Namensunterschrift unter Wechselerklärungen die Beifügung des Vornamens nicht erforderlich.

§. 86.

Wer eine Wechselerklärung als Bevollmächtigter eines Andern unterzeichnet, ohne dazu Vollmacht zu haben, haftet persönlich in gleicher Weise, wie der angebliche Machtgeber gehaftet haben würde, wenn die Vollmacht ertheilt gewesen wäre.

Dasselbe gilt von Vormündern und andern gesetzlichen Vertretern, welche mit Ueberschreitung ihrer Befugnisse Wechselerklärungen ausstellen.

Dritter Abschnitt.

Von eigenen Wechseln.

§. 87.

Die wesentlichen Erfordernisse eines im Inlande ausgestellten eigenen (trockenen) Wechsels sind:

1. die in dem Kontext aufzunehmende Bezeichnung als Wechsel oder Wechselbrief, oder wenn der Wechsel in einer fremden Sprache ausgestellt ist, ein jener Bezeichnung entsprechender Ausdruck in der fremden Sprache;

2. die zu zahlende Geldsumme;

3. der Name der Person oder die Firma, an welche oder an deren Ordre der Aussteller Zahlung leisten will;

4. die Bestimmung der Zeit, zu welcher gezahlt werden soll;

5. die Unterschrift des Ausstellers mit seinem Namen oder seiner Firma;

6. die Angabe des Orts, Monatstages und Jahres der Ausstellung;

7. die Bestimmung des Orts, wo die Zahlung geschehen soll.

§. 88.

Eigene Wechsel können auf Kündigung gestellt werden.

In eigenen Wechseln können mit wechselmäßiger Wirkung auch Zinsen der verschriebenen Summe versprochen werden.

§. 89.

Nachstehende, in diesem Gesetze für gezogene Wechsel gegebene Vorschriften gelten auch für eigene Wechsel:

1. die §§. 6 und 8 über die Form des Wechsels;

2. die §§. 10—17 über das Indossament;

3. die §§. 30—39 über die Zahlung;

4. die §§. 40 und 43—54 über den Regreß Mangels Zahlung gegen die Indossanten;

5. die §§. 69—72 über verlorene und falsche Wechsel mit der Maaßgabe, daß im Falle des §. 69 die Zahlung durch den Aussteller erfolgen muß;

6. die §§ 73—86 über die Wechselverjährung, das Klagerecht des Wechselgläubigers, die ausländischen Wechselerklärungen, den Protest, den Ort und die Zeit für Präsentation und andere im Wechselverkehr vorkommende Handlungen, so wie über mangelhafte Unterschriften.

Vierter Abschnitt.

Vom Wechselproceß.

§. 90.

Wechselklagen können bei dem Gerichte, welchem der Beklagte persönlich unterworfen ist, oder bei dem Gerichte des Orts, wo die Zahlung geschehen soll, angestellt werden.

Dem Gerichte, welches hiernach zur Entscheidung kompetent ist, sind auch die übrigen Wechselschuldner unterworfen, sofern sie der Kläger in demselben Prozesse in Anspruch nimmt oder eine Partei sie abcitiren läßt.

§. 91.

Der Inhaber des Wechsels kann sich selbst dann, wenn für den Wechselanspruch Sicherheit bestellt ist, wegen der Zahlung an die Person des Schuldners halten, ohne vorher die Sicherheit aufgeben zu müssen, in sofern er nicht durch die bestellte Sicherheit sofort befriedigt werden kann.

§. 92.

Ist über das Vermögen des Wechselschuldners Concurs eröffnet, so kann der Eigenthümer des Wechsels, außer der Verfolgung

seines Rechtes gegen die Konkursmasse, auch die Person des Wech=
selschuldners wechselmäßig in Anspruch nehmen.

§. 93.

Der Wechselschuldner kann im Wechselprozesse nur solcher Ein=
reden sich bedienen, welche

1. aus dem Wechselrechte selbst hervorgehen, oder
2. in sofern der Kläger nicht als Cessionar (§. 16) anzusehen
   ist, aus einem dem Verklagten gegen den Kläger unmittelbar
   zustehenden Rechte hergeleitet sind.

Der Einwand der Simulation ist niemals zulässig.

§. 94.

Gegenforderungen und Editionsgesuche sind im Wechselprozesse
unstatthaft.

§. 95.

Ein Verklagter, gegen welchen die Richtigkeit seiner Unterschrift
unter einer Wechselerklärung feststeht, wird im Wechselprozesse mit
dem Einwande nicht gehört, daß die über der Unterschrift befind=
liche Erklärung ohne seine Genehmigung geschrieben worden, oder
daß er die Sprache, worin die Erklärung abgefaßt ist, nicht ver=
stehe, oder daß er nur seinen Namen schreiben könne.

§. 96.

Auch auf an sich zulässige Einreden ist, soweit es eines Be=
weises derselben bedarf, im Wechselprozesse nur dann Rücksicht zu
nehmen, wenn dieselben durch Urkunden oder Eidesdelation auf der
Stelle bewiesen werden. Einreden, bei denen solche Beweise feh=
len, sind, wenn der Verklagte verurtheilt wird, zum abgesonderten
Verfahren zu verweisen.

§. 97.

Kommt es auf den Nachweis einer schriftlichen Mittheilung
an, so genügt zu diesem Zwecke der durch ein Postattest geführte
Beweis, daß ein Brief von dem Betheiligten an den Adressaten
abgesandt ist, sofern nicht dargethan wird, daß der angekommene
Brief einen andern Inhalt gehabt hat.

§. 98.

Soweit nicht in den vorstehenden §§. 90—97 ein Anderes
bestimmt ist, kommen die in den verschiedenen Landestheilen für
den Prozeß und die Exekution in Wechselsachen bestehenden Vor=
schriften auch ferner zur Anwendung.

Schlußbestimmung.

Die gegenwärtige Wechselordnung tritt mit dem
in Kraft.

Dagegen erlischt mit diesem Tage die Wirksamkeit der bishe=
rigen Wechselordnungen, namentlich treten die §§. 713 bis 1249,
Tit. 8, Th. II. des Allgem. Landrechts, so wie die Art. 110—189
des Rheinischen Handelsgesetzbuchs außer Kraft.

Gleichergestalt verlieren an diesem Tage die Bestimmungen des
Allgem. Landrechts über Handelsbillets und kaufmännische Assigna=
tionen im §. 1250 bis 1304, Tit. 8, Th. II. ihre Wirksamkeit.

Entwurf
der
Fassungs-Commission.

Erster Abschnitt.
Von der Wechselfähigkeit.

§. 1.

Wechselfähig ist Jeder, welcher sich durch Verträge verpflichten kann.

§. 2.

Der Wechselschuldner haftet für die Erfüllung der übernommenen Wechselverbindlichkeit mit seiner Person und seinem Vermögen.

Jedoch ist der Wechselarrest nicht zulässig:

1) gegen die Erben eines Wechselschuldners;
2) aus Wechselerklärungen, welche für Corporationen oder andere juristische Personen, für Actiengesellschaften oder in Angelegenheiten solcher Personen, welche zu eigener Vermögens-Verwaltung unfähig sind, von den Vertretern derselben ausgestellt werden;
3) gegen Frauen, wenn sie nicht Handel oder ein anderes Gewerbe treiben.

Inwiefern aus Gründen des öffentlichen Rechts die Vollstreckung des Wechselarrestes gegen andere als die vorgenannten Personen Beschränkungen erleidet, ist in besonderen Gesetzen bestimmt.

§. 3.

Finden sich auf einem Wechsel Unterschriften von Personen, welche eine Wechselverbindlichkeit überhaupt nicht, oder nicht mit vollem Erfolge eingehen können, so hat dies auf die Verbindlichkeit der übrigen Wechselverpflichteten keinen Einfluß.

Zweiter Abschnitt.
Von gezogenen Wechseln.

§. 4.

I. Erfordernisse eines Wechsels.

Die wesentlichen Erfordernisse eines gezogenen Wechsels sind:

1) die in den Wechsel selbst aufzunehmende Bezeichnung als Wechsel oder Wechselbrief, oder wenn der Wechsel in einer fremden Sprache ausgestellt ist, ein jener Bezeichnung entsprechender Ausdruck in der fremden Sprache;
2) die Angabe der zu zahlenden Geldsumme;
3) der Name der Person oder die Firma, an welche oder an deren Ordre gezahlt werden soll (des Remittenten);
4) die Angabe der Zeit, zu welcher gezahlt werden soll; die Zahlungszeit kann nur festgesetzt werden
    auf einen bestimmten Tag,
    auf Sicht (Vorzeigung, a vista ꝛc.) oder auf eine bestimmte Zeit nach Sicht,

auf eine bestimmte Zeit nach dem Tage der Ausstellung (nach dato),

auf eine Messe oder einen Markt (Meß- oder Markt-
Wechsel);

5) die Unterschrift des Ausstellers (Trassanten) mit seinem
Namen oder seiner Firma;

6) die Angabe des Ortes, Monatstages und Jahres der Ausstellung;

7) der Name der Person oder die Firma, welche die Zahlung
leisten soll (des Bezogenen oder Trassaten);

8) die Angabe des Ortes, wo die Zahlung geschehen soll;
der bei dem Namen oder der Firma des Bezogenen angegebene Ort gilt für den Wechsel, insofern nicht ein eigner
Zahlungsort angegeben ist, als Zahlungsort und zugleich
als Wohnort des Bezogenen.

§. 5.

Ist die zu zahlende Geldsumme (§. 4 No. 2) in Buchstaben
und in Ziffern ausgedrückt, so gilt bei Abweichungen die in Buchstaben ausgedrückte Summe.

Ist die Summe mehrmals mit Buchstaben oder mehrmals
mit Ziffern geschrieben, so gilt bei Abweichungen die geringere
Summe.

§. 6.

Der Aussteller kann sich selbst als Remittenten (§. 4 No. 3)
bezeichnen (Wechsel an eigene Ordre).

Desgleichen kann der Aussteller sich selbst als Bezogenen
(§. 4 Nr. 7) bezeichnen, sofern die Zahlung an einem andern
Orte, als dem der Ausstellung, geschehen soll (trassirt-eigene
Wechsel).

§. 7.

Aus einer Schrift, welcher eines der wesentlichen Erfordernisse
eines Wechsels (§. 4) fehlt, entsteht keine wechselmäßige Verbindlichkeit. Auch haben die auf eine solche Schrift gesetzten Erklärungen (Indossament, Accept, Aval) keine Wechselkraft.

§. 8.

II. Verpflich-
tung des Aus-
stellers.

Der Aussteller eines Wechsels haftet für dessen Annahme
und Zahlung wechselmäßig.

§. 9.

III. Indossa-
ment.

Der Remittent kann den Wechsel an einen Anderen durch
Indossament (Giro) übertragen.

Hat jedoch der Aussteller die Uebertragung im Wechsel durch die
Worte „nicht an Ordre" oder durch einen gleichbedeutenden Ausdruck
untersagt, so hat das Indossament keine wechselrechtliche Wirkung.

§. 10.

Durch das Indossament gehen alle Rechte aus dem Wechsel
auf den Indossatar über, insbesondere auch die Befugniß, den
Wechsel weiter zu indossiren. Auch an den Trassanten, Trassaten,
Acceptanten oder einen früheren Indossanten kann der Wechsel gültig indossirt und von denselben weiter indossirt werden.

§. 11.

Das Indossament muß auf den Wechsel, eine Kopie desselben
oder ein mit dem Wechsel oder der Kopie verbundenes Blatt
(Alonge) geschrieben werden.

§. 12.

Ein Indossament ist vollkommen gültig, wenn der Indossant auch nur seinen Namen oder seine Firma auf die Rückseite des Wechsels oder der Kopie, oder auf die Alonge schreibt. (Blanko-Indossament).

§. 13.

Jeder Inhaber eines Wechsels ist befugt, die auf demselben befindlichen Blanko-Indossamente auszufüllen; er kann den Wechsel aber auch ohne diese Ausfüllung weiter indossiren.

§. 14.

Der Indossant haftet jedem späteren Inhaber des Wechsels für dessen Annahme und Zahlung wechselmäßig. Hat er aber dem Indossament die Bemerkung „ohne Gewährleistung," „ohne Obligo" oder einen gleichbedeutenden Vorbehalt hinzugefügt, so ist er von der Verbindlichkeit aus seinem Indossamente befreit.

§. 15.

Ist in dem Indossamente die Weiterbegebung verboten, so haben diejenigen, an welche der Wechsel aus der Hand des Indossatars gelangt, gegen den Indossanten keinen Regreß.

§. 16.

Wenn ein Wechsel nach der Verfallzeit indossirt wird, so erlangt der Indossatar die Rechte aus dem etwa vorhandenen Accepte gegen den Bezogenen und Regreßrechte gegen diejenigen, welche den Wechsel nach der Verfallzeit indossirt haben.

Ist aber der Wechsel vor dem Indossamente bereits Mangels Zahlung protestirt worden, so hat der Indossatar neben dem Rechte aus dem Accepte des Bezogenen nur die gesetzlichen Regreßrechte seines Indossanten gegen den Aussteller und diejenigen, welche den Wechsel bis zur Verfallzeit indossirt haben. Auch ist in einem solchen Falle der Indossant nicht wechselmäßig verpflichtet.

§. 17.

Ist dem Indossamente die Bemerkung „zur Einkassirung," „in Procura" oder eine andere die Bevollmächtigung ausdrückende Formel beigefügt worden, so überträgt das Indossament das Eigenthum an dem Wechsel nicht, ermächtigt aber den Indossatar zur Einziehung der Wechselforderung, Protesterhebung und Einklagung im Falle der Nichtzahlung, sowie zur Erhebung der deponirten Wechselschuld.

Ein solcher Indossatar ist auch berechtigt, diese Befugniß durch ein weiteres Procura-Indossament einem Anderen zu übertragen.

Dagegen ist derselbe zur weiteren Begebung durch eigentliches Indossament selbst dann nicht befugt, wenn dem Procura-Indossament der Zusatz „oder Ordre" hinzugefügt ist.

§. 18.

IV. Präsentation zur Annahme.

Der Inhaber eines Wechsels ist berechtigt, den Wechsel dem Bezogenen sofort zur Annahme zu präsentiren und in Ermangelung der Annahme Protest erheben zu lassen.

Nur bei den innerhalb oder außerhalb des Ortes der Ausstellung zahlbaren Meß- oder Marktwechseln findet eine Ausnahme dahin statt, daß solche Wechsel erst in der an den Meß- oder Marktorte gesetzlich bestimmten Präsentationszeit zur Annahme präsentirt und in Ermangelung derselben protestirt werden können.

Der bloße Besitz des Wechsels ermächtigt zur Präsentation des Wechsels und zur Erhebung des Protestes Mangels Annahme.

§. 19.

Eine Verpflichtung des Inhabers, den Wechsel zur Annahme zu präsentiren, findet nur bei Wechseln statt, welche auf eine bestimmte Zeit nach Sicht lauten. Solche Wechsel müssen bei Verlust des wechselmäßigen Anspruchs gegen die Indossanten und den Aussteller, nach Maaßgabe der besonderen im Wechsel enthaltenen Bestimmung und in Ermangelung derselben binnen zwei Jahren nach der Ausstellung zur Annahme präsentirt werden.

Hat ein Indossant auf einen Wechsel dieser Art seinem Indossamente eine besondere Präsentationsfrist hinzugefügt, so erlischt seine wechselmäßige Verpflichtung, wenn der Wechsel nicht innerhalb dieser Frist zur Annahme präsentirt worden ist.

§. 20.

Wenn die Annahme eines auf bestimmte Zeit nach Sicht gestellten Wechsels nicht zu erhalten ist, oder der Bezogene die Datirung seines Acceptes verweigert, so muß der Inhaber bei Verlust des wechselmäßigen Anspruchs gegen die Indossanten und den Aussteller die rechtzeitige Präsentation des Wechsels durch einen innerhalb der Präsentationsfrist (§. 19) erhobenen Protest feststellen lassen.

Der Protesttag gilt in diesem Falle für den Tag der Präsentation.

Ist die Protesterhebung unterblieben, so wird gegen den Acceptanten, welcher die Datirung seines Acceptes unterlassen hat, die Verfallzeit des Wechsels vom letzten Tage der Präsentationsfrist an gerechnet.

§. 21.

(V. Annahme Acceptation).

Die Annahme des Wechsels muß auf dem Wechsel schriftlich geschehen.

Jede auf den Wechsel geschriebene und von dem Bezogenen unterschriebene Erklärung gilt für eine unbeschränkte Annahme, sofern nicht in derselben ausdrücklich ausgesprochen ist, daß der Bezogene entweder überhaupt nicht oder nur unter gewissen Einschränkungen annehmen wolle.

Gleichergestalt gilt es für eine unbeschränkte Annahme, wenn der Bezogene ohne weiteren Beisatz seinen Namen oder seine Firma auf die Vorderseite des Wechsels schreibt.

Die einmal erfolgte Annahme kann nicht wieder zurückgenommen werden.

§. 22.

Der Bezogene kann die Annahme auf einen Theil der im Wechsel verschriebenen Summe beschränken.

Werden dem Accepte andere Einschränkungen beigefügt, so wird der Wechsel einem solchen gleichgeachtet, dessen Annahme gänzlich verweigert worden ist, der Acceptant haftet aber nach dem Inhalte seines Acceptes wechselmäßig.

§. 23.

Der Bezogene wird durch die Annahme wechselmäßig verpflichtet, die von ihm acceptirte Summe zur Verfallzeit zu zahlen.

Auch dem Aussteller haftet der Bezogene, aus dem Accepte wechselmäßig.

Dagegen steht dem Bezogenen kein Wechselrecht gegen den Aussteller zu.

§. 24.

Ist in dem Wechsel ein vom Wohnorte des Bezogenen verschiedener Zahlungsort (§. 4 No. 8) angegeben (Domizilwechsel), so ist, insofern der Wechsel nicht schon ergiebt, durch wen die Zahlung am Zahlungsorte erfolgen soll, dies vom Bezogenen bei der Annahme auf dem Wechsel zu bemerken. Ist dies nicht geschehen, so wird angenommen, daß der Bezogene selbst die Zahlung am Zahlungsorte leisten wolle.

Der Aussteller eines Domicilwechsels kann in demselben die Präsentation zur Annahme mit oder ohne Fristbestimmung vorschreiben. Die Nichtbeobachtung dieser Vorschrift hat den Verlust des Regresses gegen den Aussteller und die Indossanten zur Folge.

§. 25.

VI. Regreß auf Sicherstellung: 1) wegen nicht erhaltener Annahme,

Wenn die Annahme eines Wechsels überhaupt nicht, oder unter Einschränkungen, oder nur auf eine geringere Summe erfolgt ist, so sind die Indossanten und der Aussteller wechselmäßig verpflichtet, gegen Aushändigung des Mangels Annahme aufgenommenen Protestes genügende Sicherheit dahin zu leisten, daß die Bezahlung der im Wechsel verschriebenen Summe, oder des nicht angenommenen Betrages, sowie die Erstattung der durch die Nichtannahme veranlaßten Kosten am Verfalltage erfolgen werde.

Jedoch sind diese Personen auch befugt, auf ihre Kosten die schuldige Summe bei Gericht oder bei anderen zur Annahme von Depositen ermächtigten Anstalten niederzulegen.

§. 26.

Der Remittent, sowie jeder Indossatar wird durch den Besitz des Mangels Annahme aufgenommenen Protestes ermächtigt, von dem Aussteller und den übrigen Vormännern Sicherheit zu fordern und im Wege des Wechselprocesses darauf zu klagen.

Der Regreßnehmer ist hierbei an die Folgeordnung der Indossamente und die einmal getroffene Wahl nicht gebunden.

Der Beibringung des Wechsels und des Nachweises, daß der Regreßnehmer seinen Nachmännern selbst Sicherheit bestellt habe, bedarf es nicht.

§. 27.

Die bestellte Sicherheit haftet nicht blos dem Regreßnehmer, sondern auch allen übrigen Nachmännern des Bestellers. Dieselben sind weitere Sicherheit zu verlangen nur in dem Falle berechtigt, wenn sie gegen die Art oder Größe der bestellten Sicherheit Einwendungen zu begründen vermögen.

§. 28.

Die bestellte Sicherheit muß zurückgegeben werden:
1) sobald die vollständige Annahme des Wechsels nachträglich erfolgt ist;
2) wenn gegen den Regreßpflichtigen, welcher sie bestellt hat, binnen Jahresfrist, vom Verfalltage des Wechsels an gerechnet, auf Zahlung aus dem Wechsel nicht geklagt worden ist;
3) wenn die Zahlung des Wechsels erfolgt oder die Wechselkraft desselben erloschen ist.

§. 29.

2) wegen Unsicherheit des Acceptanten.

Ist ein Wechsel ganz oder theilweise angenommen worden, so kann in Betreff der acceptirten Summe Sicherheit nur gefordert werden:
1) wenn über das Vermögen des Acceptanten der Concurs (Debitverfahren, Falliment) eröffnet worden ist, oder der Acceptant auch nur seine Zahlungen eingestellt hat;

19

2) wenn nach Ausstellung des Wechsels eine Execution in das Vermögen des Acceptanten fruchtlos ausgefallen, oder wider denselben wegen Erfüllung einer Zahlungsverbindlichkeit die Vollstreckung des Personal-Arrestes verfügt worden ist.

Wenn in diesen Fällen die Sicherheit von dem Acceptanten nicht geleistet und dieserhalb Protest gegen denselben erhoben wird, und von den auf dem Wechsel etwa benannten Nothadressen die Annahme nach Ausweis des Protestes nicht zu erhalten ist, so kann der Inhaber des Wechsels und jeder Indossatar gegen Auslieferung des Protestes von seinen Vormännern Sicherstellung fordern. (§§. 25—28).

Der bloße Besitz des Wechsels vertritt die Stelle einer Vollmacht, in den Nr. 1 und 2 genannten Fällen von dem Acceptanten Sicherheitsbestellung zu fordern, und wenn solche nicht zu erhalten ist, Protest erheben zu lassen.

§. 30.

VII. Erfüllung der Wechsel-Verbindlichkeit.
1) Zahlungstag.

Ist in dem Wechsel ein bestimmter Tag als Zahlungstag bezeichnet, so tritt die Verfallzeit an diesem Tage ein.

Ist die Zahlungszeit auf die Mitte eines Monats gesetzt worden, so ist der Wechsel am 15ten dieses Monats fällig.

§. 31.

Ein auf Sicht gestellter Wechsel ist bei der Vorzeigung fällig.

Ein solcher Wechsel muß bei Verlust des wechselmäßigen Anspruchs gegen die Indossanten und den Aussteller nach Maaßgabe der besonderen im Wechsel ausgedrückten Verabredung, und in Ermangelung derselben binnen zwei Jahren zur Zahlung präsentirt werden.

Hat ein Indossant auf einem Wechsel dieser Art seinem Indossamente eine besondere Präsentationsfrist hinzugefügt, so erlischt seine wechselmäßige Verpflichtung, wenn der Wechsel nicht innerhalb dieser Frist präsentirt worden ist.

§. 32.

Bei Wechseln, welche mit dem Ablaufe einer bestimmten Frist nach Sicht oder nach Dato zahlbar sind, tritt die Verfallzeit ein:

1) wenn die Frist nach Tagen bestimmt ist, an dem letzten Tage der Frist; bei Berechnung der Frist wird der Tag, an welchem der nach Dato zahlbare Wechsel ausgestellt oder der nach Sicht zahlbare zur Annahme präsentirt ist, nicht mitgerechnet;

2) wenn die Frist nach Wochen, Monaten oder einem mehrere Monate umfassenden Zeitraume (Jahr, halbes Jahr, Vierteljahr) bestimmt ist, an demjenigen Tage der Zahlungswoche oder des Zahlungsmonats, der durch seine Benennung oder Zahl dem Tage der Ausstellung oder Präsentation entspricht; fehlt dieser Tag in dem Zahlungsmonate, so tritt die Verfallzeit am letzten Tage des Zahlungsmonats ein.

Der Ausdruck „halber Monat" wird einem Zeitraume von 15 Tagen gleichgeachtet. Ist der Wechsel auf einen oder mehrere ganze Monate und einen halben Monat gestellt, so sind die 15 Tage zuletzt zu zählen.

§. 33.

Respecttage finden nicht statt.

§. 34.

Ist in einem Lande, in welchem nach altem Styl gerechnet wird, ein im Inlande zahlbarer Wechsel nach Dato ausgestellt, und dabei nicht bemerkt, daß der Wechsel nach neuem Styl datirt sei, oder ist derselbe nach beiden Stylen datirt, so wird der Verfalltag nach demjenigen Kalendertage neuen Styls berechnet, welcher dem nach altem Styl sich ergebenden Tage der Ausstellung entspricht.

§. 35.

Meß- oder Marktwechsel werden zu der durch die Gesetze des Meß- oder Marktortes bestimmten Zahlungszeit, und in Ermangelung einer solchen Festsetzung an dem Tage vor dem gesetzlichen Schlusse der Messe oder des Marktes fällig.

Dauert die Messe oder der Markt nur einen Tag, so tritt die Verfallzeit des Wechsels an diesem Tage ein.

§. 36.

Vor der Verfallzeit kann die Zahlung des Wechsels wider den Willen des Inhabers nicht geleistet werden.

§. 37.

2) Zahltag.

Der Inhaber eines indossirten Wechsels wird durch eine zusammenhängende bis auf ihn hinuntergehende Reihe von Indossamenten als Eigenthümer des Wechsels legitimirt. Das erste Indossament muß demnach mit dem Namen des Remittenten, jedes folgende Indossament mit dem Namen desjenigen unterzeichnet sein, welchen das unmittelbar vorhergehende Indossament als Indossatar benennt. Wenn auf ein Blanko-Indossament ein weiteres Indossament folgt, so wird angenommen, daß der Aussteller den Wechsel durch das Blanko-Indossament erworben hat.

Ausgestrichene Indossamente werden bei Prüfung der Legitimation als nicht geschrieben angesehen.

Die Aechtheit der Indossamente zu prüfen ist der Zahlende nicht verpflichtet.

§. 38.

Lautet ein Wechsel auf eine Münzsorte, welche am Zahlungsorte keinen Umlauf hat, oder auf eine Rechnungswährung, so kann die Wechselsumme nach ihrem Werthe zur Verfallzeit in der Landesmünze gezahlt werden, sofern nicht der Aussteller durch den Gebrauch des Wortes „effectiv" oder eines ähnlichen Zusatzes die Zahlung in der im Wechsel benannten Münzsorte ausdrücklich bestimmt hat.

§. 39.

Der Inhaber des Wechsels darf eine ihm angebotene Theilzahlung selbst dann nicht zurückweisen, wenn die Annahme auf den ganzen Betrag der verschriebene Summe erfolgt ist.

§. 40.

Der Wechselschuldner ist nur gegen Aushändigung des quittirten Wechsels zu zahlen verpflichtet.

Hat der Wechselschuldner eine Theilzahlung geleistet, so kann derselbe nur verlangen, daß die Zahlung auf dem Wechsel abgeschrieben und ihm Quittung auf einer Abschrift des Wechsels ertheilt werde.

§. 41.

Wird die Zahlung des Wechsels am Zahlungstage nicht gefordert, so ist der Acceptant befugt, die Wechselsumme auf Gefahr und Kosten des Inhabers bei Gericht, oder bei anderen zur Annahme von Depositen ermächtigten Anstalten niederzulegen. Der Vorladung des Inhabers bedarf es nicht.

§. 42.

VIII. Regreß Mangels Zahlung.

Zur Ausübung des bei nicht erlangter Zahlung statthaften Regresses gegen den Aussteller und die Indossanten ist erforderlich:
1) daß der Wechsel zur Zahlung präsentirt worden ist, und
2) daß sowohl diese Präsentation als die Nichterlangung der Zahlung durch einen rechtzeitig darüber aufgenommenen Protest dargethan wird.

Die Erhebung des Protestes ist am Zahlungstage zulässig, sie muß aber spätestens am zweiten Werktage nach dem Zahlungstage geschehen.

§. 43.

Die Aufforderung, keinen Protest erheben zu lassen („ohne Protest," „ohne Kosten" 2c.) gilt als Erlaß des Protestes, nicht aber als Erlaß der Pflicht zur rechtzeitigen Präsentation. Der Wechselverpflichtete, von welchem jene Aufforderung ausging, muß die Beweißlast übernehmen, wenn er die rechtzeitig geschehene Präsentation in Abrede stellt.

Gegen die Pflicht zum Ersatze der Protestkosten schützt jene Aufforderung nicht, wenn der Protest nothwendig war, dem Inhaber den Regreß gegen andere Wechselverpflichtete zu sichern.

§. 44.

Domicilirte Wechsel sind dem Domiciliaten, oder wenn ein solcher nicht benannt ist, dem Trassaten selbst an demjenigen Orte, wohin der Wechsel domicilirt ist, zur Zahlung zu präsentiren, und wenn die Zahlung unterbleibt, dort zu protestiren.

Wird die rechtzeitige Protesterhebung beim Domiciliaten verabsäumt, so geht dadurch der wechselmäßige Anspruch gegen den Aussteller, die Indossanten und den Acceptanten verloren, gegen den letzteren jedoch nur in dem Falle, wenn der am Zahlungsorte aufzusuchende Zahler nicht der Acceptant selbst ist.

§. 45.

Zur Erhaltung des Wechselrechts gegen den Acceptanten bedarf es mit Ausnahme des im §. 44. erwähnten Falles weder der Präsentation am Zahlungstage, noch der Erhebung eines Protestes.

§. 46.

Der Inhaber eines Mangels Zahlung protestirten Wechsels ist verpflichtet, seinen unmittelbaren Vormann innerhalb zweier Tage nach Aufnahme des Protestes von der Nichtzahlung des Wechsels schriftlich zu benachrichtigen, zu welchem Ende es genügt, wenn das Benachrichtigungsschreiben innerhalb dieser Frist zur Post gegeben ist.

Jeder benachrichtigte Vormann muß binnen derselben, vom Tage des empfangenen Berichts zu berechnenden Fristen seinen nächsten Vormann in gleicher Weise benachrichtigen.

Der Inhaber oder Indossatar, welcher die Benachrichtigung unterläßt oder dieselbe nicht an den unmittelbaren Vormann ergehen läßt, wird hierdurch den sämmtlichen oder den übersprungenen Vormännern zum Ersatze des aus der unterlassenen Benachrichtigung entstandenen Schadens verpflichtet. Auch verliert derselbe gegen diese Personen den Anspruch auf Zinsen und Kosten, so daß er nur die Wechselsumme nach dem Course der Verfallzeit zu fordern berechtigt ist.

§. 47.

Kommt es auf den Nachweis der dem Vormanne rechtzeitig gegebenen schriftlichen Benachrichtigung an, so genügt zu diesem Zwecke der durch ein Postattest geführte Beweis, daß ein Brief von dem Betheiligten an den Adressaten an dem angegebenen Tage abgesandt ist, sofern nicht dargethan wird, daß der angekommene Brief einen anderen Inhalt gehabt hat.

Auch der Tag des Empfanges der erhaltenen schriftlichen Benachrichtigung kann durch ein Postattest nachgewiesen werden.

§. 48.

Hat ein Indossant den Wechsel ohne Hinzufügung einer Ortsbezeichnung weiter begeben, so ist der Vormann desselben von der unterbliebenen Zahlung zu benachrichtigen.

§. 49.

Jeder Wechselschuldner hat das Recht, gegen Erstattung der Wechselsumme nebst Zinsen und Kosten die Auslieferung des quittirten Wechsels und des wegen Nichtzahlung erhobenen Protestes von dem Inhaber zu fordern.

§. 50.

Der Inhaber eines Mangels Zahlung protestirten Wechsels kann die Wechselklage gegen alle Wechselverpflichtete oder auch nur gegen Einige oder Einen derselben anstellen, ohne dadurch seinen Anspruch gegen die nicht in Anspruch genommenen Verpflichteten zu verlieren. Er kann auch die in der einen oder anderen Art angestellte Klage zurücknehmen und eine zweite Klage erheben, ohne dadurch den Regreß gegen diejenigen zu verlieren, welche er in der ersten Klage belangt hatte.

Derselbe ist an die Reihenfolge der Indossamente nicht gebunden.

§. 51.

Die Regreßansprüche des Inhabers eines Mangels Zahlung protestirten Wechsels beschränken sich auf die nachstehenden Forderungen:

1) der nicht bezahlten Wechselsumme nebst 6 Procent jährlicher Zinsen vom Verfalltage ab,
2) der Protestkosten und anderen Auslagen,
3) einer Provision von 1/3 Procent.

Die vorstehenden Beträge müssen, wenn der Regreßpflichtige an einem anderen Orte, als dem Zahlungsorte wohnt, zu demjenigen Course gezahlt werden, welchen ein vom Zahlungsorte auf den Wohnort des Regreßpflichtigen gezogener Wechsel auf Sicht hat.

Besteht am Zahlungsorte kein Cours auf jenen Wohnort, so wird der Cours nach demjenigen Platze genommen, welcher dem Wohnorte des Regreßpflichtigen am nächsten liegt.

Die Höhe des Courses ist auf Verlangen des Regreßpflichtigen durch einen unter öffentlicher Autorität ausgestellten Courszettel oder durch das Attest eines vereideten Mäklers, oder in Ermangelung derselben durch ein Attest zweier Kaufleute zu bescheinigen.

§. 52.

Der Indossant, welcher den Wechsel eingelöst oder als Rimesse erhalten hat, ist von einem früheren Indossanten oder von dem Aussteller zu fordern berechtigt:

1) die ganze von ihm gezahlte oder durch Rimesse berichtigte Summe nebst 6 Procent jährlicher Zinsen vom Tage der Zahlung,
2) die ihm entstandenen Kosten,
3) eine Provision von 1/3 Procent.

Die vorstehenden Beträge müssen, wenn der Regreßpflichtige an einem anderen Orte, als der Regreßnehmer wohnt, zu demjenigen Course gezahlt werden, welchen ein vom Wohnorte des Regreßnehmers auf den Wohnort des Regreßpflichtigen gezogener Wechsel auf Sicht hat.

Besteht im Wohnorte des Regreßnehmers kein Cours auf den Wohnort des Regreßpflichtigen, so wird der Cours nach demjenigen Platze genommen, welcher dem Wohnorte des Regreßpflichtigen am nächsten liegt.

Wegen der Bescheinigung der Höhe des Courses kömmt die Bestimmung des §. 51 zur Anwendung.

§. 53.

Durch die Bestimmungen der §§. 51 und 52. No. 1 und 3 wird bei einem Regresse auf einen ausländischen Ort die Berechnung höherer, dort zulässiger Sätze nicht ausgeschlossen.

§. 54.

Der Regreßnehmer kann über den Betrag seiner Forderung einen Rückwechsel auf den Regreßpflichtigen ziehen.

Der Forderung treten in diesem Falle noch die Mäklergebühren für Negocirung des Rückwechsels, sowie die etwaigen Stempelgebühren hinzu.

Der Rückwechsel muß auf Sicht zahlbar und mittelbar (a drittura) gestellt werden.

§. 55.

Der Regreßpflichtige ist nur gegen Auslieferung des Wechsels, des Protestes und einer quittirten Retourrechnung Zahlung zu leisten verbunden.

§. 56.

Jeder Indossant, der einen seiner Nachmänner befriedigt hat, kann sein eigenes und seiner Nachmänner Indossament ausstreichen.

§. 57.

IX. Intervention:
1) Ehrenannahme.

Befindet sich auf einem Mangels Annahme protestirten Wechsel eine auf den Zahlungsort lautende Nothadresse, so muß, ehe Sicherstellung verlangt werden kann, die Annahme von der Nothadresse gefordert werden.

Unter mehreren Nothadressen gebührt derjenigen der Vorzug, durch deren demnächstige Zahlung die meisten Verpflichteten befreit werden.

§. 58.

Die Ehrenannahme von Seiten einer nicht auf dem Wechsel als Nothadresse benannten Person braucht der Inhaber nicht zuzulassen.

§. 59.

Der Ehrenacceptant muß sich den Protest Mangels Annahme gegen Erstattung der Kosten aushändigen und in einem Anhange zu demselben die Ehrenannahme bemerken lassen.

Er muß den Honoraten unter Uebersendung des Protestes von der geschehenen Intervention benachrichtigen und diese Benachrichtigung mit dem Proteste innerhalb zweier Tage nach dem Tage der Protesterhebung zur Post geben.

Unterläßt er dies, so haftet er für den durch die Unterlassung entstehenden Schaden.

§. 60.

Wenn der Ehrenacceptant unterlassen hat, in seinem Accepte zu bemerken, zu wessen Ehren die Annahme geschieht, so wird der Trassant als Honorat angesehen.

§. 61.

Der Ehrenacceptant wird den sämmtlichen Nachmännern des Honoraten durch die Annahme wechselmäßig verpflichtet. Diese Verpflichtung erlischt, wenn dem Ehrenacceptanten der Wechsel nicht spätestens innerhalb zweier Tage nach dem Verfalltage zur Zahlung vorgelegt wird.

§. 62.

Wenn der Wechsel von einer Nothadresse oder einem anderen Intervenienten zu Ehren angenommen wird, so haben der Inhaber und die Nachmänner des Honoraten keinen Regreß auf Sicherstellung.

Derselbe kann aber von dem Honoraten und dessen Vormännern geltend gemacht werden.

§. 63.

2) Ehrenzahlung.

Befinden sich auf dem von dem Bezogenen nicht eingelösten Wechsel oder der Copie Nothadressen oder ein Ehrenaccept, welche auf den Zahlungsort lauten, so muß der Inhaber den Wechsel innerhalb zweier Tage nach dem Verfalltage den sämmtlichen Nothadressen und dem Ehrenacceptanten zur Zahlung vorlegen und den Erfolg im Proteste Mangels Zahlung oder in einem Anhange zu demselben bemerken lassen.

Unterläßt er dies, so verliert er den Regreß bis auf den Adressanten oder Honoraten einschließlich.

Weist der Inhaber die von einem anderen Intervenienten angebotene Ehrenzahlung zurück, so verliert er den Regreß bis auf den Honoraten ausschließlich.

§. 64.

Dem Ehrenzahler muß der Wechsel und der Protest Mangels Zahlung gegen Erstattung der Kosten ausgehändigt werden.

Er tritt durch die Ehrenzahlung in die Rechte des Inhabers gegen den Honoraten, dessen Vormänner und den Acceptanten.

§. 65.

Unter Mehreren, welche sich zur Ehrenzahlung erbieten, gebührt demjenigen der Vorzug, durch dessen Zahlung die meisten Wechselverpflichteten befreit werden.

Ein Intervenient, welcher zahlt, obgleich aus dem Wechsel oder Proteste ersichtlich ist, daß ein Anderer, dem er hiernach nachstehen müßte, den Wechsel einzulösen bereit war, hat keinen Regreß gegen diejenigen Indossaten, welche durch Leistung der von dem Anderen angebotenen Zahlung befreit worden wären.

§. 66.

Der Ehrenzahler ist befugt, für die Intervention eine Provision von 1/3 Procent zu verlangen. Diese Bestimmung gilt auch für die Ehrenzahlung, welche an einem ausländischen Orte geleistet ist, sofern nicht die Zulässigkeit höherer Sätze an demselben bescheinigt wird.

Der Ehren-Acceptant, welcher nicht zur Zahlungsleistung gelangt, weil der Bezogene oder ein anderer Intervenient gezahlt hat, ist berechtigt, diese Provision von dem Zahlenden zu fordern.

§. 67.

X. Bervielfäl-
tigung eines
Wechsels.

1) Wechsel-
duplicate.

Der Aussteller eines gezogenen Wechsels ist verpflichtet, dem Remittenten auf Verlangen mehrere gleichlautende Exemplare des Wechsels zu überliefern.

Dieselben müssen im Contexte als Prima, Secunda, Tertia u. s. w. bezeichnet sein, widrigenfalls jedes Exemplar als ein für sich bestehender Wechsel (Sola-Wechsel) erachtet wird.

Auch ein Indossatar kann ein Duplicat des Wechsels verlangen. Er muß sich dieserhalb an seinen unmittelbaren Vormann wenden, welcher wieder an seinen Vormann zurückgehen muß, bis die Anforderung an den Aussteller gelangt. Jeder Indossatar kann von seinem Vormanne verlangen, daß die früheren Indossamente auf dem Duplicate wiederholt werden.

§. 68.

Ist von mehreren ausgefertigten Exemplaren das eine bezahlt, so verlieren dadurch die anderen ihre Kraft.

Jedoch bleiben aus den übrigen Exemplaren verhaftet:

1) der Indossant, welcher mehrere Exemplare desselben Wechsels an verschiedene Personen indossirt hat, und alle späteren Indossanten, deren Unterschriften sich auf den bei der Zahlung nicht zurückgegebenen Exemplaren befinden, aus ihren Indossamenten;

2) der Acceptant, welcher mehrere Exemplare desselben Wechsels acceptirt hat, aus den Accepten auf den bei der Zahlung zurückgegebenen Exemplaren.

§. 69.

Wer eines von mehreren Exemplaren eines Wechsels zur Annahme versandt hat, muß auf den übrigen Exemplaren bemerken, bei wem das von ihm zur Annahme versandte Exemplar anzutreffen ist. Das Unterlassen dieser Bemerkung entzieht jedoch dem Wechsel nicht die Wechselkraft.

Der Verwahrer des zum Accepte versandten Exemplars ist verpflichtet, dasselbe demjenigen auszuliefern, der sich als Indossatar (§. 37) oder auf andere Weise zur Empfangnahme legitimirt.

§. 70.

Der Inhaber eines Duplicats, an welchem angegeben ist, bei wem das zum Accepte versandte Exemplar sich befindet, kann Mangels Annahme desselben den Regreß auf Sicherstellung, und Mangels Zahlung den Regreß auf Zahlung nicht eher nehmen, als bis er durch Protest hat feststellen lassen:

1) daß das zum Accepte versandte Exemplar ihm vom Verwahrer nicht verabfolgt worden ist, und

2) daß auch die Annahme des Duplicats oder die Zahlung nicht zu erlangen gewesen.

§. 71.

2) Wechsel-
kopien.

Wechselkopien müssen eine Abschrift des Wechsels und der darauf befindlichen Indossamente und Vermerke enthalten und mit der Erklärung: „bis hierher Abschrift (Kopie)“ oder mit einer ähnlichen Bezeichnung versehen sein.

In der Kopie ist zu bemerken, bei wem das zur Annahme versandte Original des Wechsels anzutreffen ist. Das Unterlassen dieses Vermerkes entzieht jedoch der indossirten Kopie nicht ihre wechselmäßige Kraft.

§. 72.

Jedes auf einer Kopie befindliche Original-Indoffament verpflichtet den Indoffanten eben so, als wenn es auf einem Original-Wechsel stände.

§. 73.

Der Verwahrer des Original-Wechsels ist verpflichtet, denselben dem Besitzer einer mit einem oder mehreren Original-Indoffamenten versehenen Kopie auszuliefern, sofern sich derselbe als Indoffatar oder auf andere Weise zur Empfangnahme legitimirt.

Wird der Original-Wechsel vom Verwahrer nicht ausgeliefert, so ist der Inhaber der Wechselkopie nur nach Aufnahme des im §. 70 Nr. 1 erwähnten Protestes Regreß auf Sicherstellung und nach Eintritt des in der Kopie angegebenen Verfalltages Regreß auf Zahlung gegen diejenigen Indoffanten zu nehmen berechtigt, deren Original-Indoffamente auf der Kopie befindlich sind.

§. 74.

XI. Abhanden gekommene Wechsel. Der Eigenthümer eines abhanden gekommenen Wechsels kann die Amortisation des Wechsels bei dem Gerichte des Zahlungsortes beantragen. Nach Einleitung des Amortisations-Verfahrens kann derselbe vom Acceptanten Zahlung fordern, wenn er bis zur Amortisation des Wechsels Sicherheit bestellt. Ohne eine solche Sicherheitsbestellung ist er nur die Deposition der aus dem Accepte schuldigen Summe bei Gericht oder bei anderen zur Annahme von Depositen ermächtigten Anstalten zu fordern berechtigt.

§. 75.

Der nach den Bestimmungen des §. 37 legitimirte Besitzer eines Wechsels kann nur dann zur Herausgabe deffelben angehalten werden, wenn er den Wechsel in bösem Glauben erworben hat oder ihm dabei eine grobe Fahrläffigkeit zur Last fällt.

§. 76.

XII. Falsche Wechsel. Auch wenn die Unterschrift des Ausstellers eines Wechsels falsch oder verfälscht ist, behalten dennoch das ächte Accept und die ächten Indoffamente die wechselmäßige Wirkung.

§. 77.

Aus einem mit einem falschen oder verfälschten Accepte oder Indoffamente versehenen Wechsel bleiben sämmtliche Indoffanten und der Aussteller, deren Unterschriften ächt sind, wechselmäßig verhaftet.

§. 78.

XIII. Wechsel-verjährung. Der wechselmäßige Anspruch gegen den Acceptanten verjährt innerhalb dreier Jahre vom Verfalltage des Wechsels an gerechnet.

§. 79.

Die Regreßansprüche des Inhabers gegen den Aussteller und die übrigen Vormänner verjähren:

1) in 3 Monaten, wenn der Wechsel in Europa, mit Ausnahme von Island und den Färörern, zahlbar war;

2) in 6 Monaten, wenn der Wechsel in den Küstenländern von Asien und Afrika längs dem mittelländischen und schwarzen Meere, oder in den dazu gehörigen Inseln zahlbar war;

3) in 18 Monaten, wenn der Wechsel in einem anderen außereuropäischen Lande oder in Island oder den Färörern Inseln zahlbar war.

Die Verjährung beginnt gegen den Inhaber mit dem Tage des erhobenen Protestes.

§. 80.

Die Regreßansprüche des Indossanten gegen den Aussteller und die übrigen Vormänner verjähren:

1) in 3 Monaten, wenn der Regreßnehmer in Europa, mit Ausnahme von Island und den Färörern wohnt;

2) in 6 Monaten, wenn der Regreßnehmer in den Küstenländern von Asien und Afrika längs dem mittelländischen und schwarzen Meere, oder in den dazu gehörigen Inseln wohnt;

3) in 18 Monaten, wenn der Regreßnehmer in einem anderen außereuropäischen Lande oder in Island oder den Färörern wohnt.

Gegen den Indossanten läuft die Frist, wenn er, ehe eine Wechselklage gegen ihn angestellt worden, gezahlt hat, vom Tage der Zahlung, in allen übrigen Fällen aber vom Tage der ihm geschehenen Behändigung der Klage oder Ladung.

§. 81.

Die Verjährung (§. 78 — 80) wird nur durch Behändigung der Klage unterbrochen und nur in Beziehung auf denjenigen, gegen welchen die Klage gerichtet ist.

Jedoch vertritt in dieser Beziehung die von dem Verklagten geschehene Streitverkündigung die Stelle der Klage.

§. 82.

XIV. Klagerecht des Wechsel- gläubigers.

Die wechselmäßige Verpflichtung trifft den Aussteller, Acceptanten und Indossanten des Wechsels, so wie einen Jeden, welcher den Wechsel, die Wechselkopie, das Accept oder das Indossament mitunterzeichnet hat, selbst dann, wenn er sich dabei nur als Bürge (per aval) benannt hat.

Die Verpflichtung dieser Personen erstreckt sich auf Alles, was der Wechsel-Inhaber wegen Nichterfüllung der Wechselverbindlichkeit zu fordern hat.

Der Wechsel-Inhaber kann sich wegen seiner ganzen Forderung an den Einzelnen halten; es steht in seiner Wahl, welchen Wechselverpflichteten er zuerst in Anspruch nehmen will.

§. 83.

Der Wechselschuldner kann sich nur solcher Einreden bedienen, welche aus dem Wechselrechte selbst hervorgehen oder ihm unmittelbar gegen den jedesmaligen Kläger zustehen.

§. 84.

Ist die wechselmäßige Verbindlichkeit des Ausstellers oder des Acceptanten durch Verjährung oder dadurch, daß die zur Erhaltung des Wechselrechts gesetzlich vorgeschriebenen Handlungen verabsäumt sind, erloschen, so bleiben dieselben dem Inhaber des Wechsels nur so weit, als sie sich mit dessen Schaden bereichern würden, verhaftet.

Gegen die Indossanten, deren wechselmäßige Verbindlichkeit erloschen ist, findet kein anderweiter Anspruch statt.

§. 85.

XV. Ausländische Gesetzgebung.

Die Fähigkeit eines Ausländers, wechselmäßige Verpflichtungen zu übernehmen, wird nach den Gesetzen des Staates beurtheilt, welchem derselbe angehört. Jedoch wird ein nach den Gesetzen seines Vaterlandes nicht wechselfähiger Ausländer durch Uebernahme von Wechselverbindlichkeiten im Inlande verpflichtet, in sofern er nach den Gesetzen des Inlandes wechselfähig ist.

§. 86.

Die wesentlichen Erfordernisse eines im Auslande ausgestellten Wechsels, so wie jeder anderen im Auslande ausgestellten Wechselerklärung werden nach den Gesetzen des Orts beurtheilt, an welchem die Erklärung erfolgt ist.

Entsprechen jedoch die im Auslande geschehenen Wechselerklärungen den Anforderungen des inländischen Gesetzes, so kann daraus, daß sie nach ausländischen Gesetzen mangelhaft sind, kein Einwand gegen die Rechtsverbindlichkeit der später im Inlande auf den Wechsel gesetzten Erklärungen entnommen werden.

Eben so haben Wechsel-Erklärungen, wodurch sich ein Inländer einem anderen Inländer im Auslande verpflichtet, Wechselkraft, wenn sie auch nur den Anforderungen der inländischen Gesetzgebung entsprechen.

§. 87.

Ueber die Form der mit einem Wechsel an einem ausländischen Platze zur Ausübung oder Erhaltung des Wechselrechts vorzunehmenden Handlungen entscheidet das dort geltende Recht.

§. 88.

XVI. Protest. Jeder Protest muß durch einen Notar oder einen Gerichtsbeamten aufgenommen werden.

Der Zuziehung von Zeugen oder eines Protocollführers bedarf es dabei nicht.

§. 89.

Proteste dürfen nur an einem Tage, welcher kein Sonntag oder allgemeiner Feiertag ist, erhoben werden. Ist der Tag, an welchem die Protesterhebung spätestens geschehen konnte, ein Sonntag oder ein allgemeiner Feiertag, so muß der Protest am nächstfolgenden Werktage erhoben werden.

§. 90.

Der Protest muß enthalten:

1) eine wörtliche Abschrift des Wechsels oder der Kopie und aller darauf befindlichen Indossamente und Bemerkungen;

2) den Namen oder die Firma der Personen, für welche und gegen welche der Protest erhoben wird;

3) das an die Person, gegen welche protestirt wird, gestellte Begehren, ihre Antwort oder die Bemerkung, daß sie keine gegeben habe oder nicht anzutreffen gewesen sei;

4) die Angabe des Orts, so wie des Kalendertages, Monats und Jahres, an welchem die Aufforderung (Nr. 3) geschehen oder ohne Erfolg versucht worden ist;

5) im Falle einer Ehrenannahme oder einer Ehrenzahlung die Erwähnung von wem, für wen und wie sie angeboten und geleistet wird;

6) die Unterschrift des Notars oder Gerichtsbeamten, welcher den Protest aufgenommen hat, mit Beifügung des Amtssiegels.

§. 91.

Muß eine wechselrechtliche Leistung von mehreren Personen verlangt werden, so ist über die mehrfache Aufforderung nur Eine Protesturkunde erforderlich.

§. 92.

Die Notare und Gerichtsbeamten sind schuldig die von ihnen aufgenommenen Proteste nach deren ganzem Inhalte Tag für Tag und nach Ordnung des Datums in ein besonderes Register einzutragen, das von Blatt zu Blatt mit fortlaufenden Zahlen versehen ist.

§. 93.

XVII. Ort und Zeit für Präsentation und andere im Wechsel-Verkehre vorkommende Handlungen.

Die Präsentation zur Annahme oder Zahlung, die Protesterhebung, die Abforderung eines Wechsel-Duplicats, so wie alle sonstigen bei einer bestimmten Person vorzunehmenden Akte müssen in deren Geschäftslocal, und in Ermangelung eines solchen, in deren Wohnung vorgenommen werden. An einem anderen Orte, z. B. an der Börse, kann dies nur mit beiderseitigem Einverständniß geschehen.

Daß das Geschäftslocal oder die Wohnung nicht zu ermitteln sei, ist erst alsdann als festgestellt anzunehmen, wenn auch eine dieserhalb bei der Polizeibehörde des Orts geschehene Nachfrage fruchtlos geblieben ist, welches im Proteste bemerkt werden muß.

§. 94.

Die Zahlung des Wechsels, die Herausgabe eines Wechsel-Duplicats, die Erklärung über die Annahme, so wie jede andere Erklärung, können nur an einem Werktage gefordert werden. Fällt der Zeitpunkt, in welchem die Vornahme einer der vorstehenden Handlungen spätestens gefordert werden mußte, auf einen Sonntag oder allgemeinen Feiertag, so muß diese Handlung am nächsten Werktage gefordert werden.

§. 95.

Bestehen an einem Wechselplatze allgemeine Zahltage (Kassirtage), so braucht die Zahlung eines zwischen den Zahltagen fällig gewordenen Wechsels erst am Zahltage geleistet zu werden, sofern nicht der Wechsel auf Sicht lautet.

Die im §. 42 für die Aufnahme des Protestes Mangels Zahlung bestimmte Frist darf jedoch nicht überschritten werden.

§. 96.

XVIII. Mangelhafte Unterschriften.

Wechselerklärungen, welche statt des Namens mit Kreuzen oder anderen Zeichen vollzogen sind, haben nur dann, wenn diese Zeichen gerichtlich oder notariell beglaubigt worden, Wechselkraft.

§. 97.

Wer eine Wechselerklärung als Bevollmächtigter eines Anderen unterzeichnet, ohne dazu Vollmacht zu haben, haftet persönlich in gleicher Weise, wie der angebliche Machtgeber gehaftet haben würde, wenn die Vollmacht ertheilt gewesen wäre.

Dasselbe gilt von Vormündern und anderen Vertretern, welche mit Ueberschreitung ihrer Befugnisse Wechselerklärungen ausstellen.

Dritter Abschnitt.

Von eigenen Wechseln.

§. 98.

Die wesentlichen Erfordernisse eines eigenen (trockenen) Wechsels sind:

1) die in den Wechsel selbst aufzunehmende Bezeichnung als Wechsel oder Wechselbrief, oder wenn der Wechsel in einer fremden Sprache ausgestellt ist, ein jener Bezeichnung entsprechender Ausdruck in der fremden Sprache;

2) die zu zahlende Geldsumme;

3) der Name der Person oder die Firma, an welche oder an deren Ordre der Aussteller Zahlung leisten will;

4) die Bestimmung der Zeit, zu welcher gezahlt werden soll (S. 4, Nr. 4);

5) die Unterschrift des Ausstellers mit seinem Namen oder seiner Firma;

6) die Angabe des Orts, Monatstages und Jahres der Ausstellung.

§. 99.

Der Ort der Ausstellung gilt für den eigenen Wechsel, in sofern nicht ein besonderer Zahlungsort angegeben ist, als Zahlungsort und zugleich als Wohnort des Ausstellers.

§. 100.

Nachstehende, in diesem Gesetze für gezogene Wechsel gegebene Vorschriften gelten auch für eigene Wechsel:

1) die §§. 5 und 7 über die Form des Wechsels;

2) die §§. 9—17 über das Indossament;

3) die §§. 19 und 20 über die Präsentation der Wechsel auf eine Zeit nach Sicht mit der Maaßgabe, daß die Präsentation dem Aussteller geschehen muß;

4) der §. 29 über den Sicherheitsregreß mit der Maaßgabe, daß derselbe im Falle der Unsicherheit des Ausstellers stattfindet;

5) die §§. 30—41 über die Zahlung und die Befugniß zur Deposition des fälligen Wechselbetrages mit der Maaßgabe, daß letztere durch den Aussteller geschehen kann;

6) die §§. 42—44 und 46—56 über den Regreß Mangels Zahlung gegen die Indossanten;

7) die §§. 63—66 über die Ehrenzahlung;

8) die §§. 71—73 über die Kopien;

9) die §§. 74—77 über abhanden gekommene und falsche Wechsel mit der Maaßgabe, daß im Falle des §. 74 die Zahlung durch den Aussteller erfolgen muß;

10) die §§. 78—97 über die allgemeinen Grundsätze der Wechselverjährung, die Verjährung der Regreßansprüche gegen die Indossanten das Klagerecht des Wechselgläubigers, die ausländischen Wechselgesetze, den Protest, den Ort und die Zeit für die Präsentation und andere im Wechselverkehr vorkommende Handlungen, so wie über mangelhafte Unterschriften.

§. 101.

Eigene domicilirte Wechsel sind dem Domiciliaten oder wenn ein solcher nicht benannt ist, dem Aussteller selbst an demjenigen Orte, wohin der Wechsel bomicilirt ist, zur Zahlung zu präsentiren und, wenn die Zahlung unterbleibt, dort zu protestiren. Wird die rechtzeitige Protesterhebung beim Domiciliaten verabsäumt, so geht dadurch der wechselmäßige Anspruch gegen den Aussteller und die Indossanten verloren.

§. 102.

Der wechselmäßige Anspruch gegen den Aussteller eines eigenen Wechsels verjährt innerhalb dreier Jahre vom Verfalltage des Wechsels an gerechnet.

Entwurf
einer
Allgemeinen Deutschen Wechselordnung
nach
den Beschlüssen der Conferenz.

Erster Abschnitt.
Von der Wechselfähigkeit.

§. 1.

Wechselmäßig ist Jeder, welcher sich durch Verträge verpflichten kann.

§. 2.

Der Wechselschuldner haftet für die Erfüllung der übernommenen Wechselverbindlichkeit mit seiner Person und seinem Vermögen.

Jedoch ist der Wechselarrest nicht zulässig:
1) gegen die Erben eines Wechselschuldners;
2) aus Wechselerklärungen, welche für Corporationen oder andere juristische Personen, für Actiengesellschaften oder in Angelegenheiten solcher Personen, welche zu eigener Vermögens-Verwaltung unfähig sind, von den Vertretern derselben ausgestellt werden;
3) gegen Frauen, wenn sie nicht Handel oder ein anderes Gewerbe treiben.

Inwiefern aus Gründen des öffentlichen Rechts die Vollstreckung des Wechselarrestes gegen andere als die vorgenannten Personen Beschränkungen erleidet, ist in besonderen Gesetzen bestimmt.

§. 3.

Finden sich auf einem Wechsel Unterschriften von Personen, welche eine Wechselverbindlichkeit überhaupt nicht, oder nicht mit vollem Erfolge eingehen können, so hat dieß auf die Verbindlichkeit der übrigen Wechselverpflichteten keinen Einfluß.

Zweiter Abschnitt.
Von gezogenen Wechseln.

§. 4.

I. Erfordernisse eines gezogenen Wechsels.

Die wesentlichen Erfordernisse eines gezogenen Wechsels sind:
1) die in den Wechsel selbst aufzunehmende Bezeichnung als Wechsel, oder wenn der Wechsel in einer fremden Sprache ausgestellt ist, ein jener Bezeichnung entsprechender Ausdruck in der fremden Sprache;
2) die Angabe der zu zahlenden Geldsumme;
3) der Name der Person oder die Firma, an welche oder an deren Ordre gezahlt werden soll (des Remittenten);
4) die Angabe der Zeit, zu welcher gezahlt werden soll; die Zahlungszeit kann nur festgesetzt werden
auf einen bestimmten Tag,
auf Sicht (Vorzeigung, a vista ꝛc.) oder auf eine bestimmte Zeit nach Sicht,

auf eine bestimmte Zeit nach dem Tage der Ausstellung (nach dato),
auf eine Messe oder einen Markt (Meß- oder Markt-
Wechsel);

5) die Unterschrift des Ausstellers (Trassanten) mit seinem
Namen oder seiner Firma;
6) die Angabe des Ortes, Monatstages und Jahres der Ausstellung;
7) der Name der Person oder der Firma, welche die Zahlung
leisten soll (des Bezogenen oder Trassaten);
8) die Angabe des Ortes, wo die Zahlung geschehen soll;
der bei dem Namen oder der Firma des Bezogenen angegebene Ort gilt für den Wechsel, insofern nicht ein eigner
Zahlungsort angegeben ist, als Zahlungsort und zugleich
als Wohnort des Bezogenen.

§. 5.

Ist die zu zahlende Geldsumme (§. 4 No. 2) in Buchstaben
und in Ziffern ausgedrückt, so gilt bei Abweichungen die in Buchstaben ausgedrückte Summe.

Ist die Summe mehrmals mit Buchstaben oder mehrmals
mit Ziffern geschrieben, so gilt bei Abweichungen die geringere
Summe.

§. 6.

Der Aussteller kann sich selbst als Remittenten (§. 4 No. 3)
bezeichnen (Wechsel an eigene Ordre).

Desgleichen kann der Aussteller sich selbst als Bezogenen
(§. 4 No. 7) bezeichnen, sofern die Zahlung an einem anderen
Orte, als dem der Ausstellung, geschehen soll (trassirt-eigene
Wechsel).

§. 7.

Aus einer Schrift, welcher eines der wesentlichen Erfordernisse
eines Wechsels (§. 4) fehlt, entsteht keine wechselmäßige Verbindlichkeit. Auch haben die auf eine solche Schrift gesetzten Erklärungen (Indossament, Accept, Aval) keine Wechselkraft.

§. 8.

II. Verpflich-
tung des Aus-
stellers.

Der Aussteller eines Wechsels haftet für dessen Annahme
und Zahlung wechselmäßig.

§. 9.

III. Indossa-
ment.

Der Remittent kann den Wechsel an einen Anderen durch
Indossament (Giro) übertragen.

Hat jedoch der Aussteller die Uebertragung im Wechsel durch die
Worte „nicht an Ordre" oder durch einen gleichbedeutenden Ausdruck
untersagt, so hat das Indossament keine wechselrechtliche Wirkung.

§. 10.

Durch das Indossament gehen alle Rechte aus dem Wechsel
auf den Indossatar über, insbesondere auch die Befugniß, den
Wechsel weiter zu indossiren. Auch an den Aussteller, Bezogenen,
Acceptanten oder einen früheren Indossanten kann der Wechsel gültig indossirt und von denselben weiter indossirt werden.

§. 11.

Das Indossament muß auf den Wechsel, eine Kopie desselben
oder ein mit dem Wechsel oder der Kopie verbundenes Blatt
(Alonge) geschrieben werden.

§. 12.

Ein Indossament ist gültig, wenn der Indossant auch nur seinen Namen oder seine Firma auf die Rückseite des Wechsels oder der Kopie, oder auf die Alonge schreibt. (Blanko-Indossament).

§. 13.

Jeder Inhaber eines Wechsels ist befugt, die auf demselben befindlichen Blanko-Indossamente auszufüllen; er kann den Wechsel aber auch ohne diese Ausfüllung weiter indossiren.

§. 14.

Der Indossant haftet jedem späteren Inhaber des Wechsels für dessen Annahme und Zahlung wechselmäßig. Hat er aber dem Indossamente die Bemerkung „ohne Gewährleistung", „ohne Obligo" oder einen gleichbedeutenden Vorbehalt hinzugefügt, so ist er von der Verbindlichkeit aus seinem Indossamente befreit.

§. 15.

Ist in dem Indossamente die Weiterbegebung durch die Worte „nicht an Ordre" oder durch einen gleichbedeutenden Ausdruck verboten, so haben diejenigen, an welche der Wechsel aus der Hand des Indossatars gelangt, gegen den Indossanten keinen Regreß.

§. 16.

Wenn ein Wechsel indossirt wird, nachdem die für die Protesterhebung Mangels Zahlung bestimmte Frist abgelaufen ist, so erlangt der Indossatar die Rechte aus dem etwa vorhandenen Accepte gegen den Bezogenen und Regreßrechte gegen diejenigen, welche den Wechsel nach Ablauf dieser Frist indossirt haben.

Ist aber der Wechsel vor dem Indossamente bereits Mangels Zahlung protestirt worden, so hat der Indossatar nur die Rechte seines Indossanten gegen den Acceptanten, den Aussteller und diejenigen, welche den Wechsel bis zur Protesterhebung indossirt haben. Auch ist in einem solchen Falle der Indossant nicht wechselmäßig verpflichtet.

§. 17.

Ist dem Indossamente die Bemerkung „zur Einkassirung", „in Procura" oder eine andere die Bevollmächtigung ausdrückende Formel beigefügt worden, so überträgt das Indossament das Eigenthum an dem Wechsel nicht, ermächtigt aber den Indossatar zur Einziehung der Wechselforderung, Protesterhebung und Benachrichtigung des Vormannes seines Indossanten von der unterbliebenen Zahlung (§. 45), sowie zur Einklagung der nicht bezahlten und zur Erhebung der deponirten Wechselschuld.

Ein solcher Indossatar ist auch berechtigt, diese Befugniß durch ein weiteres Procura-Indossament einem Anderen zu übertragen.

Dagegen ist derselbe zur weiteren Begebung durch eigentliches Indossament selbst dann nicht befugt, wenn dem Procura-Indossamente der Zusatz „oder Ordre" hinzugefügt ist.

§. 18.

IV. Präsentation zur Annahme.

Der Inhaber eines Wechsels ist berechtigt, den Wechsel dem Bezogenen sofort zur Annahme zu präsentiren und in Ermangelung der Annahme Protest erheben zu lassen.

Nur bei Meß- oder Marktwechseln findet eine Ausnahme dahin statt, daß solche Wechsel erst in der an dem Meß- oder Marktorte gesetzlich bestimmten Präsentationszeit zur Annahme präsentirt und in Ermangelung derselben protestirt werden können.

Der bloße Besitz des Wechsels ermächtigt zur Präsentation des Wechsels und zur Erhebung des Protestes Mangels Annahme.

20

§. 19.

Eine Verpflichtung des Inhabers, den Wechsel zur Annahme zu präsentiren, findet nur bei Wechseln statt, welche auf eine bestimmte Zeit nach Sicht lauten. Solche Wechsel müssen bei Verlust des wechselmäßigen Anspruchs gegen die Indossanten und den Aussteller, nach Maaßgabe der besonderen im Wechsel enthaltenen Bestimmung und in Ermangelung derselben binnen zwei Jahren nach der Ausstellung zur Annahme präsentirt werden.

Hat ein Indossant auf einen Wechsel dieser Art seinem Indossamente eine besondere Präsentationsfrist hinzugefügt, so erlischt seine wechselmäßige Verpflichtung, wenn der Wechsel nicht innerhalb dieser Frist zur Annahme präsentirt worden ist.

§. 20.

Wenn die Annahme eines auf bestimmte Zeit nach Sicht gestellten Wechsels nicht zu erhalten ist, oder der Bezogene die Datirung seines Acceptes verweigert, so muß der Inhaber bei Verlust des wechselmäßigen Anspruchs gegen die Indossanten und den Aussteller die rechtzeitige Präsentation des Wechsels durch einen innerhalb der Präsentationsfrist (§. 19) erhobenen Protest feststellen lassen.

Der Protesttag gilt in diesem Falle für den Tag der Präsentation.

Ist die Protesterhebung unterblieben, so wird gegen den Acceptanten, welcher die Datirung seines Acceptes unterlassen hat, die Verfallzeit des Wechsels vom letzten Tage der Präsentationsfrist an gerechnet.

§. 21.

V. Annahme (Acceptation). Die Annahme des Wechsels muß auf dem Wechsel schriftlich geschehen.

Jede auf den Wechsel geschriebene und von dem Bezogenen unterschriebene Erklärung gilt für eine unbeschränkte Annahme, sofern nicht in derselben ausdrücklich ausgesprochen ist, daß der Bezogene entweder überhaupt nicht oder nur unter gewissen Einschränkungen annehmen wolle.

Gleichergestalt gilt es für eine unbeschränkte Annahme, wenn der Bezogene ohne weiteren Beisatz seinen Namen oder seine Firma auf die Vorderseite des Wechsels schreibt.

Die einmal erfolgte Annahme kann nicht wieder zurückgenommen werden.

§. 22.

Der Bezogene kann die Annahme auf einen Theil der im Wechsel verschriebenen Summe beschränken.

Werden dem Accepte andere Einschränkungen beigefügt, so wird der Wechsel einem solchen gleichgeachtet, dessen Annahme gänzlich verweigert worden ist, der Acceptant haftet aber nach dem Inhalte seines Acceptes wechselmäßig.

§. 23.

Der Bezogene wird durch die Annahme wechselmäßig verpflichtet, die von ihm acceptirte Summe zur Verfallzeit zu zahlen.

Auch dem Aussteller haftet der Bezogene aus dem Accepte wechselmäßig.

Dagegen steht dem Bezogenen kein Wechselrecht gegen den Aussteller zu.

§. 24.

Ist in dem Wechsel ein vom Wohnorte des Bezogenen verschiedener Zahlungsort (§. 4 No. 8) angegeben (Domizilwechsel), so ist, insofern der Wechsel nicht schon ergiebt, durch wen die Zahlung am Zahlungsorte erfolgen soll, dies vom Bezogenen bei der Annahme auf dem Wechsel zu bemerken. Ist dies nicht geschehen, so wird angenommen, daß der Bezogene selbst die Zahlung am Zahlungsorte leisten wolle.

Der Aussteller eines Domizilwechsels kann in demselben die Präsentation zur Annahme vorschreiben. Die Nichtbeobachtung dieser Vorschrift hat den Verlust des Regresses gegen den Aussteller und die Indossanten zur Folge.

§. 25.

I. Regreß auf Sicherstellung: 1) wegen nicht erhaltener Annahme,

Wenn die Annahme eines Wechsels überhaupt nicht, oder unter Einschränkungen, oder nur auf eine geringere Summe erfolgt ist, so sind die Indossanten und der Aussteller wechselmäßig verpflichtet, gegen Aushändigung des Mangels Annahme aufgenommenen Protestes genügende Sicherheit dahin zu leisten, daß die Bezahlung der im Wechsel verschriebenen Summe, oder des nicht angenommenen Betrages, sowie die Erstattung der durch die Nichtannahme veranlaßten Kosten am Verfalltage erfolgen werde.

Jedoch sind diese Personen auch befugt, auf ihre Kosten die schuldige Summe bei Gericht oder bei einer anderen zur Annahme von Depositen ermächtigten Behörde oder Anstalt niederzulegen.

§. 26.

Der Remittent, sowie jeder Indossatar wird durch den Besitz des Mangels Annahme aufgenommenen Protestes ermächtigt, von dem Aussteller und den übrigen Vormännern Sicherheit zu fordern und im Wege des Wechselprocesses darauf zu klagen.

Der Regreßnehmer ist hierbei an die Folgeordnung der Indossamente und die einmal getroffene Wahl nicht gebunden.

Der Beibringung des Wechsels und des Nachweises, daß der Regreßnehmer seinen Nachmännern selbst Sicherheit bestellt habe, bedarf es nicht.

§. 27.

Die bestellte Sicherheit haftet nicht blos dem Regreßnehmer, sondern auch allen übrigen Nachmännern des Bestellers, insofern sie gegen ihn den Regreß auf Sicherstellung nehmen. Dieselben sind weitere Sicherheit zu verlangen nur in dem Falle berechtigt, wenn sie gegen die Art oder Größe der bestellten Sicherheit Einwendungen zu begründen vermögen.

§. 28.

Die bestellte Sicherheit muß zurückgegeben werden:
1) sobald die vollständige Annahme des Wechsels nachträglich erfolgt ist;
2) wenn gegen den Regreßpflichtigen, welcher sie bestellt hat, binnen Jahresfrist, vom Verfalltage des Wechsels an gerechnet, auf Zahlung aus dem Wechsel nicht geklagt worden ist;
3) wenn die Zahlung des Wechsels erfolgt oder die Wechselkraft desselben erloschen ist.

§. 29.

2) wegen Unsicherheit des Acceptanten.

Ist ein Wechsel ganz oder theilweise angenommen worden, so kann in Betreff der acceptirten Summe Sicherheit nur gefordert werden:
1) wenn über das Vermögen des Acceptanten der Concurs (Debitverfahren, Falliment) eröffnet worden ist, oder der Acceptant auch nur seine Zahlungen eingestellt hat;

2) wenn nach Ausstellung des Wechsels eine Execution in das Vermögen des Acceptanten fruchtlos ausgefallen, oder wider denselben wegen Erfüllung einer Zahlungsverbindlichkeit die Vollstreckung des Personal-Arrestes verfügt worden ist.

Wenn in diesen Fällen die Sicherheit von dem Acceptanten nicht geleistet und dieserhalb Protest gegen denselben erhoben wird, auch von den auf dem Wechsel etwa benannten Nothadressen die Annahme nach Ausweis des Protestes nicht zu erhalten ist, so kann der Inhaber des Wechsels und jeder Indossatar gegen Auslieferung des Protestes von seinen Vormännern Sicherstellung fordern. (§§. 25—28.).

Der bloße Besitz des Wechsels vertritt die Stelle einer Vollmacht, in den Nr. 1 und 2 genannten Fällen von dem Acceptanten Sicherheitsbestellung zu fordern, und wenn solche nicht zu erhalten ist, Protest erheben zu lassen.

§. 30.

VII. Erfüllung der Wechsel-Verbindlichkeit.

1) Zahlungstag.

Ist in dem Wechsel ein bestimmter Tag als Zahlungstag bezeichnet, so tritt die Verfallzeit an diesem Tage ein.

Ist die Zahlungszeit auf die Mitte eines Monats gesetzt worden, so ist der Wechsel am 15ten dieses Monats fällig.

§. 31.

Ein auf Sicht gestellter Wechsel ist bei der Vorzeigung fällig.

Ein solcher Wechsel muß bei Verlust des wechselmäßigen Anspruchs gegen die Indossanten und den Aussteller nach Maaßgabe der besonderen im Wechsel enthaltenen Bestimmung, und in Ermangelung derselben binnen zwei Jahren nach der Ausstellung zur Zahlung präsentirt werden.

Hat ein Indossant auf einem Wechsel dieser Art seinem Indossamente eine besondere Präsentationsfrist hinzugefügt, so erlischt seine wechselmäßige Verpflichtung, wenn der Wechsel nicht innerhalb dieser Frist präsentirt worden ist.

§. 32.

Bei Wechseln, welche mit dem Ablaufe einer bestimmten Frist nach Sicht oder nach Dato zahlbar sind, tritt die Verfallzeit ein:

1) wenn die Frist nach Tagen bestimmt ist, an dem letzten Tage der Frist; bei Berechnung der Frist wird der Tag, an welchem der nach Dato zahlbare Wechsel ausgestellt oder der nach Sicht zahlbare zur Annahme präsentirt ist, nicht mitgerechnet;

2) wenn die Frist nach Wochen, Monaten oder einem mehrere Monate umfassenden Zeitraume (Jahr, halbes Jahr, Vierteljahr) bestimmt ist, an demjenigen Tage der Zahlungswoche oder des Zahlungsmonats, der durch seine Benennung oder Zahl dem Tage der Ausstellung oder Präsentation entspricht; fehlt dieser Tag in dem Zahlungsmonate, so tritt die Verfallzeit am letzten Tage des Zahlungsmonats ein.

Der Ausdruck „halber Monat" wird einem Zeitraume von 15 Tagen gleichgeachtet. Ist der Wechsel auf einen oder mehrere ganze Monate und einen halben Monat gestellt, so sind die 15 Tage zuletzt zu zählen.

§. 33.

Respecttage finden nicht statt.

§. 34.

Ist in einem Lande, in welchem nach altem Styl gerechnet wird, ein im Inlande zahlbarer Wechsel nach Dato ausgestellt, und dabei nicht bemerkt, daß der Wechsel nach neuem Styl datirt sei, oder ist derselbe nach beiden Stylen datirt, so wird der Verfalltag nach demjenigen Kalendertage neuen Styls berechnet, welcher dem nach altem Styl sich ergebenden Tage der Ausstellung entspricht.

§. 35.

Meß= oder Marktwechsel werden zu der durch die Gesetze des Meß= oder Marktortes bestimmten Zahlungszeit, und in Ermangelung einer solchen Festsetzung an dem Tage vor dem gesetzlichen Schlusse der Messe oder des Marktes fällig.

Dauert die Messe oder der Markt nur einen Tag, so tritt die Verfallzeit des Wechsels an diesem Tage ein.

§. 36.

2) Zahlung.   Der Inhaber eines indossirten Wechsels wird durch eine zusammenhängende bis auf ihn hinuntergehende Reihe von Indossamenten als Eigenthümer des Wechsels legitimirt. Das erste Indossament muß demnach mit dem Namen des Remittenten, jedes folgende Indossament mit dem Namen desjenigen unterzeichnet sein, welchen das unmittelbar vorhergehende Indossament als Indossatar benennt. Wenn auf ein Blanko=Indossament ein weiteres Indossament folgt, so wird angenommen, daß der Aussteller des letzteren den Wechsel durch das Blanko=Indossament erworben hat.

Ausgestrichene Indossamente werden bei Prüfung der Legitimation als nicht geschrieben angesehen.

Die Aechtheit der Indossamente zu prüfen ist der Zahlende nicht verpflichtet.

§. 37.

Lautet ein Wechsel auf eine Münzsorte, welche am Zahlungsorte keinen Umlauf hat, oder auf eine Rechnungswährung, so kann die Wechselsumme nach ihrem Werthe zur Verfallzeit in der Landesmünze gezahlt werden, sofern nicht der Aussteller durch den Gebrauch des Wortes „effectiv" oder eines ähnlichen Zusatzes die Zahlung in der im Wechsel benannten Münzsorte ausdrücklich bestimmt hat.

§. 38.

Der Inhaber des Wechsels darf eine ihm angebotene Theilzahlung selbst dann nicht zurückweisen, wenn die Annahme auf den ganzen Betrag der verschriebenen Summe erfolgt ist.

§. 39.

Der Wechselschuldner ist nur gegen Aushändigung des quittirten Wechsels zu zahlen verpflichtet.

Hat der Wechselschuldner eine Theilzahlung geleistet, so kann derselbe nur verlangen, daß die Zahlung auf dem Wechsel abgeschrieben und ihm Quittung auf einer Abschrift des Wechsels ertheilt werde.

§. 40.

Wird die Zahlung des Wechsels zur Verfallzeit nicht gefordert, so ist der Acceptant nach Ablauf der für die Protesterhebung Mangels Zahlung bestimmten Frist befugt, die Wechselsumme auf

Gefahr und Kosten des Inhabers bei Gericht, oder bei einer anderen zur Annahme von Depositen ermächtigten Behörde oder Anstalt niederzulegen.

. Der Vorladung des Inhabers bedarf es nicht.

§. 41.

Zur Ausübung des bei nicht erlangter Zahlung statthaften
Regresses gegen den Aussteller und die Indossanten ist erforderlich:
1) daß der Wechsel zur Zahlung präsentirt worden ist, und
2) daß sowohl diese Präsentation als die Nichterlangung der
   Zahlung durch einen rechtzeitig darüber aufgenommenen
   Protest dargethan wird.

Die Erhebung des Protestes ist am Zahlungstage zulässig,
sie muß aber spätestens am zweiten Werktage nach dem Zahlungstage geschehen.

§. 42.

Die Aufforderung, keinen Protest erheben zu lassen ("ohne
Protest," "ohne Kosten" ꝛc.) gilt als Erlaß des Protestes, nicht
aber als Erlaß der Pflicht zur rechtzeitigen Präsentation. Der Wechselverpflichtete, von welchem jene Aufforderung ausgeht, muß die
Beweislast übernehmen, wenn er die rechtzeitig geschehene Präsentation in Abrede stellt.

Gegen die Pflicht zum Ersatze der Protestkosten schützt jene
Aufforderung nicht.

§. 43.

Domizilirte Wechsel sind dem Domiziliaten, oder wenn ein
solcher nicht benannt ist, dem Bezogenen selbst an demjenigen Orte,
wohin der Wechsel bomizilirt ist, zur Zahlung zu präsentiren, und
wenn die Zahlung unterbleibt, dort zu protestiren.

Wird die rechtzeitige Protesterhebung beim Domiziliaten verabsäumt, so geht dadurch der wechselmäßige Anspruch nicht nur
gegen den Aussteller und die Indossanten, sondern auch gegen den
Acceptanten verloren.

§. 44.

Zur Erhaltung des Wechselrechts gegen den Acceptanten bedarf es mit Ausnahme des im §. 43. erwähnten Falles weder
der Präsentation am Zahlungstage, noch der Erhebung eines
Protestes.

§. 45.

Der Inhaber eines Mangels Zahlung protestirten Wechsels
ist verpflichtet, seinen unmittelbaren Vormann innerhalb zweier
Tage nach dem Tage der Protesterhebung von der Nichtzahlung des
Wechsels schriftlich zu benachrichtigen, zu welchem Ende es genügt,
wenn das Benachrichtigungsschreiben innerhalb dieser Frist zur
Post gegeben ist.

Jeder benachrichtigte Vormann muß binnen derselben, vom
Tage des empfangenen Berichts zu berechnenden Frist seinen
nächsten Vormann in gleicher Weise benachrichtigen.

Der Inhaber oder Indossatar, welcher die Benachrichtigung
unterläßt oder dieselbe nicht an den unmittelbaren Vormann ergehen
läßt, wird hierdurch den sämmtlichen oder den übersprungenen Vormännern zum Ersatze des aus der unterlassenen Benachrichtigung
entstandenen Schadens verpflichtet. Auch verliert derselbe gegen
diese Personen den Anspruch auf Zinsen und Kosten, so daß er nur
die Wechselsumme zu fordern berechtigt ist.

§. 46.

Kommt es auf den Nachweis der dem Vormanne rechtzeitig gegebenen schriftlichen Benachrichtigung an, so genügt zu diesem Zwecke der durch ein Postattest geführte Beweis, daß ein Brief von dem Betheiligten an den Adressaten an dem angegebenen Tage abgesandt ist, sofern nicht dargethan wird, daß der angekommene Brief einen anderen Inhalt gehabt hat.

Auch der Tag des Empfanges der erhaltenen schriftlichen Benachrichtigung kann durch ein Postattest nachgewiesen werden.

§. 47.

Hat ein Indossant den Wechsel ohne Hinzufügung einer Ortsbezeichnung weiter begeben, so ist der Vormann desselben von der unterbliebenen Zahlung zu benachrichtigen.

§. 48.

Jeder Wechselschuldner hat das Recht, gegen Erstattung der Wechselsumme nebst Zinsen und Kosten die Auslieferung des quittirten Wechsels und des wegen Nichtzahlung erhobenen Protestes von dem Inhaber zu fordern.

§. 49.

Der Inhaber eines Mangels Zahlung protestirten Wechsels kann die Wechselklage gegen alle Wechselverpflichtete oder auch nur gegen Einige oder Einen derselben anstellen, ohne dadurch seinen Anspruch gegen die nicht in Anspruch genommenen Verpflichteten zu verlieren.

Derselbe ist an die Reihenfolge der Indossamente nicht gebunden.

§. 50.

Die Regreßansprüche des Inhabers, welcher den Wechsel Mangels Zahlung hat protestiren lassen, beschränken sich auf:

1) die nicht bezahlte Wechselsumme nebst 6 Procent jährlicher Zinsen vom Verfalltage ab,
2) die Protestkosten und anderen Auslagen,
3) eine Provision von $\frac{1}{8}$ Procent.

Die vorstehenden Beträge müssen, wenn der Regreßpflichtige an einem anderen Orte, als dem Zahlungsorte wohnt, zu demjenigen Course gezahlt werden, welchen ein vom Zahlungsorte auf den Wohnort des Regreßpflichtigen gezogener Wechsel auf Sicht hat.

Besteht am Zahlungsorte kein Cours auf jenen Wohnort, so wird der Cours nach demjenigen Platze genommen, welcher dem Wohnorte des Regreßpflichtigen am nächsten liegt.

Der Cours ist auf Verlangen des Regreßpflichtigen durch einen unter öffentlicher Autorität ausgestellten Courszettel oder durch das Attest eines vereideten Mäklers, oder in Ermangelung derselben durch ein Attest zweier Kaufleute zu bescheinigen.

§. 51.

Der Indossant, welcher den Wechsel eingelöst oder als Rimesse erhalten hat, ist von einem früheren Indossanten oder von dem Aussteller zu fordern berechtigt:

1) die von ihm gezahlte oder durch Rimesse berichtigte Summe nebst 6 Procent jährlicher Zinsen vom Tage der Zahlung,
2) die ihm entstandenen Kosten,
3) eine Provision von $\frac{1}{8}$ Prozent.

Die vorstehenden Beträge müssen, wenn der Regreßpflichtige an einem anderen Orte, als der Regreßnehmer wohnt, zu demjenigen Course gezahlt werden, welchen ein vom Wohnorte des Regreßnehmers auf den Wohnort des Regreßpflichtigen gezogener Wechsel auf Sicht hat.

Besteht im Wohnorte des Regreßnehmers kein Cours auf den Wohnort des Regreßpflichtigen, so wird der Cours nach demjenigen Platze genommen, welcher dem Wohnorte des Regreßpflichtigen am nächsten liegt.

Wegen der Bescheinigung des Courses kommt die Bestimmung des §. 50 zur Anwendung.

§. 52.

Durch die Bestimmungen der §§. 50 und 51. No. 1 und 3 wird bei einem Regresse auf einen ausländischen Ort die Berechnung höherer, dort zulässiger Sätze nicht ausgeschlossen.

§. 53.

Der Regreßnehmer kann über den Betrag seiner Forderung einen Rückwechsel auf den Regreßpflichtigen ziehen.

Der Forderung treten in diesem Falle noch die Mäklergebühren für Negoziirung des Rückwechsels, sowie die etwaigen Stempelgebühren hinzu.

Der Rückwechsel muß auf Sicht zahlbar und unmittelbar (a drittura) gestellt werden.

§. 54.

Der Regreßpflichtige ist nur gegen Auslieferung des Wechsels, des Protestes und einer quittirten Retourrechnung Zahlung zu leisten verbunden.

§. 55.

Jeder Indossant, der einen seiner Nachmänner befriedigt hat, kann sein eigenes und seiner Nachmänner Indossament ausstreichen.

§. 56.

IX. Intervention:
1) Ehrenannahme.

Befindet sich auf einem Mangels Annahme protestirten Wechsel eine auf den Zahlungsort lautende Nothadresse, so muß, ehe Sicherstellung verlangt werden kann, die Annahme von der Nothadresse gefordert werden.

Unter mehreren Nothadressen gebührt derjenigen der Vorzug, durch deren Zahlung die meisten Verpflichteten befreit werden.

§. 57.

Die Ehrenannahme von Seiten einer nicht auf dem Wechsel als Nothadresse benannten Person braucht der Inhaber nicht zuzulassen.

§. 58.

Der Ehrenacceptant muß sich den Protest Mangels Annahme gegen Erstattung der Kosten aushändigen und in einem Anhange zu demselben die Ehrenannahme bemerken lassen.

Er muß den Honoraten unter Uebersendung des Protestes von der geschehenen Intervention benachrichtigen und diese Benachrichtigung mit dem Proteste innerhalb zweier Tage nach dem Tage der Protesterhebung zur Post geben.

Unterläßt er dies, so haftet er für den durch die Unterlassung entstehenden Schaden.

§. 59.

Wenn der Ehrenacceptant unterlassen hat, in seinem Accepte zu bemerken, zu wessen Ehren die Annahme geschieht, so wird der Aussteller als Honorat angesehen.

§. 60.

Der Ehrenacceptant wird den sämmtlichen Nachmännern des Honoraten durch die Annahme wechselmäßig verpflichtet. Diese Verpflichtung erlischt, wenn dem Ehrenacceptanten der Wechsel nicht spätestens am zweiten Werktage nach dem Zahlungstage zur Zahlung vorgelegt wird.

§. 61.

Wenn der Wechsel von einer Nothadresse oder einem anderen Intervenienten zu Ehren angenommen wird, so haben der Inhaber und die Nachmänner des Honoraten keinen Regreß auf Sicherstellung.

Derselbe kann aber von dem Honoraten und dessen Vormännern geltend gemacht werden.

§. 62.

2) Ehrenzahlung.

Befinden sich auf dem von dem Bezogenen nicht eingelösten Wechsel oder der Kopie Nothadressen oder ein Ehrenaccept, welche auf den Zahlungsort lauten, so muß der Inhaber den Wechsel spätestens am zweiten Werktage nach dem Zahlungstage den sämmtlichen Nothadressen und dem Ehrenacceptanten zur Zahlung vorlegen und den Erfolg im Proteste Mangels Zahlung oder in einem Anhange zu demselben bemerken lassen.

Unterläßt er dies, so verliert er den Regreß gegen den Adressanten oder Honoraten und deren Nachmänner.

Weist der Inhaber die von einem anderen Intervenienten angebotene Ehrenzahlung zurück, so verliert er den Regreß gegen die Nachmänner des Honoraten.

§. 63.

Dem Ehrenzahler muß der Wechsel und der Protest Mangels Zahlung gegen Erstattung der Kosten ausgehändigt werden.

Er tritt durch die Ehrenzahlung in die Rechte des Inhabers (§. 50 u. 52) gegen den Honoraten, dessen Vormänner und den Acceptanten.

§. 64.

Unter Mehreren, welche sich zur Ehrenzahlung erbieten, gebührt demjenigen der Vorzug, durch dessen Zahlung die meisten Wechselverpflichteten befreit werden.

Ein Intervenient, welcher zahlt, obgleich aus dem Wechsel oder Proteste ersichtlich ist, daß ein Anderer, dem er hiernach nachstehen müßte, den Wechsel einzulösen bereit war, hat keinen Regreß gegen diejenigen Indossanten, welche durch Leistung der von dem Anderen angebotenen Zahlung befreit worden wären.

§. 65.

Der Ehren-Acceptant, welcher nicht zur Zahlungsleistung gelangt, weil der Bezogene oder ein anderer Intervenient gezahlt hat, ist berechtigt, von dem Zahlenden eine Provision von $\frac{1}{2}$ Procent zu verlangen.

§. 66.

Der Aussteller eines gezogenen Wechsels ist verpflichtet, dem Remittenten auf Verlangen mehrere gleichlautende Exemplare des Wechsels zu überliefern.

Dieselben müssen im Contexte als Prima, Secunda, Tertia u. s. w. bezeichnet sein, widrigenfalls jedes Exemplar als ein für sich bestehender Wechsel (Sola=Wechsel) erachtet wird.

Auch ein Indossatar kann ein Duplicat des Wechsels ver= langen. Er muß sich dieserhalb an seinen unmittelbaren Vormann wenden, welcher wieder an seinen Vormann zurückgehen muß, bis die Anforderung an den Aussteller gelangt. Jeder Indossatar kann von seinem Vormanne verlangen, daß die früheren Indos= samente auf dem Duplicate wiederholt werden.

§. 67.

Ist von mehreren ausgefertigten Exemplaren das eine bezahlt, so verlieren dadurch die anderen ihre Kraft.

Jedoch bleiben aus den übrigen Exemplaren verhaftet:

1) der Indossant, welcher mehrere Exemplare desselben Wechsels an verschiedene Personen indossirt hat, und alle späteren Indossanten, deren Unterschriften sich auf den bei der Zah= lung nicht zurückgegebenen Exemplaren befinden, aus ihren Indossamenten;

2) der Acceptant, welcher mehrere Exemplare desselben Wechsels acceptirt hat, aus den Accepten auf den bei der Zahlung nicht zurückgegebenen Exemplaren.

§. 68.

Wer eines von mehreren Exemplaren eines Wechsels zur An= nahme versandt hat, muß auf den übrigen Exemplaren bemer= ken, bei wem das von ihm zur Annahme versandte Exemplar anzu= treffen ist. Das Unterlassen dieser Bemerkung entzieht jedoch dem Wechsel nicht die Wechselkraft.

Der Verwahrer des zum Accepte versandten Exemplars ist ver= pflichtet, dasselbe demjenigen auszuliefern, der sich als Indossatar (§. 36) oder auf andere Weise zur Empfangnahme legitimirt.

§. 69.

Der Inhaber eines Duplicats, auf welchem angegeben ist, bei wem das zum Accepte versandte Exemplar sich befindet, kann Mangels Annahme desselben den Regreß auf Sicherstellung, und Mangels Zahlung den Regreß auf Zahlung nicht eher nehmen, als bis er durch Protest hat feststellen lassen:

1) daß das zum Accepte versandte Exemplar ihm vom Verwah= rer nicht verabfolgt worden ist, und

2) daß auch auf das Duplicat die Annahme oder die Zahlung nicht zu erlangen gewesen.

§. 70.

Wechselkopien müssen eine Abschrift des Wechsels und der darauf befindlichen Indossamente und Vermerke enthalten und mit der Erklärung: „bis hierher Abschrift (Kopie)" oder mit einer ähnlichen Bezeichnung versehen sein.

In der Kopie ist zu bemerken, bei wem das zur Annahme versandte Original des Wechsels anzutreffen ist. Das Unterlassen dieses Vermerkes entzieht jedoch der indossirten Kopie nicht ihre wechselmäßige Kraft.

§. 71.

Jedes auf einer Kopie befindliche Original = Indossament ver=
pflichtet den Indossanten eben so, als wenn es auf einem Origi=
nal=Wechsel stände.

§. 72.

Der Verwahrer des Original=Wechsels ist verpflichtet, den=
selben dem Besitzer einer mit einem oder mehreren Original=In=
dossamenten versehenen Kopie auszuliefern, sofern sich derselbe als
Indossatar oder auf andere Weise zur Empfangnahme legitimirt.
Wird der Original=Wechsel vom Verwahrer nicht ausgelie=
fert, so ist der Inhaber der Wechselkopie nur nach Aufnahme des
im §. 70 Nr. 1 erwähnten Protestes Regreß auf Sicherstellung
und nach Eintritt des in der Kopie angegebenen Verfalltages
Regreß auf Zahlung gegen diejenigen Indossanten zu nehmen be=
rechtigt, deren Original=Indossamente auf der Kopie befindlich sind.

§. 73.

**XI. Abhanden
gekommene
Wechsel.**

Der Eigenthümer eines abhanden gekommenen Wechsels kann
die Amortisation des Wechsels bei dem Gerichte des Zahlungsortes
beantragen. Nach Einleitung des Amortisations=Verfahrens kann
derselbe vom Acceptanten Zahlung fordern, wenn er bis zur Amor=
tisation des Wechsels Sicherheit bestellt. Ohne eine solche Sicher=
heitsbestellung ist er nur die Deposition der aus dem Accepte schul=
digen Summe bei Gericht oder bei einer anderen zur Annahme von
Depositen ermächtigten Behörde oder Anstalt zu fordern berechtigt.

§. 74.

Der nach den Bestimmungen des §. 36 legitimirte Besitzer
eines Wechsels kann nur dann zur Herausgabe desselben angehal=
ten werden, wenn er den Wechsel in bösem Glauben erworben hat
oder ihm bei der Erwerbung des Wechsels eine grobe Fahrlässigkeit
zur Last fällt.

§. 75.

**XII. Falsche
Wechsel.**

Auch wenn die Unterschrift des Ausstellers eines Wechsels
falsch oder verfälscht ist, behalten dennoch das ächte Accept und
die ächten Indossamente die wechselmäßige Wirkung.

§. 76.

Aus einem mit einem falschen oder verfälschten Accepte oder
Indossamente versehenen Wechsel bleiben sämmtliche Indossanten
und der Aussteller, deren Unterschriften ächt sind, wechselmäßig
verpflichtet.

§. 77.

**XIII. Wechsel=
verjährung.**

Der wechselmäßige Anspruch gegen den Acceptanten verjährt
in drei Jahren vom Verfalltage des Wechsels an gerechnet.

§. 78.

Die Regreßansprüche des Inhabers (§. 50.) gegen den Aus=
steller und die übrigen Vormänner verjähren:
1) in 3 Monaten, wenn der Wechsel in Europa, mit Aus=
nahme von Island und den Färöern, zahlbar war;
2) in 6 Monaten, wenn der Wechsel in den Küstenländern von
Asien und Afrika längs des mittelländischen und schwarzen
Meeres, oder in den dazu gehörigen Inseln dieser Meere
zahlbar war;
3) in 18 Monaten, wenn der Wechsel in einem anderen außer=
europäischen Lande oder in Island ! oder den Färöern
zahlbar war.
Die Verjährung beginnt gegen den Inhaber mit dem Tage
des erhobenen Protestes.

§. 79.

Die Regreßansprüche des Indossanten (§. 51.) gegen den Aus=
steller und die übrigen Vormänner verjähren:

1) in 3 Monaten, wenn der Regreßnehmer in Europa, mit
Ausnahme von Island und den Färöern wohnt;

2) in 6 Monaten, wenn der Regreßnehmer in den Küstenlän=
dern von Asien und Afrika längs des mittelländischen und
schwarzen Meeres, oder in den dazu gehörigen Inseln
wohnt;

3) in 18 Monaten, wenn der Regreßnehmer in einem anderen
außereuropäischen Lande oder in Island oder den Färöern
wohnt.

Gegen den Indossanten läuft die Frist, wenn er, ehe eine
Wechselklage gegen ihn angestellt worden, gezahlt hat, vom Tage
der Zahlung, in allen übrigen Fällen aber vom Tage der ihm ge=
schehenen Behändigung der Klage oder Ladung.

§. 80.

Die Verjährung (§. 77—79) wird nur durch Behändigung
der Klage unterbrochen und nur in Beziehung auf denjenigen, ge=
gen welchen die Klage gerichtet ist.

Jedoch vertritt in dieser Hinsicht die von dem Verklagten
geschehene Streitverkündigung die Stelle der Klage.

§. 81.

XIV. Klagerecht des Wechsel=gläubigers.

Die wechselmäßige Verpflichtung trifft den Aussteller, Ac=
ceptanten und Indossanten des Wechsels, so wie einen Jeden, wel=
cher den Wechsel, die Wechselkopie, das Accept oder das Indossa=
ment mitunterzeichnet hat, selbst dann, wenn er sich dabei nur als
Bürge (per aval) benannt hat.

Die Verpflichtung dieser Personen erstreckt sich auf Alles, was
der Wechsel=Inhaber wegen Nichterfüllung der Wechselverbindlich=
keit zu fordern hat.

Der Wechsel=Inhaber kann sich wegen seiner ganzen Forde=
rung an den Einzelnen halten; es steht in seiner Wahl, welchen
Wechselverpflichteten er zuerst in Anspruch nehmen will.

§. 82.

Der Wechselschuldner kann sich nur solcher Einreden bedienen,
welche aus dem Wechselrechte selbst hervorgehen oder ihm unmit=
telbar gegen den jedesmaligen Kläger zustehen.

§. 83.

Ist die wechselmäßige Verbindlichkeit des Ausstellers oder des
Acceptanten durch Verjährung oder dadurch, daß die zur Erhaltung
des Wechselrechts gesetzlich vorgeschriebenen Handlungen verab=
säumt sind, erloschen, so bleiben dieselben dem Inhaber des Wech=
sels nur so weit, als sie sich mit dessen Schaden bereichern wür=
den, verpflichtet.

Gegen die Indossanten, deren wechselmäßige Verbindlichkeit
erloschen ist, findet ein solcher Anspruch nicht statt.

§. 84.

XV. Ausländi=sche Gesetzge=bung.

Die Fähigkeit eines Ausländers, wechselmäßige Verpflichtungen
zu übernehmen, wird nach den Gesetzen des Staates beurtheilt,
welchem derselbe angehört. Jedoch wird ein nach den Gesetzen
seines Vaterlandes nicht wechselfähiger Ausländer durch Ueber=
nahme von Wechselverbindlichkeiten im Inlande verpflichtet, in
sofern er nach den Gesetzen des Inlandes wechselfähig ist.

§. 85.

Die wesentlichen Erfordernisse eines im Auslande ausgestellten Wechsels, so wie jeder anderen im Auslande ausgestellten Wechselerklärung werden nach den Gesetzen des Orts beurtheilt, an welchem die Erklärung erfolgt ist.

Entsprechen jedoch die im Auslande geschehenen Wechselerklärungen den Anforderungen des inländischen Gesetzes, so kann daraus, daß sie nach ausländischen Gesetzen mangelhaft sind, kein Einwand gegen die Rechtsverbindlichkeit der später im Inlande auf den Wechsel gesetzten Erklärungen entnommen werden.

Eben so haben Wechsel-Erklärungen, wodurch sich ein Inländer einem anderen Inländer im Auslande verpflichtet, Wechselkraft, wenn sie auch nur den Anforderungen der inländischen Gesetzgebung entsprechen.

§. 86.

Ueber die Form der mit einem Wechsel an einem ausländischen Platze zur Ausübung oder Erhaltung des Wechselrechts vorzunehmenden Handlungen entscheidet das dort geltende Recht.

§. 87.

XVI. **Protest.** Jeder Protest muß durch einen Notar oder einen Gerichtsbeamten aufgenommen werden.

Der Zuziehung von Zeugen oder eines Protocollführers bedarf es dabei nicht.

§. 88.

Der Protest muß enthalten:

1) eine wörtliche Abschrift des Wechsels oder der Kopie und aller darauf befindlichen Indossamente und Bemerkungen;

2) den Namen oder die Firma der Personen, für welche und gegen welche der Protest erhoben wird;

3) daß an die Person, gegen welche protestirt wird, gestellte Begehren, ihre Antwort oder die Bemerkung, daß sie keine gegeben habe oder nicht anzutreffen gewesen sei;

4) die Angabe des Orts, so wie des Kalendertages, Monats und Jahres, an welchem die Aufforderung (Nr. 3) geschehen oder ohne Erfolg versucht worden ist;

5) im Falle einer Ehrenannahme oder einer Ehrenzahlung die Erwähnung von wem, für wen und wie sie angeboten und geleistet wird;

6) die Unterschrift des Notars oder Gerichtsbeamten, welcher den Protest aufgenommen hat, mit Beifügung des Amtssiegels.

§. 89.

Muß eine wechselrechtliche Leistung von mehreren Personen verlangt werden, so ist über die mehrfache Aufforderung nur Eine Protesturkunde erforderlich.

§. 90.

Die Notare und Gerichtsbeamten sind schuldig die von ihnen aufgenommenen Proteste nach deren ganzem Inhalte Tag für Tag und nach Ordnung des Datums in ein besonderes Register einzutragen, das von Blatt zu Blatt mit fortlaufenden Zahlen versehen ist.

§. 91.

XVII. Ort und Zeit für Präsentation und andere im Wechsel-Verkehre vorkommende Handlungen.

Die Präsentation zur Annahme oder Zahlung, die Protesterhebung, die Abforderung eines Wechsel-Duplicats, so wie alle sonstigen bei einer bestimmten Person vorzunehmenden Akte müssen in deren Geschäftslocal, und in Ermangelung eines solchen, in deren Wohnung vorgenommen werden. An einem anderen Orte, z. B. an der Börse, kann dies nur mit beiderseitigem Einverständniß geschehen.

Daß das Geschäftslocal oder die Wohnung nicht zu ermitteln sei, ist erst alsdann als festgestellt anzunehmen, wenn auch eine dieserhalb bei der Polizeibehörde des Orts geschehene Nachfrage des Notars oder des Gerichtsbeamten fruchtlos geblieben ist, welches im Proteste bemerkt werden muß.

§. 92.

Verfällt der Wechsel an einem Sonntage oder allgemeinen Feiertag, so ist der nächste Werktag der Zahlungstag. Auch die Herausgabe eines Wechsel-Duplicats, die Erklärung über die Annahme, so wie jede andere Erklärung, können nur an einem Werktage gefordert werden. Fällt der Zeitpunkt, in welchem die Vornahme einer der vorstehenden Handlungen spätestens gefordert werden mußte, auf einen Sonntag oder allgemeinen Feiertag, so muß diese Handlung am nächsten Werktage gefordert werden.

Dieselbe Bestimmung findet auch auf die Protesterhebung Anwendung.

§. 93.

Bestehen an einem Wechselplatze allgemeine Zahltage (Kassirtage), so braucht die Zahlung eines zwischen den Zahltagen fällig gewordenen Wechsels erst am nächsten Zahltage geleistet zu werden, sofern nicht der Wechsel auf Sicht lautet.

Die im §. 41 für die Aufnahme des Protestes Mangels Zahlung bestimmte Frist darf jedoch nicht überschritten werden.

§. 94.

XVIII. Mangelhafte Unterschriften.

Wechselerklärungen, welche statt des Namens mit Kreuzen oder anderen Zeichen vollzogen sind, haben nur dann, wenn diese Zeichen gerichtlich oder notariell beglaubigt worden, Wechselkraft.

§. 95.

Wer eine Wechselerklärung als Bevollmächtigter eines Anderen unterzeichnet, ohne dazu Vollmacht zu haben, haftet persönlich in gleicher Weise, wie der angebliche Machtgeber gehaftet haben würde, wenn die Vollmacht ertheilt gewesen wäre.

Dasselbe gilt von Vormündern und anderen Vertretern, welche mit Ueberschreitung ihrer Befugnisse Wechselerklärungen ausstellen.

Dritter Abschnitt.

Von eigenen Wechseln.

§. 96.

Die wesentlichen Erfordernisse eines eigenen (trockenen) Wechsels sind:

1) die in den Wechsel selbst aufzunehmende Bezeichnung als Wechsel, oder wenn der Wechsel in einer fremden Sprache ausgestellt ist, ein jener Bezeichnung entsprechender Ausdruck in der fremden Sprache;

2) die Angabe der zu zahlenden Geldsumme;

3) der Name der Person oder die Firma, an welche oder an deren Ordre der Aussteller Zahlung leisten will;

4) die Bestimmung der Zeit, zu welcher gezahlt werden soll (§. 4, Nr. 4);

5) die Unterschrift des Ausstellers mit seinem Namen oder seiner Firma;

6) die Angabe des Orts, Monatstages und Jahres der Ausstellung.

§. 97.

Der Ort der Ausstellung gilt für den eigenen Wechsel, in sofern nicht ein besonderer Zahlungsort angegeben ist, als Zahlungsort und zugleich als Wohnort des Ausstellers.

§. 98.

Nachstehende, in diesem Gesetze für gezogene Wechsel gegebene Vorschriften gelten auch für eigene Wechsel:

1) die §§. 5 und 7 über die Form des Wechsels;

2) die §§. 9—17 über das Indossament;

3) die §§. 19 und 20 über die Präsentation der Wechsel auf eine Zeit nach Sicht mit der Maaßgabe, daß die Präsentation dem Aussteller geschehen muß;

4) der §. 29 über den Sicherheitsregreß mit der Maaßgabe, daß derselbe im Falle der Unsicherheit des Ausstellers stattfindet;

5) die §§. 30—40 über die Zahlung und die Befugniß zur Deposition des fälligen Wechselbetrages mit der Maaßgabe, daß letztere durch den Aussteller geschehen kann;

6) die §§. 41 und 42, so wie die §§. 45—55 über den Regreß Mangels Zahlung gegen die Indossanten;

7) die §§. 62—65 über die Ehrenzahlung;

8) die §§. 70—72 über die Kopien;

9) die §§. 73—76 über abhanden gekommene und falsche Wechsel mit der Maaßgabe, daß im Falle des §. 73 die Zahlung durch den Aussteller erfolgen muß;

10) die §§. 78—96 über die allgemeinen Grundsätze der Wechselverjährung, die Verjährung der Regreßansprüche gegen die Indossanten, das Klagerecht des Wechselgläubigers, die ausländischen Wechselgesetze, den Protest, den Ort und die Zeit für die Präsentation und andere im Wechselverkehr vorkommende Handlungen, so wie über mangelhafte Unterschriften.

§. 99.

Eigene domizilirte Wechsel sind dem Domiziliaten oder wenn ein solcher nicht benannt ist, dem Aussteller selbst an demjenigen Orte, wohin der Wechsel domizilirt ist, zur Zahlung zu präsentiren und, wenn die Zahlung unterbleibt, dort zu protestiren. Wird die rechtzeitige Protesterhebung beim Domiziliaten verabsäumt, so geht dadurch der wechselmäßige Anspruch gegen den Aussteller und die Indossanten verloren.

§. 100.

Der wechselmäßige Anspruch gegen den Aussteller eines eigenen Wechsels verjährt in drei Jahren vom Verfalltage des Wechsels an gerechnet.

Vorstehender Entwurf ist in der heutigen Sitzung,

als den Beschlüssen der Conferenz überall entsprechend, an=
erkannt worden

Leipzig, den 9. Dec. 1847.

Dr. Ferd. Heisler.	v. Patow.	Dr. Kleinschrod.	von Könneritz.
	Bischoff.	Friedr. Schmid.	Dr. Einert.
	M. Magnus.		Heinrich Poppe.
			Georgi.
Lehzen.	Hofacker.	W. Brauer.	Fuchs.
Breidenbach.	C. Behn.	Thon.	Liebe.
Vollpracht.	Thöl.	Albers, für Olden=burg.	P. L. Elder, Dr.
Harnier.	Albers, für Bre=men.	Lutteroth-Legat. Halle.	

Dr. P. H. F. Haensel.